Peter Singer · Praktische Ethik

Peter Singer

Praktische Ethik

Aus dem Englischen übersetzt
von Oscar Bischoff,
Jean-Claude Wolf und Dietrich Klose

Philipp Reclam jun. Stuttgart

Titel der englischen Originalausgabe:
Practical Ethics. Cambridge: Cambridge University Press,
1979. – Second Edition. 1993.

2., revidierte und erweiterte Auflage 1994

Universal-Bibliothek Nr. 8033
Die Übersetzung erscheint mit Genehmigung von The Press Syndicate
of the University of Cambridge. © 1979, 1993 Cambridge University
Press, Cambridge
Gesamtherstellung: Reclam, Ditzingen. Printed in Germany 2002
RECLAM und UNIVERSAL-BIBLIOTHEK sind eingetragene Marken
der Philipp Reclam jun. GmbH & Co., Stuttgart
ISBN 3-15-008033-9

www.reclam.de

Inhalt

Vorwort

Die praktische Ethik umfaßt ein großes Gebiet. Wir können ethische Einflüsse in den meisten unserer Entscheidungen finden, wenn wir nur genau genug hinschauen. In diesem Buch wird nicht versucht, das ganze Gebiet abzudecken. Die zu behandelnden Probleme wurden vielmehr nach zwei Gesichtspunkten ausgewählt: nach ihrer Relevanz und nach dem Ausmaß, in dem philosophisches Nachdenken etwas zu ihrer Diskussion beitragen kann.

Ich betrachte einen ethischen Sachverhalt dann als relevant, wenn es einer ist, mit dem jede denkende Person sich auseinandersetzen muß. Einige von den in diesem Buch diskutierten Fragen begegnen uns täglich: Worin besteht unsere persönliche Verantwortlichkeit gegenüber den Armen? Haben wir das Recht, Tiere lediglich als Maschinen zu behandeln, die Fleisch für uns zum Essen produzieren? Sollen wir nicht-recyceltes Papier verwenden? Und weshalb sollen wir uns damit abgeben, überhaupt nach moralischen Prinzipien zu handeln? Andere Probleme wie Abtreibung und Euthanasie gehören glücklicherweise für die meisten von uns nicht zu den alltäglichen Entscheidungen. Aber es sind strittige Fragen, die zu einer bestimmten Zeit in unserem Leben auftreten können. Auch sind es Probleme von aktueller Bedeutung, über die jeder und jede aktiv an den gesellschaftlichen Entscheidungsprozessen Beteiligte nachdenken muß.

Das Ausmaß, in dem eine Sache auf nützliche Weise philosophisch diskutiert werden kann, ist abhängig von der Art der Sache. Einige Dinge sind hauptsächlich deshalb kontrovers, weil es Fakten gibt, die umstritten sind. Ob es z. B. erlaubt sein soll, neue Organismen, die unter Verwendung von recombinanter DNA entstanden sind, freizusetzen, scheint weitgehend davon abhängig zu sein, ob die Organismen die Umwelt ernsthaft bedrohen oder nicht. Die Philosophen mögen zwar nicht die Fachkenntnis haben, um diese Frage anzugehen, aber sie sind vielleicht in der Lage, etwas Nützliches darüber zu sagen, ob es akzeptabel ist, ein für die Umwelt gegebenes Risiko einzugehen. In anderen Fällen jedoch herrscht Klarheit über die Fakten, und sie werden von beiden Seiten akzeptiert; es sind widerstreitende ethische Ansichten, die zu Uneinigkeit darüber Anlaß geben, was zu tun sei. Dann kann die Art des Denkens und Analysierens, die die Philosophen praktizieren, tatsächlich einen Unterschied ausmachen. Die Fragen, die in diesem Buch diskutiert werden, sind von der Art, daß in ihnen weniger faktische als vielmehr ethische Uneinigkeit eine Hauptrolle spielt. Der potentielle Beitrag der Philosophen zur Diskussion dieser Themen ist daher beträchtlich.

Dieses Buch hat eine wichtige Rolle bei Ereignissen gespielt, die jedem zu denken geben müssen, der glaubt, die Freiheit des Denkens und der Rede sei heute in den liberalen Demokratien garantiert. Seit seiner Erstveröffentlichung 1979 ist es von weiten Kreisen gelesen und in vielen Universitätsseminaren behandelt worden. Übersetzungen ins Deutsche, Italienische, Japanische, Spanische und Schwedische liegen vor. Die Reaktion war im allgemeinen positiv. Natürlich gibt es viele, die mit den hier vorgetragenen Argumenten nicht einverstanden sind, aber der Widerspruch wurde fast immer rational formuliert – mit Ausnahme der deutschsprachigen Länder. In Deutschland, Österreich, und der Schweiz war die Opposition gegen meine in diesem Buch vertretenen Ansichten so stark, daß Tagungen und Vorlesungen, zu denen ich eingeladen war, abgesagt und Seminare, in denen mein Buch behandelt werden sollte, derart häufig unterbrochen wurden, daß sie schließlich ausfallen mußten. Wer sich für weitere Einzelheiten dieser betrüblichen Geschichte interessiert, sei auf den ausführlichen Bericht im Anhang verwiesen.

Natürlich hat mich der deutsche Widerstand gegen dieses Buch darüber nachdenken lassen, ob die darin geäußerten Ansichten wirklich so falsch und gefährlich sind (wie jedenfalls einige Deutsche zu glauben scheinen), daß sie nicht öffentlich ausgesprochen werden dürfen. Obwohl ein Großteil des deutschen Widerspruchs aus der Unkenntnis meiner Thesen herrührt, ist unterschwellig zu spüren, daß das Buch mit einem Tabu bricht – und vielleicht nicht nur mit einem. Seit Hitler ist es in Deutschland nicht möglich, die Frage der Euthanasie offen zu erörtern, auch nicht, ob ein Menschenleben so elend sein kann, daß es sich nicht zu leben lohnt. Noch grundsätzlicher – und nicht auf Deutschland beschränkt – ist das Tabu, den Wert menschlichen und nichtmenschlichen Lebens miteinander zu vergleichen. Nachdem eine Tagung, auf der ich sprechen sollte, abgesagt war, lancierte der Veranstalter, um sich von meinen Ansichten zu distanzieren, eine Reihe von Verlautbarungen, z. B. derart: »Die Einzigartigkeit des menschlichen Lebens verbietet jeden Vergleich, genauer: jede Gleichsetzung von menschlicher Existenz mit der anderer Lebewesen, mit ihren Lebensformen und Interessen.« Das Leben von Menschen und Tieren zu vergleichen und in einigen Fällen gleichzusetzen, eben dies aber beabsichtigt mein Buch; ja, man kann sagen: wenn es nur einen einzigen Aspekt gibt, der dieses Buch von anderen Ansätzen unterscheidet, die sich mit Themen wie Gleichheit unter Menschen, Abtreibung, Euthanasie und Umwelt befassen, dann ist es die Tatsache, daß bei der Behandlung dieser Themen bewußt die Annahme vermieden wird, alle Mitglieder unserer eigenen Spezies besäßen, nur weil sie eben dieser Spezies angehörten, einen besonderen, eigenen Wert, der sie über die Mitglieder anderer Arten erhebe. Der Glaube an die Überlegenheit des Menschen ist fundamental und beherrscht unser Denken auf vielen umstrittenen Gebieten. Ihn in Frage zu stellen, ist keine Selbstverständlichkeit; geschieht dies aber, dann sollte uns eine heftige Reaktion nicht überraschen.

Haben wir jedoch einmal verstanden, daß der Bruch des Tabus (Vergleich von Menschen und Tieren) für die Proteste verantwortlich ist, dann wird auch klar, daß es kein Zurück gibt. Die Verhinderung von Vergleichen über die Arten hinweg ist aus Gründen, die in den folgenden Kapiteln erörtert werden, philosophisch unhaltbar. Ein derartiges Verhalten würde es auch unmöglich machen, das Unrecht, das wir nichtmenschlichen Lebewesen antun, zu überwinden, und es würde bestimmte Haltungen unterstützen, durch die diesem Planeten unermeßlicher Schaden zugefügt worden ist, d. h. unserer Umwelt, die wir mit den Mitgliedern anderer Arten teilen.

Deshalb habe ich meine Auffassungen, die in den deutschsprachigen Ländern so viel Streit ausgelöst haben, nicht aufgegeben. Mögen sie Gefahren in sich bergen, so sind doch die Gefahren, die drohen, wenn wir die zerbröckelnden Tabus weiter aufrechterhalten, noch größer. Unnötig zu sagen: viele werden nicht einverstanden sein mit dem, was ich sage. Einwände und Gegenargumente sind willkommen. Seit den Tagen Platons hat sich die Philosophie dialektisch entwickelt, indem die Philosophen Gründe dafür angaben, daß sie mit den Ansichten anderer Philosophen nicht übereinstimmten. Nicht-Einverständnis ist gut, weil es den Weg zu einer besser abgesicherten Position weist. Etwas ganz anderes ist es zu verlangen, daß meine Thesen überhaupt nicht diskutiert werden; aber darüber zu befinden, überlasse ich gern den kritischen Lesern der folgenden Kapitel.

Obwohl ich meine Meinung über die am fanatischsten bekämpften Thesen nicht geändert habe, enthält diese revidierte Ausgabe doch viele andere Änderungen. Ich habe zwei neue Kapitel über wichtige moralische Fragen hinzugefügt, die in der 1. Auflage nicht behandelt wurden. Kapitel 9 betrifft das Flüchtlingsproblem, Kapitel 10 die Umweltthematik. Die Abschnitte in Kapitel 6 über Experimente mit Embryos und fötalem Gewebe sind ebenfalls neu. Kapitel 2 enthält einen neuen Abschnitt über Gleichheit und Behindertsein. Jedes Kapitel ist überarbeitet und Faktenmaterial auf den neuesten Stand gebracht worden; wo meine Kritiker mich mißverstanden haben, habe ich mich um größere Klarheit bemüht.

Was meine moralischen Grundüberzeugungen betrifft, so werden es einige meiner Freunde und Kollegen bedauerlich finden, daß ich mich trotz stundenlanger Diskussionen von meinem konsequentialistischen Ansatz nicht habe abbringen lassen. Gegenüber der 1. Auflage hat es allerdings zwei wichtige Änderungen hinsichtlich der Form des Konsequentialismus gegeben. Erstens mache ich mir R. M. Hares Ansicht in seinem Buch *Moral Thinking* zu eigen, der zwei Ebenen moralischen Argumentierens unterscheidet: die alltägliche, intuitive Ebene und die mehr reflexive, kritische Ebene. Zweitens habe ich den versuchsweise in Kapitel 5 der 1. Auflage geäußerten Vorschlag fallengelassen, der darauf abzielte, die beiden Versionen des Utilitarismus (die »totale« und die der »vorherigen Existenz«) zu kombinieren, indem man erstere auf empfindungsfähige Wesen anwendet, die nicht-selbstbewußt sind, und letztere auf solche, die es sind. Jetzt meine ich, daß der Präferenz-Utilitarismus eine hinreichend scharfe Trennlinie zwischen diesen beiden Seinskategorien zieht und daß wir dadurch in die Lage versetzt werden, eine einzige Version des Utilitarismus auf alle empfindungsfähigen Wesen anzuwenden. Dennoch bin ich noch nicht recht zufrieden mit der Behandlung der ganzen Frage, wie wir uns bei moralischen Wahlmöglichkeiten verhalten sollen, wenn es darum geht, einem oder mehreren Wesen zur Existenz zu verhelfen. Wie die Kapitel 4 bis 7 zeigen, hat die Art und Weise der Beantwortung dieser schwierigen Frage Folgerungen für die Themen Abtreibung, Behandlung schwerstbehinderter Neugeborener und das Töten von Tieren. Inzwischen ist die bisher detaillierteste und weitsichtigste Analyse dieses Problems in Gestalt von Derek Parfits Buch *Reasons and Persons* erschienen. Leider ist Parfit über die von ihm aufgeworfene Frage selbst so verwirrt, daß er lediglich zu dem Schluß kommt, die Suche nach der »Theorie X« – einer befriedigenden Möglichkeit, die Frage zu beantworten – müsse weitergehen. Man darf also vielleicht nicht erwarten, daß sich in diesem schlankeren und zugleich thematisch weiter gefaßten Band eine befriedigende Lösung abzeichnet.

In diesem Buch habe ich ausgiebigen Gebrauch von meinen früher veröffentlichten Büchern und Aufsätzen gemacht. Kapitel 3 etwa basiert auf *Animal Liberation* (New York: New York Review / Random House, 2. Auflage 1990; dt. *Befreiung der Tiere*, übers. von Elke VomScheidt, München: F. Hirthammer, 1982), nimmt aber zu vielen Einwänden Stellung, die seit dem ersten Erscheinen des Buches 1975 geäußert wurden. Die Abschnitte in Kapitel 6 über In-Vitro-Befruchtung, das Argument von der Potentialität, Experimente mit Embryos und die Verwendung von fötalem Gewebe sind übernommen aus der gemeinsamen Arbeit mit Karen Dawson, die als »IVF and the Argument From Potential«, in: *Philosophy and Public Affairs* 17 (1988), und in: Peter Singer, Helga Kuhse u. a., *Embryo Experimentation*, Cambridge: Cambridge University Press, 1990, veröffentlicht wurde. Kapitel 7 enthält jetzt wichtige Punkte, die ich mit Helga Kuhse bei unserer ausführlichen Behandlung des Euthanasie-Problems im Hinblick auf schwerbehinderte Neugeborene erarbeitet habe (vgl. *Should the Baby Live?*, Oxford: Oxford University Press, 1985; dt. *Muß dieses Kind am Leben bleiben?*, Erlangen: Harald Fischer, 1993). Kapitel 8 resümiert Argumente aus »Famine, Affluence and Morality«, in: *Philosophy and Public Affairs* 1 (1972), und aus »Reconsidering the Famine Relief Argument«, in: *Food Policy: The Responsibility of the United States in the Life and Death Choices*, hrsg. von Peter Brown und Henry Shue, New York: The Free Press, 1977. Kapitel 9 basiert auf einem Aufsatz, den ich zusammen mit meiner Frau Renata Singer geschrieben habe, erstveröffentlicht als »The Ethics of Refugee Policy«, in: *Open Borders? Closed Societies?*, hrsg. von Michael Gibney, New York: Greenwood Press, 1988. Kapitel 10 geht zurück auf »Environmental Values«, geschrieben für den Sammelband *The Environmental Challenge*, hrsg. von Ian Marsh, Melbourne: Longman Cheshire, 1991. Teile von Kapitel 11 finden sich in meinem ersten Buch *Democracy and Disobedience*, Oxford: Clarendon Press, 1973.

H. J. McCloskey, Derek Parfit und Robert Young haben einen Entwurf dieses Buches mit nützlichen Kommentaren versehen. Mit Robert Youngs Ideen wurde ich auch in einem früheren Stadium vertraut, als wir gemeinsam einen Kurs über diese Probleme an der La Trobe-Universität hielten. Besonders das Kapitel über Euthanasie verdankt seinen Ideen eine Menge, obwohl er vielleicht nicht mit allem einverstanden ist. Wenn ich noch weiter zurückgehe, so ist mein Interesse an Ethik von H. J. McCloskey geweckt worden, den ich während meiner Studienzeit als Lehrer haben durfte. Der Einfluß von R. M. Hare, der mein Lehrer in Oxford war, ist wiederum in den ethischen Fundamenten ersichtlich, die der in diesem Buch vertretenen Position zugrunde liegen. Jeremy Mynott von Cambridge University Press ermutigte mich, das Buch zu schreiben, und half mir anschließend bei der Gestaltung und bei Verbesserungen.

Für die Hilfe bei der 2. Auflage habe ich denen zu danken, mit denen ich das hier eingefügte Material erarbeitet habe: Karen Dawson, Helga Kuhse und Renata Singer. Vor allem Helga Kuhse hat mir in den letzten zehn Jahren als Kollegin nahegestanden, und ich habe viel aus den gemeinsamen Diskussionen über die meisten hier behandelten Themen gelernt. Sie hat auch verschiedene Kapitel der revidierten Fassung kritisch gelesen. Paola Cavalieri hat das gesamte neue Manuskript im einzelnen durchgesehen, und ich danke ihr für verschiedene Verbesserungsvorschläge. Natürlich gibt es viele andere, die die 1. Auflage mit Kritik bedacht und mich veranlaßt haben, manche Punkte neu zu durchdenken.

14   *Vorwort*

Ihnen allen zu danken ist unmöglich; einigen wenigen zu danken wäre ungerecht. Diesmal war es Terence Moore von Cambridge University Press, dessen Begeisterung für das Buch mich dazu anregte, die Überarbeitung durchzuführen. Helga Kuhse, Udo Schüklenk und Cora Singer haben Teile der Übersetzung gelesen und verbessert, und ich danke ihnen dafür. Karin Karcher hat die gesamte Übersetzung sorgfältig gelesen und viele wichtige Verbesserungen vorgeschlagen; für ihre große Mühe kann ich ihr kaum genug danken.

Um einen übersichtlichen Text zu bieten, wurden die Anmerkungen sowie die Verweise auf zitierte Bücher und weiterführende Lektüre am Ende des Buches zusammengefaßt.

1
Über Ethik

Dieses Buch handelt von der praktischen Ethik, das heißt der Anwendung der Ethik oder Moral – ich werde die Wörter so verwenden, daß sie austauschbar sind – auf praktische Probleme, wie die Behandlung ethnischer Minderheiten, Gleichheit für Frauen, die Nutzung von Tieren zu Ernährungs- und Forschungszwecken, die Erhaltung der natürlichen Umwelt, Abtreibung, Euthanasie und die Verpflichtung der Wohlhabenden, den Armen zu helfen. Zweifellos wird der Leser ohne Verzug zu diesen Themen übergehen wollen; doch gibt es einige Präliminarien, die gleich zu Beginn behandelt werden müssen. Um *innerhalb* der Ethik eine brauchbare Diskussion führen zu können, ist es notwendig, ein wenig *über* Ethik zu reden, damit wir klar verstehen, was wir tun, wenn wir ethische Fragen diskutieren. Dieses erste Kapitel steckt den Rahmen für den Rest des Buches ab. Um zu verhindern, daß es sich zu einem eigenen Band auswächst, ist es kurz gehalten. Wenn es gelegentlich dogmatisch klingt, so liegt das daran, daß ich nicht so weit ausholen kann, um all die unterschiedlichen Ethik-Konzepte zu erwägen, die demjenigen entgegenstehen mögen, das ich hier vertreten werde; dieses Kapitel wird aber zumindest dazu dienen, die Voraussetzungen aufzuzeigen, auf denen der Rest des Buches basiert.

Was Ethik nicht ist

Viele denken, Moral sei unzeitgemäß. Sie betrachten Moral als ein System widerwärtiger puritanischer Verbote, das hauptsächlich dazu bestimmt ist, zu unterbinden, daß Menschen ihr Vergnügen haben. Traditionelle Moralisten erhe-

ben den Anspruch, Hüter der Moral im allgemeinen zu
sein, aber in Wirklichkeit verteidigen sie nur einen einzelnen Moralkodex. Sie dürfen den Bereich in einem solchen
Ausmaß für sich reklamieren, daß eine Schlagzeile wie »Bischof attackiert sinkende Moral« in uns immer wieder die
Erwartung weckt, es gebe etwas über Promiskuität, Homosexualität, Pornographie usw. zu lesen, und nicht etwas
über die kümmerlichen Beträge, die wir zur Linderung der
Not den ärmeren Völkern der Dritten Welt zur Verfügung
stellen, oder über unsere erbärmliche Gleichgültigkeit gegenüber der natürlichen Umwelt unseres Planeten.

Erstens ist also Ethik nicht so etwas wie eine Verbotstafel
für den Sexualbereich. Auch im AIDS-Zeitalter wirft Sex
keine singulären moralischen Probleme auf. Entscheidungen über Sex können Erwägungen über Aufrichtigkeit,
Rücksicht auf andere oder Klugheit usw. einschließen, aber
es gibt in dieser Hinsicht nichts Spezielles, denn dasselbe
ließe sich zu Entscheidungen sagen, die das Autofahren betreffen. (Tatsächlich sind die moralischen Probleme, zu denen das Autofahren Anlaß gibt, sowohl vom Standpunkt
der Umwelt als auch dem der Sicherheit, viel schwerwiegender als Probleme, die sich daraus ergeben, daß man sich
sexuell betätigt.) Dieses Buch enthält demgemäß keine
Diskussion der Sexualmoral. Es gibt wichtigere Fragen
der Ethik, die zu bedenken sind.

Zweitens ist Ethik nicht ein ideales System, das zwar edel in
der Theorie, aber untauglich in der Praxis wäre. Das Gegenteil kommt der Wahrheit näher; ein ethisches Urteil, das für
die Praxis nichts taugt, muß gleichermaßen an einem theoretischen Defekt leiden, denn der ganze Zweck moralischer
Urteile liegt darin, die Praxis anzuleiten.

Man denkt zuweilen, Ethik sei nicht anwendbar auf die
wirkliche Welt, weil man glaubt, sie sei ein System von kurzen und einfachen Regeln wie »Lüg nicht«, »Stiehl nicht«
und »Töte nicht«. Es ist nicht überraschend, daß diejenigen,
die ein solches Ethik-Modell haben, auch glauben müssen,

Ethik sei den Komplexitäten des Lebens nicht angemessen. In ungewöhnlichen Fällen geraten einfache Regeln miteinander in Konflikt; und selbst wenn sie es nicht tun – einer Regel folgen kann Unheil bringen. Es mag normalerweise unrecht und falsch sein zu lügen, aber wenn man in Nazi-Deutschland leben würde und die Gestapo erschiene vor der Tür, um nach Juden zu fahnden, so wäre es sicher richtig, die Existenz der jüdischen Familie, die sich auf dem Dachboden versteckt hält, zu leugnen.

Wie das Versagen einer restriktiven Sexualmoral darf man auch das Versagen einer Ethik der einfachen Regeln nicht als Versagen der Ethik insgesamt auffassen. Es handelt sich nur um den Mangel *einer* Auffassung von Ethik, und keineswegs um ein nicht wiedergutzumachendes Versagen dieser Auffassung. Diejenigen, die glauben, Ethik sei ein System von Regeln – die Deontologen –, können ihre Position retten, indem sie kompliziertere und spezifischere Regeln finden, die nicht miteinander in Konflikt geraten, oder indem sie die Regeln in irgendeine hierarchische Struktur einreihen, um Konflikte zwischen ihnen aufzulösen. Ferner gibt es einen alten Ansatz in der Ethik, der von den Verwicklungen, die die Anwendung einfacher Regeln erschweren, überhaupt nicht berührt wird. Dies ist die teleologische oder konsequentialistische Auffassung. Konsequentialisten beginnen nicht mit Regeln, sondern mit Zielen. Sie beurteilen Handlungen nach dem Ausmaß, in dem sie diese Ziele fördern. Die bekannteste, obwohl nicht die einzige konsequentialistische Theorie ist der Utilitarismus. Der klassische Utilitarist betrachtet eine Handlung als richtig, wenn sie ebensoviel oder mehr Zuwachs an Glück für alle Betroffenen produziert als jede andere Handlung, und als falsch, wenn sie das nicht tut.

Die Konsequenzen einer Handlung variieren, je nach den Umständen, unter denen sie vollzogen wird. Daher kann ein Utilitarist eigentlich nie eines Mangels an Realitätssinn oder einer rigiden Befolgung von Idealen unter Mißachtung

praktischer Erfahrung bezichtigt werden. Ein Utilitarist
wird Lügen unter gewissen Umständen als gut, unter anderen als schlecht beurteilen, je nach den Folgen.
Drittens ist die Ethik nicht etwas, das nur im Kontext der
Religion verständlich wäre. Ich werde Ethik völlig unabhängig von Religion behandeln.
Einige Theisten sagen, Ethik komme nicht ohne Religion
aus, denn »gut« bedeute im Grunde nichts anderes als »was
Gott billigt«. Platon widerlegte eine ähnliche Behauptung
vor mehr als zweitausend Jahren mit dem Argument: falls
die Götter irgendwelche Handlungen billigten, so täten sie
das nur deshalb, weil diese Handlungen gut seien; in diesem
Fall könne es nicht die Billigung durch die Götter sein, die
die Handlungen gut mache. Die alternative Ansicht macht
göttliche Billigung zu einer Angelegenheit völliger Willkür:
hätten die Götter zufällig die Folter gebilligt und die Hilfe
für unsere Nachbarn mißbilligt, so wäre Folter gut und
nachbarliche Hilfe schlecht. Einige moderne Theisten haben
versucht, sich aus dieser Art Dilemma herauszuwinden, indem sie behaupten, Gott sei gut und könne somit die Folter
unmöglich billigen; doch diese Theisten sind in ihre eigene
Falle geraten. Denn was könnten sie meinen mit der
Behauptung, Gott sei gut? Daß Gott von Gott gebilligt
wird?
Das wichtigere Verbindungsglied zwischen Religion und
Ethik bestand traditionell darin, daß man dachte, die Religion liefere uns einen Grund dafür, das Richtige zu tun,
nämlich die Belohnung durch ewige Seligkeit für die Tu-
gendhaften und Höllenpein für alle anderen. Nicht alle religiösen Denker haben das akzeptiert: Immanuel Kant, ein
gläubiger Christ, verschmähte alles, was den Geruch selbst-
süchtiger Motive für die Befolgung des moralischen Gesetzes hat. Er sagte, wir müßten es um seiner selbst willen befolgen. Doch wir müssen nicht Kantianer sein, um auf die
von der traditionellen Religion angebotene Motivation zu
verzichten. Das Denken, das die Quelle der Ethik in den

Haltungen von Wohlwollen und Mitgefühl findet, wie sie
die meisten Menschen besitzen, hat eine lange Geschichte.
Dies ist allerdings ein komplexes Thema, und weil es im
letzten Kapitel dieses Buches behandelt wird, werde ich es
hier nicht weiter verfolgen. Es genügt, daß die alltägliche
Beobachtung unserer Mitmenschen klar zeigt, daß ethisches
Verhalten nicht den Glauben an Himmel und Hölle verlangt.

Die vierte und letzte Behauptung im Hinblick auf die
Ethik, die ich in diesem ersten Kapitel zurückweisen werde,
lautet, daß Ethik relativ oder subjektiv sei. Zumindest
werde ich diese Behauptung in einigen häufig geäußerten
Hinsichten bestreiten. Dieser Punkt erfordert eine ausführlichere Diskussion als die anderen drei.

Nehmen wir uns zuerst die oft vertretene Ansicht vor,
Ethik sei bedingt durch die Gesellschaft, in der man zufällig
lebt. Das ist in einem Sinn wahr, und in einem anderen
falsch. Wie wir soeben in der Diskussion des Konsequentialismus gesehen haben, ist es wahr, daß Handlungen, die wegen ihrer guten Folgen in der einen Situation richtig sind, in
einer anderen Situation wegen ihrer schlechten Folgen
falsch sein können. So ist vielleicht lockerer Sexualverkehr
falsch, wenn er zu Kindern führt, für die nicht angemessen
gesorgt werden kann, und nicht falsch, wenn er wegen der
Existenz wirksamer empfängnisverhütender Mittel die Zeugung von Kindern ausschließt. Aber dies ist nur eine oberflächliche Form von Relativismus. Während dadurch nahe-
gelegt wird, ein spezifisches Prinzip wie »Lockerer Sexualverkehr ist falsch« könne auf Zeit und Raum bezogen sein,
so wird damit nicht geleugnet, daß ein solches Prinzip unter
gewissen spezifischen Umständen objektiv gültig sein kann
oder daß ein allgemeineres Prinzip wie »Tu, was Glück vermehrt und Leiden vermindert« allgemein anwendbar ist.

Die grundlegendere Form von Relativismus wurde im
19. Jahrhundert populär, als Fakten über die moralischen
Überzeugungen und Gewohnheiten entlegener Gesellschaf-

ten bekannt wurden. Für das strenge Regiment viktorianischer Prüderie lag in dem Wissen, daß es Gegenden gebe, in denen sexuelle Beziehungen zwischen unverheirateten Leuten als vollkommen positiv betrachtet wurden, der Keim zur sexuellen Revolution. Das neue Wissen – und das ist nicht weiter überraschend – ließ manche zu der Ansicht gelangen, daß nicht nur der Moralkodex des 19. Jahrhunderts keine objektive Gültigkeit besitze, sondern daß ein moralisches Urteil lediglich die Gewohnheiten der Gesellschaft widerspiegele, in der es sich äußert.

Marxisten übernahmen diese Form von Relativismus für ihre eigenen Theorien. Die herrschenden Ideen jeder Epoche, sagten sie, sind die Ideen ihrer herrschenden Klasse, somit ist die Moral einer Gesellschaft bedingt durch ihre vorherrschende ökonomische Klasse, und daher ist sie indirekt bedingt durch ihre ökonomische Basis. So widerlegten sie triumphierend die Ansprüche der feudalen und bürgerlichen Moral auf objektive, universale Gültigkeit. Aber damit entsteht ein Problem: Wenn alle Moral relativ ist, was ist dann so Besonderes am Kommunismus? Warum soll man für das Proletariat Partei ergreifen, und nicht für die Bourgeoisie?

Engels behandelte dieses Problem in der einzig denkbaren Weise, indem er den Relativismus aufgab zugunsten der bescheideneren Behauptung, daß die Moral einer Klassengesellschaft immer durch die herrschende Klasse bedingt sei, obwohl die Moral einer klassenlosen Gesellschaft eine »wirklich humane« Moral sein könne. Das ist zwar kein Relativismus mehr, aber der Marxismus gibt immer noch auf etwas unklare Weise Anstoß zu einer Reihe verschwommener relativistischer Ideen.

Das Problem, das Engels dazu führte, den Relativismus aufzugeben, schlägt ebenso auf den gewöhnlichen ethischen Relativismus zurück. Wer je eine schwierige ethische Entscheidung durchdacht hat, weiß, daß mit der Kenntnis dessen, was unsere Gesellschaft von uns erwartet, die Entscheidung noch nicht getroffen ist. Wir müssen selbst die Entscheidung treffen. Die Überzeugungen und Gewohnheiten, mit denen wir aufwachsen, mögen uns stark beeinflussen, aber sobald wir über sie nachzudenken beginnen, können wir entscheiden, ob wir nach ihnen handeln oder nicht.

Die entgegengesetzte Ansicht – daß die Ethik immer auf eine besondere Gesellschaft bezogen sei – hat höchst unplausible Konsequenzen. Wenn unsere Gesellschaft die Sklaverei mißbilligt, während eine andere die Sklaverei billigt, haben wir keine Grundlage, um zwischen diesen widerstreitenden Meinungen zu wählen. Einer relativistischen Analyse gemäß besteht sogar überhaupt kein Konflikt – wenn ich behaupte, Sklaverei sei falsch, dann behaupte ich lediglich, daß meine Gesellschaft die Sklaverei mißbilligt, und wenn Sklavenhalter der anderen Gesellschaft meinen, Sklaverei sei richtig, dann sagen sie damit bloß das, was ihre Gesellschaft billigt. Weshalb sich darüber streiten? Offensichtlich können wir beide recht haben.

Noch schlimmer, der Relativist hat keine befriedigende Erklärung für den Nonkonformisten. Wenn »Sklaverei ist falsch« so viel bedeutet wie »Meine Gesellschaft mißbilligt Sklaverei«, dann macht sich ein Gegner der Sklaverei in einer Gesellschaft, die die Sklaverei nicht mißbilligt, eines einfachen faktischen Irrtums schuldig. Eine Meinungsumfrage könnte den Irrtum eines moralischen Urteils beweisen. Mögliche Reformer sind daher in einer schlimmen Lage: machen sie sich daran, die ethischen Anschauungen ihrer Mitbürger zu verändern, so sind sie *notwendig* im Irrtum; nur wenn es ihnen gelingt, die Mehrheit der Gesellschaft für ihre Ansichten zu gewinnen, dann werden diese Ansichten richtig.

Diese Schwierigkeiten genügen, um den ethischen Relativismus scheitern zu lassen; der ethische Subjektivismus vermeidet es zumindest, die tapferen Bemühungen von möglichen Moralreformern als sinnlos zu diskreditieren, denn er macht ethische Urteile abhängig von der Billigung und

Mißbilligung der Person, die urteilt, und nicht so sehr von
der Gesellschaft, in der diese Person lebt. Es gibt allerdings
andere Schwierigkeiten, die zumindest einige Formen des
ethischen Subjektivismus nicht überwinden können.

Wenn die ethischen Subjektivisten meinen, meine Behauptung, Grausamkeit gegen Tiere sei unrecht und falsch, be-
sage lediglich, daß ich Grausamkeit gegen Tiere mißbillige,
so werden sie mit einer der Schwierigkeiten des Relativismus in zugespitzter Form konfrontiert: mit der Unfähigkeit, der Uneinigkeit in ethischen Fragen Rechnung zu tragen. Was für die Relativisten in bezug auf die Uneinigkeit
zwischen Menschen verschiedener Gesellschaften galt, das
gilt für die Subjektivisten in bezug auf die Uneinigkeit
zweier beliebiger Menschen. Ich sage, Grausamkeit gegen
Tiere sei unrecht; jemand anders sagt, sie sei nicht unrecht.
Falls dies bedeutet, daß ich Tierquälerei mißbillige und ein
anderer es nicht tut, so mögen beide Sätze wahr sein, und es
gibt nichts weiter zu argumentieren.

Andere Theorien, die oft als »subjektivistisch« bezeichnet
werden, sind diesem Einwand nicht ausgesetzt. Angenommen, jemand behauptet, moralische Urteile seien weder
wahr noch falsch, weil sie nichts beschreiben – weder objektive moralische Tatsachen, noch eigene subjektive geistige
Zustände. Nach dieser Theorie würden, wie C. L. Stevenson
meinte, moralische Urteile eher Haltungen ausdrücken, als
daß sie sie beschreiben, und wir widersprächen einander in
Fragen der Moral, weil wir versuchen, unsere Zuhörer, indem wir unsere eigenen Haltungen zum Ausdruck bringen,
zu einer ähnlichen Haltung zu bewegen. Oder es könnte so
sein, wie R. M. Hare nachdrücklich behauptete, daß moralische Urteile Vorschriften und daher enger mit Befehlen verwandt seien als mit Tatsachenbehauptungen. Nach dieser
Auffassung widersprächen wir einander, weil wir uns darum kümmern, was die Menschen tun. Jene Elemente des
ethischen Arguments, die die Existenz objektiver moralischer Maßstäbe implizieren, können wegerklärt werden, in-

dem man sie als eine Art von Irrtum qualifiziert – etwa als Erbe des Glaubens, Ethik sei ein gottgegebenes Gesetzessystem, oder vielleicht nur als ein weiteres Beispiel für unser Streben, persönliche Wünsche und Vorlieben zu objektivieren. J. L. Mackie hat diese Ansicht vertreten.

Dies sind plausible Ansätze zur Ethik, vorausgesetzt, sie werden sorgfältig unterschieden von der grobschlächtigen Form des Subjektivismus, der moralische Urteile als Beschreibungen der Haltungen des Sprechenden ansieht. Darin, daß sie einen Bereich von moralischen Fakten bestreiten, der Teil der realen Welt ist und ganz unabhängig von uns existiert, haben sie zweifellos recht; aber folgt daraus, daß moralische Urteile gegen Kritik immun sind, daß es für Vernunft und Argumentation in der Ethik keinen Platz gibt und jedes moralische Urteil, vom Standpunkt der Vernunft, ebenso gut ist wie irgendein anderes? Ich glaube nicht, daß das so ist, und keiner der drei oben erwähnten Philosophen bestreitet, daß Vernunft und Argumentation in der Ethik eine Rolle spielen, obwohl sie sich über die Bedeutung dieser Rolle nicht einig sind.

Die Frage nach der möglichen Rolle der Vernunft in der Ethik ist das entscheidende Problem, das durch die Behauptung, Ethik sei subjektiv, aufgeworfen wurde. Die Nicht-Existenz eines mysteriösen Reiches objektiver moralischer Tatsachen bedeutet nicht die Nicht-Existenz moralischer Diskussion. Die könnte sogar hilfreich sein; denn wenn wir zu ethischen Urteilen nur dadurch gelangen könnten, daß wir diese seltsamen ethischen Tatsachen intuitiv erfassen, so wäre ethisches Argumentieren noch schwieriger. Um die praktische Ethik auf eine gesunde Grundlage zu stellen, muß man also zeigen, daß eine moralische Diskussion möglich ist. Hier könnte man versucht sein, einfach zu sagen, der Beweis des Puddings liege darin, daß man ihn esse, und der Beweis, daß eine rationale Diskussion in der Ethik möglich sei, finde sich in den übrigen Kapiteln dieses Buches; aber das ist nicht völlig befriedigend. Von einem theoretischen Standpunkt aus ist es unbefriedigend, weil wir dann vielleicht unversehens über Ethik diskutieren, ohne daß uns klar wäre, wie wir dazu gekommen sind; und von einem praktischen Standpunkt aus ist es deshalb unbefriedigend, weil unsere Diskussion wahrscheinlich eher in die Irre geht, wenn wir nicht ihre Grundlagen verstehen. Ich werde daher versuchen, einiges darüber zu sagen, wie wir in der Ethik argumentieren können.

Was Ethik ist: eine Auffassung

Das Folgende ist die Skizze einer Auffassung von Ethik, die der Vernunft eine wichtige Rolle in moralischen Entscheidungen zugesteht. Es ist nicht die einzig mögliche Auffassung von Ethik, aber es ist eine, die plausibel ist. Wiederum werde ich jedoch über Einschränkungen und Einwände hinweggehen müssen, die ein eigenes Kapitel wert wären. Wer aber glaubt, diese undiskutierten Einwände würden meine Position widerlegen, dem kann ich wiederum nur sagen, daß dieses ganze Kapitel lediglich als eine Darlegung der Annahmen behandelt werden sollte, die diesem ganzen Buch zugrunde liegen. Auf diese Weise wird es zumindest zu einer klaren Anschauung dessen verhelfen, was ich unter Ethik verstehe.

Was heißt das, ein moralisches Urteil zu fällen, eine ethische Frage zu diskutieren oder nach moralischen Wertmaßstäben zu leben? Wie unterscheiden sich moralische Urteile von anderen praktischen Urteilen? Weshalb betrachten wir die Entscheidung einer Frau, einen Schwangerschaftsabbruch vornehmen zu lassen, als moralische Angelegenheit, nicht aber ihre Entscheidung, den Beruf zu wechseln? Was ist der Unterschied zwischen einer Person, die nach moralischen Maßstäben lebt, und einer Person, die das nicht tut?

Alle diese Fragen sind miteinander verwandt, wir müssen somit nur eine von ihnen erwägen; dazu müssen wir freilich noch etwas über das Wesen der Ethik sagen. Angenommen, wir hätten das Leben einer Anzahl verschiedener Menschen studiert, und wir wüßten eine Menge darüber, was sie tun, glauben usw. Können wir unter diesen Voraussetzungen entscheiden, welche von ihnen nach moralischen Maßstäben leben und welche nicht? Man könnte meinen, hier sei so vorzugehen, daß man feststellt, wer von ihnen es für falsch hält, zu lügen, betrügen, stehlen usw., und nichts davon tut, und wer solche Überzeugungen nicht hat und keinerlei derartige Zurückhaltung bei seinen Handlungen zeigt. Dann würden diejenigen in der ersten Gruppe moralischen Maßstäben gemäß leben und die in der zweiten Gruppe nicht. Aber mit diesem Vorgehen werden fälschlicherweise zwei Unterscheidungen einander angeglichen: die erste ist die Unterscheidung zwischen Leben gemäß den (nach unserem Urteil) richtigen moralischen Maßstäben und Leben gemäß (nach unserem Urteil) verfehlten moralischen Maßstäben; die zweite ist die Unterscheidung zwischen Leben gemäß irgendwelchen moralischen Maßstäben und Leben ohne jegliche moralische Maßstäbe. Diejenigen, die lügen und betrügen, aber nicht glauben, daß das, was sie tun, falsch sei, können nach moralischen Maßstäben leben. Sie glauben vielleicht, daß es, aus irgendeinem von einer ganzen Anzahl möglicher Gründe, richtig sei, zu lügen, betrügen, stehlen usw. Sie leben nicht nach konventionellen moralischen Maßstäben, aber möglicherweise nach irgendwelchen anderen moralischen Maßstäben.

Dieser erste Versuch, Ethisches von Nicht-Ethischem zu unterscheiden, war verfehlt, aber wir können aus unseren Fehlern lernen. Wir fanden, daß wir zugestehen müssen, daß diejenigen, die unkonventionelle moralische Überzeugungen haben, immer noch nach moralischen Maßstäben leben, *sofern sie aus irgendeinem Grunde glauben, es sei richtig, so zu handeln.* Diese kursiv hervorgehobene Bedingung gibt uns einen Fingerzeig für die Antwort, die wir suchen. Der Begriff des Lebens nach moralischen Maßstäben ist mit

dem Begriff des Verteidigens der eigenen Lebensweise oder
der Argumentation für die eigene Lebensweise oder mit
ihrer Rechtfertigung verknüpft. Daher können Menschen
alles tun, was wir als falsch betrachten, und doch nach moralischen Maßstäben leben, falls sie bereit sind, das, was sie
tun, zu verteidigen und zu rechtfertigen. Wir mögen die
Rechtfertigung unangemessen finden und die Handlung für
falsch halten, aber der Rechtfertigungsversuch, ob angemessen oder nicht, genügt, um das Verhalten der Person in den
Bereich des Ethischen im Gegensatz zum Nicht-Ethischen
zu versetzen. Umgekehrt können wir, wenn gewisse Menschen überhaupt keine Rechtfertigung für ihr Tun vorbringen können, ihren Anspruch zurückweisen, nach moralischen Maßstäben zu leben, selbst wenn das, was sie tun,
nach konventionellen moralischen Prinzipien geschieht.
Wir können noch weiter gehen. Wenn wir bereit sind, zu
akzeptieren, daß eine Person nach moralischen Maßstäben
lebt, muß die Rechtfertigung von einer ganz bestimmten
Art sein. So wird zum Beispiel eine Rechtfertigung ausschließlich in Begriffen des Eigeninteresses nicht hinrei-
chen. Wenn Macbeth den Mord an Duncan plant und zugibt, daß nur »hochschnellender Ehrgeiz« ihn zu dieser
Handlung treibt, dann gibt er zu, daß die Handlung moralisch nicht gerechtfertigt werden kann. »So daß ich König
sein kann an seiner Stelle« ist nicht einmal ein schwacher
Versuch zu einer Rechtfertigung des politischen Mordes; es
ist überhaupt kein Grund, der als moralische Rechtfertigung zählt. Von Handlungen aus Eigeninteresse muß sich
zeigen lassen, daß sie mit Prinzipien verträglich sind, die auf
einer breiteren ethischen Basis beruhen, wenn sie moralisch
vertretbar sein sollen; denn der Begriff der Ethik enthält die
Vorstellung von etwas Größerem, als es das Individuum ist.
Wenn ich mein Verhalten mit moralischen Gründen vertreten will, kann ich mich nicht nur auf die Vorteile beziehen,
die es mir bringt. Ich muß mich an ein größeres Publikum
wenden.

Seit alters haben Philosophen und Moralisten der Idee Ausdruck verliehen, ethisches Verhalten sei von einem Standpunkt aus akzeptabel, der irgendwie universal sei. Die »Goldene Regel«, die man Moses zuschreibt – sie findet sich im Buch Leviticus und ist dann von Jesus wiederholt worden –, heißt uns, über unsere eigenen persönlichen Interessen hinauszugehen und »deinen Nächsten zu lieben wie dich selbst« – mit anderen Worten, den Interessen anderer dieselbe Bedeutung beizumessen wie den eigenen. Dieselbe Idee, sich in die Lage eines anderen zu versetzen, ist in dem christlichen Gebot enthalten, daß wir anderen tun, wie wir möchten, daß sie uns tun. Die Stoiker waren der Ansicht, die Ethik sei von einem universalen Naturgesetz abgeleitet. Kant entfaltete diese Idee in seiner berühmten Formel: »Handle nur nach derjenigen Maxime, durch die du zugleich wollen kannst, daß sie ein allgemeines Gesetz werde«. Kants Theorie wiederum wurde von R. M. Hare modifiziert und weiterentwickelt, der Universalisierbarkeit als ein logisches Merkmal moralischer Urteile betrachtet. Die britischen Philosophen des 18. Jahrhunderts, Hutcheson, Hume und Adam Smith, beriefen sich auf einen imaginären »unparteiischen Betrachter«, um moralische Urteile zu prüfen, und diese Theorie findet ihre moderne Version in der Theorie des idealen Beobachters. Utilitaristen von Jeremy Bentham bis zu J. J. C. Smart betrachten es als Axiom, daß bei der Entscheidung moralischer Streitfragen »jeder als einer zählt und keiner für mehr als einen«; während John Rawls, ein führender zeitgenössischer Kritiker des Utilitarismus, seiner Theorie im wesentlichen dasselbe Axiom einverleibt, indem er grundlegende ethische Prinzipien aus einer imaginären Wahl ableitet, in der die Wählenden nicht wissen, ob sie durch die Prinzipien, die sie auswählen, gewinnen oder verlieren werden. Selbst kontinentaleuropäische Philosophen wie der Existentialist Jean-Paul Sartre und ein Vertreter der Kritischen Theorie wie Jürgen Habermas, die in vielen Hinsichten von ihren englischsprachigen

Kollegen abweichen – und sich auch voneinander unterscheiden –, stimmen darin überein, daß Ethik in irgendeinem Sinn universal ist.

Man könnte über die Vorzüge einer jeden dieser Ethik-Charakterisierungen endlos streiten; aber was sie gemeinsam haben, ist wichtiger als ihre Unterschiede. Sie stimmen darin überein, daß ein moralisches Prinzip nicht in bezug auf irgendeine parteiische oder partikuläre Gruppe gerechtfertigt werden kann. Ethik nimmt einen universalen Standpunkt ein. Dies bedeutet nicht, daß ein einzelnes moralisches Urteil universal anwendbar sein muß. Je nach den Umständen ändern sich die Gründe, wie wir gesehen haben. Es bedeutet vielmehr, daß wir dort, wo wir moralische Urteile fällen, über unsere eigenen Neigungen und Abneigungen hinausgehen. Von einem moralischen Standpunkt aus betrachtet ist die Tatsache unerheblich, daß ich es bin, der beispielsweise von einer gleichmäßigeren Einkommensverteilung profitiert, und daß du es bist, der dabei verliert. Die Ethik verlangt von uns, daß wir über »Ich« und »Du« hinausgehen hin zu dem universalen Gesetz, dem universalisierbaren Urteil, dem Standpunkt des unparteiischen Betrachters oder idealen Beobachters, oder wie immer wir es nennen wollen.

Können wir von diesem universalen Aspekt der Ethik aus eine ethische Theorie herleiten, deren Führung wir uns im Hinblick auf Richtig und Falsch anvertrauen dürfen? Von den Stoikern bis hin zu Hare und Rawls haben das die Philosophen versucht. Kein Versuch wurde allgemein akzeptiert. Das Problem besteht darin: Wenn wir den universalen Aspekt der Ethik in bloßen formalen Begriffen beschreiben, sind mit dieser Vorstellung von Universalität eine ganze Reihe von ethischen Theorien vereinbar, darunter auch solche, die miteinander ganz und gar unverträglich sind. Halten wir andererseits unsere Beschreibung des universalen Aspekts so, daß sie uns unvermeidlich zu einer einzelnen ethischen Theorie führt, so wird man uns vorwerfen, wir

wollten unsere eigenen moralischen Überzeugungen in die
Definition des Ethischen hineinschmuggeln – und diese
Definition sollte ja weit genug und neutral genug sein, um
alle ernsthaften Kandidaten für den Status einer »ethischen
Theorie« zu umfassen. Wo so viele andere an diesem Hindernis, aus dem universalen Aspekt der Ethik eine ethische
Theorie herzuleiten, gescheitert sind, wäre es tollkühn, in
einer kurzen Einleitung zu einem Werk, das ein völlig anderes Ziel verfolgt, dasselbe zu versuchen. Nichtsdestoweniger werde ich etwas vorschlagen, das kaum weniger ehrgei-
zig ist. Der universale Aspekt der Ethik, meine ich, liefert
uns eine überzeugende, wiewohl nicht letztgültige Begründung dafür, eine utilitaristische Position im weiteren Sinne
einzunehmen.
Meine Begründung für diese Behauptung ist folgende:
Indem ich akzeptiere, daß moralische Urteile von einem
universalen Standpunkt aus getroffen werden müssen, akzeptiere ich, daß meine eigenen Interessen nicht einfach
deshalb, weil sie meine Interessen sind, mehr zählen als die
Interessen von irgend jemand anderm. Daher muß, wenn
ich moralisch denke, mein ganz natürliches Bestreben, daß
für meine Interessen gesorgt wird, ausgedehnt werden auf
die Interessen anderer. Nun stelle man sich vor, daß ich zwischen zwei möglichen Handlungsverläufen zu entscheiden
versuche – etwa, ob ich alle Früchte, die ich gesammelt habe,
selber esse oder sie mit andern teile. Zudem stelle man sich
vor, daß ich in einem völligen ethischen Vakuum entscheide,
daß ich nichts weiß von moralischen Erwägungen – ich bin
sozusagen in einem vormoralischen Stadium des Denkens.
Wie würde ich mich entscheiden? Etwas, das immer noch
relevant bliebe, wäre die Frage, in welcher Weise die möglichen Handlungsverläufe meine Interessen beträfen. Würden
wir »Interessen« weit genug definieren, so daß wir alles,
was Menschen wünschen, als ihre Interessen auffaßten (sofern dies nicht unverträglich ist mit einem oder mehreren
anderen Wünschen), dann kann wohl in diesem vormorali-

schen Zustand *nur* das je eigene Interesse für die Entscheidung relevant sein.

Angenommen, ich beginne dann so weit moralisch zu denken, daß ich erkenne, daß meine eigenen Interessen nicht einfach aus dem Grund, weil sie meine eigenen sind, mehr zählen als die Interessen anderer. Anstelle meiner eigenen Interessen habe ich nun die Interessen aller zu berücksichtigen, die von meiner Entscheidung betroffen sind. Dies erfordert von mir, daß ich alle diese Interessen abwäge und jenen Handlungsverlauf wähle, von dem es am wahrscheinlichsten ist, daß er die Interessen der Betroffenen weitestgehend befriedigt. Also muß ich – wenigstens auf einer bestimmten Ebene meiner moralischen Überlegungen – den Handlungsverlauf wählen, der per saldo für alle Betroffenen die besten Konsequenzen hat. (Ich sage »auf einer bestimmten Ebene meiner moralischen Überlegungen«, weil es – wie wir später sehen werden – utilitaristische Gründe für die Überzeugung gibt, daß wir nicht versuchen sollten, diese Konsequenzen für jede ethische Entscheidung im täglichen Leben im voraus zu berechnen, sondern nur unter ganz ungewöhnlichen Umständen oder vielleicht wenn wir über unsere Wahl der allgemeinen Prinzipien nachdenken, die uns in Zukunft leiten sollen. Mit anderen Worten: in dem genannten Beispiel könnten wir es auf den ersten Blick für selbstverständlich halten, daß es bessere Konsequenzen hat, wenn ich die gesammelten Früchte teile, als wenn ich es nicht tue. Dies könnte sich am Ende durchaus als das beste allgemeine Prinzip erweisen, aber bevor wir Gründe für die Überzeugung haben können, daß dies der Fall ist, müssen wir auch folgendes betrachten: Ist die Wirkung einer allgemeinen Praxis, die gesammelten Früchte zu teilen, für alle Betroffenen gut, weil dadurch eine gleichmäßigere Verteilung erreicht wird, oder reduziert sie eventuell den Ertrag der gesammelten Nahrung, weil manche aufhören, etwas zu sammeln, wenn sie wissen, daß sie genug bekommen aus ihrem Anteil an dem, was andere sammeln?)

Die hier skizzierte Denkweise ist eine Form von Utilitarismus. Sie unterscheidet sich vom klassischen Utilitarismus dadurch, daß »beste Konsequenzen« das bedeutet, was per saldo die Interessen der Betroffenen fördert, und nicht bloß das, was Lust vermehrt und Unlust verringert. (Es wurde jedoch behauptet, klassische Utilitaristen wie Bentham und John Stuart Mill hätten »Lust« und »Schmerz« in einer weiten Bedeutung verwendet, die auch die Erreichung dessen, was man als »Lust« wünscht, einzuschließen gestattete, und das Gegenteil als »Schmerz«. Ist diese Interpretation richtig, so verschwindet der Unterschied zwischen klassischem Utilitarismus und dem Utilitarismus, der auf Interessen gründet.)

Was zeigt uns das? Es zeigt uns nicht, daß der Utilitarismus vom universalen Aspekt der Ethik hergeleitet werden kann. Es gibt andere ethische Ideale – individuelle Rechte, die Heiligkeit des Lebens, Gerechtigkeit, Reinheit usw. –, die im erforderlichen Sinne universal und zumindest in einigen Versionen mit dem Utilitarismus unvereinbar sind. Es zeigt uns, daß wir sehr rasch zu einer ursprünglich utilitaristischen Position gelangen, sobald wir den universalen Aspekt auf einfache vormoralische Entscheidungsprozesse anwenden. Dies bürdet meines Erachtens denen die Beweislast auf, die über den Utilitarismus hinauszugehen trachten. Die utilitaristische Position ist eine minimale, eine erste Grundlage, zu der wir gelangen, indem wir den vom Eigeninteresse geleiteten Entscheidungsprozeß universalisieren. Wollen wir moralisch denken, so können wir uns nicht weigern, diesen Schritt zu tun. Will man uns überzeugen, daß wir über den Utilitarismus hinausgehen und nichtutilitaristische moralische Regeln oder Ideale akzeptieren sollten, so muß man uns gute Gründe für diesen weiteren Schritt liefern. Bevor solche Gründe vorgebracht werden, haben wir einigen Grund, Utilitaristen zu bleiben.

Dieses provisorische Argument für den Utilitarismus entspricht der Art, wie ich in diesem Buch praktische Probleme diskutieren werde. Ich neige zu einer utilitaristischen Position, und bis zu einem gewissen Grade kann man das Buch für einen Versuch halten nachzuweisen, wie ein konsequenter Utilitarismus eine Reihe umstrittener Probleme behandeln würde. Aber ich werde den Utilitarismus nicht als die einzige erwägenswerte ethische Position betrachten. Ich werde die Bedeutung anderer Ansichten für die besprochenen Probleme aufzuzeigen versuchen: die Theorie der Rechte, der Gerechtigkeit, der Heiligkeit des Lebens usw. Auf diese Weise werden die Leser in der Lage sein, zu ihren eigenen Schlußfolgerungen zu gelangen im Hinblick auf die entsprechenden Vorzüge der utilitaristischen und nichtutilitaristischen Ansätze sowie hinsichtlich der Bedeutung von argumentierender Vernunft im Bereich der Ethik.

Gleichheit und ihre Implikationen

Die Grundlage der Gleichheit

In diesem Jahrhundert haben sich erstaunliche Änderungen der moralischen Grundhaltungen ereignet. Die meisten sind noch immer umstritten. Abtreibung war vor zwanzig Jahren allgemein verboten und ist heute in vielen Ländern legal, aber selbst dort, wo sie legal ist, wird sie immer noch von beträchtlichen und angesehenen Teilen der Bevölkerung abgelehnt. Ebenso steht es mit dem Wandel der Einstellung zu außerehelichem Sexualverkehr, Homosexualität, Pornographie, Euthanasie und Freitod. So groß der Wandel war, ein neuer Konsens hat sich nicht gebildet. Die Fragen bleiben umstritten, und es ist möglich, die eine oder andere Position zu vertreten, ohne damit seinen intellektuellen oder gesellschaftlichen Ruf zu gefährden.

Mit der Gleichheit scheint es sich anders zu verhalten. Der Wandel der Einstellung gegenüber Ungleichheit – insbesondere ethnischer Ungleichheit – hat sich nicht weniger plötzlich und dramatisch, wohl aber vollständiger vollzogen als die sexuelle Revolution. Rassistische Vorurteile, wie sie die meisten Europäer um die Jahrhundertwende teilten, sind heute zumindest im öffentlichen Leben vollkommen unannehmbar. Ein Dichter könnte heute nicht von »minderen Rassen ohne Gesetz« sprechen und dabei sein Ansehen erhalten – oder sogar noch steigern, wie das bei Rudyard Kipling 1897 der Fall war. Dies bedeutet nicht, daß es keine Rassisten mehr gäbe, sondern nur, daß sie ihren Rassismus bemänteln müssen, wenn ihre Ansichten und ihre politische Linie Aussicht auf allgemeine Zustimmung haben sollen. Selbst Südafrika hat die Apartheid aufgegeben. Das Prinzip der Gleichheit aller Menschen ist heute Bestandteil der herr-

schenden politischen und moralischen Orthodoxie. Was
aber ist seine genaue Bedeutung und weshalb akzeptieren
wir es?

Sobald wir einmal über das Einverständnis hinausgehen,
daß eklatante Formen der Rassendiskriminierung unrecht
sind, sobald wir die Grundlage des Prinzips der Gleichheit
aller Menschen problematisieren und es auf besondere Fälle
anzuwenden versuchen, beginnt sich der Konsens zu ver-
flüchtigen. Das Aufsehen, das Arthur Jensen, Professor für
Erziehungspsychologie an der Universität Berkeley, und
H. J. Eysenck, Professor für Psychologie an der Universität
London, mit ihren Behauptungen über genetisch bestimmte
Intelligenzunterschiede zwischen verschiedenen Rassen
erregten, ist nur ein Anzeichen dafür. Viele der stärksten
Widersacher von Jensen und Eysenck nehmen an, daß diese
Behauptungen im Falle ihrer Richtigkeit Rassendiskrimi-
nierung rechtfertigen würden. Haben sie recht? Ähnliche
Fragen lassen sich im Zusammenhang mit Forschungen über
die Unterschiede zwischen Männern und Frauen stellen.

Eine weitere Streitfrage macht es erforderlich, über das Gleichheitsprinzip nachzudenken: das »affirmative Handeln«. Einige Philosophen und Juristen haben folgendermaßen argumentiert: Wenn es darum geht, Arbeitsstellen oder Studien-
plätze zu vergeben, fordert das Prinzip der Gleichheit, daß
Mitglieder von unterdrückten Minderheiten begünstigt werden. Andere haben behauptet, durch dasselbe Prinzip der
Gleichheit werde jede Diskriminierung aufgrund der Rasse
ausgeschaltet, möge es nun zum Vorteil oder zum Nachteil der
schwächsten Mitglieder der Gesellschaft sein.

Diese Fragen können wir nur beantworten, wenn Klarheit
darüber besteht, was wir zu sagen beabsichtigen und was
wir berechtigterweise sagen können, wenn wir behaupten, daß alle Menschen gleich sind. Daher das Bedürfnis
nach einer Untersuchung der moralischen Grundlagen des
Gleichheitsprinzips.

Was genau behaupten wir, wenn wir sagen, alle Menschen

seien gleich ohne Rücksicht auf Rasse oder Geschlecht? Rassisten, Sexisten und andere Gegner der Gleichheit haben oft darauf aufmerksam gemacht, daß es einfach nicht wahr ist, daß alle Menschen gleich seien, welches Testverfahren wir auch wählen. Einige sind groß, andere klein; einige sind gut in Mathematik, andere schlecht; einige können 100 Meter in zehn Sekunden laufen, andere brauchen fünfzehn oder zwanzig Sekunden; einige würden nie absichtlich ein anderes Wesen verletzen, andere würden einen Fremden für 100 Dollar töten, wenn sie ohne Strafe davonkämen; einige haben ein Gefühlsleben, das in die Höhen der Ekstase und in die Tiefen der Verzweiflung reicht, während andere ein ausgeglicheneres Leben führen, relativ unberührt von dem, was um sie herum vorgeht … und so könnte man fortfahren. Es ist einfach eine Tatsache, daß die Menschen verschieden sind, und die Verschiedenheiten betreffen so viele Merkmale, daß die Suche nach einer faktischen Grundlage, auf der sich das Gleichheitsprinzip errichten ließe, hoffnungslos erscheint.

John Rawls hat in seinem einflußreichen Buch A *Theory of Justice* zu verstehen gegeben, die Gleichheit könne auf natürlichen Merkmalen menschlicher Wesen begründet werden, sofern wir das auswählen, was er eine »Bereichseigenschaft« nennt. Man stelle sich vor, man zeichne auf ein Papier einen Kreis. Dann haben alle Punkte innerhalb des Kreises – dies ist der »Bereich« – die Eigenschaft, innerhalb des Kreises zu sein, und sie haben diese Eigenschaft im gleichen Maße. Einige Punkte mögen dem Zentrum näher sein, andere der Peripherie, aber alle sind gleichermaßen Punkte innerhalb des Kreises. Auf ähnliche Weise ist, meint Rawls, die Eigenschaft einer »moralischen Persönlichkeit« eine Eigenschaft, die so gut wie alle Menschen besitzen, und alle Menschen, die sie besitzen, besitzen sie im gleichen Maße. Mit »moralischer Persönlichkeit« meint Rawls nicht »moralisch gute Persönlichkeit«; er verwendet »moralisch« im Gegensatz zu »amoralisch«. Eine moralische Person muß nach

Rawls einen Gerechtigkeitssinn haben. In einem weiteren Sinn kann man sagen, daß es sich bei einer moralischen Person um eine Art von Person handelt, an die man moralisch appellieren kann, mit einiger Aussicht darauf, daß der Appell beachtet wird.

Rawls behauptet, die moralische Persönlichkeit sei die Grundlage der menschlichen Gleichheit, eine Ansicht, die sich aus seinem »vertragstheoretischen« Ansatz der Gerechtigkeit ableiten läßt. Die Vertragstradition betrachtet Ethik als eine Art Einverständnis zu gegenseitigem Vorteil – grob gesagt: »Schlag mich nicht, und ich werde dich nicht schlagen«. Daher befinden sich nur diejenigen innerhalb der Sphäre der Ethik, die es zu schätzen wissen, daß sie nicht geschlagen werden, und dementsprechend selbst beim Schlagen Zurückhaltung üben.

Die Verwendung der moralischen Persönlichkeit als Basis der Gleichheit bringt Probleme mit sich. Ein Einwand lautet: Moralische Persönlichkeit zu besitzen ist – anders als sich innerhalb eines Kreises zu befinden – eine Sache des Grades. Einige Menschen haben in hohem Maße ein Gespür für Fragen der Gerechtigkeit und der Ethik ganz allgemein; andere haben, aus verschiedenen Gründen, nur ein sehr begrenztes Bewußtsein solcher Prinzipien. Der Vorschlag, eine moralische Person zu sein, sei das notwendige Minimum, um in den Wirkungsbereich des Gleichheitsprinzips zu gelangen, läßt immer noch offen, wo genau dieses Minimum anzusetzen sei. Auch ist es intuitiv nicht einleuchtend, weshalb wir, wenn moralische Persönlichkeit so wichtig ist, nicht Grade des moralischen Status haben sollten, wobei Rechte und Pflichten dem Grad der Verfeinerung unseres Gerechtigkeitssinns entsprechen.

Noch schwerwiegender ist der Einwand, daß es nicht wahr ist, daß alle Menschen moralische Personen sind, nicht einmal im minimalsten Sinne. Säuglinge und Kleinkinder, auch manche geistig behinderte Menschen, haben den geforderten Gerechtigkeitssinn nicht. Sollen wir dann sagen, alle

Menschen seien gleich, mit Ausnahme sehr junger oder geistig behinderter Menschen? Das ist gewiß nicht das, was
wir für gewöhnlich unter dem Gleichheitsprinzip verstehen.
Falls dieses revidierte Prinzip impliziert, daß wir die Interessen sehr junger oder geistig behinderter Menschen in einer Weise mißachten dürfen, wie es gegenüber älteren oder
intelligenteren Menschen unrecht wäre, so bedürfte es weit
stärkerer Argumente, uns zur Anerkennung dieses Prinzips
zu bewegen. (Rawls behandelt Säuglinge und Kinder in der
Weise, daß *potentielle* moralische Personen zusammen mit
wirklichen dem Bereich des Gleichheitsprinzips zugehören.
Dies ist allerdings ein ad-hoc-Behelf, zugegebenermaßen
dazu bestimmt, seine Theorie mit unseren üblichen moralischen Intuitionen in Einklang zu bringen, und weniger
etwas, wofür selbständige Argumente erbracht werden können. Zudem bietet Rawls keine Vorschläge zur Lösung dieser Schwierigkeit an, obwohl er einräumt, daß Menschen
mit unheilbaren geistigen Behinderungen »eine Schwierigkeit darstellen dürften«.)
Somit verschafft der Besitz einer »moralischen Persönlichkeit« keine befriedigende Basis für das Prinzip, daß alle
Menschen gleich sind. Ich bezweifle, daß irgendeine natürliche Eigenschaft, ob »Bereichseigenschaft« oder nicht, diese
Funktion erfüllen kann – denn ich bezweifle, daß es irgendeine moralisch signifikante Eigenschaft gibt, die alle Menschen im gleichen Maße besitzen.
Es gibt eine andere mögliche Verteidigungslinie für die
Überzeugung, daß es eine faktische Basis für ein Prinzip der
Gleichheit gibt, das Rassismus und Sexismus verbietet. Wir
können zugestehen, daß Menschen sich als Individuen unterscheiden, und doch darauf bestehen, daß es keine moralisch bedeutsamen Unterschiede zwischen den Rassen und
Geschlechtern gibt. Das Wissen, daß jemand afrikanischer
oder europäischer Herkunft, weiblich oder männlich ist, befähigt uns nicht zu Schlüssen über Intelligenz, Gerechtigkeitssinn, Tiefe der Gefühle oder irgend etwas, das uns be-

vollmächtigen würde, sie oder ihn ungleich zu behandeln. Die rassistische Behauptung, Menschen europäischer Herkunft seien denen anderer Herkunft in diesen Fähigkeiten überlegen, ist in diesem Sinne falsch. Die diesbezüglichen Unterschiede zwischen Individuen verlaufen nicht nach ethnischen Linien. Dasselbe gilt für das parallele Stereotyp der Sexisten, nach dem Frauen emotionaler und fürsorglicher, aber auch weniger rational, weniger aggressiv, weniger mutig seien als Männer. Dies trifft offensichtlich nicht auf die Frauen in ihrer Gesamtheit zu. Manche Frauen sind weniger emotional, weniger fürsorglich und vernünftiger, aggressiver und mutiger als viele Männer.

Die Tatsache, daß Menschen sich als Individuen unterscheiden, nicht als Rassen oder Geschlechter, ist wichtig, und wir werden darauf zurückkommen, wenn wir die Implikationen der Behauptungen von Jensen, Eysenck und anderen diskutieren; doch liefert diese Tatsache weder ein befriedigendes Prinzip der Gleichheit noch eine angemessene Verteidigung gegen einen verglichen mit den marktschreierischen Rassisten oder Sexisten subtileren Gegner der Gleichheit. Angenommen, jemand schlägt vor, daß die Menschen einem Intelligenztest unterworfen und dann aufgrund der Ergebnisse nach Kategorien eines höheren und niedrigeren Status klassifiziert werden sollten. Diejenigen, die Werte über 125 erzielten, würden etwa zur Klasse derer gehören, die Sklaven besitzen; diejenigen mit Werten zwischen 100 und 125 wären freie Bürger, doch ohne Recht, Sklaven zu halten; während diejenigen mit Werten unter 100 zu Sklaven derjenigen mit Werten über 125 würden. Eine hierarchische Gesellschaft nach diesem Muster mutet ebenso abschreckend an wie eine Gesellschaft auf der Grundlage von Rasse oder Geschlecht; wenn wir aber unser Plädoyer für die Gleichheit auf die Tatsachenbehauptung stützen, daß Unterschiede zwischen Individuen über die Grenzen von Rasse und Geschlecht hinweg verlaufen, dann haben wir keinen Grund, uns gegen diese Art von Ungleichheitsphilosophie zu wenden. Denn diese hierarchische Gesellschaft würde auf realen Unterschieden zwischen den Menschen basieren.

Wir können diese »Hierarchie der Intelligenz« und ähnliche phantastische Systeme ablehnen, wenn uns klar ist, daß der Anspruch auf Gleichheit nicht auf dem Besitz von Intelligenz, moralischer Persönlichkeit, Rationalität oder ähnlichen Tatsachen beruht. Es gibt keinen logisch zwingenden Grund für die Annahme, daß ein Unterschied in den Fähigkeiten zweier Menschen einen Unterschied in dem Maß der Beachtung rechtfertigt, die wir ihren Interessen schenken. Gleichheit ist ein grundlegendes moralisches Prinzip, nicht eine Tatsachenbehauptung. Das wird deutlich, wenn wir zu unserer früheren Diskussion des universalen Aspektes moralischer Urteile zurückkehren.

Wir haben im vorangehenden Kapitel gesehen, daß ich, wenn ich ein moralisches Urteil fälle, über einen persönlichen oder partikularistischen Standpunkt hinausgehen und die Interessen aller Betroffenen berücksichtigen muß. Dies bedeutet, daß wir Interessen einfach als Interessen abwägen, nicht als meine Interessen oder die Interessen der Deutschen oder die Interessen der Weißen. Dies verschafft uns ein grundlegendes Prinzip der Gleichheit: das Prinzip der gleichen Interessenabwägung.

Das Wesentliche am Prinzip der gleichen Interessenabwägung besteht darin, daß wir in unseren moralischen Überlegungen den ähnlichen Interessen all derer, die von unseren Handlungen betroffen sind, gleiches Gewicht geben. Dies bedeutet: Wenn X und Y von einer möglichen Handlung betroffen wären und X dabei mehr zu verlieren als Y zu gewinnen hätte, ist es besser, die Handlung nicht auszuführen. Akzeptieren wir das Prinzip der gleichen Interessenabwägung, so können wir nicht sagen, es sei besser, die Handlung auszuführen, weil uns, trotz der beschriebenen Fakten, Y mehr angehe als X. Worauf das Prinzip in Wirklichkeit hinausläuft, ist folgendes: Interesse ist Interesse, wessen Interesse es auch immer sein mag.

Wir können das konkretisieren, indem wir ein besonderes Interesse bedenken, zum Beispiel unser Interesse an der Linderung von Schmerz. Dann besagt das Prinzip: Der letzte moralische Grund für Schmerzlinderung ist einfach das Unerwünschtsein von Schmerz als solchem, und nicht das Unerwünschtsein von X's Schmerz, das verschieden sein mag von dem Unerwünschtsein von Y's Schmerz. Natürlich kann X's Schmerz unerwünschter sein als der von Y, weil er schmerzhafter ist, und dann würde das Prinzip der gleichen Abwägung der Linderung von X's Schmerz mehr Gewicht verleihen. Und auch da, wo Schmerzen gleich sind, können wiederum andere Faktoren erheblich sein, insbesondere wenn andere betroffen sind. Nach einem Erdbeben geben wir vielleicht der Schmerzlinderung einer Ärztin den Vorrang, damit sie andere Opfer behandeln kann. Aber die Schmerzen selbst, die die Ärztin hat, zählen nur einmal, und ohne zusätzliches Gewicht. Das Prinzip der gleichen Interessenabwägung funktioniert wie eine Waagschale: Interessen werden unparteiisch abgewogen. Echte Waagen begünstigen die Seite, auf der das Interesse stärker ist oder verschiedene Interessen sich zu einem Übergewicht über eine kleinere Anzahl ähnlicher Interessen verbinden; aber sie nehmen keine Rücksicht darauf, wessen Interessen sie wägen.

Von diesem Standpunkt aus ist die Rasse unerheblich für die Interessenabwägung; denn das einzige, was zählt, sind die Interessen selbst. Einer spezifizierten Menge von Schmerz deshalb weniger Beachtung zu schenken, weil es sich um Schmerz handelt, der von dem Mitglied einer bestimmten Rasse erfahren wurde, hieße eine willkürliche Unterscheidung treffen. Weshalb die Rasse herausgreifen? Weshalb nicht nach dem Kriterium auswählen, ob jemand in einem Schaltjahr geboren wurde? Oder nach dem Kriterium, ob jemand mehr als einen Vokal im Familiennamen hat? All diese Merkmale sind vom universalen Standpunkt aus betrachtet für das Unerwünschtsein von Schmerz gleicherma-

ßen unerheblich. Daher zeigt das Prinzip der gleichen Interessenabwägung unmittelbar, weshalb die eklatantesten Formen des Rassismus, wie etwa jener der Nazis, unrecht sind.
Denn die Nazis kümmerten sich nur um das Wohlergehen
der Mitglieder der »arischen« Rasse, und die Leiden der Juden, Zigeuner und Slaven waren für sie bedeutungslos.

Das Prinzip der gleichen Interessenabwägung wird zuweilen für ein bloß formales Prinzip gehalten, mangelhaft in
der Substanz und zu schwach, als daß es jegliche Form von
nichtegalitärer Praxis ausschlösse. Allerdings haben wir bereits gesehen, daß es Rassismus und Sexismus zumindest in
ihren eklatantesten Formen ausschließt. Denken wir an den
Einfluß, den das Prinzip auf jene imaginäre hierarchische,
auf Intelligenztests basierende Gesellschaft hatte, so wird
deutlich, daß es stark genug ist, sich auch gegen diese subti-
lere Ausprägung des Inegalitarismus zur Wehr zu setzen.

Das Prinzip der gleichen Interessenabwägung verbietet es,
unsere Bereitschaft, die Interessen anderer Personen abzuwägen, von ihren Fähigkeiten oder anderen Merkmalen
abhängig zu machen, außer dem einen: daß sie Interessen
haben. Natürlich können wir nicht wissen, wohin uns die
gleiche Interessenabwägung führen wird, bevor wir die Interessen der Personen kennen, und das kann entsprechend
ihren Fähigkeiten und anderen Merkmalen variieren. Interessenabwägungen bezüglich mathematisch begabter Kinder
mögen uns dazu veranlassen, ihnen in jungen Jahren höhere
Mathematik beizubringen, was für andere Kinder völlig
zwecklos oder gar schädlich sein könnte. Aber das grundlegende Element, die Berücksichtigung der Interessen von
Personen, welcher Art diese Interessen auch sein mögen,
muß auf jeden Menschen angewendet werden, ungeachtet
der Rasse, des Geschlechts oder der Werte eines Intelligenztests. Würde man jene versklaven, deren Wert im Intelligenztest unterhalb einer gewissen Grenze läge, so wäre das
– abgesehen von außergewöhnlichen und unplausiblen Ansichten über die menschliche Natur – mit der gleichen Ab-

wägung nicht zu vereinbaren. Intelligenz hat nichts zu tun mit vielen wichtigen Interessen, die die Menschen haben, wie dem Interesse an der Vermeidung von Schmerz, an der Entfaltung von Fähigkeiten, an der Befriedigung elementarer Bedürfnisse wie Nahrung und Behausung, am Genuß freundschaftlicher und liebevoller Beziehungen mit anderen und an der Freiheit, eigene Pläne zu verfolgen, ohne daß man unnötigerweise von anderen gestört wird. Sklaverei hindert die Sklaven daran, ihre Bedürfnisse so zu befriedigen, wie sie es wollen; und die Vorteile, die sie dem Sklavenhalter verschafft, sind in ihrem Gewicht kaum mit dem Schaden vergleichbar, der dadurch den Sklaven zugefügt wird.

Somit ist das Prinzip der gleichen Interessenabwägung stark genug, eine Sklavenhaltergesellschaft auf der Grundlage von Intelligenzunterschieden ebensosehr auszuschließen wie krassere Formen von Rassismus und Sexismus. Es schließt auch Diskriminierung aus Gründen geistiger oder körperlicher Behinderung aus, insofern die Behinderung für die zu berücksichtigenden Interessen nicht relevant ist (wie es beispielsweise bei schwerer geistiger Behinderung der Fall wäre, wenn es um die Berücksichtigung des Interesses einer Person, bei einer Wahl mit abzustimmen, geht). Das Prinzip der gleichen Interessenabwägung kann also eine vertretbare Form des Prinzips sein, daß alle Menschen gleich sind; eine Form, die wir für die Diskussion umstrittenerer Fragen zum Thema Gleichheit verwenden können. Bevor wir allerdings dazu übergehen, dürfte es nützlich sein, ein wenig mehr über das Wesen des Prinzips zu sagen.

Gleiche Interessenabwägung ist ein Minimalprinzip der Gleichheit in dem Sinn, daß es nicht Gleichbehandlung diktiert. Ein relativ einfaches Beispiel: das Interesse an der Linderung körperlicher Schmerzen. Man stelle sich vor, ich treffe nach einem Erdbeben auf zwei Opfer, das eine mit zerquetschtem Bein, im Sterben begriffen, das andere mit einem verletzten Oberschenkel und leichten Schmerzen. Ich habe nur zwei Morphiumspritzen übrig. Gleiche Behandlung würde bedeuten, daß ich jeder der beiden verletzten Personen eine Injektion gebe, aber die eine Injektion würde nicht viel zur Schmerzlinderung bei der Person mit dem zerquetschten Bein beitragen. Sie würde immer noch mehr Schmerzen leiden als das andere Opfer, und erst wenn ich ihr nach der ersten auch noch die zweite Spritze geben würde, brächte ihr das größere Erleichterung, als eine Spritze für die Person mit den geringeren Schmerzen bedeuten würde. Daher führt gleiche Interessenabwägung in dieser Situation zu etwas, das manche als ein nichtegalitäres Ergebnis betrachten mögen: zwei Morphiumspritzen für die eine Person, für die andere keine.

Doch hat das Prinzip der gleichen Interessenabwägung eine noch weit umstrittenere nichtegalitäre Implikation. Obwohl gleiche Interessenabwägung im oben erwähnten Fall zu ungleicher Behandlung führt, ist diese ungleiche Behandlung doch ein Versuch, ein Ergebnis zu erzielen, das in höherem Maße egalitär ist. Dadurch, daß wir dem ernsthafter Verletzten eine doppelte Dosis geben, schaffen wir eine Situation, in der eine im Grad des Leidens beider Opfer geringere Differenz besteht, als wenn wir beiden eine Dosis gäben. Statt daß es dazu kommt, daß eine Person beträchtliche Schmerzen hat und die andere keine, sorgen wir dafür, daß beide Personen leichte Schmerzen haben. Dies liegt ganz auf der Linie des Prinzips des sinkenden Grenznutzens, ein den Ökonomen wohlbekanntes Prinzip, welches besagt, daß eine bestimmte Menge von etwas für ein Individuum nützlicher ist, wenn das Individuum nur wenig davon, als wenn es viel davon besitzt. Wenn ich mit 200 Gramm Reis am Tag ums Überleben kämpfe und man mir 50 Gramm pro Tag mehr gibt, so verbessert man meine Lage bedeutend; habe ich aber bereits ein Kilo Reis am Tag, würden mich die zusätzlichen 50 Gramm überhaupt nicht mehr interessieren. Berücksichtigt man den Grenznutzen, so lenkt uns das Prinzip der gleichen Interessenabwägung hin zu gleicher Einkommensverteilung, und insofern werden die Vertreter des Gleichheitsprinzips die Schlußfolgerungen begrüßen. Was sie am Prinzip der gleichen Interessenabwägung irritieren mag, ist der Umstand, daß es Situationen gibt, wo das Prinzip des sinkenden Grenznutzens nicht gilt oder durch ausgleichende Faktoren aufgehoben wird.

Um das zu illustrieren, können wir das Beispiel mit den Erdbebenopfern variieren. Nehmen wir wiederum an, daß es zwei Opfer gibt: das eine ist schwerer verletzt als das andere; doch hat diesmal das schwerer verletzte Opfer A ein Bein verloren und läuft Gefahr, eine Zehe des anderen Beins zu verlieren; das leichter verletzte Opfer B hingegen hat eine Beinverletzung, aber das Glied kann gerettet werden. Unsere Medikamente reichen nur für eine Person. Benutzen wir sie für die schwerverletzte, so können wir höchstens ihre Zehe retten, benutzen wir sie dagegen für das leicht verletzte Opfer, so können wir sein Bein retten. Mit anderen Worten, wir setzen folgende Situation voraus: Ohne ärztliche Behandlung verliert A ein Bein und eine Zehe, während B nur ein Bein verliert; wird A behandelt, so verliert A ein Bein und B ein Bein; wird B behandelt, so verliert A ein Bein und eine Zehe, während B nichts verliert.

Unter der Annahme, daß es schlimmer ist, ein Bein zu verlieren als nur eine Zehe (selbst wenn es eine Zehe am einzig verbliebenen Bein ist), kann das Prinzip des sinkenden Grenznutzens in dieser Situation nicht aufrechterhalten werden. Wir werden für die Interessen der von unseren Handlungen Betroffenen – unparteiisch betrachtet – mehr tun, wenn wir unsere begrenzten Mittel für das leichtverletzte Opfer einsetzen, nicht für das schwerverletzte. Dazu bringt uns das Prinzip der gleichen Interessenabwägung. Also kann gleiche Interessenabwägung in besonderen Fällen die Kluft zwischen zwei Personen, denen es unterschiedlich gut geht, eher noch vergrößern als verringern. Aus diesem Grund handelt es sich eher um ein Minimalprinzip der Gleichheit als um ein radikales egalitäres Prinzip. Doch eine radikalere Form von Egalitarismus wäre nicht leicht zu rechtfertigen, weder im allgemeinen noch in der Anwendung auf so spezielle Fälle, wie wir sie eben beschrieben haben.

Obwohl minimal, mag das Prinzip der gleichen Interessenabwägung in manchen Fällen allzu anpruchsvoll anmuten. Kann man wirklich das Wohlergehen der eigenen Familie und das Wohlergehen fremder Leute in gleicher Weise berücksichtigen? Diese Frage wird in Kapitel 9 zur Sprache kommen, wenn wir unsere Verpflichtungen zur Hilfe für die Bedürftigen in den ärmeren Teilen der Welt betrachten. Dann werde ich zu zeigen versuchen, daß wir nicht gezwungen sind, das Prinzip aufzugeben, wenngleich uns das Prinzip möglicherweise zwingt, einige andere von uns gehegte Auffassungen aufzugeben. Inzwischen wird uns das Prinzip helfen, einige jener strittigen Punkte zu diskutieren, die sich angesichts der Forderungen nach Gleichheit ergeben.

Gleichheit und genetische Verschiedenheit

1969 publizierte Arthur Jensen in der *Harvard Educational Review* einen langen Aufsatz mit dem Titel: »How Much Can We Boost IQ and Scholastic Achievement?« [»Wie weit können wir IQ und schulischen Erfolg fördern?«] In einem kurzen Abschnitt werden die vermutlichen Ursachen der unbestrittenen Tatsache diskutiert, daß schwarze Amerikaner im Durchschnitt nicht dieselben Werte in normalen IQ-Tests erzielen wie weiße. Jensen faßt das Ergebnis dieses Abschnitts folgendermaßen zusammen:

> »Wir haben es letztlich mit verschiedenen Beweissträngen zu tun, von denen keiner für sich allein definitiv zutreffend ist, die jedoch zusammengenommen die Hypothese nicht unvernünftig erscheinen lassen, daß beim

durchschnittlichen Intelligenz-Unterschied von Weißen
und Schwarzen genetische Faktoren in hohem Maß eine
Rolle spielen. Das überwiegende Beweismaterial stützt
meines Erachtens weniger die Umwelt-Hypothese als die
genetische Hypothese, was natürlich den Einfluß der
Umwelt oder ihrer Interaktion mit genetischen Faktoren
nicht ausschließt.«

Diese ausgesprochen vorsichtige Behauptung findet sich
mitten in der ausführlichen Erörterung eines komplexen
naturwissenschaftlichen Problems, die in einer wissenschaftlichen Zeitschrift publiziert wurde. Es wäre kaum er-
staunlich gewesen, wenn sie nur von Wissenschaftlern im
Bereich der Psychologie oder Genetik bemerkt worden
wäre. Indes wurde sie in der Tagespresse verbreitet, und
zwar als Versuch, den Rassismus auf naturwissenschaftlicher Basis zu verteidigen. Jensen wurde der rassistischen
Propaganda bezichtigt und mit Hitler verglichen. Seine
Vorlesungen wurden niedergebrüllt. Studenten forderten
seine Entlassung als Hochschullehrer. Der englische Psy-
chologieprofessor H. J. Eysenck, der Jensens Theorien unterstützte, erfuhr in Großbritannien, Australien und in den
USA eine ähnliche Behandlung. Interessanterweise meinte
Eysenck nicht, daß die Amerikaner europäischer Abstammung durchschnittlich die höchste Intelligenz besäßen; vielmehr spräche manches dafür, daß Amerikaner japanischer
oder chinesischer Herkunft (obwohl sie aus sozio-ökono-
misch schlechteren Verhältnissen kommen) beim abstrakten Denk-Test besser abschnitten als die Amerikaner europäischer Abstammung.
Der Widerstand gegen genetische Erklärungen der angeblich zwischen den Rassen bestehenden Unterschiede in der
Intelligenz ist nur ein Ausdruck einer viel allgemeineren
Opposition gegen genetische Erklärungen in anderen gesellschaftlich empfindlichen Bereichen. Eng verwandt damit
ist zum Beispiel der Widerstand der Feministinnen gegen

die Vorstellung, die männliche Dominanz sei durch biologische Faktoren bedingt. (Die zweite Phase der feministischen Bewegung scheint eher bereit zu sein, sich mit dem Gedanken anzufreunden, daß biologische Unterschiede zwischen den Geschlechtern sich z. B. in stärkerer Aggression auf männlicher und ausgeprägterem Fürsorgeverhalten auf weiblicher Seite auswirken.) Der Widerstand gegenüber genetischen Erklärungen steht offenbar auch in Verbindung mit der heftigen Gefühlsreaktion, die soziobiologische Ansätze bei der Erforschung des menschlichen Verhaltens hervorrufen. Beunruhigend ist hierbei, daß – betrachtet man menschliches Sozialverhalten als eines, das von dem Verhalten anderer sozialer Säugetiere abstammt – das Denken in Hierarchien, männliche Dominanz und Ungleichheit als Teil unserer Natur und damit unveränderlich erschienen. In jüngerer Zeit hat der Beginn des internationalen Wissenschaftsprojekts, das darauf abzielt, die menschlichen Genome zu erfassen – d. h. eine detaillierte wissenschaftliche Beschreibung des genetischen Codes zu liefern, wie er für menschliche Wesen typisch ist –, Proteste hervorgerufen. Sie beziehen sich auf die Besorgnis über das, was eine solche »Karte« über die genetischen Unterschiede zwischen den Menschen enthüllt, und den Gebrauch, den man von solchen Informationen machen könnte.

Es steht mir nicht zu, die wissenschaftlichen Verdienste der biologischen Erklärung menschlichen Verhaltens allgemein oder rassischer oder geschlechtlicher Unterschiede im besonderen zu beurteilen. Ich befasse mich vielmehr mit den Implikationen dieser Theorien für die Idee der Gleichheit. Dazu ist es für uns nicht erforderlich, die Wahrheit der Theorien zu ermitteln. Wir haben nur zu fragen: Angenommen, eine ethnische Gruppe besitzt einen höheren IQ als eine andere und für diesen Unterschied ist ein genetischer Faktor verantwortlich: Heißt das, daß der Rassismus vertretbar ist und daß wir das Prinzip der Gleichheit verwerfen müssen? Eine ähnliche Frage läßt sich hinsichtlich der Wirkung von Theorien über die biologischen Unterschiede zwischen den Geschlechtern stellen. In keinem der beiden Fälle setzt die Frage voraus, daß die Theorien stimmen. Es wäre jedoch äußerst peinlich, wenn unser Skeptizismus in solchen Dingen uns dazu veranlaßte, diese Fragen zu vernachlässigen, daß diese Theorien sich dann aber überraschend als stichhaltig erwiesen und zu dem Ergebnis führten, daß eine verwirrte und unvorbereitete Öffentlichkeit aus ihnen Implikationen für das Ideal der Gleichheit herausläse, die sie gar nicht haben.

Ich werde zuerst betrachten, was sich aus der Auffassung ergibt, daß zwischen dem durchschnittlichen IQ zweier ethnischer Gruppen ein Unterschied besteht und daß genetische Faktoren zumindest teilweise für diesen Unterschied verantwortlich sind. Danach werde ich die Auswirkungen von vermeintlichen Unterschieden in Temperament und Fähigkeiten zwischen den Geschlechtern untersuchen.

Unterschiede und Gleichheit der Rassen

Nehmen wir, nur um die Konsequenzen zu untersuchen, an, daß ausreichende Evidenz für die Hypothese vorhanden ist, daß es Intelligenzunterschiede zwischen den verschiedenen ethnischen Gruppen menschlicher Lebewesen gibt. (Wir sollten nicht annehmen, daß hierbei die Europäer automatisch führend sind. Wie wir bereits gesehen haben, spricht einiges für das Gegenteil.) Was würde dies für unsere Ansichten von Rassengleichheit bedeuten?

Zunächst ein Wort zur Vorsicht. Wenn man über Intelligenzunterschiede zwischen ethnischen Gruppen spricht, dann meint man für gewöhnlich Gradunterschiede bei den üblichen IQ-Tests. »IQ« steht nun zwar für »Intelligenz-Quotient«, aber das bedeutet nicht, daß ein IQ-Test wirklich das mißt, was wir im Alltag mit »Intelligenz« meinen. Natürlich gibt es Entsprechungen zwischen beidem: würden Schulkinder, die von ihren Lehrern als hochintelligent eingestuft werden, in IQ-Tests allgemein nicht besser abschneiden als Kinder, die nicht einmal als normal intelligent eingestuft werden, so müßten die Tests geändert werden – wie das in der Vergangenheit auch geschehen ist. Aber daran zeigt sich nicht, wie eng die Entsprechung ist, und weil unser gewöhnlicher Begriff von Intelligenz vage ist, gibt es keine Möglichkeit, dies mit Bestimmtheit zu sagen. Einige Psychologen haben versucht, diese Schwierigkeit zu überwinden, indem sie »Intelligenz« einfach als das definierten, »was Intelligenztests messen«; doch damit wird bloß ein neuer Begriff von Intelligenz eingeführt, der leichter zu messen ist als unser gewöhnlicher Begriff, aber vielleicht etwas völlig anderes bedeutet. Weil »Intelligenz« ein Wort von alltäglicher Bedeutung ist, bedeutet die Verwendung desselben Wortes in einem abweichenden Sinn den sicheren Weg in die Konfusion. Wir sollten also lieber von Unterschieden im IQ als von Unterschieden in der Intelligenz reden, da dies alles ist, was das uns verfügbare Beweismaterial zu stützen vermag.

Die Unterscheidung zwischen Intelligenz und IQ-Testwerten hat manchen zu dem Schluß veranlaßt, der IQ sei unwichtig; das ist eine extrem entgegengesetzte, aber ebenso irrige Annahme wie die, daß der IQ mit Intelligenz identisch sei. Der IQ ist in unserer Gesellschaft wichtig. IQ ist ein Faktor für die Aussichten auf Verbesserung der beruflichen Stellung, des Einkommens oder des sozialen Status. Gibt es genetische Faktoren bei den IQ-Unterschieden zwischen den Rassen, dann gibt es genetische Faktoren für Rassenunterschiede bezüglich der beruflichen Stellung, des Einkommens und des gesellschaftlichen Status. Wenn wir also an Gleichheit interessiert sind, können wir den IQ nicht ignorieren.

Unterzieht man Menschen verschiedener ethnischer Herkunft IQ-Tests, so werden dabei tendentiell unterschiedliche Durchschnittswerte erzielt. Daß solche Unterschiede bestehen, wird nicht ernsthaft bestritten, auch nicht von de-

nen, die die Ansichten von Jensen und Eysenck heftig attak-
kierten. Heiß umstritten ist dagegen die Frage, ob dieser
Unterschied primär durch Erbanlagen oder durch Umwelteinflüsse zustande kommt, mit anderen Worten: ob sie einen angeborenen Unterschied zwischen verschiedenen
Gruppen von Menschen widerspiegeln oder ob sie sich auf
unterschiedliche soziale oder Ausbildungssituationen zu-
rückführen lassen, in der sich diese Gruppen befinden. Fast
jeder akzeptiert, daß Umweltfaktoren für IQ-Unterschiede
zwischen Gruppen von Bedeutung sind; fraglich ist nur, ob
sie alle oder praktisch alle Unterschiede erklären können.

Angenommen, die genetische Hypothese erwiese sich als
zutreffend (wobei wir diese Annahme, wie schon gesagt,
nicht deshalb machen, weil wir sie für zutreffend halten,
sondern um ihre Implikationen zu untersuchen): was wären
die Implikationen genetisch bedingter IQ-Unterschiede
zwischen verschiedenen Rassen? Ich glaube, daß die Implikationen dieser Annahme weniger drastisch sind, als man
oft meint, und daß sie echten Rassisten nicht viel helfen. Für
diese Ansicht habe ich drei Gründe.

Erstens impliziert die genetische Hypothese nicht, daß wir
unsere Bemühungen drosseln sollten, andere Ursachen für
die Ungleichheit zwischen Menschen zu überwinden, etwa
was die Lebens- und Ausbildungsqualität bei weniger Be-
güterten anlangt. Falls die genetische Hypothese zutrifft,
werden wir es zugegebenermaßen mit unseren Bemühungen nicht dahin bringen, daß verschiedene ethnische Gruppen gleiche IQs haben. Aber dies ist kein Grund, eine Situation zu akzeptieren, in der die Umwelt irgend jemanden
daran hindert, das, was er tut, so gut wie möglich tun zu
können. Vielleicht sollten wir besondere Anstrengungen
unternehmen, um denen zu helfen, die in ihrer Ausgangs-
position benachteiligt sind, um so zum Ergebnis einer größeren Gleichberechtigung zu kommen.

Zweitens erlaubt es die Tatsache, daß der Durchschnitts-IQ
der einen ethnischen Gruppe ein paar Punkte über dem ei-

ner anderen liegt, nicht zu behaupten, alle Mitglieder der höheren IQ-Gruppe hätten einen höheren IQ als alle Mitglieder der niedrigeren IQ-Gruppe – was offensichtlich hinsichtlich jeder ethnischen Gruppe falsch ist – oder ein einzelnes Individuum der höheren IQ-Gruppe habe einen höheren IQ als ein einzelnes Individuum der niedrigeren IQ-Gruppe – was oftmals nicht zutrifft. Diese Zahlen sind lediglich Durchschnittswerte und sagen nichts über den IQ eines einzelnen Individuums aus. Es gibt eine beträchtliche Überschneidung bei den IQ-Ergebnissen zwischen den zwei Gruppen. Was immer die Ursache für den Unterschied beim durchschnittlichen IQ ist, es wird damit keine Rechtfertigung für Rassentrennung geliefert, sei es in der Bildung oder in anderen Bereichen. Es bleibt auch weiterhin wahr, daß Mitglieder verschiedener ethnischer Gruppen als Individuen behandelt werden müssen, ohne Ansehen ihrer Rasse.

Der dritte Grund, weshalb die genetische Hypothese den Rassismus nicht stützt, ist von allen dreien der triftigste. Er besteht ganz einfach darin, daß das Prinzip der Gleichheit, wie wir früher sahen, nicht auf irgendeiner faktischen Gleichheit beruht, an welcher alle Menschen teilhätten. Ich habe dafür argumentiert, daß die einzig vertretbare Basis für das Prinzip der Gleichheit die gleiche Interessenabwägung ist, und ich bin auch der Ansicht, daß die wichtigsten menschlichen Interessen – wie das Interesse, Schmerzen zu vermeiden, unsere Fähigkeiten zu entfalten, die Grundbedürfnisse nach Nahrung und Obdach zu befriedigen, liebevolle persönliche Beziehungen zu genießen, frei zu sein, um eigene Pläne ungestört zu verwirklichen, und vieles andere – von Intelligenzunterschieden nicht berührt werden. Noch zuversichtlicher können wir sein, daß sie nicht von Unterschieden im IQ betroffen werden. Thomas Jefferson, der das feierliche Bekenntnis zur Gleichheit entwarf, mit der die amerikanische Unabhängigkeitserklärung beginnt, wußte das. Als Antwort an einen Autor, der die damals gängige Ansicht zu widerlegen versuchte, den Negern fehle es an Intelligenz, schrieb er:

> »Seien Sie versichert, daß keine lebende Person sehnlicher wünschte als ich, daß die Zweifel vollständig widerlegt wären, die ich selbst hegte und hinsichtlich der ihnen von Natur gegebenen Verstandesstufe zum Ausdruck brachte, und daß ich dabei herausfände, sie seien uns ebenbürtig. [...] Aber der Grad ihrer Begabung mag sein, wie er will, er stellt nicht das Maß für ihre Rechte dar. Nur deshalb, weil Sir Isaac Newton andere an Verstand übertraf, war er nicht Herr des Eigentums oder der Person anderer.«

Jefferson hatte recht. Gleicher Status ist nicht von der Intelligenz abhängig. Rassisten, die das Gegenteil behaupten, laufen Gefahr, vor dem nächsten Genie, dem sie begegnen, auf die Knie fallen zu müssen.

Diese drei Argumentationen zeigen zur Genüge, daß Behauptungen, die eine ethnische Gruppe würde bei IQ-Tests aus genetischen Gründen nicht so gut abschneiden wie eine andere, keine Gründe dafür liefern, das moralische Prinzip von der Gleichheit aller Menschen zu leugnen. Die dritte Argumentation hat allerdings weitere Konsequenzen, die wir verfolgen werden, wenn die Unterschiede zwischen den Geschlechtern diskutiert worden sind.

Unterschiede und Gleichheit der Geschlechter

Die Diskussionen über psychologische Unterschiede zwischen Frauen und Männern drehen sich nicht um den IQ im allgemeinen. Bei den üblichen IQ-Tests ergeben sich keine konsistenten Unterschiede zwischen den durchschnittlichen Werten von Frauen und Männern. Aber IQ-Tests messen eine Reihe unterschiedlicher Fähigkeiten, und wenn wir die Resultate entsprechend dem gemessenen Fähigkeitstyp analysieren, finden wir allerdings bedeutsame Unterschiede zwischen den Geschlechtern. Es läßt sich mit einiger Evidenz zeigen, daß Frauen eine größere Sprachfähigkeit haben als Männer. Damit ist gemeint, daß sie besser in der Lage sind, komplizierte Texte zu verstehen, und mit Worten kreativer umgehen. Männer scheinen andererseits größere mathematische Fähigkeiten zu haben und schneiden in Tests, wo es um »visuell-räumliche« Fähigkeiten geht, besser ab. Ein Beispiel für eine Aufgabe, die visuell-räumliche Fähigkeit erfordert, besteht darin, eine Figur, etwa ein Quadrat, zu finden, das in eine komplexe Zeichnung eingefügt oder in ihr verborgen ist.

Wir wollen die Bedeutung dieser relativ geringfügigen Unterschiede in den intellektuellen Fähigkeiten kurz diskutieren. Es gibt auch ein größeres, nicht-intellektuelles Merkmal, das einen Unterschied zwischen den Geschlechtern kennzeichnet: Aggression. Studien bei Kindern in mehreren verschiedenen Kulturen haben ergeben, was Eltern schon lange vermuten: Jungen neigen eher als Mädchen zu rauhen Spielen, greifen einander an und schlagen zurück, wenn sie angegriffen werden. Männer sind eher bereit als Frauen, andere zu verletzen; eine Tendenz, die sich in der Tatsache widerspiegelt, daß nahezu alle Gewaltverbrecher Männer sind. Man hat behauptet, daß Aggression verbunden ist mit Konkurrenzverhalten, mit dem Hang, andere zu beherrschen und an die Spitze der Pyramide zu gelangen, der man gerade angehört. Im Gegensatz dazu sind Frauen eher bereit, eine Fürsorgerolle zu übernehmen.

Dies sind die wichtigsten psychologischen Unterschiede, die in vielen Studien über Frauen und Männer wiederholt beobachtet wurden. Worin liegt der Ursprung dieser Unterschiede? Wiederum stehen sich die rivalisierenden Erklärungen gegenüber: Umwelt versus Biologie, Erziehung auf der einen und Natur auf der anderen Seite. Obwohl diese Frage des Ursprungs in einigen speziellen Bereichen wichtig ist, möchte ich behaupten, daß ihr von der ersten Generation Feministinnen oft zu viel Gewicht beigelegt wurde; sie waren der Meinung, die Sache der Frauenbewegung stehe und falle damit, daß man die Umwelt-Position in dieser Kontroverse einnimmt. Was für die Rassendiskriminierung galt, gilt auch hier: Diskriminierung kann als falsch nachgewiesen werden, was immer es mit dem Ursprung der bekannten psychischen Unterschiede auf sich haben mag. Doch schauen wir uns zunächst die rivalisierenden Erklärungen kurz an.

Wer je irgend etwas mit Kindern zu tun hatte, weiß, daß Kinder auf unterschiedlichste Art und Weise lernen, daß die Geschlechter verschiedene Rollen haben. Jungen bekommen Lastwagen oder Gewehre zum Geburtstag geschenkt, Mädchen Puppen oder Bürsten- und Kammgarnituren. Mädchen steckt man in Kleider und sagt ihnen, wie hübsch sie aussehen; Jungen zieht man Jeans an und rühmt ihre Körperkraft und ihren Mut. In Kinderbüchern wurden meist Väter geschildert, die zur Arbeit gehen, während die Mütter die Wohnung saubermachen und das Essen kochen. Für einige trifft das immer noch zu, wenngleich in vielen Ländern die feministische Kritik an dieser Art von Literatur ihre Wirkung nicht verfehlt hat.

Gewiß gibt es soziale Konditionierung – aber erklärt sie die Existenz von Unterschieden zwischen den Geschlechtern? Es handelt sich bestenfalls um eine unvollständige Erklärung. Wir wissen immer noch nicht, *weshalb* unsere Gesellschaft – und nicht bloß unsere, sondern praktisch jede Gesellschaft – Kinder auf diese Weise formt. Eine weitverbreitete Antwort darauf lautet, daß in früheren, einfacheren Gesellschaften die Geschlechter deshalb verschiedene Rollen hatten, weil die Frauen ihre Kinder die lange Zeit bis zur Entwöhnung stillen mußten. Dies bedeutete, daß die Frauen zu Hause blieben, während die Männer auf Nahrungssuche gingen. In der Folge entwickelten die Frauen einen eher sozialen und emotionalen Charakter, während die Männer härter und aggressiver wurden. Weil physische Kraft und Aggression in diesen einfachen Gesellschaften die höchsten Formen der Macht darstellten, gewannen die

Männer die Oberhand. Die heutigen Geschlechterrollen
sind nach dieser Auffassung ein Erbe dieser einfacheren
Verhältnisse, ein Erbe, das von dem Augenblick an überflüssig wurde, als die Technik es auch der schwächlichsten
Person ermöglichte, einen Kran zu bedienen, der fünfzig
Tonnen in die Höhe hebt, oder eine Rakete abzuschießen,
die Millionen tötet. Die Frauen sind auch nicht mehr wie
früher an Heim und Kinder gebunden, weil sie, außer für
die kurze Zeit vor und nach der Geburt ihrer Kinder, Mut-
terschaft und Beruf verbinden können.

Die andere Ansicht lautet: Obwohl soziale Bedingungen für
die Bestimmung psychischer Unterschiede zwischen den
Geschlechtern eine gewisse Rolle spielen, sind auch biologische Faktoren daran beteiligt. Diese Ansicht trifft besonders im Hinblick auf die Aggression zu. In ihrem Buch
The Psychology of Sex Differences geben Eleanor Emmons
Maccoby und Carol Nagy Jacklin vier Gründe für ihre
Überzeugung an, daß die größere Aggressivität des Mannes
eine biologische Komponente hat:

(1) In allen Gesellschaften, in denen der Unterschied er-
forscht wurde, sind die Männer aggressiver als die
Frauen.

(2) Ähnliche Unterschiede wie bei den Menschen gibt es
bei Affen und anderen nahe verwandten Tieren.

(3) Die Unterschiede finden sich bei Kindern in ganz
frühen Jahren, in einem Alter, in dem höchstwahrscheinlich noch keine soziale Konditionierung in
diese Richtung stattgefunden hat (Maccoby und Jacklin finden sogar Anhaltspunkte dafür, daß Jungen für
die Äußerung von Aggression strenger bestraft werden als Mädchen).

(4) Es wurde nachgewiesen, daß Aggressionen entsprechend dem Niveau der Sexualhormone variieren und
daß Frauen aggressiver werden, wenn sie männliche
Hormone erhalten.

Eine biologische Grundlage der Unterschiede bei den visuell-räumlichen Fähigkeiten ist nicht so leicht nachzuweisen;
man kann hauptsächlich auf genetische Studien zurückgrei-
fen, die es nahelegen, daß diese Fähigkeit durch ein rezes-
sives geschlechtsspezifisches Gen beeinflußt ist. Infolge-
dessen, so schätzt man, haben etwa 50 % der männlichen
Wesen in Situationen, die visuell-räumliche Fähigkeiten erfordern, einen genetischen Vorteil, aber nur 25 % der weib-
lichen.

Die Belege für oder gegen einen biologischen Faktor in der
überlegenen Sprachkompetenz von Frauen und der überlegenen mathematischen Fähigkeit von Männern sind gegenwärtig noch zu schwach, als daß man daraus den einen oder
anderen Schluß ziehen könnte.

Aufgrund derselben Strategie, die wir zuvor in der Diskussion von Rasse und IQ angewendet haben, werde ich die
Beweiskraft für und gegen diese biologischen Erklärungen
der Unterschiede zwischen männlich und weiblich nicht
weiter untersuchen. Statt dessen werde ich fragen, was die
Implikationen dieser biologischen Hypothesen wären.

Die Unterschiede in den Stärken und Schwächen der Intelligenz der Geschlechter können höchstens einen winzigen
Anteil des Unterschiedes im Hinblick auf die Positionen erklären, die Frauen und Männer in unserer Gesellschaft einnehmen. Es erklärt vielleicht, weshalb zum Beispiel mehr
Männer als Frauen Berufe wie Architekt und Ingenieur ausüben, Berufe, die visuell-räumliche Fähigkeiten erfordern
mögen; aber selbst in solchen Berufen kann der zahlenmä-
ßige Unterschied nicht mit der genetischen Theorie der visuell-räumlichen Fähigkeiten erklärt werden. Diese Theorie
legt den Schluß nahe, daß halb so viele Frauen wie Männer
in diesem Bereich genetisch im Vorteil sind, entsprechend
den niedrigeren Durchschnittswerten in Tests zur visuell-
räumlichen Fähigkeit. In Wirklichkeit sind jedoch nicht
zweimal, sondern mindestens zehnmal so viele Männer wie
Frauen als Architekten und Ingenieure tätig, in anderen

Ländern noch mehr. Weiterhin: wenn überlegene visuell-
räumliche Fähigkeit die männliche Dominanz im Bereich
der Architektur und des Ingenieurwesens erklärt, warum
gibt es nicht eine entsprechende Überzahl von Frauen in
Berufen, die hohe Sprachkompetenz erfordern? Es stimmt,
daß es mehr Journalistinnen als Ingenieurinnen gibt, und
wahrscheinlich haben mehr Frauen anhaltenden Ruhm als
Romanschriftstellerinnen erworben als in irgendeinem anderen Bereich des Lebens; doch weibliche Journalisten und
Fernsehkommentatoren werden zahlenmäßig stark über-
troffen von Männern außer auf speziellen »Frauengebieten«
wie Kochen und Kinderpflege. Selbst wenn man also biologische Erklärungen für das Ausbilden dieser Fähigkeiten akzeptiert, kann man immer noch argumentieren, daß
Frauen nicht dieselben Gelegenheiten haben wie Männer,
das Beste aus ihren Fähigkeiten zu machen.
Wie steht es mit den Unterschieden bei der Aggression?
Zunächst könnte man meinen, Feministinnen müßten über
die Evidenz in diesem Punkt entzückt sein – wie könnte
man besser die Überlegenheit der Frau zeigen als an ihrer
größeren Zurückhaltung, andere zu verletzen? Aber die
Tatsache, daß die meisten Gewaltverbrecher männlich sind,
ist nur die eine Seite der größeren Aggressivität der Männer.
Die andere Seite könnte größere männliche Konkurrenzhal-
tung, Ehrgeiz und der Drang, Macht zu erwerben, sein.
Dies hätte andere und für Feministinnen weniger willkom-
mene Implikationen. Steven Goldberg, ein amerikanischer
Soziologe, hat ein Buch mit dem provokativen Titel *The
Inevitability of Patriarchy* verfaßt, in dem er die These vertritt, daß die biologische Basis der männlichen Aggressivität
es immer unmöglich machen werde, eine Gesellschaft herbeizuführen, in der Frauen so viel politische Macht haben
wie Männer. Von dieser Behauptung kann man leicht zu der
Ansicht übergehen, Frauen sollten ihre unterlegene Position
in der Gesellschaft akzeptieren und nicht danach streben,
mit Männern zu konkurrieren, oder ihre Töchter dazu er-

ziehen, mit Männern um gesellschaftliche Positionen zu wetteifern, sondern sie sollten in ihre angestammte Hausfrauensphäre zurückkehren. Es ist diese Schlußfolgerung, die die ablehnende Haltung mancher Feministinnen gegen biologische Erklärungen der männlichen Dominanz hervorgerufen hat.

Wie im Falle von Rasse und IQ treffen die moralischen Schlußfolgerungen, die die biologischen Theorien vermeintlich nahelegen, in Wirklichkeit überhaupt nicht zu. Ähnliche Argumente lassen sich hier anwenden.

Erstens können soziale Bedingungen die Unterschiede verstärken oder abschwächen, was immer auch der Ursprung dieser psychischen Unterschiede zwischen Mann und Frau sein mag. Wie Maccoby und Jacklin betonen, ist die biologische Disposition etwa für eine stärker ausgebildete visuell-räumliche Fähigkeit des Mannes in Wirklichkeit Ausdruck seiner höheren Bereitschaft, diese Fähigkeiten zu erlernen. Wo Frauen zur Unabhängigkeit erzogen werden, ist ihre visuell-räumliche Fähigkeit viel größer, als wenn sie zu Hause oder in Abhängigkeit von Männern gehalten werden. Dies trifft zweifellos ebensosehr auf andere Unterschiede zu. Daher mögen Feministinnen recht haben, wenn sie die Art und Weise attackieren, wie wir Jungen und Mädchen ermuntern, sich in unterschiedliche Richtungen zu entwickeln, auch wenn diese Ermunterung selbst nicht für die Bildung psychischer Unterschiede zwischen den Geschlechtern verantwortlich ist, sondern nur angeborene Prädispositionen verstärkt.

Zweitens existieren die psychischen Unterschiede zwischen den Geschlechtern ungeachtet ihres Ursprungs nur als Durchschnittswerte, und manche Frauen sind aggressiver und haben bessere visuell-räumliche Fähigkeiten als manche Männer. Wir haben gesehen, daß die genetische Hypothese zur Erklärung der überlegenen visuell-räumlichen Fähigkeit der Männer selbst davon ausgeht, daß ein Viertel der Frauen eine größere natürliche visuell-räumliche Fähigkeit hat als die Hälfte aller Männer. Unsere eigenen Beobachtungen dürften uns zudem überzeugen, daß es Frauen gibt, die aggressiver sind als manche Männer. Biologische Erklärung hin oder her, wir sollten jedenfalls nie behaupten: »Du bist eine Frau, also kannst du nicht Ingenieur werden«, oder: »Weil du eine Frau bist, wirst du nie den Elan und den Ehrgeiz haben, der nötig ist, um in der Politik erfolgreich zu sein«. Noch dürfen wir voraussetzen, ein Mann könne nicht genügend Güte und Wärme aufbringen, um zu Hause bei den Kindern zu bleiben, während ihre Mutter arbeiten geht. Wenn wir herausfinden wollen, wie Menschen wirklich sind, müssen wir sie als Individuen beurteilen und sie nicht einfach als »männlich« oder »weiblich« über einen Kamm scheren; und wir müssen die Rollen, die von Frauen und Männern eingenommen werden, flexibel halten, wenn Menschen in der Lage sein sollen, das zu tun, wozu sie am meisten geeignet sind.

Der dritte Grund läuft wie die ersten beiden parallel zu den Gründen, die ich für die Überzeugung angegeben habe, daß eine biologische Erklärung der rassenspezifischen IQ-Unterschiede den Rassismus nicht rechtfertigen würde. Die wichtigsten menschlichen Interessen werden von verschieden ausgeprägter Aggressivität ebensowenig betroffen wie von verschieden ausgeprägter Intelligenz. Weniger aggressive Menschen haben genauso wie aggressive Menschen dasselbe Interesse daran, Schmerz zu vermeiden, ihre Fähigkeiten zu entfalten, angemessene Nahrung und Wohnung zu haben und sich guter menschlicher Beziehungen zu erfreuen usw. Es gibt keinen Grund dafür, weshalb aggressivere Menschen für ihre Aggressionen mit höheren Einkommen und mit der Möglichkeit, für diese Interessen besser zu sorgen, belohnt werden sollten.

Weil Aggressivität im Unterschied zu Intelligenz nicht allgemein als wünschenswerter Charakterzug betrachtet wird, wird der männliche Chauvinist wohl kaum bestreiten, daß größere Aggressivität für sich genommen keine moralische

Rechtfertigung männlicher Vorherrschaft ist. Allerdings kann er das als Erklärung, nicht aber als Rechtfertigung der Tatsache anbieten, daß die meisten leitenden Positionen in Politik und Wirtschaft, Universität und anderen Bereichen, wo beide Geschlechter um Macht und Status konkurrieren, von Männern besetzt sind. Er kann sodann behaupten, dies zeige, daß der gegenwärtige Zustand bloß das Resultat der Konkurrenz zwischen Männern und Frauen unter gleich günstigen Bedingungen ist. Daher, mag er sagen, sei der Zustand nicht unbillig. Diese Behauptung eröffnet weitere Differenzierungen des biologischen Unterschieds zwischen Menschen, die man, wie ich schon am Schluß unserer Diskussion über Rasse und IQ bemerkte, grundlegender untersuchen müßte.

Von der Chancengleichheit zur Abwägungsgleichheit

In den meisten westlichen Gesellschaften werden große Unterschiede im Einkommen und sozialen Status gewöhnlich so lange akzeptiert, wie sie unter Bedingungen der Chancengleichheit entstanden sind. Man hält es nicht für eine Ungerechtigkeit, wenn Jill 200 000 Dollar und Jack 20 000 verdient, solange Jack die Chance hatte, dorthin zu gelangen, wo Jill heute steht. Angenommen, die Einkommensdifferenz hat damit zu tun, daß Jill Ärztin und Jack Farmarbeiter ist. Dies wäre akzeptabel, wenn Jack dieselbe Chance hatte wie Jill, Arzt zu werden, und dies muß man so verstehen, daß Jack nicht wegen seiner Rasse, Religion oder einer Behinderung von der medizinischen Ausbildung abgehalten wurde, sondern daß er, wenn seine Schulzeugnisse ebenso gut gewesen wären wie die von Jill, tatsächlich die Möglichkeit gehabt hätte, Medizin zu studieren, Arzt zu werden und 200 000 Dollar im Jahr zu verdienen. Nach dieser Auffassung ist das Leben eine Art Wettlauf, in dem die Sieger angemessenerweise die Preise erhalten, sofern alle die

gleiche Startposition haben. Die gleiche Startposition steht
für die Gleichheit der Chancen, und manche sagen, genau
so weit sollte die Gleichheit gehen.
Zu sagen, Jack und Jill hätten die gleichen Chancen, den
Arztberuf zu ergreifen, weil Jack eine medizinische Ausbildung hätte erlangen können, wenn seine Zeugnisse ebenso
gut wie die von Jill gewesen wären, wäre eine oberflächliche
Auffassung von Chancengleichheit, die näherer Prüfung
nicht standhält. Wir müssen fragen, *warum* Jacks Zeugnisse
nicht so gut waren wie die von Jill. Vielleicht hat er eine
schlechtere Schulbildung erhalten – größere Klassen, weniger qualifizierte Lehrer, unangemessene Mittel usw. In diesem Fall hat er im Grunde gar nicht unter gleichen Voraussetzungen mit Jill konkurriert. Echte Chancengleichheit
heißt sicherstellen, daß die Schule allen die gleichen Vorteile
verschafft.
Schulen gleich zu machen wäre schwierig genug, aber dies
ist noch die leichteste Aufgabe, die einen konsequenten Anhänger der Chancengleichheit erwartet. Selbst wenn die
Schulen dieselben sind, werden einige Kinder von zu Hause
her begünstigt sein. Ein ruhiges Zimmer zum Lernen, eine
Menge Bücher und Eltern, die ihre Kinder dazu anhalten,
sich in der Schule anzustrengen – dies alles könnte erklären,
weshalb Jill dort erfolgreich ist, wo Jack scheitert, weil er
gezwungen ist, sein Zimmer mit zwei jüngeren Brüdern zu
teilen und mit der Klage seines Vaters aufzuwachsen, er ver-
schwende seine Zeit mit Büchern, anstatt hinauszugehen
und seinen Unterhalt zu verdienen. Aber wie macht man
Elternhäuser gleich? Oder Eltern? Sofern wir nicht bereit
sind, die traditionelle Form der Familie aufzugeben und
unsere Kinder in gemeinschaftlichen Kindertagesstätten
großzuziehen, vermögen wir das nicht.
Dies mag genügen, um die Unangemessenheit der Chancengleichheit als eines Ideals der Gleichheit zu zeigen, aber der
entscheidende Einwand – er schließt an unsere vorangegan-
gene Gleichheitsdiskussion an – kommt erst noch. Selbst

wenn wir unsere Kinder wie in einem israelischen Kibbuz gemeinsam aufzögen, würden sie verschiedene Fähigkeiten und Charakterzüge sowie verschiedene Aggressions- und IQ-Grade erben. Die Beseitigung von Unterschieden in der Umwelt des Kindes würde Unterschiede in der genetischen Veranlagung nicht berühren. Zwar würden sich dadurch die Unterschiede etwa zwischen IQ-Werten verringern, da es gegenwärtig so aussieht, daß die sozialen Unterschiede die genetischen Unterschiede verstärken; aber die genetischen Unterschiede würden bleiben, und sie machen nach überwiegender Einschätzung eine bedeutende Komponente der vorhandenen IQ-Unterschiede aus. (Es sei daran erinnert, daß wir jetzt von *Individuen* sprechen. Wir wissen nicht, ob Rassenzugehörigkeit den IQ beeinträchtigt, aber es bestehen wenig Zweifel, daß IQ-Unterschiede zwischen Individuen derselben Rasse teilweise genetisch determiniert sind.)

Chancengleichheit ist somit kein attraktives Ideal. Sie belohnt die Glücklichen, die solche Fähigkeiten erben, die es ihnen erlauben, interessante und einträgliche Berufswege zu beschreiten. Sie bestraft die Unglücklichen, deren genetische Konstellation ihnen einen ähnlichen Erfolg sehr erschwert.

Wir können jetzt unsere frühere Diskussion über ethnische und geschlechtsbedingte Unterschiede in ein umfassenderes Bild einfügen. Wie es auch immer mit den Fakten hinsichtlich der sozialen oder genetischen Grundlage rassenspezifischer IQ-Unterschiede bestellt sein mag, die Beseitigung von gesellschaftlich bedingten Nachteilen wird nicht ausreichen, um eine gleiche oder eine gerechte Einkommensverteilung zu schaffen – eine gleiche Verteilung deshalb nicht, weil diejenigen, welche die mit hohem IQ verbundenen Fähigkeiten erben, auch weiterhin mehr verdienen werden als die anderen; und eine gerechte Verteilung deshalb nicht, weil die Verteilung nach den ererbten Fähigkeiten auf einer willkürlichen Form von Selektion beruht, die nichts mit dem zu tun hat, was Menschen zusteht oder was sie brauchen. Dasselbe gilt für die visuell-räumliche Fähigkeit und die Aggression, falls diese zu höherem Einkommen oder Status führen. Wenn, wie ich argumentiert habe, gleiche Interessenabwägung die Grundlage von Gleichheit ist und die wichtigsten menschlichen Interessen mit diesen Faktoren wenig oder nichts zu tun haben, dann bleibt etwas fragwürdig an einer Gesellschaft, in der Einkommen und soziale Stellung auf ebendiese Faktoren ganz wesentlich bezogen sind.

Wenn wir für das Programmieren von Computern hohe Löhne und für Raumreinigung niedrige Löhne zahlen, dann bezahlen wir die Menschen eigentlich dafür, daß sie einen hohen IQ haben, und dies bedeutet, daß wir Menschen für etwas bezahlen, das zum Teil schon determiniert ist, bevor sie geboren werden, und nahezu vollständig determiniert, bevor sie ein Alter erreicht haben, in dem sie für ihre Handlungen verantwortlich sind. Vom Standpunkt der Gerechtigkeit und der Nützlichkeit aus betrachtet, stimmt hier etwas nicht. Beiden wäre besser gedient in einer Gesellschaft, die die bekannte marxistische Devise befolgte: »Jeder nach seinen Fähigkeiten, jedem nach seinen Bedürfnissen«. Könnte man das erreichen, so würden die Unterschiede zwischen den Rassen und Geschlechtern ihre soziale Bedeutung verlieren. Nur dann hätten wir eine Gesellschaft, die wirklich auf dem Prinzip der gleichen Interessenabwägung beruhte.

Ist es realistisch, nach einer Gesellschaft zu streben, die die Menschen nach ihren Bedürfnissen entlohnt und nicht nach ihrem IQ, ihrer Aggression oder anderen ererbten Fähigkeiten? Müssen wir nicht Ärzte, Anwälte oder Universitätsprofessoren besser entlohnen, damit sie die geistig anspruchsvolle Arbeit tun können, die für unser Wohlergehen wesentlich ist?

Menschen eher nach ihren Bedürfnissen als nach ihren ererbten Fähigkeiten zu bezahlen bringt Schwierigkeiten mit sich. Wenn ein Land ein solches Prinzip einzuführen versucht, ohne daß es die anderen auch tun, wird das wahrscheinlich in irgendeiner Form zur Abwanderung von Fachleuten führen (»brain drain«). Wir können das bereits in kleinem Maßstab an der Zahl von Wissenschaftlern und Ärzten sehen, die Großbritannien verlassen, um in den Vereinigten Staaten zu arbeiten – dies nicht etwa, weil Großbritannien seine Leute eher nach ihren Bedürfnissen als nach ihren ererbten Fähigkeiten bezahlen würde, sondern weil diese gesellschaftlichen Bereiche, obwohl nach britischen Maßstäben relativ gut bezahlt, in den Vereinigten Staaten eben viel besser bezahlt werden. Würde ein Land den ernsthaften Versuch unternehmen, die Einkommen von Kopfarbeitern und Handarbeitern einander anzugleichen, würde die Zahl der auswandernden Kopfarbeiter zweifellos stark zunehmen. Dies ist ein Aspekt des Problems »Sozialismus in *einem* Land«. Marx erwartete, daß die sozialistische Revolution eine weltweite sein werde. Als die russischen Marxisten merkten, daß ihre Revolution nicht den Funken zur vorhergesehenen Weltrevolution zündete, mußten sie die marxistischen Ideen dieser neuen Situation anpassen. Sie taten es, indem sie grausam die Freiheit einschränkten, auch die Freiheit auszuwandern. Ohne diese Einschränkungen während der kommunistischen Phase in der Sowjetunion und anderen kommunistischen Staaten und trotz der beträchtlichen Lohnunterschiede, die in diesen Ländern unter kommunistischer Herrschaft noch immer bestanden, wäre höchstwahrscheinlich ein enormer Strom von gut ausgebildeten Leuten in die kapitalistischen Länder geflossen, die gute Ausbildung höher entlohnten.[1]

---

1 Man hat beobachtet, daß die Einkommensunterschiede in China ganz beachtlich sind, in einigen Bereichen sogar größer als in westlichen Ländern. Ein Professor erhält zum Beispiel fast siebenmal mehr als ein Junior Lecturer, während in Großbritannien, Australien und den USA das Verhältnis 3 : 1 ist. Vgl. Simon Leys, *Chinese Shadows*, New York 1977.

Aber wenn »Sozialismus in *einem* Land« verlangt, daß man aus diesem Land ein bewaffnetes Lager mit Grenzwachen macht, die die Menschen im Innern ebensowenig aus den Augen lassen wie die Feinde außerhalb, so ist der Preis für den Sozialismus möglicherweise zu hoch.

Sich von diesen Schwierigkeiten zu dem Schluß verleiten zu lassen, man könne nichts tun, um die Einkommensverteilung zu verbessern, wie sie in den kapitalistischen Ländern heute besteht, hieße allerdings den Pessimismus zu weit treiben. Denn in den wohlhabenderen westlichen Ländern gibt es einen großen Spielraum, die Lohnunterschiede zu verringern, bevor der Punkt erreicht ist, an dem viele Leute auf den Gedanken kommen, deswegen zu emigrieren. Dies gilt natürlich besonders für Länder wie die Vereinigten Staaten, wo die Einkommensunterschiede gegenwärtig sehr groß sind. Hier läßt sich am ehesten Druck für eine gleichmäßigere Verteilung ausüben.

Wie steht es mit den Problemen der Umverteilung innerhalb eines einzelnen Landes? Die Überzeugung ist weit verbreitet, daß Ärzte und Universitätsprofessoren, wenn man ihnen nicht viel Geld dafür böte, gar nicht die wissenschaftliche Arbeit auf sich nähmen, die erforderlich ist, um eine solche Position zu erlangen. Ich weiß nicht, was für diese Annahme spricht, sie scheint mir jedenfalls sehr zweifelhaft. Mein eigenes Einkommen ist bedeutend höher als die Löhne der Universitätsangestellten, die den Rasen mähen und die Anlagen in Ordnung halten, aber wenn unsere Einkommen gleich wären, würde ich dennoch nicht mit ihnen tauschen wollen – obwohl ihre Jobs viel angenehmer sind als manche andere schlechtbezahlte Arbeit. Auch glaube ich nicht, daß mein Arzt die Gelegenheit beim Schopf packen würde, mit seiner Sprechstundenhilfe zu tauschen, wenn ihre Einkommen nicht verschieden wären. Natürlich mußten mein Arzt und ich eine Reihe von Jahren studieren, um dorthin zu gelangen, wo wir heute sind, aber ich zumindest sehe meine Studentenzeit im Rückblick als eine der schönsten und erlebnisreichsten Perioden meines Lebens an.

Obwohl ich nicht glaube, daß Menschen sich um des Geldes willen dafür entscheiden, Arzt und nicht Sprechstundenhilfe zu werden, muß man doch hinsichtlich des Vorschlags, Einkommen solle sich nach Bedürfnissen und nicht nach Fähigkeiten richten, eine Einschränkung machen. Die Aussicht auf höheren Verdienst veranlaßt uns zugegebenermaßen manchmal dazu, größere Anstrengungen im Gebrauch unserer Fähigkeiten zu unternehmen, und diese größeren Anstrengungen können für Patienten, Kunden, Studenten oder für die Öffentlichkeit insgesamt sehr wohl von Nutzen sein. Es könnte daher den Versuch wert sein, *Anstrengungen* zu belohnen, was bedeuten würde, daß jemand besser bezahlt wird, wenn er nahe an der oberen Grenze seiner Fähigkeiten arbeitet, was auch immer diese sein mögen. So etwas ist allerdings etwas ganz anderes als die Bezahlung nach dem Niveau der Fähigkeiten, die man zufällig hat, was sich ja der eigenen Beeinflussung entzieht. Wie der englische Psychologe Jeffrey Gray schrieb, legen die Anhaltspunkte für eine genetische Beeinflussung des IQ die Überlegung nahe, daß es sich bei der unterschiedlichen Bezahlung für Arbeiten der »höheren Klasse« und der »niedrigeren Klasse« »um eine Verschwendung von Mitteln in Gestalt von »Anreizen« handelt, die die Menschen entweder dazu verleiten, etwas zu tun, das ihre Kräfte übersteigt, oder sie für das höher belohnen, was sie ohnehin tun würden«.

Wir haben bisher an Leute wie Universitätsprofessoren gedacht, die vom Staat bezahlt werden, und an Ärzte, deren Einkommen entweder – bei einem staatlichen Gesundheitswesen der einen oder anderen Art – durch staatliche Körperschaften festgelegt sind oder durch staatliche Protektion für Berufsverbände, wie etwa einen Ärzteverband, was es der Berufsgruppe erlaubt, alle auszuschließen, die versuchen würden, ihre Dienste zu einem niedrigeren Preis anzubieten. Diese Einkommen sind daher bereits der staatlichen

Kontrolle unterworfen und ließen sich auch ohne drastischen Wandel der staatlichen Machtverhältnisse verändern. Beim privaten Sektor der Volkswirtschaft liegt dagegen die Sache anders. Geschäftsleute, die rasch eine Gelegenheit beim Schopf packen, werden unter den Bedingungen des freien Unternehmertums mehr Geld verdienen als ihre Konkurrenten, oder, wenn sie Angestellte einer großen Firma sind, schneller befördert werden. Steuern können etwas zur Umverteilung dieses Einkommens beitragen, aber es gibt Grenzen für die Wirksamkeit einer krassen Steuerprogression – es scheint geradezu ein Gesetz zu geben, das besagt: je höher die Steuerrate, desto größer das Volumen der Steuerhinterziehung.

Müssen wir das private Unternehmertum abschaffen, wenn wir unverdienten Reichtum beseitigen wollen? Dieser Vorschlag wirft Fragen auf, die zu umfassend sind, als daß sie hier diskutiert werden könnten; doch kann man sagen, daß sich privates Unternehmertum unter den feindseligsten Bedingungen zu behaupten pflegt. Wie die Russen und Osteuropäer bald merkten, hatten kommunistische Gesellschaften weiterhin ihren Schwarzmarkt, und wenn man seine Wasserleitung rasch repariert haben wollte, so empfahl es sich, ein kleines Trinkgeld bereitzuhalten. Nur eine radikale Veränderung in der menschlichen Natur – eine Abnahme der raffsüchtigen und egozentrischen Bestrebungen – könnte die Neigung der Menschen überwinden, jegliches System zu umgehen, das privates Unternehmertum unterdrückt. Weil kein solcher Wandel der menschlichen Natur in Sicht ist, werden wir vermutlich fortfahren, die Menschen mit ererbten Fähigkeiten am besten zu bezahlen, nicht aber die mit den größten Bedürfnissen. Auf etwas gänzlich anderes zu hoffen wäre unrealistisch. Andererseits ist es, wie ich glaube, realistisch und richtig, sich um eine breitere Zustimmung zu dem Prinzip zu bemühen, daß Bedürfnisse und Anstrengungen zu bezahlen sind, und nicht ererbte Fähigkeiten.

Affirmatives Handeln

Der vorhergehende Abschnitt legte dar, daß die Bewegung in Richtung auf eine egalitäre Gesellschaft, in der Einkommensunterschiede verringert werden, zwar moralisch wünschenswert ist, sich aber als schwierig erweisen dürfte. Bringen wir auch keine allgemeine Gleichheit zustande, so müßten wir doch wenigstens zu gewährleisten versuchen, daß dort, wo wesentliche Unterschiede in Einkommen, Status und Macht bestehen, Frauen und ethnische Minderheiten nicht in einem zahlenmäßigen Mißverhältnis am unteren Ende zu stehen kommen. Ungleichheiten unter Mitgliedern derselben ethnischen Gruppe mögen nicht mehr gerechtfertigt sein als die zwischen ethnischen Gruppen oder Männern und Frauen, aber wenn diese Ungleichheiten mit einem offensichtlichen Unterschied wie dem zwischen Afro-Amerikanern und Amerikanern europäischer Abstammung oder Frauen und Männern zusammenfallen, dann produzieren sie in erhöhtem Maß eine gespaltene Gesellschaft mit einem Überlegenheitsgefühl auf der einen Seite und einem Minderwertigkeitsgefühl auf der anderen. Ungleichheit nach Rasse und Geschlecht kann daher trennender sein als andere Formen der Ungleichheit. Auch kann sie in der unterlegenen Gruppe stärker zu einem Gefühl der Hoffnungslosigkeit beitragen, da ihr Geschlecht oder ihre Rasse nicht das Produkt ihrer eigenen Handlungen ist und sie nichts tun kann, um es zu ändern.

Wie ist Gleichheit für Rassen und Geschlechter innerhalb einer ungleichen Gesellschaft zu erreichen? Wir haben gesehen, daß Chancengleichheit sich praktisch nicht realisieren läßt und daß sie, falls sie sich realisieren ließe, doch zulassen würde, daß angeborene Unterschiede hinsichtlich Aggressivität und IQ auf ungerechte Weise die Zugehörigkeit zu höheren Gesellschaftsschichten bestimmen würden. Ein Weg, diese Hindernisse zu überwinden, besteht darin, über die Chancengleichheit hinauszugehen und Mitglieder der benachteiligten Gruppen zu bevorzugen. Das ist affirmatives Handeln, manchmal auch »umgekehrte Diskriminierung« genannt. Zwar mag das am ehesten Hoffnung auf eine Verminderung lange bestehender Ungleichheiten bedeuten; doch offensichtlich wird dadurch eben gegen das Prinzip der Gleichheit verstoßen. Daher ist es umstritten.

Affirmatives Handeln wird am häufigsten in der schulischen und universitären Bildung und bei der Einstellung von Arbeitskräften praktiziert. Die Ausbildung ist ein besonders wichtiger Bereich, weil sie einen bedeutenden Einfluß auf gute Verdienstaussichten, auf eine befriedigende Arbeit und Macht und Status in der Gesellschaft hat. Überdies stand in den Vereinigten Staaten die Bildung im Zentrum des Disputs über affirmatives Handeln, und zwar im Zusammenhang mit Verhandlungen vor dem Obersten Gerichtshof über Zulassungsverfahren zur Universität, die benachteiligte Gruppen begünstigten. Zu den Prozessen kam es deshalb, weil männliche Bewerber europäischer Abstammung nicht zugelassen wurden, obwohl ihre akademischen Zeugnisse und ihre Resultate in den Zulassungsverfahren besser waren als die einiger zugelassener afro-amerikanischer Studenten. Die Universitäten bestritten das nicht; sie suchten sich jedoch mit der Erklärung zu rechtfertigen, daß sie nach Zulassungsregeln vorgingen, die als Hilfe für benachteiligte Studenten gedacht waren.

Der Präzedenzfall für die Rechtsprechung der Vereinigten Staaten ist der Prozeß *Regents of the University of California gegen Bakke*. Allan Bakke bewarb sich um die Zulassung zur medizinischen Fakultät der Universität von Kalifornien in Davis. Die Universität war gerade bestrebt, die Zahl der Angehörigen der Minderheitengruppen, die eine ärztliche Ausbildung anstrebten, zu vermehren, und reservierte 16 von 100 Plätzen für Studenten, die einer benachteiligten Minderheit angehören. Weil diese Studenten im offenen Konkurrenzkampf nicht so viele Plätze gewonnen hätten, wurden weniger Studenten europäischer Abstammung zugelassen, als es ohne diese Reservierung der Fall gewesen wäre. Einige dieser Studenten, denen die Plätze verwehrt wurden, hätten sie sicherlich erhalten, wenn sie – mit denselben Noten in den Aufnahmeprüfungen – Mitglieder einer benachteiligten Gruppe gewesen wären. Bakke war einer dieser zurückgewiesenen europäisch-amerikanischen Studenten und verklagte die Universität wegen dieser Zurückweisung. Wir wollen diesen Fall als Musterbeispiel für affirmatives Handeln nehmen. Ist er vertretbar?

Ich beginne, indem ich ein Argument aussondere, das manchmal verwendet wird, um die Diskriminierung zugunsten von Mitgliedern benachteiligter Gruppen zu rechtfertigen. Gelegentlich heißt es, wenn 20 % der Bevölkerung einer ethnischen Minderheit angehören, aber nur 2 % davon Ärzte sind, dann sei hinreichend bewiesen, daß in unserer Gesellschaft ethnische Gruppen diskriminiert werden. (Ähnliche Argumente wurden vorgebracht, um Behauptungen über die sexuelle Diskriminierung zu stützen.) Unsere Erörterung der genetischen Probleme unter bestimmten Umwelteinflüssen zeigt, weshalb dieses Argument nicht stichhaltig ist. Es *könnte* sein, daß die Mitglieder der unterrepräsentierten Gruppe für die Art von Studium, das ein angehender Arzt absolvieren muß, *durchschnittlich* weniger begabt sind. Ich sage nicht, daß das stimmt, auch nicht, daß es überhaupt wahrscheinlich ist, aber es kann zum gegenwärtigen Zeitpunkt nicht ausgeschlossen werden. Danach ist eine unverhältnismäßig kleine Anzahl von Ärzten, die einer ethnischen Minderheit angehören, für sich genommen noch kein Beweis für eine Diskriminierung dieser Minderheit. (So wie die unverhältnismäßig große Zahl von afro-amerikanischen Athleten im Olympia-Team der Vereinigten Staaten für sich genommen noch kein Beweis für eine Diskriminierung der Amerikaner europäischer Abstammung ist.) Es mag natürlich andere Anhaltspunkte für die Behauptung geben, daß die kleine Anzahl von Ärzten, die aus der Minderheitengruppe hervorgehen, wirklich das Ergebnis von Diskriminierung ist; aber dies müßte man erst zeigen. Ohne positive Anhaltspunkte für Diskriminierung ist es nicht möglich, affirmatives Handeln mit der Begründung zu rechtfertigen, es stelle bloß das Diskriminierungsgleichgewicht in der Gesellschaft wieder her.

Ein anderer Weg der Verteidigung einer Entscheidung, die der Aufnahme eines Minderheiten-Studenten vor der eines Mehrheits-Studenten, der bei der Aufnahmeprüfung besser abgeschnitten hat, den Vorzug gibt, würde in der Argumentation bestehen, daß standardisierte Aufnahmetests keinen exakten Aufschluß über die Fähigkeiten geben, wo es um einen Studenten geht, der ernsthaft benachteiligt wurde. Dies stimmt mit dem überein, was im letzten Abschnitt über die Unmöglichkeit, Chancengleichheit zu erreichen, geltend gemacht wurde. Erziehung und Elternhaus beeinflussen mit einer gewissen Wahrscheinlichkeit die Noten. Ein Student aus armen Verhältnissen, der in der Aufnahmeprüfung 55 % erzielt, hat vielleicht bessere Aussicht auf einen raschen Abschluß als ein reicherer Student mit 70 %. Noten auf dieser Grundlage anzugleichen hieße nicht, benachteiligte Minderheiten-Studenten gegenüber besser qualifizierten Studenten vorzuziehen. Es würde vielmehr eine Entscheidung zum Ausdruck bringen, daß die benachteiligten Studenten wirklich besser qualifiziert waren als die andern. Dies hat mit Rassendiskriminierung nichts zu tun.

Dieses Argument konnte die Universität von Kalifornien zu ihrer Verteidigung nicht vorbringen, denn ihre medizinische Fakultät in Davis hatte einfach 16 % der Plätze für Studenten aus Minderheitsgruppen reserviert. Die Quote variierte nicht nach den Fähigkeiten, die die Bewerber aus Minderheitsgruppen entfalteten. Das mag zwar im Interesse einer größtmöglichen Gleichheit liegen, aber es handelt sich eindeutig um Rassendiskriminierung.

In diesem Kapitel haben wir gesehen, daß die einzige mögliche Basis für die Behauptung, alle Menschen seien gleich, das Prinzip der gleichen Interessenabwägung ist. Dieses Prinzip ächtet Diskriminierung nach Rasse und Geschlecht, die den Interessen der Diskriminierten weniger Gewicht gibt. Durfte Bakke behaupten, die medizinische Fakultät habe, als sie seine Bewerbung abwies, seinen Interessen weniger Gewicht beigemessen als denen afro-amerikanischer Studenten?

Wir müssen diese Frage nur stellen, um einzusehen, daß Universitätszulassungen gewöhnlich nicht das Ergebnis einer Abwägung der Interessen der einzelnen Bewerber sind. Vielmehr werden die Bewerber nach Maßstäben ausgesucht, die die Universität nach bestimmten eigenen Vorstellungen festsetzt. Man nehme den einfachsten Fall: Zulassung, die nach der Punktzahl eines Intelligenztests streng reglementiert ist. Angenommen, die nach diesem Verfahren Abgewiesenen beklagten sich, ihre Interessen seien weniger berücksichtigt worden als die Interessen der Bewerber mit höherer Intelligenz. Dann würde die Universität erwidern, daß bei ihrem Verfahren die Interessen der Bewerber überhaupt nicht in Betracht gezogen, somit auch nicht die Interessen eines einzelnen Bewerbers stärker berücksichtigt würden als die der anderen. Wir könnten dann an die Universität die Frage richten, weshalb sie Intelligenz als Zulassungskriterium verwende. Darauf könnte sie zum einen antworten, daß ein hohes Maß an Intelligenz erforderlich ist, um die für einen Abschluß nötigen Examina zu bestehen. Es ist sinnlos, Studenten zuzulassen, die unfähig sind, die Aufnahmeprüfung zu bestehen, denn sie werden nicht fähig sein, zu einem Abschluß zu kommen. Sie werden ihre eigene Zeit und die Mittel der Universität verschwenden. Zweitens könnte die Universität sagen, daß unsere Absolventen für die Gemeinschaft wahrscheinlich um so nützlicher sind, je höher ihre Intelligenz ist. Je intelligenter unsere Ärzte sind, desto besser werden sie Krankheiten verhüten und heilen. Je intelligenter die Studenten sind, die die medizinische Fakultät auswählt, desto höher ist der Gegenwert, den die Gesellschaft für ihre Ausgaben zur medizinischen Ausbildung erhält.

Dieses besondere Zulassungsverfahren ist natürlich einseitig; ein guter Arzt muß zusätzlich zu seinem Intelligenzgrad andere Qualitäten haben. Es soll uns auch nur als ein Beispiel dienen, und für dessen Zweck ist der Einwand unerheblich. Es geht darum, daß niemand Intelligenz als ein Selektionskriterium ablehnt, so wie man Rasse als Kriterium ablehnt; doch die Hochintelligenten, die bei einem intelligenzorientierten Reglement zugelassen werden, haben nicht in höherem Maße ein Recht an sich auf Zulassung als diejenigen, die durch affirmatives Handeln zugelassen werden. Höhere Intelligenz, das habe ich schon erörtert, verleiht nicht ein Recht oder einen gerechtfertigten Anspruch auf ein Mehr an jenen Gütern, die unsere Gesellschaft anzubieten hat. Wenn eine Universität Studenten mit höherer Intelligenz zuläßt, so tut sie es weder aufgrund einer Abwägung der größeren Interessen an der Zulassung noch aufgrund der Anerkennung des Rechts der Betreffenden auf Zulassung, sondern weil sie Ziele bejaht, von denen sie annimmt, daß sie durch dieses Zulassungsverfahren gefördert werden. Wenn die gleiche Universität neue Zielsetzungen einführt und affirmatives Handeln anwendet, um sie zu fördern, dann können Bewerber, die unter dem alten Verfahren zugelassen worden wären, nicht geltend machen, das neue Verfahren verletze ihr Recht auf Zulassung oder behandle sie mit weniger Rücksicht als andere. Sie hatten keinen speziellen Anspruch darauf, überhaupt zugelassen zu werden; sie waren die glücklichen Nutznießer der alten Universitätspolitik. Nun, da sich diese Politik geändert hat, haben andere den Vorteil. Wenn das unfair erscheint, dann nur deshalb, weil wir uns an die alte Politik gewöhnt hatten. Somit kann affirmatives Handeln nicht aus dem Grund rechtmäßig verurteilt werden, daß es die Rechte von Universitätsanwärtern verletzt oder sie nicht in gleichem Maße berücksichtigt. Es gibt kein angestammtes Recht auf Zulassung, und normale Zulassungsprüfungen sind nicht mit gleichen Interessenabwägungen gegenüber den Bewerbern verbunden. Wenn man gegen affirmatives Handeln Einwände erhebt, so ist das nur mit der Begründung möglich, daß die Ziele, die es zu fördern sucht, schlecht seien oder daß es diese Ziele nicht wirklich fördere.

Das Prinzip der Gleichheit mag ein Grund dafür sein, die Ziele eines rassendiskriminierenden Zulassungsverfahrens zu verurteilen. Wenn Universitäten bereits benachteiligte Minderheiten diskriminieren, haben wir den Verdacht, daß die Diskriminierung in Wirklichkeit ein Resultat geringerer Rücksichtnahme auf die Interessen der Minderheit ist. Warum sonst haben Universitäten in den Südstaaten der USA Afro-Amerikaner ausgeschlossen, bis die Rassentrennung für verfassungswidrig erklärt wurde? Hier, im Gegensatz zur Situation des affirmativen Handelns, konnten die Abgewiesenen zu Recht beanstanden, daß ihre Interessen nicht in gleicher Weise berücksichtigt wurde wie die Interessen der europäischen Amerikaner, die man zuließ. Andere Erklärungen wurden vielleicht angeboten, aber es waren sicher Scheinerklärungen.

Gegner des affirmativen Handelns haben nichts gegen die Ziele der sozialen Gleichheit und größerer Minderheitsvertretung in den Berufsgruppen eingewendet. Es dürfte ihnen auch schwerfallen. Gleiche Interessenabwägung unterstützt Entwicklungen in Richtung auf die Gleichheit aus Gründen des Prinzips der Verringerung des Grenznutzens; denn sie befreit von dem Gefühl hoffnungsloser Unterlegenheit, das sich breitmachen kann, wenn es Angehörigen einer Rasse oder eines Geschlechts ständig schlechter geht als Angehörigen einer anderen Rasse oder des anderen Geschlechts, und weil rigorose Ungleichheit zwischen den Rassen eine gespaltene Gesellschaft mit unausweichlichen Spannungen zwischen den Rassen bedeutet.

Im Rahmen des umfassenden Ziels sozialer Gleichheit ist es aus verschiedenen Gründen wünschenswert, die Repräsentanz von Minderheiten in Berufen wie Rechtswissenschaft und Medizin zu fördern. Angehörige einer Minderheitsgruppe werden voraussichtlich lieber unter ihresgleichen arbeiten als unter Vertretern der etablierten ethnischen Gruppen, und dies kann beitragen zur Überwindung des Mangels an Ärzten und Juristen in armen Gegenden, wo die meisten Mitglieder benachteiligter Minderheiten leben. Sie werden vielleicht auch die Probleme der benachteiligten Menschen besser verstehen, als das irgendein Außenstehender könnte. Minderheiten angehörende Ärztinnen und Juristinnen können anderen Mitgliedern von Minderheiten und Frauen als Rollenmodell dienen, indem sie die unbewußten mentalen Schranken gegen das Streben nach solchen Positionen durchbrechen. Schließlich kann die Existenz einer abweichenden Studentengruppe dazu beitragen, daß die Mitglieder der dominierenden ethnischen Gruppe mehr über das Verhalten der Afro-Amerikaner und Frauen lernen und auf diese Weise, als Ärzte und Juristen, besser in der Lage sind, der ganzen Gemeinschaft zu dienen.

Gegner des affirmativen Handelns sind da auf sichererem Boden, wo sie behaupten, affirmatives Handeln fördere die Gleichheit nicht. Wie Richter Powell im Bakke-Prozeß sagte: »Vorzugsprogramme können nur allgemeinverbreitete Stereotype verstärken, nämlich die Meinung, gewisse Gruppen seien unfähig, ohne Protektion Erfolg zu haben.« Man könnte sagen, Mitglieder von Minderheitsgruppen und Frauen müssen sich ihren Platz durch eigenes Verdienst erobern, damit echte Gleichheit erzielt werde. Solange sie leichteren Zugang zum Studium an juristischen Fakultäten hätten als andere, würden Jura-Absolventen, die Minderheitengruppen angehören, geringer geschätzt – einschließlich derjenigen, die unter offenen Konkurrenzbedingungen Zugang gefunden hätten.

Es gibt auch langfristig einen Einwand gegen affirmatives Handeln als Mittel zur Durchsetzung der Gleichheit. Im gegenwärtigen sozialen Klima können wir wohl darauf vertrauen, daß die Rasse nur berücksichtigt wird, um benachteiligten Minderheiten einen Vorteil zu verschaffen; aber wird dieses Klima andauern? Sollte der altmodische Rassismus wiederkehren, würde es dann unsere Anerkennung von Rassen-Quoten nicht erleichtern, sie wieder gegen Minderheiten ins Feld zu führen? Können wir wirklich erwarten, daß die Einführung von Rassenunterschieden das Ziel, Rassenunterschiede zu beseitigen, fördert?

Diese praktischen Einwände werfen schwierige empirische Fragen auf. Sie spielten zwar im Bakke-Prozeß eine Rolle, aber im Zentrum der juristischen Auseinandersetzung über affirmatives Handeln in Amerika standen sie nicht. Richter sind eigentümlich zurückhaltend, wenn es darum geht, Fälle aufgrund von Fakten zu entscheiden, über die sie keine spezielle Fachkenntnis haben. Alan Bakke gewann seinen Prozeß hauptsächlich deshalb, weil der US Civil Rights Act von 1964 festlegt, daß niemand wegen Farbe, Rasse oder nationaler Herkunft von einer Tätigkeit ausgeschlossen werden darf, die finanziell vom Staat unterstützt wird. Eine knappe Mehrheit der Richter war der Meinung, dies schließe jede Art von Diskriminierung aus, gleichgültig ob sie Vorteile bringe oder Nachteile. Sie fügten allerdings hinzu, es sei nichts einzuwenden gegen eine Universität, die Rasse als einen unter vielen Faktoren betrachte, wie etwa künstlerische oder sportliche Fähigkeiten, Arbeitserfahrung, Nachweis besonderer Bedürftigkeit, die erfolgreiche Überwindung eines Handikaps oder besondere Führungsqualitäten. Der Gerichtshof gestand den Universitäten zu, ihre Studentenschaft gemäß ihren eigenen Zielsetzungen auszuwählen, sofern sie es nicht rein nach Quoten tun.

Das ist zwar in den Vereinigten Staaten Gesetz, aber in anderen Ländern und von einem mehr ethisch als rechtlich orientierten Standpunkt aus betrachtet mag die Unterscheidung zwischen Quoten und anderen Präferenzpraktiken gegenüber benachteiligten Gruppen weniger bedeutsam sein. Wichtig ist, daß affirmatives Handeln, ob nach Quoten oder irgendwelchen anderen Maßstäben, nicht gegen ein vernünftiges Gleichheitsprinzip verstößt und nicht irgendwelche Rechte der Abgewiesenen verletzt. In angemessener Weise angewendet, ist es mit gleicher Interessenabwägung vereinbar, zumindest in seinen Zielen. Der einzige echte Zweifel bezieht sich darauf, ob es wirklich funktioniert. In Ermangelung besserer Alternativen scheint sich ein Versuch zu lohnen.

Eine abschließende Anmerkung: Gleichheit und Behinderung

In diesem Kapitel haben wir uns mit dem Wechselspiel von moralischem Gleichheitsprinzip und – realen oder vermeintlichen – Unterschieden zwischen Gruppen von Menschen beschäftigt. Wie irrelevant der IQ oder besonders ausgeprägte Fähigkeiten für das moralische Gleichheitsprinzip sind, wird am deutlichsten, wenn man die Situation körperlich oder geistig Behinderter betrachtet. Wenn wir darüber nachdenken, wie solche Menschen behandelt werden sollen, dann steht nicht zur Diskussion, ob sie in gleicher Weise befähigt sind wie Nicht-Behinderte. Definitionsgemäß fehlt ihnen die eine oder andere Fähigkeit, die normale Menschen besitzen. Diese Behinderungen bedeuten gelegentlich, daß sie anders zu behandeln sind als die meisten anderen. Wenn wir einen Feuerwehrmann suchen, können wir mit Recht jemanden ausschließen, der an einen Rollstuhl gefesselt ist; und wenn wir einen Korrektor suchen, braucht sich ein Blinder nicht zu bewerben. Aber die Tatsache, daß eine spezifische Behinderung jemanden für eine bestimmte Position nicht in Frage kommen läßt, bedeutet nicht, daß die Interessen des Betreffenden weniger sorgfältig abzuwägen sind als die jedes andern. Sie rechtfertigt auch keinerlei Diskriminierung gegen Behinderte in Situationen, in denen eine spezifische Behinderung für die angebotene Beschäftigung oder Dienstleistung nicht relevant ist. Jahrhundertelang haben Behinderte unter Vorurteilen zu leiden gehabt, die in einigen Fällen ebenso hart waren wie die, von denen ethnische Minderheiten betroffen waren. Geistig Behinderte wurden eingesperrt, dem Anblick der Allgemeinheit entzogen und in beschämender Weise behandelt. Andere waren praktisch Sklaven und wurden als billige Arbeitskräfte in Haushalten und Fabriken ausgebeutet. Unter dem Deckmantel eines sogenannten Euthanasie-Programms wurden von den Nazis Zehntausende geistig Behinderter ermordet, die durchaus fähig waren, ein Weiterleben zu wünschen und ihr Leben zu genießen. Auch heute gibt es noch einige Firmen, die eine Person im Rollstuhl nicht einstellen, obwohl sie die betreffende Arbeit ebenso gut erledigen könnte wie jede andere. Andere weigern sich, eine Verkäuferin mit anormalem Äußeren zu beschäftigen, weil sie fürchten, der Verkaufserfolg könnte darunter leiden. (Ähnliche Argumente wurden gegen die Beschäftigung von Mitgliedern ethnischer Minderheiten ins Feld geführt; solche Vorurteile können wir am besten überwinden, wenn wir uns an Leute gewöhnen, die anders sind als wir.)

Wir beginnen eben erst über die Ungerechtigkeit nachzudenken, die behinderten Menschen angetan wird, und sie als benachteiligte Gruppe zu betrachten. Daß es so lange gedauert hat, ist der Unklarheit über faktische und moralische Ungleichheit zuzuschreiben, die zuvor diskutiert worden ist. Weil Behinderte in mancher Hinsicht anders sind, haben wir es für richtig gehalten, sie anders zu behandeln. Wir haben über die Tatsache hinweggesehen, daß – wie im obigen Beispiel – die Behinderung der behinderten Person hinsichtlich der andersartigen (und benachteiligenden) Behandlung irrelevant war. Es ist daher sicherzustellen, daß die Gesetzgebung, die Diskriminierung aufgrund von Rasse, ethnischer Zugehörigkeit oder Geschlecht verbietet, in gleicher Weise Diskriminierung aufgrund von Behinderung verbietet, falls nicht gezeigt werden kann, daß die Behinderung für die angebotene Beschäftigung oder Dienstleistung relevant ist.

Aber das ist nicht alles. Viele der Argumente, die im Falle der durch Rasse oder Geschlecht Benachteiligten für affirmatives Handeln vorgebracht werden, treffen in noch stärkerem Maße für Behinderte zu. Bloße Chancengleichheit reicht nicht aus in Situationen, in denen es eine Behinderung unmöglich macht, daß die betreffende Person ein gleichberechtigtes Mitglied der Gemeinschaft wird. Behinderten Chancengleichheit für den Universitätsbesuch zu gewähren ist nicht sehr sinnvoll, wenn etwa die Bibliothek nur über ein Treppenhaus zugänglich ist, das sie nicht benutzen können. Viele behinderte Kinder sind fähig, vom normalen Unterricht zu profitieren, können aber daran nicht teilnehmen, weil zusätzliche Hilfestellungen für ihre speziellen Bedürfnisse fehlen. Da die Erfüllung solcher Bedürfnisse für das Leben der Behinderten oft zentrale Bedeutung hat, wird ihnen nach dem Prinzip der gleichen Interessenabwägung ein viel größeres Gewicht zukommen als den geringeren Bedürfnissen anderer. Deshalb ist es im allgemeinen gerechtfertigt, für Behinderte mehr auszugeben als für die andern. Wieviel mehr genau, ist natürlich eine schwierige Frage. Wo die Mittel knapp sind, muß es eine Grenze geben. Bei gleicher Abwägung der Interessen der Behinderten und wenn wir uns eindringlich vorstellen, wir selbst könnten in derselben Situation sein, ist die richtige Antwort im Prinzip leicht zu geben; aber es dürfte schwierig sein zu bestimmen, wie diese Antwort in jedem Einzelfall genau lauten muß.

Man wird behaupten, es bestehe ein Widerspruch zwischen dieser Anerkennung der Behinderten als einer Gruppe, die ungerechtfertigter Diskriminierung ausgesetzt ist, und späteren Argumenten, die im Falle eines Fötus oder eines schwergeschädigten Säuglings Schwangerschaftsabbruch bzw. Infantizid verteidigen. Für diese späteren Argumente gilt die Grundvoraussetzung, daß ein Leben ohne Behinderung besser ist als ein Leben mit Behinderung. Aber ist dies nicht selbst eine Form von Vorurteil, in dem Nicht-

Behinderte befangen sind und das dem ähnelt, wonach es besser ist, europäischer Herkunft oder ein Mann als afrikanischer Abstammung oder eine Frau zu sein?

Was an diesem Argument falsch ist, ist nicht schwer herauszufinden. Zu argumentieren, daß Behinderte, die ihr Leben voll auskosten möchten, jede mögliche Hilfestellung dabei erhalten sollen, ist das eine; etwas anderes und davon ganz Verschiedenes aber ist es, zu behaupten, wenn wir die Wahl haben, ob unser nächstes Kind behindert oder nicht behindert sein Leben beginnen soll, dann sei es ein bloßes Vorurteil, das uns dazu bringt, die Wahl für ein unbehindertes Kind zu treffen. Wenn man Behinderten, die an den Rollstuhl gefesselt sind, ein Wundermittel anböte, das ihnen ohne Nebenwirkung ihre volle Beweglichkeit zurückgeben würde, wie viele würden wohl dieses Mittel ablehnen mit der Begründung, daß ein Leben mit Behinderung hinter einem Leben ohne Behinderung keineswegs zurückstehe? Indem Behinderte verfügbare medizinische Hilfe suchen, um mit ihrer Behinderung fertigzuwerden oder sie zu beseitigen, zeigen sie selbst, daß die Bevorzugung eines Lebens ohne Behinderung kein bloßes Vorurteil ist. Einige Behinderte mögen einwenden, sie träfen diese Wahl nur, weil die Gesellschaft den Behinderten so viele Hindernisse in den Weg legt. Sie behaupten, sie würden durch die sozialen Bedingungen behindert, nicht durch ihre körperlichen und geistigen Anlagen. Diese Behauptung verdreht die begrenztere Wahrheit, daß soziale Bedingungen das Leben der Behinderten viel schwieriger als nötig machen, in eine eklatante Unwahrheit. Die Fähigkeiten, laufen, sehen, hören, von Schmerz und Unbehagen relativ frei sein sowie wirksam kommunizieren zu können, sind – unter praktisch allen sozialen Bedingungen – echte Vorteile. Damit wird nicht bestritten, daß Menschen, die diese Fähigkeiten nicht haben, über ihre Behinderungen triumphieren und ein Leben von erstaunlicher Fülle und Andersartigkeit führen können. Dennoch ist es kein Zeichen von Befangenheit in Vorurteilen gegenüber Behinderten, wenn wir es für uns selbst und unsere Kinder vorziehen, nicht mit Hindernissen konfrontiert zu werden, die so groß sind, daß ihre Überwindung allein schon einen Triumph darstellt.

3

Gleichheit für Tiere?

Rassismus und Speziesismus

Im vorhergehenden Kapitel habe ich die Überzeugung begründet, daß es sich bei dem Grundprinzip der Gleichheit, auf dem die Gleichheit aller Menschen beruht, um das Prinzip der gleichen Interessenabwägung handelt. Nur ein grundlegendes moralisches Prinzip dieser Art gestattet es uns, eine Form von Gleichheit zu vertreten, die alle menschlichen Wesen umfaßt – trotz aller Unterschiede, die zwischen ihnen bestehen. Ich behaupte nun, daß dieses Prinzip zwar eine adäquate Basis für menschliche Gleichheit ist, aber eine Basis, die sich nicht auf Menschen beschränken läßt. Ich schlage mit anderen Worten vor, daß wir, wenn wir das Prinzip der Gleichheit als eine vernünftige moralische Basis für unsere Beziehungen zu den Mitgliedern unserer Gattung akzeptiert haben, auch verpflichtet sind, es als eine vernünftige moralische Basis für unsere Beziehungen zu denen außerhalb unserer Gattung anzuerkennen – den nichtmenschlichen Lebewesen.[1]

Dieser Vorschlag erscheint zunächst bizarr. Wir pflegen die Unterdrückung von Minderheitengruppen und Frauen zu den wichtigsten moralischen und politischen Fragen zu zählen, die heute die Welt bedrängen. Dies sind schwerwiegende Probleme, die den Zeitaufwand und die Energie jedes verantwortungsbewußten Menschen verdienen. Aber Tiere? Das Wohl von Tieren ist doch etwas ganz anderes, etwas für Hunde- oder Katzennarren. Wie kann jemand unsere Zeit

1 Übersetzung für *non-human animals*. Gemeint sind in der Regel »nichtmenschliche empfindungsfähige Lebewesen«, also keine Pflanzen. In der Tierethik wird auch von »nichtmenschlichen Tieren« gesprochen. [Anm. d. Übers.]

damit vergeuden, Gleichheit für Tiere zu fordern, während so vielen Menschen die wirkliche Gleichheit vorenthalten wird?

In dieser Haltung drückt sich ein verbreitetes Vorurteil dagegen aus, die Interessen von Tieren ernst zu nehmen – ein Vorurteil, das nicht besser fundiert ist als das der weißen Sklavenhalter, die nicht bereit waren, die Interessen der afrikanischen Sklaven ernst zu nehmen. Es fällt uns leicht, die Vorurteile unserer Großeltern zu kritisieren, von denen sich unsere Eltern frei gemacht haben. Viel schwieriger ist es, uns von unseren eigenen Ansichten zu distanzieren, um leidenschaftslos nach Vorurteilen in unseren Überzeugungen und Wertvorstellungen Ausschau zu halten. Dazu ist allerdings eine Bereitschaft nötig, den Argumenten zu folgen, wohin auch immer sie führen, ohne im voraus anzunehmen, die Sache sei der Aufmerksamkeit nicht wert.

Das Argument für die Erweiterung des Prinzips der Gleichheit über unsere Spezies hinaus ist einfach – so einfach, daß es dazu lediglich bedarf, das Wesen des Prinzips der gleichen Interessenabwägung klar zu verstehen. Dieses Prinzip schließt, wie wir gesehen haben, ein, daß unsere Rücksicht auf andere nicht davon abhängig sein darf, was sie sind oder welche Fähigkeiten sie haben (obwohl genau das, was dieses Interesse uns zu tun aufgibt, nach den Eigenschaften derer variieren kann, die von dem, was wir tun, betroffen sind). Auf genau dieser Grundlage können wir behaupten: Die Tatsache, daß manche Menschen nicht unserer Rasse angehören, berechtigt uns nicht dazu, sie auszubeuten, und ebenso bedeutet die Tatsache, daß manche Menschen weniger intelligent sind als andere, nicht, daß ihre Interessen mißachtet werden dürfen. Aber das Prinzip impliziert auch folgendes: Die Tatsache, daß bestimmte Wesen nicht zu unserer Gattung gehören, berechtigt uns nicht, sie auszubeuten, und ebenso bedeutet die Tatsache, daß andere Lebewesen weniger intelligent sind als wir, nicht, daß ihre Interessen mißachtet werden dürfen.

Wir haben im vorhergehenden Kapitel gesehen, daß viele Philosophen die gleiche Interessenabwägung in der einen oder anderen Form als ein grundlegendes Prinzip der Moral vertreten haben. Aber nur wenige haben erkannt, daß das Prinzip über unsere eigene Spezies hinaus anzuwenden ist. Einer von diesen wenigen war Jeremy Bentham, der Vater des modernen Utilitarismus. Weit vorausblickend schrieb Bentham zu einer Zeit, als schwarze Sklaven unter britischer Herrschaft immer noch weitgehend so behandelt wurden, wie wir heute nichtmenschliche empfindungsfähige Lebewesen behandeln:

>Der Tag mag kommen, an dem die übrigen Geschöpfe jene Rechte erlangen werden, die man ihnen nur mit tyrannischer Hand vorenthalten konnte. Die Franzosen haben bereits entdeckt, daß die Schwärze der Haut kein Grund dafür ist, jemanden schutzlos der Laune eines Peinigers auszuliefern. Es mag der Tag kommen, da man erkennt, daß die Zahl der Beine, der Haarwuchs oder das Ende des *os sacrum* gleichermaßen unzureichende Gründe sind, ein fühlendes Wesen demselben Schicksal zu überlassen. Was sonst ist es, das hier die unüberwindbare Trennlinie ziehen sollte? Ist es die Fähigkeit zu denken, oder vielleicht die Fähigkeit zu sprechen? Aber ein ausgewachsenes Pferd oder ein Hund sind unvergleichlich vernünftigere und mitteilsamere Lebewesen als ein Kind, das erst einen Tag, eine Woche oder selbst einen Monat alt ist. Doch selbst vorausgesetzt, sie wären anders, was würde es ausmachen? Die Frage ist nicht: können sie *denken*? oder: können sie *sprechen*?, sondern *können sie leiden*?<

An dieser Stelle zeichnet Bentham die Fähigkeit zu leiden als jene entscheidende Eigenschaft aus, die einem Lebewesen Anspruch auf gleiche Interessenabwägung verleiht. Die Fähigkeit zu leiden – oder genauer, zu leiden und/oder sich zu freuen oder glücklich zu sein – ist nicht einfach eine weitere Fähigkeit wie die Sprachfähigkeit oder die Befähigung zu höherer Mathematik. Bentham sagt nicht, daß diejenigen, die die unüberwindbare Trennlinie zu ziehen versuchen, welche bestimmt, ob die Interessen eines Wesens berücksichtigt werden sollten oder nicht, einfach nur zufällig die falsche Eigenschaft herausgegriffen haben. Die Fähigkeit zu leiden und sich zu freuen ist vielmehr eine Grundvoraussetzung dafür, überhaupt Interessen haben zu können, eine Bedingung, die erfüllt sein muß, bevor wir überhaupt sinnvoll von Interessen sprechen können. Es wäre Unsinn zu sagen, es sei nicht im Interesse des Steins, daß das Kind ihm auf der Straße einen Tritt gibt. Ein Stein hat keine Interessen, weil er nicht leiden kann. Nichts, das wir ihm zufügen können, würde in irgendeiner Weise auf sein Wohlergehen Einfluß haben. Eine Maus dagegen hat ein Interesse daran, nicht gequält zu werden, weil sie dabei leiden wird.

Wenn ein Wesen leidet, kann es keine moralische Rechtfertigung dafür geben, sich zu weigern, dieses Leiden zu berücksichtigen. Es kommt nicht auf die Natur des Wesens an – das Gleichheitsprinzip verlangt, daß sein Leiden ebenso zählt wie das gleiche Leiden – soweit sich ein ungefährer Vergleich ziehen läßt – irgendeines anderen Wesens. Ist ein Wesen nicht leidensfähig oder nicht fähig, Freude oder Glück zu erfahren, dann gibt es nichts zu berücksichtigen. Deshalb ist die Grenze der Empfindungsfähigkeit (wir verwenden diesen Terminus als bequeme, wenngleich nicht ganz genaue Abkürzung für die Fähigkeit, Leid oder Freude bzw. Glück zu empfinden) die einzig vertretbare Grenze für die Rücksichtnahme auf die Interessen anderer. Diese Grenze durch irgendwelche anderen Merkmale wie Intelligenz oder Rationalität festsetzen hieße sie willkürlich festsetzen. Weshalb dann nicht irgendeine andere Eigenschaft wie zum Beispiel die Hautfarbe herausgreifen?

Rassisten verletzen das Prinzip der Gleichheit, indem sie bei einer Kollision ihrer eigenen Interessen mit denen einer anderen Rasse den Interessen von Mitgliedern ihrer eigenen

Rasse größeres Gewicht beimessen. Rassisten europäischer Abstammung akzeptieren nicht, daß der Schmerz, den Afrikaner verspüren, ebenso schlimm ist wie der, den Europäer verspüren. Ähnlich messen jene, die ich »Speziesisten« nennen möchte, da, wo es zu einer Kollision ihrer Interessen mit denen von Angehörigen einer anderen Spezies kommt, den Interessen der eigenen Spezies größeres Gewicht bei. Menschliche Speziesisten erkennen nicht an, daß der Schmerz, den Schweine oder Mäuse verspüren, ebenso schlimm ist wie der von Menschen verspürte.

Darin besteht wirklich schon das ganze Argument dafür, das Prinzip der Gleichheit auf nichtmenschliche Tiere auszudehnen; aber es mögen Zweifel daran geäußert werden, worauf diese Gleichheit in der Praxis hinauslaufen soll. Insbesondere der letzte Satz des vorigen Abschnitts mag manche Leute zu der Erwiderung veranlassen: »Der von einer Maus empfundene Schmerz ist doch wohl nicht genauso schlimm wie der von einem Menschen empfundene Schmerz. Menschen haben ein viel größeres Bewußtsein von dem, was ihnen zustößt, und das macht ihr Leiden schlimmer. Man kann das Leiden eines Menschen, der langsam an Krebs stirbt, nicht mit dem der Maus im Laboratorium vergleichen, die dasselbe Schicksal trifft.«

Ich gestehe vollkommen zu, daß in dem eben beschriebenen Fall der krebskranke Mensch normalerweise mehr leidet als das nichtmenschliche Krebsopfer. Aber das widerlegt die Ausdehnung der gleichen Interessenabwägung auf nichtmenschliche Wesen in keiner Weise. Vielmehr bedeutet es, daß wir bei Vergleichen zwischen den Interessen von Angehörigen verschiedener Gattungen Sorgfalt walten lassen müssen. In manchen Situationen wird ein Individuum der einen Spezies mehr leiden als ein Individuum einer anderen. In diesem Fall sollten wir immer noch das Prinzip der gleichen Interessenabwägung anwenden, das heißt aber im Endeffekt: der Linderung des größeren Leidens den Vorrang geben. Ein einfacheres Beispiel kann das vielleicht verdeutlichen.

Wenn ich einem Pferd mit der offenen Hand einen festen
Schlag auf den Hintern gebe, dann wird es vielleicht losge-
hen, aber es wird voraussichtlich wenig Schmerz verspüren.
Seine Haut ist dick genug, es gegen einen bloßen Schlag zu
schützen. Schlage ich jedoch ein Baby auf dieselbe Weise,
dann wird es schreien und vermutlich deutlichen Schmerz
empfinden, denn seine Haut ist empfindlicher. Somit ist es
schlimmer, ein Baby zu schlagen, als ein Pferd, vorausgesetzt, daß beide Schläge mit der gleichen Kraft ausgeteilt
werden. Aber es muß eine Art Schlag geben – vielleicht so
etwas wie ein Schlag mit einem dicken Stock –, der dem
Pferd ebensoviel Schmerz verursachen würde wie dem
Kind, das wir mit der Hand schlagen. Das ist es, was ich mit
»demselben Ausmaß an Schmerz« meine, und wenn wir es
falsch finden, einem Kleinkind ohne guten Grund so viel
Schmerz zuzufügen, dann müssen wir – es sei denn, wir wären Speziesisten – es ebenso falsch finden, einem Pferd ohne
guten Grund dasselbe Ausmaß an Schmerz zuzufügen.
Es gibt andere Unterschiede zwischen Mensch und Tier, die
andere Komplikationen verursachen. Normale erwachsene
Menschen haben geistige Fähigkeiten, derentwegen sie
unter gewissen Umständen mehr leiden als Tiere unter denselben Umständen. Würden wir etwa beschließen, äußerst
schmerzhafte oder tödliche wissenschaftliche Experimente
an normalen erwachsenen Menschen durchzuführen, die
man wahllos aus öffentlichen Parks zu diesem Zweck entführt, so würden die Erwachsenen, die einen Park betreten,
sich vor einer Entführung zu fürchten beginnen. Der daraus
resultierende Schrecken wäre eine Form von Leiden, die zu
den Schmerzen des Experiments hinzukäme. Dieselben Experimente würden aber bei nichtmenschlichen Lebewesen
weniger Qual verursachen, weil die Tiere nicht im voraus
befürchten würden, entführt und zu Experimenten mißbraucht zu werden. Das bedeutet natürlich nicht, daß es
richtig wäre, diese Experimente an Tieren durchzuführen,
sondern nur, daß es einen Grund gibt, und zwar einen nicht

speziesistischen, dafür eher Tiere als normale erwachsene Menschen zu verwenden, wenn die Experimente überhaupt durchgeführt werden müssen. Man sollte allerdings festhalten, daß dieses selbe Argument uns auch Gründe dafür gibt, menschliche Säuglinge – vielleicht Waisen – oder schwer geistig behinderte Menschen eher zu verwenden als Erwachsene, weil Säuglinge und schwer geistig behinderte Menschen ebenfalls keine Vorstellung davon hätten, was mit ihnen geschehen wird. Was dieses Argument betrifft, so gehören nichtmenschliche Lebewesen, Säuglinge und schwer geistig behinderte Menschen zur selben Kategorie; und wenn wir uns dieses Arguments bedienen, um Experimente an nichtmenschlichen Lebewesen zu rechtfertigen, so müssen wir uns selbst fragen, ob wir bereit sind, Experimente an Säuglingen und schwer geistig behinderten Menschen zuzulassen. Wenn wir einen Unterschied zwischen Tieren und diesen Menschen machen, so ist das nur möglich, weil wir die Angehörigen unserer eigenen Spezies in moralisch unvertretbarer Weise bevorzugen.

Es gibt viele Bereiche, in denen die überlegenen geistigen Kräfte des normalen erwachsenen Menschen ins Gewicht fallen: Antizipation, ein detaillierteres Erinnerungsvermögen, größeres Wissen darüber, was geschehen wird usw. Diese Unterschiede erklären, weshalb ein Mensch, der an Krebs stirbt, wahrscheinlich mehr leidet als eine Maus. Es ist die geistige Qual, die die Lage des Menschen so viel schwerer erträglich macht. Gleichwohl bewirken diese Unterschiede nicht in jedem Falle, daß das größere Leiden bei den Menschen liegt. Manchmal werden die Tiere wegen ihres beschränkteren Verstandes mehr leiden. Wenn wir zum Beispiel während des Krieges Leute gefangennehmen, können wir ihnen erklären, daß sie bei der Gefangennahme durchsucht und eingesperrt, aber im übrigen nicht geschädigt und nach Beendigung der Feindseligkeiten auf freien Fuß gesetzt werden. Wenn wir dagegen ein wildes Tier fangen, können wir ihm nicht klarmachen, daß wir sein Leben nicht bedrohen. Ein wildes Tier kann zwischen dem Versuch, es zu überwältigen und einzusperren, und dem, es zu töten, nicht unterscheiden: das eine verursacht ihm denselben Schrecken wie das andere.

Vielleicht wird man einwenden, Vergleiche zwischen den Leiden verschiedener Gattungen seien unmöglich, und aus diesem Grund sei das Prinzip der Gleichheit im Falle eines Interessenkonfliktes zwischen Tieren und Menschen nicht anwendbar. Es stimmt, daß Leidensvergleiche zwischen Angehörigen verschiedener Gattungen sich nicht exakt durchführen lassen. Auch Schmerzvergleiche zwischen verschiedenen menschlichen Wesen können nicht genau sein. Auf Genauigkeit kommt es aber hier nicht an. Wir werden bald feststellen: selbst wenn wir Tierquälerei nur dann verhindern müßten, wenn die menschlichen Interessen nicht in dem Maße betroffen sind wie die der Tiere, wären wir zu radikalen Änderungen bei unserer Behandlung von Tieren gezwungen, was unsere Ernährung, die Methoden der Tierhaltung, die Experimente in vielen Bereichen der Wissenschaft, unsere Auffassung von Wild und Jagd, von Fallenstellen und Tragen von Pelzen betrifft – von Zirkus, Rodeo und zoologischen Gärten, die unserer Unterhaltung dienen, ganz zu schweigen. Als Folge davon würde die Gesamtmenge des verursachten Leidens stark verringert; so stark, daß sich kaum ein anderer Wandel in der moralischen Einstellung denken läßt, der eine so starke Verringerung der Gesamtsumme des Leidens bewirken würde.

Bisher habe ich viel über Tierquälerei, aber nichts über das Töten von Tieren gesagt. Diese Unterlassung geschah absichtlich. Die Anwendung des Gleichheitsprinzips auf das Zufügen von Schmerz ist zumindest in der Theorie ganz folgerichtig. Schmerz und Leiden sind schlecht und sollten vermieden oder vermindert werden, ohne Ansehen der Rasse, des Geschlechts oder der Spezies des leidenden Wesens. Wie schlimm ein Schmerz ist, hängt davon ab, wie

intensiv er ist und wie lange er dauert, aber Schmerzen derselben Intensität und Dauer sind gleich schlimm, sowohl
für Tiere als auch für Menschen. Wenn wir den Wert des
Lebens betrachten, können wir nicht ganz so zuversichtlich
sagen, Leben sei Leben und gleich wertvoll, unabhängig
davon, ob es menschliches oder tierisches Leben ist. Es wäre
kein Speziesismus, die Meinung zu vertreten, das Leben eines selbstbewußten Wesens, das abstrakter Gedanken fähig
ist, das für die Zukunft planen, das komplizierte Akte der
Kommunikation vollziehen kann usw., sei mehr wert als
das Leben eines Wesens ohne diese Fähigkeiten. (Es bleibe
dahingestellt, ob sich diese Ansicht rechtfertigen läßt oder
nicht; sie kann nur nicht einfach als speziesistisch verworfen
werden, weil hier gerade nicht die Spezies die Grundlage
ist, auf der ein Leben für wertvoller gehalten wird als ein
anderes.) Der Wert des Lebens stellt ein bekanntermaßen
schwieriges ethisches Problem dar, und wir können nur
dann zu einem vernünftigen Schluß über den vergleichbaren
Wert von tierischem und menschlichem Leben gelangen,
wenn wir den Wert des Lebens im allgemeinen diskutieren.
Dies soll in einem besonderen Kapitel geschehen. Vorerst
gilt es, einige wichtige Schlüsse aus der Erweiterung des
Prinzips der gleichen Interessenabwägung über unsere Spezies hinaus zu ziehen, ohne Rücksicht auf unsere Schlußfolgerungen hinsichtlich des Werts des Lebens.

Speziesismus in der Praxis

Tiere als Nahrung

Die meisten Menschen in modernen, urbanisierten Gesellschaften pflegen den Kontakt mit nichtmenschlichen Lebewesen vorwiegend während der Mahlzeiten. Die Nutzung
als Nahrung dürfte die älteste und verbreitetste Form der
Nutzung von Tieren sein. In einem gewissen Sinne ist sie

darüber hinaus die elementarste Form dieser Nutzung, der Grundstein für unsere Überzeugung, daß Tiere zu unserem Vergnügen und für unsere Annehmlichkeit da sind.

Wenn Tiere für sich zählen, so wird unsere Nutzung von Tieren als Nahrung fragwürdig – besonders dann, wenn tierisches Fleisch eher ein Luxus als eine Notwendigkeit ist. Eskimos, die in einer Umwelt leben, wo sie Tiere als Nahrung erlegen müssen oder aber verhungern, könnten sich damit rechtfertigen, daß ihr Interesse am eigenen Überleben das Interesse der Tiere überwiegt, die sie töten. Die meisten von uns können ihren Speiseplan nicht auf diese Weise verteidigen. Bürger der industrialisierten Gesellschaften können sich ohne weiteres angemessene Nahrung verschaffen, ohne auf tierisches Fleisch zurückzugreifen. Die Medizin hat den überzeugenden Nachweis geliefert, daß Fleisch für gute Gesundheit oder langes Leben nicht notwendig ist. Überdies ist es keine effiziente Art der Nahrungsproduktion, weil die meisten Tiere, die in industrialisierten Gesellschaften konsumiert werden, mit Getreide und anderer Nahrung gemästet worden sind, die wir auch direkt hätten zu uns nehmen können. Wenn wir dieses Getreide an Tiere verfüttern, bleiben uns nur etwa 10 % des Nährwertes in Form von Fleisch für den menschlichen Verzehr übrig. Wenn man von jenen Tieren absieht, die ganz auf Grasland aufwachsen, das sich für den Getreideanbau nicht eignet, essen wir tierisches Fleisch weder aus gesundheitlichen Gründen noch um unsere Nahrungszufuhr zu steigern. Dieses Fleisch ist ein Luxusartikel, der konsumiert wird, weil die Menschen seinen Geschmack lieben.

Betrachten wir den moralischen Aspekt der Nutzung von Tieren als Nahrung in industrialisierten Gesellschaften, so haben wir eine Situation vor uns, in der ein relativ geringes Interesse der Menschen gegen das Leben und Wohl der betroffenen Tiere abgewogen werden muß. Das Prinzip der gleichen Interessenabwägung gestattet es nicht, größere Interessen für kleinere Interessen zu opfern.

Das Argument gegen die Nutzung von Tieren als Nahrung ist dort am stärksten, wo Tiere zu einem elenden Leben gezwungen werden, damit ihr Fleisch zum niedrigsten Preis verfügbar gemacht wird. Moderne Formen intensiver Agrarwirtschaft bedienen sich wissenschaftlicher und technologischer Methoden so, als ob Tiere für uns Gebrauchsgegenstände wären. Um Fleisch zu erschwinglichen Preisen auf den Tisch zu bekommen, toleriert unsere Gesellschaft Methoden der Fleischproduktion, durch die empfindungsfähige Tiere für die gesamte Dauer ihres Lebens unter beengenden, unzuträglichen Bedingungen gehalten werden. Die Tiere werden wie Maschinen behandelt, die Futter in Fleisch verwandeln, und jede Neuerung, die zu einem höheren »Umwandlungs-Verhältnis« führt, hat die Chance angenommen zu werden. Zitat eines Kenners der Materie: »Grausamkeit wird erst dann eingestanden, wenn die Rentabilität sinkt.« Um Speziesismus zu vermeiden, müssen wir diesen Praktiken Einhalt gebieten. Unsere Gewohnheit ist die einzige Unterstützung, von der die industriellen Tierhalter abhängig sind. Die Entscheidung, diese Unterstützung einzustellen, mag schwerfallen, aber sie ist nicht so schwierig wie jene, die ein weißer Südstaatler zu treffen hatte, wenn er entgegen der Tradition seiner Gesellschaft seine Sklaven befreien wollte. Wenn wir unsere Nahrungsgewohnheiten nicht ändern, wie könnten wir dann jene Sklavenhalter verurteilen, die ihre eigene Lebensweise nicht ändern mochten?

Diese Argumente gelten für Tiere, die in industriellen Tierfarmen aufgezogen werden – was bedeutet, daß wir Geflügel und Schweine- oder Kalbfleisch nicht essen sollten, wenn wir nicht wissen, ob das Fleisch, das wir essen, nach industriellen Tierhaltungsmethoden produziert wurde. Dasselbe gilt für Rindfleisch, das aus überfüllten Rinderfarmen stammt (wie meist in den USA). Die Eier kommen von Hühnern in Drahtkäfigen, die zu eng sind, als daß sie ihre

Flügel ausbreiten können; es sei denn, sie tragen das Etikett »Von Freiland-Hühnern« (oder man lebt in einem relativ aufgeklärten Land wie der Schweiz, das die Käfighaltung für Hühner verboten hat).

Diese Argumente verweisen uns nicht durchweg auf eine vegetarische Kost, denn einige Tiere, wie zum Beispiel Schafe und – in einigen Ländern – Rinder, grasen noch draußen im Freien. Dies könnte sich ändern. Das amerikanische Vorbild, nach dem Rinder in überfüllten Fütterungsstätten gemästet werden, greift auch auf andere Länder über. Unterdessen leben frei weidende Tiere ohne Zweifel besser als Tiere in Mastzuchtbetrieben. Es ist aber immer noch zweifelhaft, ob ihre Nutzung als Nahrung mit der gleichen Interessenabwägung verträglich ist. Ein Problem besteht natürlich darin, daß die Nutzung als Nahrung ihre Tötung zur Voraussetzung hat; doch das ist ein Thema, dem wir uns, wie gesagt, zuwenden werden, wenn wir den Wert des Lebens im nächsten Kapitel diskutieren. Aber abgesehen vom Töten gibt es viele andere Dinge, die man den Tieren antut, um sie billig auf unseren Mittagstisch zu bringen. Kastration, die Trennung von Muttertier und Jungem, das Auflösen von Herden, Brandzeichen, Transport und am Schluß das Schlachten – all das bringt vermutlich Leiden mit sich und berücksichtigt nicht die Interessen der Tiere. Vielleicht könnte man in kleinem Umfang Tiere züchten, ohne daß sie auf diese Weise leiden müßten, doch es erscheint weder ökonomisch noch praktisch zu sein, dies in dem Ausmaß zu tun, wie es zur Ernährung der Bevölkerung unserer großen Städte erforderlich ist. Auf jeden Fall lautet die entscheidende Frage nicht, ob Fleisch ohne Leiden produziert werden *könnte*, sondern ob das Fleisch, das wir kaufen möchten, ohne Leiden produziert *wurde*. Wenn wir nicht sicher sein können, daß dies der Fall war, impliziert das Prinzip der gleichen Interessenabwägung, daß es falsch war, wichtige Interessen der Tiere zu opfern, um weniger wichtige Interessen unsererseits zu befriedigen; folgerichtig sollten wir das Endresultat dieses Prozesses boykottieren.

Diejenigen von uns, die in Städten leben, wo es schwer ist, festzustellen, wie die Tiere, die wir essen möchten, gelebt haben und gestorben sind, werden durch diese Schlußfolgerung praktisch zur vegetarischen Lebensweise verpflichtet. Einige Einwände dagegen werde ich im letzten Abschnitt dieses Kapitels betrachten.

Tierversuche

Der Bereich, in dem der Speziesismus vielleicht am besten beobachtet werden kann, betrifft die Verwendung von Tieren zu Experimenten. Hier springt das Problem ins Auge, weil die Forscher Tierversuche häufig damit zu rechtfertigen versuchen, daß die Experimente zu Entdeckungen über den Menschen führten; wenn das aber so ist, dann müssen die Versuchsleiter zugeben, daß menschliche und nichtmenschliche Lebewesen in entscheidenden Punkten gleich sind. Wenn wir zum Beispiel eine Ratte zwingen zu wählen, ob sie verhungern oder einen elektrisch geladenen Gitterrost überqueren will, um an das Futter heranzukommen, und dadurch etwas über die Streßreaktionen von Menschen erfahren wollen, so müssen wir voraussetzen, daß die Ratte in dieser Situation Streß empfindet.

Man meint zuweilen, alle Tierversuche dienten vitalen medizinischen Zwecken und könnten mit dem Hinweis darauf legitimiert werden, daß sie mehr Leiden beseitigen als verursachen. Dieser bequeme Glaube ist falsch. Pharmazeutische Firmen testen neue Haarwaschmittel und Kosmetika, die sie auf den Markt bringen möchten, indem sie konzentrierte Lösungen davon Kaninchen in die Augen träufeln; dies ist der sogenannte Draize-Test. (Auf Druck der Tierschutzbewegung haben einige Kosmetikfirmen dieses Verfahren abgeschafft. Ein Alternativtest, bei dem keine Tiere gebraucht werden, ist jetzt entwickelt worden. Dennoch führen viele Firmen, darunter gerade die größten, weiterhin den Draize-Test durch.) Nahrungszusätze, einschließlich künstlicher Farben und Konservierungsstoffe, werden mit dem bekannten LD 50 getestet. Dieser Test ist dazu bestimmt, die »tödliche Dosis« herauszufinden, oder die Menge des Verzehrs, bei der 50 % einer Versuchsgruppe von Tieren stirbt. Dabei werden nahezu alle Tiere sehr krank, bevor einige schließlich sterben und andere gerade noch davonkommen. Diese Tests sind nicht notwendig, um menschliches Leiden zu verhüten: selbst wenn es keine Alternativen zu den Tierversuchen gäbe, um die Sicherheit der Produkte zu kontrollieren, so haben wir bereits genug Haarwaschmittel und Lebensmittelfarben. Es besteht kein Bedarf, neue zu entwickeln, die gefährlich sein könnten.

In vielen Ländern werden für militärische Zwecke schreckliche Tierversuche durchgeführt, die nur selten bekannt werden. Ein Beispiel dafür: Im Institut für Radiobiologie der US-Streitkräfte in Bethesda (Maryland) sind Rhesusaffen darauf trainiert worden, in einem großen Rad zu laufen. Werden sie langsamer, wird auch das Rad langsamer und die Affen bekommen einen Elektroschock. Einmal darauf trainiert, lange Zeit zu laufen, erhalten sie eine tödliche Strahlendosis. Daraufhin werden sie krank und müssen sich erbrechen, aber sie werden gezwungen, weiterzurennen, bis sie zusammenbrechen. Dies soll Aufschluß über die Fähigkeiten von Soldaten geben, nach einem nuklearen Angriff noch weiterzukämpfen.

Man kann auch nicht alle Experimente an Universitäten mit dem Argument verteidigen, sie linderten mehr Leiden, als sie zufügten. Drei Experimentatoren an der Universität von Princeton hielten 256 junge Ratten ohne Futter und Wasser, bis sie starben. Sie kamen zu dem Schluß, daß junge Ratten unter Bedingungen lebensbedrohenden Durstes und Hungers sehr viel aktiver sind als normale ausgewachsene Ratten, denen man Futter und Wasser gibt. In einer bekannten Versuchsreihe, die sich über mehr als 15 Jahre erstreckte, hat H. F. Harlow vom Primatenforschungszentrum in Madison (Wisconsin) Affen aufgezogen, indem er sie von der Mutter trennte und in totaler Isolation hielt. Er fand dabei heraus, daß die Affen auf diese Weise dermaßen »reduziert« waren, daß sie, mit normalen Affen zusammengebracht, in einer Ecke zusammengekauert und in einem Zustand anhaltender Depression und Furcht sitzen blieben. Harlow hat auch Affenmütter in einen derart neurotischen Zustand versetzt, daß sie ihre Jungen mit dem Gesicht auf den Boden schlugen und hin und her schleiften. Harlow selber lebt zwar nicht mehr, aber einige seiner früheren Studenten führen seine Experimente in veränderter Form an anderen amerikanischen Universitäten weiter.

In diesem und vielen ähnlichen Fällen sind vorteilhafte Auswirkungen für den Menschen entweder gleich Null oder sehr ungewiß; hingegen sind die Nachteile für die Mitglieder anderer Spezies gewiß und real. Die Experimente zeigen also eine Verletzung der gleichen Interessenabwägung für alle Wesen ohne Rücksicht auf ihre Spezieszugehörigkeit.

In der Vergangenheit ging die Debatte über Tierversuche oft am Wesentlichen vorbei, weil das Problem verabsolutiert wurde: Wären die Versuchsgegner bereit, Tausende von Menschen an einer entsetzlichen Krankheit sterben zu lassen, die durch ein Experiment an einem einzigen Tier geheilt werden könnten? Dies ist eine rein hypothetische Frage, weil Experimente nicht gleich zu umwälzenden Ergebnissen führen, aber solange ihr hypothetischer Status klar ist, sollte man diesen Fall, wie ich meine, bejahen – mit anderen Worten: wenn ein Tier oder auch ein Dutzend Tiere Experimente erleiden müßten, um Tausende zu retten, dann würde ich es im Hinblick auf die gleiche Interessenabwägung für richtig halten, daß sie leiden. Dies ist jedenfalls die Antwort, die ein Utilitarist geben muß. Diejenigen, die an absolute Rechte glauben, mögen es grundsätzlich für falsch halten, ein Wesen, ob Tier oder Mensch, für das Wohl eines anderen zu opfern. In diesem Fall sollte das Experiment nicht durchgeführt werden, was auch immer die Konsequenzen sein mögen.

Auf die hypothetische Frage, ob Tausende von Menschen durch einen einzigen Tierversuch zu retten seien, können Gegner des Speziesismus ihrerseits mit einer hypothetischen Frage antworten: Wären dieselben Forscher bereit, ihre Experimente an verwaisten Menschen mit schwerwiegenden, unheilbaren Hirnschäden durchzuführen, wenn das der einzige Weg wäre, um Tausende zu retten? (Ich sage »verwaist«, um eine Komplikation durch die Gefühle der menschlichen Eltern auszuschließen.) Wenn die Forscher nicht bereit sind, verwaiste Menschen mit schwerwiegenden und unheilbaren Gehirnschäden zu verwenden, dann scheint ihre Bereitschaft, nichtmenschliche Lebewesen zu verwenden, eine Diskriminierung allein auf der Grundlage der Spezies zu bedeuten; denn Menschenaffen, kleinere Affen, Hunde, Katzen und selbst Mäuse und Ratten sind intelligenter, haben ein stärkeres Bewußtsein von dem, was mit ihnen geschieht, und sind schmerzempfindlicher usw. als viele schwer hirngeschädigte Menschen, die in Krankenhäusern und anderen Institutionen nur gerade noch überleben. Es scheint keine moralisch relevanten Eigenschaften zu geben, die solche Menschen besäßen, während nichtmenschliche Lebewesen sie entbehrten. Experimentatoren sind demnach stets voreingenommen zugunsten ihrer eigenen Gattung, wenn sie ihre Experimente an nichtmenschlichen Lebewesen für Zwecke durchführen, von denen sie nicht annehmen würden, daß sie die Verwendung von Menschen mit gleichem oder niedrigerem Niveau der Empfindung, des Bewußtseins und der Sensibilität rechtfertigen würden. Würde diese Voreingenommenheit ausgeschaltet, so würde sich die Zahl der Tierversuche bedeutend reduzieren.

Andere Formen von Speziesismus

Ich habe mich auf die Verwendung von Tieren als Nahrung und in der Forschung konzentriert, weil dies Beispiele von hochgradigem, systematischem Speziesismus sind. Es sind natürlich nicht die einzigen Bereiche, in denen das Prinzip der gleichen Interessenabwägung, über die menschliche Spezies hinaus erweitert, praktische Implikationen hat. Es gibt viele andere Bereiche, die ähnliche Probleme aufwerfen, etwa den Pelzhandel, die Jagd in all ihren verschiedenen Formen, Zirkus, Rodeo, zoologische Gärten und das Geschäft mit Haustieren. Weil sich die philosophischen Fragen, die sich im Zusammenhang mit diesen Themen ergeben, nicht sehr von denen unterscheiden, die durch die Verwendung von Tieren als Nahrung und in der Forschung entstehen, überlasse ich es den Lesern, die entsprechenden ethischen Prinzipien auf sie anzuwenden.

Einige Einwände

Ich habe die in diesem Kapitel geäußerten Ansichten erstmals 1973 vorgetragen. Damals gab es noch keine Tierbefreiungs- oder Tierrechtsbewegung. Seitdem hat sich nun eine solche Bewegung entwickelt, und die schlimmsten Mißbräuche, wie der Draize- und LD 50-Test, sind heute seltener, wenn auch noch nicht ganz beseitigt. Der Pelzhandel wurde angegriffen, woraufhin der Verkauf in Ländern wie Großbritannien, den Niederlanden, Australien und den Vereinigten Staaten drastisch zurückging. Einige Länder beginnen auch die übelsten Formen der Massentierhaltung abzubauen. Wie bereits erwähnt, hat die Schweiz die Käfighaltung für Legehühner verboten. Großbritannien hat die Kälberaufzucht in Einzelboxen geächtet und ist dabei, dasselbe Verfahren für Schweine abzuschaffen. Schweden ist auch hier wie auf anderen Gebieten der Sozialreform führend:

1988 hat das schwedische Parlament ein Gesetz erlassen, das über einen Zeitraum von 10 Jahren die Abschaffung jeglicher Art von Massentierhaltung vorsieht, bei der die Tiere langfristig isoliert und daran gehindert werden, ihre natürlichen Verhaltensweisen zu zeigen.

Obwohl viele Aspekte der Argumentation für die Befreiung der Tiere mehr und mehr akzeptiert und langsame Fortschritte zugunsten der Tiere spürbar sind, sind eine Reihe von Einwänden laut geworden, einige einfach und voraussagbar, andere subtiler und unerwartet. In diesem abschließenden Teil des Kapitels will ich versuchen, die wichtigsten davon zu beantworten, und mit den einfacheren beginnen.

Woher wissen wir, daß Tiere Schmerzen fühlen können?

Wir können den Schmerz eines anderen Wesens, ob Mensch oder nicht, niemals direkt erfahren. Wenn ich sehe, daß meine Tochter hinfällt und sich das Knie aufschürft, erkenne ich aus der Art ihres Verhaltens, daß sie Schmerzen hat. Sie weint, sie sagt mir, ihr Knie tue weh, sie zeigt mir die wunde Stelle usw. Ich weiß, daß ich mich in ähnlicher – nur etwas gehemmterer – Art und Weise benehme, wenn ich Schmerzen verspüre, und so lasse ich gelten, daß meine Tochter etwas Ähnliches fühlt wie ich, wenn ich mir das Knie aufschürfe.

Die Grundlage für meine Annahme, daß Tiere Schmerz empfinden können, gleicht jener für die Annahme, daß meine Tochter Schmerz empfinden kann. Tiere, die Schmerzen haben, benehmen sich so wie Menschen in dieser Lage, und ihr Benehmen rechtfertigt in hinreichendem Maße die Überzeugung, daß sie Schmerz empfinden. Es stimmt, daß, mit Ausnahme jener Affen, denen man beigebracht hat, sich mittels der Zeichensprache zu verständigen, Tiere nicht wirklich sagen können, daß sie Schmerzen empfinden; aber als meine Tochter noch klein war, konnte sie auch nicht sprechen. Sie fand andere Wege, ihren inneren Zustand sichtbar zu machen, wodurch sich zeigt, daß wir sicher sein können, daß ein Wesen Schmerz empfindet, selbst wenn es sich nicht der Sprache bedienen kann.

Um unsere Folgerung aus dem Verhalten der Tiere zu stützen, können wir auf die Tatsache verweisen, daß das Nervensystem aller Wirbeltiere und insbesondere das der Vögel und Säugetiere im wesentlichen gleich ist. Die Teile des menschlichen Nervensystems, die das Schmerzgefühl betreffen, sind, evolutionär gesehen, relativ alt. Anders als die Großhirnrinde, die sich erst entwickelte, nachdem sich unsere Vorfahren von den anderen Säugetieren abgespalten hatten, entwickelte sich das Basisnervensystem bei entfernteren Vorfahren, die wir mit den anderen »höheren« Tieren gemein haben. Diese anatomische Parallele macht es wahrscheinlich, daß die Empfindungsfähigkeit der Tiere der unseren entspricht.

Es ist bedeutsam, daß keiner von den Gründen für die Überzeugung, daß Tiere Schmerzen empfinden, für Pflanzen gilt. Wir können bei ihnen kein Verhalten beobachten, das auf Schmerzen hindeutet – spektakuläre Behauptungen des Gegenteils ließen sich nicht beweisen; Pflanzen haben kein zentral organisiertes Nervensystem so wie wir.

Tiere fressen einander, weshalb sollten wir sie dann nicht essen?

Dies könnte man den Benjamin-Franklin-Einwand nennen. Franklin erzählt in seiner Autobiographie, daß er eine Zeitlang Vegetarier war, daß aber sein Verzicht auf tierisches Fleisch endete, als er Freunden dabei zuschaute, wie sie einen Fisch zubereiteten, den sie soeben gefangen hatten. Als der Fisch aufgeschnitten war, fand sich ein kleinerer Fisch in seinem Magen. »Gut«, sagte sich Franklin, »wenn ihr einander freßt, sehe ich nicht ein, weshalb wir euch nicht essen sollen«, und ließ sich's wohl schmecken.

Franklin war wenigstens aufrichtig. Indem er diese Geschichte erzählt, gibt er zu, daß er sich von der Gültigkeit des Einwandes erst überzeugte, nachdem der Fisch bereits in der Bratpfanne war und »bewundernswert gut« duftete; und er bemerkt, daß einer der Vorteile, ein »vernünftiges Geschöpf« zu sein, darin besteht, daß man für alles, was man will, einen Grund finden kann. Die möglichen Erwiderungen auf diesen Einwand sind so offenkundig, daß Franklins Äußerung mehr seine Liebe für gebratenen Fisch als seine Verstandeskraft bezeugt. Zunächst einmal ist zu sagen, daß die meisten Tiere, die um der Nahrung willen töten, nicht überlebensfähig wären, wenn sie es nicht täten, während wir nicht darauf angewiesen sind, Fleisch zu essen. Weiter ist es seltsam, daß Menschen, die normalerweise das Verhalten der Tiere »bestialisch« finden, dann, wenn es ihnen gelegen kommt, ein Argument verwenden, das impliziert, wir sollten Tiere als moralische Leitbilder betrachten. Entscheidend ist allerdings, daß Tiere nicht fähig sind, die sich ihnen bietenden Alternativen zu erwägen und über die Moral ihrer Ernährung zu reflektieren. Daher ist es unmöglich, die Tiere für das verantwortlich zu machen, was sie tun, oder zu befinden, daß sie, weil sie töten, eine gleiche Behandlung »verdienen«. Auf der anderen Seite müssen diejenigen, die diese Zeilen lesen, die Rechtmäßigkeit ihrer Eßgewohnheiten überdenken. Man kann sich nicht der Verantwortlichkeit entziehen, indem man Wesen nachahmt, die unfähig sind, diese Wahl zu treffen.

Manchmal wird auf die Tatsache verwiesen, daß Tiere einander fressen, um damit einen etwas anders gelagerten Gesichtspunkt geltend zu machen. Man meint, diese Tatsache lege weniger den Gedanken nahe, daß Tiere es verdienten, verspeist zu werden, als vielmehr, daß es ein Naturgesetz gebe, nach dem der Stärkere den Schwächeren sich zur Beute nimmt, eine Art darwinistisches »Überleben des Stärkeren«, bei dem wir, wenn wir Tiere essen, bloß unsere Rolle spielen.

Diese Interpretation des Einwandes begeht zwei grundle-

gende Fehler: der eine betrifft die Fakten, der andere ist ein
Denkfehler. Der sachliche Fehler liegt in der Annahme, daß
unser Verzehr von Tieren ein Bestandteil des natürlichen
Evolutionsprozesses sei. Dies mag auf wenige primitive
Kulturen zutreffen, die noch um der Nahrung willen auf
Jagd gehen, aber es hat nichts mit der Massenproduktion
von domestizierten Tieren in Tierfabriken zu tun.

Angenommen aber, wir würden unsere Nahrung erjagen
und dies wäre Bestandteil eines natürlichen Evolutionsprozesses: dann würde immer noch ein Denkfehler in der Annahme stecken, dieser Prozeß sei deshalb richtig, weil er natürlich ist. Es ist zweifellos »natürlich« für Frauen, von der
Pubertät bis zur Menopause jedes Jahr ein oder zwei Kinder zu gebären, aber das bedeutet nicht, daß es unrecht ist,
in diesen Prozeß einzugreifen. Wir müssen die Naturge-
setze kennen, von denen wir betroffen sind, um die Folgen
dessen, was wir tun, abzuschätzen; aber wir müssen nicht
davon ausgehen, daß die natürliche Art, etwas zu tun, sich
nicht verbessern ließe.

Unterschiede zwischen Menschen und Tieren

Daß es eine große Kluft zwischen Menschen und Tieren
gibt, stand nahezu während des ganzen Verlaufs der westlichen Zivilisation außer Frage. Die Grundlage für diese Annahme wurde erschüttert durch Darwins Entdeckung, daß
wir tierischen Ursprungs sind; zugleich verlor die Geschichte, wir seien von Gott nach seinem Ebenbild erschaffen und mit einer unsterblichen Seele begabt, an Glaubwür-
digkeit. Manchen fiel es schwer zu akzeptieren, daß die Unterschiede zwischen uns und den anderen Lebewesen eher
graduell als prinzipiell sind. Man suchte nach Wegen, zwischen den Menschen und den Tieren eine Trennlinie zu ziehen. Bisher erwiesen sich diese Grenzziehungen als kurzle-
big. Man behauptete zum Beispiel, nur Menschen benutzten
Werkzeuge. Dann aber wurde beobachtet, daß die Spechte

auf den Galapagos-Inseln einen Kaktusdorn verwenden, um Insekten aus Baumspalten herauszustochern. Daraufhin hieß es, auch wenn andere Tiere Werkzeuge *gebrauchten*, so seien doch die Menschen die einzigen *werkzeugschaffenden* Lebewesen. Aber Jane Goodall fand heraus, daß Schimpansen im Dschungel von Tansania Blätter kauen, aus denen sie Schwämme machen, um Wasser damit aufzunehmen; sie reißen auch Blätter ab, die sie zu Werkzeugen umgestalten, um damit Insekten zu fangen. Der Gebrauch der Sprache war eine weitere Trennlinie – aber nun haben Schimpansen und Gorillas die Zeichensprache der Taubstummen gelernt, und es gibt Hinweise dafür, daß Wale und Delphine eine eigene komplexe Sprache besitzen.

Selbst wenn diese Versuche, eine Trennlinie zu ziehen, den Fakten entsprochen hätten, so wären sie doch ohne moralisches Gewicht. Denn daß ein Wesen keine Sprache gebraucht oder keine Werkzeuge herstellt, kann schwerlich als Grund dafür herhalten, seine Leiden zu mißachten, betonte schon Bentham. Einige Philosophen haben behauptet, es gebe einen tiefer liegenden Unterschied: Tiere könnten nämlich nicht vernünftig denken, also hätten sie auch keinen Begriff von sich selbst, kein Selbst-Bewußtsein. Sie lebten von einem Augenblick zum andern und sähen sich selbst nicht als individuell unterschiedene Wesen mit Vergangenheit und Zukunft. Sie besäßen auch keine Autonomie, das heißt die Fähigkeit, sich zu entscheiden, wie sie leben wollten. Es wurde behauptet, daß autonome, selbstbewußte Wesen in gewisser Weise viel wertvoller, moralisch bedeutsamer seien als Wesen, die von einem Augenblick zum andern leben, ohne die Fähigkeit, sich selbst als individuell verschiedene Wesen mit Vergangenheit und Zukunft zu sehen. Entsprechend sollten – nach dieser Auffassung – die Interessen autonomer, selbstbewußter Wesen in der Regel gegenüber den Interessen anderer Wesen Vorrang haben.

Ich will hier nicht der Frage nachgehen, ob es auch einige nichtmenschliche Lebewesen gibt, die selbstbewußt und au-

tonom sind. Der Grund dafür, dies nicht zu tun, liegt darin,
daß meiner Ansicht nach im gegenwärtigen Kontext von
dieser Frage nicht viel abhängt. Es geht mir jetzt nur um die
Anwendung des Prinzips der gleichen Interessenabwägung.
Wenn im nächsten Kapitel über den Wert des Lebens diskutiert wird, werden wir sehen, daß es Gründe für die Auffassung gibt, daß Selbstbewußtsein eine entscheidende Rolle
spielt bei der Frage, ob ein Wesen ein Recht auf Leben hat
oder nicht; dann werden wir auch die Belege für Selbstbewußtsein bei nichtmenschlichen Tieren untersuchen. Im
Augenblick ist der wichtigere Punkt folgender: Berechtigt
die Tatsache, daß ein Wesen Selbstbewußtsein hat, eben dieses Wesen zu einer Art bevorzugter Berücksichtigung?
Die Behauptung, selbstbewußte Wesen hätten Anspruch auf
vorrangige Berücksichtigung, ist mit dem Prinzip der gleichen Interessenabwägung vereinbar, wenn damit lediglich
gesagt wird, daß etwas, das selbstbewußten Wesen zustößt,
ihren Interessen zuwiderlaufen kann, während ähnliche Ge-
schehnisse den Interessen nicht-selbstbewußter Wesen nicht
zuwiderliefen. Dies mag so sein, weil das selbstbewußte Lebewesen ein größeres Bewußtsein davon hat, was geschieht;
weil es das Ereignis in den Gesamtzusammenhang einer
längeren Dauer stellen kann; weil es andere Wünsche hat
usw. Doch ist das ein Punkt, den ich schon zu Beginn des
Kapitels zugestanden habe, und vorausgesetzt, er führt
nicht zu albernen Extremen – wie etwa: wenn ich selbstbewußt bin, ein Kalb aber nicht, verursacht es mir mehr Leiden, wenn ich auf Kalbfleisch verzichten muß, als wenn das
Kalb der Möglichkeit beraubt wird, sich frei zu bewegen,
sich zu strecken und zu grasen –, so wird dieses Zugeständnis durch die Kritik an Tierversuchen und an industrieller
Tierhaltung nicht in Abrede gestellt.
Etwas anderes wäre die Behauptung, daß das Leiden eines
selbstbewußten Wesens, selbst wenn es nicht mehr leiden
würde als ein lediglich zur Empfindung fähiges Wesen,
wichtiger sei, weil es ein wertvollerer Typ von Lebewesen

sei. Damit werden nichtutilitaristische Aussagen über den Wert getroffen – Behauptungen, die sich nicht einfach aus dem universalistischen Standpunkt ableiten lassen, wie er im letzten Abschnitt von Kapitel 1 beschrieben wurde. Weil das in diesem Abschnitt entwickelte Argument für den Utilitarismus zugegebenermaßen provisorischer Natur war, kann ich dieses Argument nicht verwenden, um alle nichtutilitaristischen Werte auszuschließen. Trotzdem sind wir berechtigt zu fragen, *weshalb* selbstbewußte Wesen als wertvoller betrachtet werden sollten, und insbesondere, warum aus dem angeblich größeren Wert eines selbstbewußten Wesens folgen sollte, daß man die geringeren Interessen selbstbewußter Wesen den größeren Interessen lediglich empfindungsfähiger Wesen sogar da vorzieht, wo das Selbstbewußtsein der ersteren gar nicht betroffen ist. Dieser letzte Punkt ist wichtig, denn wir ziehen jetzt nicht Fälle in Betracht, in denen das Leben selbstbewußter Wesen in Gefahr ist, sondern solche, in denen selbstbewußte Wesen weiterleben und ihre Fähigkeiten intakt bleiben, was auch immer wir entscheiden. In diesen Fällen, in denen die Existenz von Selbstbewußtsein die Natur der zu vergleichenden Interessen gar nicht berührt, ist nicht klar, weshalb wir Selbstbewußtsein überhaupt in die Diskussion hineinziehen sollten, und ebensowenig, weshalb wir Spezies, Rasse oder Geschlecht in ähnlichen Diskussionen mit einbeziehen sollten. Interessen sind Interessen und sollten im gleichen Maße berücksichtigt werden, ob sie die Interessen von menschlichen oder nichtmenschlichen, selbstbewußten oder nicht-selbstbewußten Tieren sind.

Es gibt eine weitere mögliche Erwiderung auf die Behauptung, Selbstbewußtsein oder Autonomie oder irgendwelche anderen Eigenschaften könnten dazu dienen, menschliche von nichtmenschlichen Lebewesen zu unterscheiden: man möge sich erinnern, daß es geistig behinderte Menschen gibt, die weniger Anspruch als viele nichtmenschliche Lebewesen haben, als selbstbewußt oder autonom zu gelten. Benutzen wir diese Eigenschaften dazu, eine Kluft zwischen Menschen und anderen empfindungsfähigen Lebewesen aufzureißen, dann siedeln wir diese Menschen auf der anderen Seite der Kluft an; und wenn die Kluft so verstanden wird, daß sie einen Unterschied im moralischen Status markiert, dann hätten diese Menschen eher den moralischen Status von Tieren als von Menschen.

Diese Erwiderung ist stark, weil die meisten von uns die Vorstellung abscheulich finden, geistig behinderte Menschen schmerzhaften Experimenten zu unterwerfen oder für Schlemmermahlzeiten zu mästen. Aber einige Philosophen haben behauptet, daß sich solche Konsequenzen in Wirklichkeit nicht ergäben, wenn man Merkmale wie Selbstbewußtsein oder Autonomie benutzt, um Menschen von anderen empfindungsfähigen Lebewesen zu unterscheiden. Ich werde drei dieser Ansätze betrachten.

Der erste Vorschlag besteht darin, daß geistig behinderte Menschen, die nicht die Fähigkeiten haben, die den normalen Menschen von anderen empfindungsfähigen Lebewesen abgrenzen, trotzdem so behandelt werden sollten, als hätten sie diese Fähigkeiten, weil sie zu einer Spezies zählen, deren Mitglieder sie normalerweise besitzen. Der Vorschlag besteht mit anderen Worten darin, daß wir Individuen nicht entsprechend ihren wirklichen Qualitäten behandeln, sondern entsprechend den Qualitäten, die für ihre Spezies normal sind.

Es ist interessant, daß dieser Vorschlag gemacht werden kann, um eine bessere Behandlung von Mitgliedern unserer Spezies gegenüber Mitgliedern einer anderen Spezies zu verteidigen, während man ihn scharf zurückweisen würde, wenn er dazu diente, eine bessere Behandlung von Mitgliedern unserer Rasse oder unseres Geschlechts zu rechtfertigen. Als wir im vorhergehenden Kapitel die Wirkung von möglichen Unterschieden im IQ verschiedener ethnischer Gruppen diskutierten, habe ich den naheliegenden Gesichtspunkt betont, daß – was auch immer der Unterschied zwischen den Durchschnittswerten für verschiedene Gruppen sein mag – einige Gruppenmitglieder mit niedrigerem Durchschnittswert besser abschneiden als manche Gruppenmitglieder mit höherem Durchschnittswert und daß wir daher Menschen als Individuen und nicht nach den Durchschnittswerten ihrer Rasse behandeln sollten, wie auch immer die Erklärung für diesen Durchschnitt lauten mag. Wenn wir das akzeptieren, dann müssen wir den Vorschlag zurückweisen, daß schwer geistig behinderten Menschen der Status oder die Rechte zuzugestehen seien, die für ihre Spezies normal sind. Denn was bedeutet die Tatsache, daß diesmal die Grenzlinie im Hinblick auf die Spezies gezogen werden soll statt auf die Rasse oder das Geschlecht? Wir können nicht verlangen, daß bestimmte Wesen in dem einen Fall als Individuen, im anderen als Mitglieder ihrer Gruppe behandelt werden. Zugehörigkeit zu einer Spezies ist unter diesen Umständen ebensowenig relevant wie Zugehörigkeit zu Rasse oder Geschlecht.

Eine zweite Ansicht besagt, daß schwer geistig behinderte Menschen, obwohl sie vielleicht keine höheren Fähigkeiten besitzen als Tiere, dennoch Menschen sind, und als solche haben wir besondere Beziehungen zu ihnen, die wir zu Tieren nicht haben. Ein Rezensent meines Buches *Animal Liberation* formulierte das folgendermaßen: »Parteilichkeit für unsere eigene Spezies und innerhalb derselben für kleinere Gruppen ist etwas, das wir, wie das Universum, einfach akzeptieren sollten [. . .]. Das Gefährliche an dem Versuch, parteiliche Zuneigungen zu eliminieren, ist, daß er die Quelle jeglicher Zuneigung beseitigen könnte.«

Dieses Argument bindet Moral zu stark an unsere Gefühle. Natürlich können manche eine engere Beziehung zu einem Menschen mit schwerster geistiger Behinderung haben als zu irgendeinem nichtmenschlichen Lebewesen, und es wäre absurd, ihnen zu sagen, sie dürften nicht so fühlen. Sie tun es einfach, und an sich ist das weder gut noch schlecht. Die Frage ist nur, ob unsere moralischen Verpflichtungen gegenüber einem Wesen auf diese Weise von unseren Gefühlen abhängig gemacht werden sollten. Offenkundig haben einige Menschen zu ihrer Katze eine engere Beziehung als zu ihren Nachbarn. Würden aber diejenigen, die die Moral an die Gefühle binden, akzeptieren, daß diese Leute zu Recht erst ihre Katzen vor einem Feuer retten, bevor sie ihre Nachbarn retten? Und selbst diejenigen, die bereit sind, diese Frage zu bejahen, würden hoffentlich nicht mit den Rassisten zusammen die Meinung vertreten, daß die Leute, die eine natürlichere Beziehung und größere Sympathien für andere Mitglieder ihrer eigenen Rasse haben, ganz recht hätten, wenn sie den Interessen anderer Mitglieder ihrer eigenen Rasse vor denen der Schwarzen den Vorzug gäben. Ethik fordert von uns nicht, persönliche Beziehungen und parteiische Gefühle auszuschalten, vielmehr, sobald wir handeln, die moralischen Ansprüche derer, die von unseren Handlungen betroffen sind, unabhängig von unseren Gefühlen ihnen gegenüber abzuschätzen.

Der dritte Vorschlag beruft sich auf das verbreitete Argument der »schiefen Ebene«. Es besagt: Sobald wir auch nur einen einzigen Schritt in eine bestimmte Richtung getan haben, befinden wir uns auf einer schiefen Ebene, und auf ihr schlittern wir weiter, als wir ursprünglich gehen wollten. Im vorliegenden Kontext wird das Argument verwendet, um zu verdeutlichen, daß wir eine klare Linie brauchen, um die Wesen, mit denen wir experimentieren, die wir mästen und essen können, von denen zu trennen, mit denen wir das nicht tun können. Zugehörigkeit zur Spezies stellt einen säuberlichen Trennungsstrich dar, Abstufungen des Selbstbewußtseins, der Autonomie oder des Empfindungsvermögens hingegen nicht. Haben wir erst einmal zugelassen, daß ein geistig behinderter Mensch keinen höheren moralischen Status hat als ein Tier, dann, so das Argument, sind wir bereits unaufhaltsam im Abstieg begriffen: der nächste Schritt besteht darin, sozial Unangepaßten ihre Rechte zu entziehen, und zuletzt endet man bei einem totalitären Regime, das über jeden, der sich unbeliebt macht, verfügt, indem es ihn als subhuman einstuft.

Das »Argument der schiefen Bahn« mag in einigen Zusammenhängen als wertvolle Warnung dienen, aber es kann nicht allzuviel Gewicht haben. Wenn wir – wie in diesem Kapitel dargelegt wurde – glauben, daß der besondere Status, den wir heute den Menschen einräumen, es uns gestattet, die Interessen von Milliarden empfindungsfähiger Wesen zu mißachten, dann sollten wir uns von dem Versuch, diese Situation in Ordnung zu bringen, nicht durch die bloße Möglichkeit abschrecken lassen, daß die Prinzipien, auf die wir diesen Versuch gründen, von üblen Herrschern für ihre eigenen Zwecke mißbraucht werden könnten. Und es ist nicht mehr als eine Möglichkeit. Der Wandel, den ich vorgeschlagen habe, braucht an unserer Behandlung von Menschen nichts zu verändern, ja er würde sie vielleicht sogar noch verbessern.

Und schließlich: keine moralische Grenzlinie kann gesichert sein, wenn sie willkürlich gezogen wurde. Es ist besser, eine Grenzlinie zu finden, die sich offen und aufrichtig verteidigen läßt. Bei der Diskussion der Euthanasie in Kapitel 7 werden wir sehen, daß eine falsch gezogene Grenzlinie selbst für diejenigen verhängnisvolle Konsequenzen haben kann, die auf der höheren bzw. menschlichen Seite angesiedelt sind.

Es ist auch wichtig, sich in Erinnerung zu rufen, daß ich die Absicht verfolge, den Status der Tiere zu heben, nicht aber, den der Menschen zu senken. Ich möchte nicht vorschlagen, geistig behinderte Menschen mit Lebensmittelfarben zwangszuernähren, bis die Hälfte von ihnen stirbt – obwohl uns dies sicherlich exaktere Hinweise dafür gäbe, ob eine Substanz für Menschen ungefährlich ist, als es die Versuche mit Kaninchen und Hunden vermögen. Ich möchte allerdings unsere Überzeugung, daß es unrecht wäre, geistig behinderte Menschen so zu behandeln, gern auf nichtmenschliche Lebewesen übertragen wissen, die auf einer ähnlichen Stufe des Selbstbewußtseins stehen und ähnliche Leidensfähigkeit besitzen. Es wäre übertrieben pessimistisch, auf die Veränderung unserer Verhaltensweisen zu verzichten – nur weil dies etwa dazu führen könnte, daß wir die geistig behinderten Menschen mit derselben Rücksichtslosigkeit wie heute die Tiere behandeln –, anstatt den Tieren größere Rücksichtnahme angedeihen zu lassen, wie sie heute gegenüber den geistig behinderten Menschen üblich ist.

Ethik und Gegenseitigkeit

In dem ältesten uns überlieferten Hauptwerk der Moralphilosophie westlicher Tradition, in Platons *Staat*, finden wir folgende Auffassung von Ethik:

> »Seinem natürlichen Ursprung nach, behauptet man, ist Unrechttun ein Gut, Unrechtleiden ein Übel, liegt im Unrechtleiden mehr Unglück als im Unrechttun Glück. Wer daher beides, Unrechttun und Unrechtleiden, ausgekostet hat und das eine sich nicht erwählen, dem andern aber nicht entgehen kann, wird es für vorteilhaft halten, einen Vertrag untereinander abzuschließen, der vor beidem schützt. Und daher seien Gesetze und Verträge entstanden; was das Gesetz befahl, nannte man gesetzlich und gerecht. Dies sei Ursprung und Wesen der Gerechtigkeit, die in der Mitte zwischen dem höchsten Gut – Unrecht zu tun, ohne Strafe zu leiden – und dem größten Übel – Unrecht zu leiden, ohne sich rächen zu können – gelegen sei.«

Dies war nicht Platons eigene Ansicht, er legt sie vielmehr dem Glaukon in den Mund, damit Sokrates, der Protagonist dieses Dialoges, sie widerlegen kann. Es ist dies eine Ansicht, die nie allgemeine Anerkennung gefunden hat, aber auch nie ausgestorben ist. Ihr Echo findet man in den ethischen Theorien zeitgenössischer Philosophen wie John

Rawls und David Gauthier; und sie hat bei diesen und anderen Philosophen dazu gedient, den Ausschluß der Tiere aus dem Bereich der Ethik oder zumindest aus ihrem Zentrum zu rechtfertigen. Denn falls die Grundlage der Ethik darin besteht, darauf zu verzichten, anderen Übles zuzufügen, solange sie mir nichts Übles zufügen, habe ich keinen Grund, mich denen gegenüber mit meinen Gemeinheiten zurückzuhalten, die unfähig sind, meine Zurückhaltung zu würdigen und ihr eigenes Verhalten mir gegenüber entsprechend zu kontrollieren. Tiere gehören im großen und ganzen zu dieser Kategorie. Wenn ich weit draußen surfe und ein Hai greift mich an, dann hilft mir meine Rücksichtnahme gegenüber Tieren nichts; ich werde mit derselben Wahrscheinlichkeit gefressen wie der nächste Surfer, obwohl der vielleicht jeden Nachmittag damit verbringt, von seinem Boot aus auf Haie zu schießen. Weil sich Tiere nicht nach den Regeln der Gegenseitigkeit verhalten können, stehen sie nach dieser Auffassung außerhalb der Grenzen des moralischen Vertrags.

Bei der Beurteilung dieser Konzeption von Moral sollten wir zwischen *Erklärungen* des Ursprungs moralischer Urteile und der *Rechtfertigung* dieser Urteile unterscheiden. Erklärt man den Ursprung der Ethik als stillschweigenden Vertrag zwischen Menschen um ihres gegenseitigen Vorteils willen, so ist das ganz plausibel (wenngleich dies angesichts der quasimoralischen sozialen Regeln, die man in den Gemeinschaften anderer Säugetiere beobachtet hat, offenkundig eine historische Phantasievorstellung ist). Aber wir könnten diesen Ansatz als eine historische Erklärung anerkennen, ohne uns damit auf irgendeine Ansicht über die Richtigkeit oder Falschheit des daraus resultierenden moralischen Systems zu verpflichten. Gleichgültig, wie selbstsüchtig Ethik in ihrem Ursprung sein mag, möglich ist, daß wir, sobald wir erst einmal begonnen haben, moralisch zu denken, über diese profanen Prämissen hinausgeführt werden. Denn wir sind fähig, vernünftig zu denken, und die

Vernunft ist dem Eigeninteresse nicht untergeordnet. Wenn wir über Ethik nachdenken, machen wir von Begriffen Gebrauch, die (vgl. Kap. 1) über unser persönliches Interesse oder selbst über das Interesse mancher regionaler Gruppen hinausreichen. Gemäß der Vertragstheorie der Ethik sollte dieser Universalisierungsprozeß an den Grenzen unserer Gesellschaft haltmachen; doch hat der Prozeß einmal begonnen, kommen wir vielleicht zu der Einsicht, daß es unseren sonstigen Überzeugungen widerstreben würde, an diesem Punkt innezuhalten. Genau wie die ersten Mathematiker – die vielleicht nur deshalb zu zählen begannen, weil sie sich der Anzahl der Leute in ihrem Stamm vergewissern wollten – nicht ahnen konnten, daß sie damit die ersten Schritte auf dem Weg zur Infinitesimalrechnung unternahmen, so sagt uns der Ursprung der Ethik nichts darüber, wo sie enden wird.

Wenn wir uns der Frage der Rechtfertigung zuwenden, sehen wir, daß vertragstheoretische Ansätze der Ethik viele Probleme bieten. Es ist klar, daß solche Ansätze viel mehr als nur nichtmenschliche Lebewesen aus der Sphäre der Ethik ausschließen. Weil schwer geistig Behinderte im gleichen Maße zur Gegenseitigkeit unfähig sind, müssen sie ebenfalls ausgeschlossen werden. Dasselbe gilt für Babys und kleine Kinder; aber die Probleme der Vertragstheorie beschränken sich nicht auf diese »Grenzfälle«. Der letzte Grund, den ethischen Vertrag einzugehen, liegt nach dieser Auffassung im Eigeninteresse. Wird nicht zusätzlich ein universales Element eingeführt, so hat eine Gruppe von Menschen keinen Grund, eine andere moralisch zu behandeln, wenn es nicht in ihrem Interesse liegt. Nehmen wir das ernst, dann müssen wir unsere moralischen Urteile drastisch revidieren. Die weißen Sklavenhändler zum Beispiel, die an einer einsamen Stelle der afrikanischen Küste landeten und Schwarze einfingen, um sie in Amerika zu verkaufen, hatten keinen auf Eigeninteresse basierenden Grund, die Schwarzen besser zu behandeln, als sie es taten. Die

Schwarzen konnten sich nicht rächen. Wären sie nur Anhänger der Vertragstheorie gewesen, so hätten die Men-
schenhändler die Verfechter der Sklavenbefreiung mit der
Erklärung widerlegen können, Ethik ende an den Grenzen
der Gemeinschaft, und weil Schwarze nicht Teil ihrer Gemeinschaft seien, hätten sie ihnen gegenüber keine Pflichten.

Auch würden nicht nur vergangene Praktiken betroffen,
wenn man das Vertragsmodell ernst nähme. Obwohl man
heute oft von der Welt als einer einzigen Völkergemein-
schaft spricht, so ist zweifellos etwa die Macht der Leute im
Tschad sehr begrenzt, wenn es darum geht, Gutes oder
Böses zu vergelten, das ihnen zum Beispiel von seiten amerikanischer Bürger widerfahren würde. Das Vertragsmodell
sieht also offenbar keinerlei Verpflichtung der reichen Nationen gegenüber den ärmeren vor.

Besonders eklatant ist die Wirkung des Vertragsmodells auf
unsere Einstellung gegenüber künftigen Generationen.
»Warum sollte ich irgend etwas für die Nachkommen tun?
Was haben die Nachkommen je für mich getan?« So oder
ähnlich müßten wir uns fragen, wenn nur diejenigen, die ein
Verhalten auf Gegenseitigkeit praktizieren können, in den
Bereich der Ethik gehören. Für jene, die im Jahr 2100 leben
werden, gibt es keine Möglichkeit, etwas zu tun, das unser
Leben besser oder schlechter macht. Wenn daher Verpflichtung nur dort existiert, wo Gegenseitigkeit möglich ist,
brauchen wir uns um Probleme wie die Lagerung von
Atommüll nicht zu sorgen. Gewiß, nukleare Abfälle sind
noch für eine Viertelmillion Jahre tödlich; aber solange wir
sie in Behälter füllen, die sie für 100 Jahre von uns fernhal-
ten, haben wir alles getan, was die Moral von uns fordert.

Diese Beispiele sollten genügen, um zu zeigen, daß die
Ethik, die wir heute haben, unbeschadet ihres Ursprungs,
über ein stillschweigendes Einverständnis zwischen Wesen,
die zu gegenseitigem Verhalten fähig sind, hinausgeht, und
die Aussicht, zu einer solchen Grundlage zurückzukehren,

ist sicherlich nicht reizvoll. Da uns keine Darstellung des
Ursprungs der Moral dazu zwingt, unsere Moral auf Gegenseitigkeit zu gründen, und da bisher keine anderen
Argumente für diese Schlußfolgerung geliefert wurden,
sollten wir diese Betrachtungsweise von Ethik ablehnen.

An diesem Punkt der Diskussion plädieren einige Vertragstheoretiker für eine lockerere Auffassung des Vertragsge-
dankens, indem sie darauf drängen, wir sollten in die Mo-
ralgemeinschaft all die aufnehmen, die die Fähigkeit haben
(werden), an einer Vereinbarung auf Gegenseitigkeit sich zu
beteiligen, unabhängig davon, ob sie wirklich eine Beziehung auf Gegenseitigkeit haben, und auch unabhängig davon, wann sie diese Fähigkeit erlangen. Offenkundig basiert
diese Ansicht überhaupt nicht mehr auf Gegenseitigkeit,
denn (außer wir sorgen dafür, daß unser Grab immer sau-
bergehalten und die Erinnerung an uns für immer konserviert wird) spätere Generationen können einfach keine Verbindungen auf Gegenseitigkeit mit uns eingehen, selbst
wenn sie eines Tages zu Gegenseitigkeit fähig sein werden.
Wenn jedoch Vertragstheoretiker Gegenseitigkeit auf diese
Weise aufgeben, was bleibt dann noch von der Vertrags-
these? Warum sollte man sie dann überhaupt übernehmen?
Warum die Moral auf die beschränken, die die Fähigkeit haben, mit uns eine Vereinbarung abzuschließen, wenn sie in
Wirklichkeit überhaupt keine Möglichkeit dazu haben?
Statt an einer Hülse der Vertragstheorie festzuhalten, die
ihren Kern verloren hat, wäre es besser, sie ganz und gar
aufzugeben und auf der Grundlage der Universalisierbarkeit zu überlegen, welche Wesen in die Moral einbezogen
werden sollten.

4

Weshalb ist Töten unrecht[1]?

Eine sehr vereinfachte Zusammenfassung der ersten drei Kapitel könnte folgendermaßen lauten: Kapitel 1 legt eine Konzeption der Ethik vor, aus der in Kapitel 2 das Prinzip der gleichen Interessenabwägung abgeleitet wird; dieses Prinzip wird dann dazu verwendet, Probleme hinsichtlich der Gleichheit der Menschen zu erhellen, und in Kapitel 3 wird es auf nichtmenschliche Lebewesen angewandt.

Somit hat das Prinzip der gleichen Interessenabwägung bis hierher unsere Diskussion sehr unterstützt; wie ich jedoch im vorangehenden Kapitel angedeutet habe, ist die Anwendung dieses Prinzips weniger klar dort, wo es um das Leben geht, als dort, wo wir es mit Interessen wie der Vermeidung von Schmerz und der Erfahrung von Lust zu tun haben. In diesem Kapitel wollen wir einige Ansichten über den Wert des Lebens und die Verwerflichkeit des Tötens diskutieren, um die Voraussetzungen für die folgenden Kapitel zu schaffen, in denen wir uns praktischen Themen zuwenden werden: dem Töten von Tieren, der Abtreibung und der Euthanasie.

Menschliches Leben

Man sagt oft, Leben sei heilig. Man meint fast nie, was man sagt. Man meint nicht – im strengen Wortsinn –, Leben an sich sei heilig. Würde man das nämlich meinen, so müßte man es ebenso entsetzlich finden, ein Schwein zu töten oder einen Kohlkopf auszureißen, wie einen Menschen zu er-

---

1 Der englische Begriff *wrong* meint »unrecht« und »falsch«. Beide deutsche Ausdrücke werden synonym verwendet. [Anm. d. Übers.]

morden. Wenn gesagt wird, das Leben sei heilig, so meint man menschliches Leben. Aber weshalb sollte menschliches Leben einen besonderen Wert haben?

Bei der Erörterung der Lehre von der Heiligkeit des menschlichen Lebens werde ich den Begriff »Heiligkeit« nicht in einem spezifisch religiösen Sinn auffassen. Es mag wohl sein, daß diese Lehre, wie ich später in diesem Kapitel zeigen werde, einen religiösen Ursprung hat, doch heute ist sie Bestandteil einer über weite Strecken weltlichen Ethik, und ihren bedeutenden Einfluß hat sie als Bestandteil dieser weltlichen Ethik. Auch werde ich die Lehre nicht so verstehen, als müsse es immer unrecht sein, menschliches Leben zu töten, denn das würde einen absoluten Pazifismus implizieren, und es gibt viele Befürworter der Heiligkeit des Lebens, die einräumen, daß wir in Notwehr töten dürfen. Wir wollen die Lehre von der Heiligkeit des menschlichen Lebens nur als Ausdruck dafür betrachten, daß menschliches Leben einen besonderen Wert hat, der deutlich verschieden ist vom Wert des Lebens anderer Lebewesen.

Die Ansicht, wonach menschliches Leben einen einzigartigen Wert habe, ist tief in unserer Gesellschaft verwurzelt und in unserem Recht verankert. Um zu sehen, wie weit sie gefaßt werden kann, empfehle ich ein bemerkenswertes Buch: Robert und Peggy Stinson, *The Long Dying of Baby Andrew*. Im Dezember 1976, als die Lehrerin Peggy Stinson seit 24 Wochen schwanger war, setzten die Wehen frühzeitig ein. Das Baby, dem Robert und Peggy den Namen Andrew gaben, war gerade noch lebensfähig. Obwohl beide Eltern eindeutig kundtaten, daß sie keine lebensverlängernden Maßnahmen wünschten, setzten die verantwortlichen Ärzte sämtliche verfügbare medizinische Technologie ein, um das Kind am Leben zu erhalten. Andrew hatte periodisch wiederkehrende Anfälle. Es wurde klar, daß er, falls er überhaupt überleben würde, auf Dauer schwer behindert sein würde. Andrew hatte zudem beträchtlich zu leiden: einmal meinte sein Arzt zu den Stintons, daß das Atmen Andrew

»höllisch weh tun« müsse. Andrews Behandlung kostete 1977 104 000 Dollar; heute wäre sie vermutlich dreimal so teuer, denn die Intensivbehandlung von extrem früh Geborenen kostet 1500 Dollar pro Tag.

Andrew Stinson wurde am Leben erhalten, und zwar gegen den Wunsch seiner Eltern und mit erheblichen finanziellen Kosten, obwohl er erwiesenermaßen zu leiden hatte, und trotz der bald offensichtlichen Tatsache, daß er nie imstande sein würde, ein unabhängiges Leben zu führen oder so zu denken und zu sprechen wie die meisten Menschen. Abgesehen davon, ob es richtig oder falsch ist, einem kleinen Menschenwesen eine derartige Behandlung zukommen zu lassen – wir werden auf die Frage in Kapitel 7 zurückkommen –, fällt doch der krasse Unterschied zu der beiläufigen Art und Weise auf, in der wir streunenden Hunden, Versuchsaffen und Mastrindern das Leben nehmen. Wodurch wird dieser Unterschied gerechtfertigt?

In jeder uns bekannten Gesellschaft hat es Tötungsverbote gegeben. Vermutlich kann keine Gesellschaft überleben, wenn sie ihren Mitgliedern erlaubt, einander uneingeschränkt zu töten. In der Frage allerdings, wer solchen Schutz genießt, unterscheiden sich die Gesellschaften. In vielen Stammesgesellschaften besteht das einzige schwerwiegende Verbrechen darin, ein unschuldiges Mitglied des Stammes selbst zu töten – Mitglieder anderer Stämme dürfen straffrei getötet werden. Bei komplizierter organisierten Völkern erstreckt sich der Schutz im allgemeinen auf alle, die sich innerhalb des eigenen Landes befinden, obwohl es Fälle gegeben hat – wie zum Beispiel Sklavenhalterstaaten –, in denen eine Minderheit ausgeschlossen war. Heute sind sich die meisten Menschen, wenn nicht in der Praxis, so doch in der Theorie, einig, daß es, abgesehen von besonderen Situationen wie Notwehr, Krieg, möglicherweise Todesstrafe und einigen weiteren Zweifelsfällen, falsch ist, menschliche Wesen zu töten, ungeachtet ihrer Rasse, Religion, Klasse oder Nationalität. Die moralische Unangemessenheit von Prinzipien, die die Achtung vor dem Leben auf einen Stamm, eine Rasse oder Nation einschränken, liegt offen zutage; aber die Argumentation des vorhergehenden Kapitels muß Zweifel wecken, ob die Grenzen unserer Spezies den geschützten Bereich wirklich überzeugender markieren.

Hier ist die Frage angebracht, was wir mit Begriffen wie »menschliches Leben« und »menschliches Wesen« meinen. Diese Begriffe spielen die Hauptrolle in Debatten etwa über die Abtreibung. »Ist der Fötus bereits ein menschliches Wesen?« gilt häufig als die wesentlichste Frage in der Abtreibungsdebatte; aber nur eine sorgfältige Prüfung dieser Begriffe ermöglicht Antworten auf solche Fragen.

Der Ausdruck »menschliches Wesen« kann eine genaue Bedeutung haben und zum Beispiel als Äquivalent zu »Mitglied der Spezies Homo sapiens« verwendet werden. Ob ein Wesen Mitglied einer bestimmten Spezies ist, läßt sich wissenschaftlich bestimmen durch die Untersuchung der Beschaffenheit der Chromosomen in den Zellen lebender Organismen. Legt man diese Bedeutung zugrunde, so besteht kein Zweifel, daß ein von menschlichen Eltern gezeugter Fötus vom ersten Moment seiner Existenz an ein menschliches Wesen ist; und dasselbe trifft zu für das schwerst und unheilbar geistig behinderte menschliche Wesen, ja sogar für einen anenzephalischen Säugling – genau gesagt: ein Säugling ohne Gehirn.

Eine andere Verwendung des Begriffs »menschlich« wurde von Joseph Fletcher vorgeschlagen, einem protestantischen Theologen, der viel über moralische Probleme publiziert hat. Fletcher hat eine Liste mit »Indikatoren des Menschseins« aufgestellt, die folgendes umfaßt: Selbstbewußtsein, Selbstkontrolle, Sinn für Zukunft, Sinn für Vergangenheit, die Fähigkeit, mit anderen Beziehungen zu knüpfen, sich um andere zu kümmern, Kommunikation und Neugier. Diese Bedeutung des Begriffs haben wir vor Augen, wenn wir von jemand sagen, er sei ein »wirklich menschliches

Wesen« oder zeige »wahrhaft menschliche Eigenschaften«. Damit meinen wir natürlich nicht, daß die Person der Spezies Homo sapiens angehört, was eine biologische Tatsache ist und kaum in Zweifel gezogen wird; wir implizieren vielmehr, daß menschliche Wesen gewisse charakteristische Eigenschaften besitzen und daß die betreffende Person sie in einem hohen Maße besitzt.

Diese beiden Bedeutungen von »menschliches Wesen« überschneiden sich, aber sie fallen nicht zusammen. Der Fötus, das schwerst geistig behinderte Kind, selbst das neugeborene Kind – sie alle sind unbestreitbar Mitglieder der Spezies Homo sapiens, aber niemand von ihnen besitzt ein Selbstbewußtsein oder hat einen Sinn für die Zukunft oder die Fähigkeit, mit anderen Beziehungen zu knüpfen. Daher kann die Wahl zwischen den beiden Bedeutungen für unsere Antwort auf Fragen wie »Ist der Fötus ein menschliches Wesen?« einen großen Unterschied ausmachen.

Wenn wir zu wählen haben, welche Begriffe wir in einer Situation wie dieser verwenden, sollten wir uns für Begriffe entscheiden, die uns befähigen, unsere Absicht klar auszudrücken, die aber nicht die Antwort auf substantielle Fragen vorwegnehmen. Den Begriff »menschlich« fortan allgemein in der ersten Bedeutung zu gebrauchen und daraus zu folgern, daß der Fötus ein menschliches Wesen und ein Schwangerschaftsabbruch unmoralisch sei, würde nicht genügen. Es wäre auch nicht besser, sich für die zweite Bedeutung zu entscheiden und auf dieser Basis zu argumentieren, ein Schwangerschaftsabbruch sei akzeptabel. Die ethische Zulässigkeit der Abtreibung ist eine substantielle Frage, deren Beantwortung nicht von einer Vereinbarung über den Wortgebrauch abhängen kann. Um nichts zu präjudizieren und um meine Absicht klarzumachen, werde ich den verzwickten Begriff »menschlich« vorübergehend aufgeben und zwei verschiedene Begriffe dafür einsetzen, die den beiden verschiedenen Bedeutungen von »menschlich« entsprechen. Für die erste, biologische Bedeutung werde ich den schwerfälligen, aber präzisen Begriff »Mitglied der Spezies Homo sapiens« verwenden, für die zweite Bedeutung den Begriff »Person«.

Dieser Gebrauch von »Person« kann leider selbst irreführend sein, weil »Person« oft in der Bedeutung von »menschliches Wesen« verwendet wird. Dennoch sind die Begriffe nicht bedeutungsgleich; es könnte eine Person geben, die nicht Mitglied unserer Spezies ist. Es könnte auch Mitglieder unserer Spezies geben, die nicht Personen sind. Das Wort »Person« stammt ursprünglich von lateinisch *persona*, dem Wort für die Maske, die die Schauspieler im antiken Drama trugen. Indem die Schauspieler eine Maske benützten, zeigten sie an, daß sie eine Rolle spielten. In der Folgezeit erhielt »Person« dann die Bedeutung eines Menschen, der eine Rolle im Leben spielt, eines Handelnden. Nach dem *Oxford Dictionary* lautet eine der gegenwärtig gebräuchlichen Bedeutungen des Begriffs Person: »ein selbstbewußtes oder rationales Wesen«. In diesem Sinn ist der Begriff in der Vergangenheit von untadeligen Philosophen verstanden worden. John Locke definiert eine Person als »ein denkendes intelligentes Wesen, das Vernunft und Reflexion besitzt und sich als sich selbst denken kann, als dasselbe denkende Etwas in verschiedenen Zeiten und an verschiedenen Orten«.

Diese Definition rückt »Person« in die Nähe dessen, was Fletcher mit »menschlich« meint, außer daß hier zwei zentrale Merkmale – Rationalität und Selbstbewußtsein – als Kern des Begriffs ausgewählt werden. Sicher würde Fletcher zustimmen, daß diese beiden zentral sind und die anderen mehr oder weniger daraus folgen. Auf jeden Fall schlage ich vor, »Person« in der Bedeutung eines rationalen und selbstbewußten Wesens zu gebrauchen, um jene Elemente der landläufigen Bedeutung von »menschliches Wesen« zu erfassen, die von »Mitglied der Spezies Homo sapiens« nicht abgedeckt werden.

Der Wert des Lebens von Mitgliedern der Spezies
Homo sapiens

Nach der durch unser terminologisches Zwischenspiel er-
folgten Klärung und auf der Grundlage der Erörterung im
vorhergehenden Kapitel können wir uns in diesem Abschnitt sehr kurz fassen. Daß es unrecht ist, einem Wesen
Schmerz zuzufügen, kann nicht von seiner Gattungszuge-
hörigkeit abhängen; ebensowenig, daß es unrecht ist, es zu
töten. Die biologischen Fakten, an die unsere Spezies gebunden ist, haben keine moralische Bedeutung. Dem Leben
eines Wesens bloß deshalb den Vorzug zu geben, weil das
Lebewesen unserer Spezies angehört, würde uns in dieselbe
Position bringen wie die Rassisten, die denen den Vorzug
geben, die zu ihrer Rasse gehören.
Diese Schlußfolgerung mag nach den vorangehenden Kapiteln einleuchtend erscheinen, denn wir haben sie Schritt für
Schritt vorbereitet; aber sie weicht stark von der vorherrschenden Auffassung in unserer Gesellschaft ab, die, wie
wir gesehen haben, das Leben aller Mitglieder unserer Spezies als heilig betrachtet. Wie konnte unsere Gesellschaft
eine Ansicht akzeptieren, die kritischer Betrachtung so wenig standhält? Ein kurzer historischer Exkurs mag der Klärung dienen.
Wenn wir zu den Ursprüngen der westlichen Zivilisation, in
die Zeiten der Griechen und Römer, zurückgehen, sehen
wir, daß die Zugehörigkeit zur Spezies Homo sapiens nicht
genügte, um den Schutz des Lebens zu garantieren. Es gab
keine Achtung vor dem Leben von Sklaven oder anderen
»Barbaren«; und sogar bei den Griechen und Römern selbst
hatten Säuglinge nicht automatisch ein Recht auf Leben.
Die Griechen und Römer töteten mißgestaltete oder schwache Säuglinge, indem sie sie in Gebirgsgegenden aussetzten.
Platon und Aristoteles waren der Meinung, der Staat sollte
die Tötung mißgestalteter Säuglinge durchsetzen. Der be-
rühmte Gesetzestext, der von Lykurg und Solon verfaßt

worden sein soll, enthielt ähnliche Vorschriften. In jener
Epoche hielt man es für besser, ein unter ungünstigen Vor-
zeichen begonnenes Leben zu beenden, als ein solches Leben mit all seinen Problemen zu verlängern.

Unsere heutige Haltung geht auf das Christentum zurück.
Es gab eine spezifisch theologische Motivation für die Christen, die Wichtigkeit der Zugehörigkeit zur Spezies zu propagieren; es war der Glaube, alle von menschlichen Eltern
Geborenen seien unsterblich und zu ewiger Seligkeit oder
immerwährender Qual vorherbestimmt. Mit diesem Glauben bekam das Töten eines Homo sapiens eine schreckliche
Tragweite, weil dadurch ein Wesen seinem ewigen Schicksal
überliefert wurde. Eine zweite christliche Lehre, die zu
demselben Resultat führte, war der Glaube, daß wir, weil
von Gott geschaffen, sein Eigentum sind; einen Menschen
töten aber hieße sich ein Recht Gottes anmaßen, nämlich
darüber zu entscheiden, wann wir leben und wann wir sterben. Thomas von Aquin drückte es so aus: Ein menschliches Leben auslöschen ist dieselbe Sünde gegen Gott wie
gegen einen Herrn, dessen Sklaven man tötet. Andererseits
glaubte man, daß nichtmenschliche Lebewesen von Gott
unter die Herrschaft des Menschen gestellt worden seien,
wie in der Bibel geschrieben steht (vgl. 1. Mose 1,29 und
9,1–3). Daher konnten Menschen nichtmenschliche Lebewesen nach Belieben töten, sofern sie nicht das Eigentum
eines anderen waren.

Während der jahrhundertelangen christlichen Vorherrschaft
im europäischen Denken wurden die moralischen Auffassungen, die sich auf diese Lehren gründeten, Bestandteil der
unangefochtenen moralischen Orthodoxie europäischer Zivilisation. Heute sind diese Lehren nicht mehr allgemein
anerkannt, aber die moralische Haltung, die sie zur Folge
hatten, paßt nur zu gut zu der tief verwurzelten westlichen
Überzeugung von der Einzigartigkeit und den besonderen
Vorrechten unserer Spezies und lebt deshalb fort. Da wir
nun allerdings unsere speziesistische Auffassung von der

Natur überdenken, ist es auch an der Zeit, unseren Glauben, daß das Leben der Angehörigen unserer Spezies heilig sei, zu überdenken.

Der Wert des Lebens einer Person

Wir haben die Lehre von der Heiligkeit des Lebens in die beiden getrennten Behauptungen aufgespalten, daß (1) das Leben eines Mitglieds unserer Spezies und (2) das Leben einer Person jeweils einen besonderen Wert darstellt. Wie wir gesehen haben, ist die erste Behauptung unhaltbar. Wie steht es mit der zweiten? Hat das Leben eines rationalen und selbstbewußten Wesens einen besonderen, vom Leben bloß empfindungsfähiger Wesen verschiedenen Wert?

Um diese Frage zu bejahen, kann man folgendermaßen argumentieren. Ein selbstbewußtes Wesen ist sich seiner selbst als einer distinkten Entität bewußt, mit einer Vergangenheit und Zukunft. (Dies war, wie wir sahen, Lockes Kriterium für die Person.) Ein Wesen, das in dieser Weise seiner selbst bewußt ist, ist fähig, Wünsche hinsichtlich seiner eigenen Zukunft zu haben. So mag zum Beispiel ein Philosophieprofessor hoffen, ein Buch zu schreiben, in dem er die objektive Natur der Ethik beweist; eine Studentin mag ihr Abschlußexamen ins Auge fassen; ein Kind mag den Wunsch haben, in einem Flugzeug zu fliegen. Nimmt man einem dieser Menschen ohne seine Zustimmung das Leben, so durchkreuzt man damit seine Wünsche für die Zukunft. Tötet man eine Schnecke oder einen 24 Stunden alten Säugling, so vereitelt man keine Wünsche dieser Art, weil Schnecken und Neugeborene unfähig sind, solche Wünsche zu haben.

Man könnte sagen: Wenn eine Person getötet wird, dann handelt es sich um eine andere Art der Vereitelung eines Wunsches, als wenn ich durch eine dürre Landschaft wandere, haltmache, um meinen Durst zu löschen, und feststellen muß, daß meine Flasche ein Loch hat. In diesem Fall habe ich einen Wunsch, den ich mir nicht erfüllen kann, und ich empfinde Frustration und Unbehagen, weil der ungestillte Wunsch nach Wasser anhält. Werde ich dagegen getötet, so dauern nach meinem Tod meine Wünsche für die Zukunft nicht fort, und ich leide nicht darunter, daß sie nicht erfüllt werden. Aber bedeutet das, daß die Verhinderung der Erfüllung dieser Wünsche nicht ins Gewicht fällt?

Der klassische Utilitarismus, wie er von seinem Gründer Jeremy Bentham dargelegt und von späteren Philosophen wie John Stuart Mill und Henry Sidgwick weiterentwickelt wurde, beurteilt Handlungen nach ihrer Tendenz zur Maximierung von Lust oder Glück und zur Minimierung von Schmerz oder Unglück. Begriffe wie »Lust« und »Glück« sind nicht gerade präzise, aber es ist klar, daß sie sich auf etwas beziehen, was erfahren oder gefühlt wird, mit anderen Worten, auf Bewußtseinszustände. Nach dem klassischen Utilitarismus hat daher die Tatsache, daß Wünsche für die Zukunft unerfüllt bleiben, wenn Menschen sterben, keine unmittelbare Bedeutung. Wenn man sofort stirbt, spielt es für die Summe von Lust oder Leid, die man erfährt, keine Rolle, ob man irgendwelche Wünsche für die Zukunft hat. Daher ist für klassische Utilitaristen der Status der »Person« für die Verwerflichkeit des Tötens nicht *direkt* relevant.

Indirekt mag es für klassische Utilitaristen wichtig sein, ob man eine Person ist, und zwar in folgender Hinsicht: Wenn ich eine Person bin, so habe ich einen Begriff von mir als von jemandem, der eine Zukunft hat. Wenn ich zudem sterblich bin, werde ich vermutlich wissen, daß meine künftige Existenz verkürzt werden kann. Wenn ich daran denke, daß dies jeden Moment geschehen könnte, wird meine gegenwärtige Existenz weniger erfreulich sein, als wenn ich nicht daran denke. Wenn ich merke, daß Leute wie ich sehr selten getötet werden, werde ich weniger beunruhigt sein. Daher können die klassischen Utilitaristen ein Verbot, Menschen zu töten, aus dem *indirekten* Grund verteidigen, daß es das Glück der Menschen steigert, die andernfalls darüber beunruhigt sein müßten, möglicherweise getötet zu werden. Ich nenne dies einen *indirekten* Grund, weil er sich nicht auf ein direktes Unrecht bezieht, das der getöteten Person zugefügt wird, sondern eher auf eine Konsequenz dieser Tötung für andere Leute. Es ist natürlich etwas merkwürdig, einen Mord nicht wegen des dem Opfer zugefügten Unrechts, sondern wegen der Wirkung auf andere zu beanstanden. Man muß schon ein hartgesottener Anhänger des klassischen Utilitarismus sein, um von dieser Merkwürdigkeit nicht verwirrt zu werden. (Wohlgemerkt: wir erwägen hier nur, was *speziell* falsch ist an der Tötung einer *Person*. Der klassische Utilitarismus kann immer noch Töten als ein dem Opfer zugefügtes Unrecht auffassen, weil es das Opfer seines künftigen Glücks beraubt. Dieser Einwand gegen Mord läßt sich auf jedes Wesen anwenden, das voraussichtlich eine glückliche Zukunft haben wird, ob es nun eine Person ist oder nicht.) Für unseren gegenwärtigen Zweck ist es jedoch vor allem wichtig, daß dieser indirekte Grund ein Argument dafür liefert, die Tötung einer Person unter gewissen Bedingungen für schwerwiegender zu halten als die Tötung eines nichtpersonalen Wesens. Wenn ein Wesen unfähig ist, sich selbst als in der Zeit existierend zu begreifen, brauchen wir nicht auf die Möglichkeit Rücksicht zu nehmen, daß es wegen der Verkürzung seiner künftigen Existenz beunruhigt sein könnte. Und zwar deshalb nicht, weil es keinen Begriff von seiner eigenen Zukunft hat.

Ich habe behauptet, daß das indirekte klassisch-utilitaristische Argument, die Tötung einer Person sei für schwerwiegender zu halten als die Tötung einer Nicht-Person, »unter gewissen Bedingungen« verteidigt werden kann. Besonders offensichtlich etwa dann, wenn die Tötung einer bestimmten Person anderen Personen zu Ohren kommt, die aus diesem Wissen folgern, daß ihre Chancen, ein hohes Alter zu erreichen, nicht besonders gut stehen. Es ist natürlich möglich, daß eine Person völlig geheim getötet würde, so daß sonst niemand davon erführe, daß ein Mord begangen wurde. Dann ließe sich dieses klassisch-utilitaristische Argument gegen das Töten nicht anwenden.

Dieser letzte Punkt muß freilich spezifiziert werden. Unter den im letzten Abschnitt beschriebenen Umständen wäre das indirekte klassische Argument gegen das Töten nicht anwendbar, *insofern wir diesen individuellen Fall beurteilen.* Daß der Utilitarismus nur oder primär auf der Ebene jedes individuellen Einzelfalls angewendet wird, ist jedoch zu bestreiten. Auf die Dauer werden wir vielleicht bessere Ergebnisse – größeres allgemeines Glück – erzielen, wenn wir die Leute dazu bringen, nicht jede individuelle Handlung unter dem Maßstab der Nützlichkeit zu beurteilen, sondern sich statt dessen an einige weitgefaßte Prinzipien zu halten, die mehr oder weniger alle Situationen abdecken, denen diese Menschen voraussichtlich begegnen werden.

Für diese Ansicht sind verschiedene Gründe vorgebracht worden. R. M. Hare hat eine nützliche Unterscheidung vorgeschlagen zwischen den zwei Ebenen des moralischen Denkens: der intuitiven und der kritischen. Wer theoretisch die möglichen Umstände betrachtet, unter denen man den Nutzen maximieren kann, wenn man jemanden tötet, der gern weiterleben möchte, der bewegt sich auf der kritischen Ebene. Für Philosophen oder auch nachdenkliche, selbstkritische Personen kann es interessant und für das Verständnis von Moraltheorie hilfreich sein, über solch ungewöhnliche hypothetische Fälle nachzudenken. Alltägliches moralisches Denken muß freilich eher intuitiv sein. Im wirklichen Leben können wir normalerweise nicht alle komplexen Auswirkungen unserer Wahlmöglichkeiten vorhersehen. Es ist auch gar nicht praktisch zu versuchen, alle möglichen Konsequenzen einer jeden Wahl, die wir treffen können, im voraus zu berechnen. Selbst wenn wir uns auf die wichtigeren Wahlmöglichkeiten beschränkten, bestünde die Gefahr, daß wir in vielen Fällen unter wenig idealen Umständen unsere Rechnung aufmachten. Wir könnten gehetzt oder nervös sein, uns zornig, verletzt oder von Ehrgeiz beseelt fühlen. Unsere Gedanken mögen von Neid, sexueller Begierde oder Rachegefühlen umnebelt sein. Unsere eigenen Interessen oder die unserer Lieben könnten auf dem Spiel stehen. Möglicherweise liegt es uns auch nicht besonders, über so komplizierte Dinge wie die wahrscheinlichen Folgen einer wichtigen Wahl nachzudenken. Aus all diesen Gründen schlägt Hare vor, wir sollten für unser alltägliches Moralleben einige weitgefaßte moralische Prinzipien übernehmen und nicht von ihnen abweichen. Unter diesen Prinzipien müßten diejenigen sein, die nach jahrhundertelanger Erfahrung allgemein zu den besten Folgen geführt haben: nach Hares Ansicht gehören dazu die etablierten Moralprinzipien wie die Wahrheit zu sagen, Versprechen zu halten, anderen nicht zu schaden usw. Auch das Leben von Menschen zu achten, die gern weiterleben wollen, wäre vermutlich eines dieser Prinzipien. Wenngleich wir uns – auf der kritischen Ebene – Umstände ausdenken können, unter denen bessere Folgen eintreten würden, wenn wir gegen eines oder mehrere dieser Prinzipien handelten, dürfte man aufs Ganze gesehen besser daran tun, ihnen treu zu bleiben.

Nach dieser Auffassung sollten vernünftig gewählte intuitive Moralprinzipien so etwas wie Anweisungen eines guten Tennistrainers an den Spieler sein. Es handelt sich dabei um Anweisungen, die meistens zum Erfolg führen: man spielt damit ein »Prozente-Tennis«. Ab und zu mag ein einzelner Spieler einen ungewöhnlichen Schlag riskieren, der ihm auch gelingt und wofür er von jedermann Beifall erhält. Aber wenn der Trainer auch nur einigermaßen gut ist, werden in der Regel Abweichungen von den ausgegebenen Anweisungen öfter zu Fehlern führen. Also wird man die ungewöhnlichen Schläge lieber bleibenlassen. Ähnliches gilt für das Befolgen empfehlenswerter Moralprinzipien: man wird lieber nicht versuchen, die Folgen jeder wichtigen Wahlmöglichkeit zu berechnen, sondern schauen, welche der empfohlenen Prinzipien anzuwenden sind, und entsprechend handeln. Ab und zu mag ein Abweichen von diesen Prinzipien eindeutig zu einem besseren Ergebnis führen; dann ist es natürlich gerechtfertigt. Aber solche besonderen Umstände sind selten und können aus unseren Überlegungen ausgeschlossen werden. Obwohl also der klassische Utilitarist – auf der kritischen Ebene – zugeben muß, daß Fälle möglich sind, in denen es besser wäre, das Verlangen einer Person nach Fortsetzung des Lebens nicht zu respektieren, weil die Person absolut geheim getötet und auf diese Weise viel ungelindertes Leid verhindert werden könnte, so hat ein solches Denken keinen Platz auf der intuitiven Ebene, die unsere täglichen Handlungen leiten sollte. So wenigstens kann ein klassischer Utilitarist argumentieren.

Das ist wohl das Wesentliche, was der klassische Utilitarist zur Unterscheidung zwischen der Tötung einer Person und der Tötung eines anderen Typus von Lebewesen anführen würde. Es gibt allerdings noch eine andere Version des Utilitarismus, die der Unterscheidung mehr Gewicht beimißt. Diese andere Version des Utilitarismus beurteilt Handlungen nicht nach ihrer Tendenz zur Maximierung von Lust und Minimierung von Leid, sondern nach dem Grad, in dem sie mit den Präferenzen der von den Handlungen oder ihren Konsequenzen betroffenen Wesen übereinstimmt. Diese Version des Utilitarismus ist als »Präferenz-Utilitarismus« bekannt. Es ist eher Präferenz-Utilitarismus als klassischer Utilitarismus, zu dem wir gelangen, wenn wir unsere eigenen Interessen in der Art universalisieren, wie es im Anfangskapitel dieses Buches beschrieben wurde, das heißt, wenn wir in einem plausiblen Schritt die Interessen einer Person als das nehmen, was sie, nach Abwägung aller relevanten Fakten, vorzieht.

Nach dem Präferenz-Utilitarismus ist eine Handlung, die der Präferenz irgendeines Wesens entgegensteht, ohne daß diese Präferenz durch entgegengesetzte Präferenzen ausgeglichen wird, moralisch falsch. Eine Person zu töten, die es vorzieht, weiterzuleben, ist daher, gleiche Umstände vorausgesetzt, unrecht. Daß die Opfer nach der Ermordung nicht mehr da sind, um sich darüber zu beklagen, daß ihre Präferenzen nicht beachtet worden sind, ist unerheblich. Das Unrecht liegt darin, daß die Präferenz vereitelt wurde.

Für Präferenz-Utilitaristen ist die Tötung einer Person in der Regel schlimmer als die Tötung eines anderen Wesens, weil Personen in ihren Präferenzen sehr zukunftsorientiert sind. Eine Person zu töten bedeutet darum normalerweise nicht nur eine, sondern eine Vielzahl der zentralsten und bedeutendsten Präferenzen, die ein Wesen haben kann, zu verletzen. Sehr oft wird dadurch alles, was das Opfer in den vergangenen Tagen, Monaten oder sogar Jahren zu tun bemüht war, ad absurdum geführt. Im Gegensatz dazu kann ein Wesen, das sich nicht selbst als eine Entität mit einer Zukunft sehen kann, keine Präferenz hinsichtlich seiner eigenen zukünftigen Existenz haben. Damit wird nicht bestritten, daß ein solches Wesen gegen eine Situation ankämpfen kann, in der sein Leben in Gefahr ist, so wie ein Fisch kämpft, um sich von dem Angelhaken in seinem Maul zu befreien; aber dies bezeichnet lediglich eine Präferenz für das Aufhören eines Zustandes, der als schmerzlich oder bedrohend empfunden wird. Kampf gegen Gefahr und Schmerz bedeutet nicht, daß der Fisch fähig ist, seine eigene künftige Existenz der Nicht-Existenz vorzuziehen. Das Verhalten eines Fisches am Haken legt es nahe, Fische nicht mit dieser Methode zu töten, aber es liefert keinen präferenz-utilitaristischen Grund dagegen, Fische mit einer Methode zu töten, die sofort zum Tod führt, ohne Schmerz oder Elend zu verursachen. (Hier möge man sich wiederum daran erinnern, daß wir untersuchen, was spezifisch unrecht daran ist, wenn eine Person getötet wird; ich behaupte nicht, es gäbe niemals irgendwelche präferenz-utilitaristischen Gründe gegen die Tötung bewußter Wesen, die keine Personen sind.)

Hat eine Person ein Recht auf Leben?

Obwohl uns der Präferenz-Utilitarismus ein direktes Argument gegen die Tötung von Personen liefert, mag dies manchen – selbst in Verbindung mit dem wichtigen indirekten Argument, das jede Form des Utilitarismus berücksichtigt – nicht stringent genug erscheinen. Auch für den Präferenz-Utilitarismus ist das dem getöteten Wesen zugefügte Unrecht nur *ein* zu beachtender Faktor, und die Präferenz des Opfers könnte manchmal durch die Präferenzen von anderen aufgewogen werden. Manche sagen, das Verbot zu töten sei absoluter, als es diese Art von utilitaristischer Kalkulation impliziert. Wir fühlen, daß unser Leben etwas ist, worauf wir ein *Recht* haben, und Rechte lassen sich nicht gegen Präferenzen oder Vergnügungen anderer aufrechnen.

Ich bin nicht überzeugt davon, daß der Begriff eines moralischen Rechts hilfreich oder sinnvoll ist, außer man verwendet ihn als Kürzel, um auf fundamentalere moralische Erwägungen zu verweisen. Weil aber die Vorstellung, daß wir ein »Recht auf Leben« haben, verbreitet ist, lohnt es sich gleichwohl zu fragen, ob es Gründe gibt, Personen im Unterschied zu anderen Lebewesen ein Recht auf Leben zuzuschreiben.

Michael Tooley, ein zeitgenössischer amerikanischer Philosoph, hat argumentiert, die einzigen Wesen, die ein Recht auf Leben hätten, seien jene, die sich selbst als »distinkte Entitäten« begreifen könnten, die in der Zeit existierten – mit anderen Worten: Personen in dem Sinn, wie wir den Begriff verwendet haben. Sein Argument basiert auf der Behauptung, es gebe eine begriffliche Verbindung zwischen den Wünschen, zu denen ein Wesen fähig sei, und den Rechten, die man dem Wesen zuschreiben könne. Tooley drückt dies folgendermaßen aus:

> »Es ist eine grundlegende Empfindung, daß ein Recht etwas ist, das verletzt werden kann, und daß die Verletzung des Rechts eines Individuums auf etwas gleichbedeutend

ist mit der Durchkreuzung des entsprechenden Wunsches. Nehmen wir zum Beispiel an, du besitzt ein Auto. Dann habe ich die offenkundige Pflicht, es dir nicht wegzunehmen. Allerdings gilt die Pflicht nicht bedingungslos: sie ist teilweise abhängig von der Existenz eines entsprechenden Wunsches von deiner Seite. Wenn es dir gleichgültig ist, ob ich dir deinen Wagen wegnehme, dann verletze ich damit im allgemeinen dein Recht nicht.«

Tooley gibt zu, daß es schwierig ist, die Verbindungen zwischen Rechten und Wünschen präzis zu formulieren, weil es problematische Fälle gibt: Menschen, die schlafen oder zeitweise nicht bei Bewußtsein sind. Er will nicht sagen, solche Menschen hätten keine Rechte, weil sie im Augenblick keine Wünsche hätten. Nichtsdestoweniger hält Tooley daran fest, daß der Besitz eines Rechts in irgendeiner Weise damit verbunden sein muß, wenn schon nicht die aktuellen Wünsche selbst, so doch die Fähigkeit zu den relevanten Wünschen zu haben.

Der nächste Schritt besteht darin, diese Anschauung von Rechten auf den Fall des Rechts auf Leben anzuwenden. Um es so einfach wie möglich zu fassen – einfacher, als es Tooley selbst tut, und zweifellos *zu* einfach –: wenn das Recht auf Leben das Recht ist, weiterhin als eine distinkte Entität zu existieren, dann ist der für den Besitz des Rechts auf Leben relevante Wunsch der Wunsch, weiterhin als eine distinkte Entität zu existieren. Aber nur ein Wesen, das fähig ist, sich selbst als eine in der Zeit existierende distinkte Entität zu begreifen, das heißt nur eine Person, könnte diesen Wunsch haben. Deshalb könnte nur eine Person ein Recht auf Leben haben.

So formulierte Tooley seine Position in dem bemerkenswerten Aufsatz »Abortion and Infanticide« von 1972. Das Problem, wie die Verbindung zwischen Rechten und Wünschen genau zu formulieren sei, führte Tooley dazu, seine Position im folgenden Buch gleichen Titels, *Abortion and Infan-*

ticide, zu verändern. Dort argumentiert er, daß ein Individuum zu einer bestimmten Zeit, z. B. jetzt, nicht das Recht
auf eine Fortsetzung seiner Existenz haben könne, außer es
sei so beschaffen, daß es jetzt in seinem Interesse liege, weiter zu existieren. Man könnte denken, dies mache einen wesentlichen Unterschied für das Ergebnis von Tooleys Position; denn während ein neugeborenes Baby offenbar nicht
imstande ist, sich als eine distinkte Entität, die in der Zeit
existiert, zu begreifen, sind wir allgemein der Ansicht, daß
es im Interesse des Babys sein kann, vom Tode errettet zu
werden, sogar wenn der Tod ganz und gar schmerzlos und
ohne Leiden eintreten würde. Sicherlich meinen wir dies
rückblickend: Wenn ich beispielsweise weiß, daß ich als
Säugling umgekommen wäre, wenn nicht jemand den Kin-
derwagen vor dem nahenden Zug von den Schienen herun-
tergerissen hätte, so ist diese Person als mein größter Wohl-
täter anzusehen; denn ohne ihre schnelle Reaktion hätte ich
niemals das glückliche, erfüllte Leben führen können, wie
es mir jetzt beschieden ist. Tooley meint dagegen, es sei
falsch, rückblickend einem Baby Interesse am Leben zuzuschreiben. Ich bin nicht das Baby, aus dem ich mich entwik-
kelt habe. Das Baby könne nicht die Entwicklung zu der
Art von Wesen vorhersehen, das ich jetzt bin, ja nicht einmal zu einem Zwischenwesen zwischen dem jetzigen Wesen
und dem Baby. Ich kann mich nicht einmal an das Babysein
zurückerinnern; es gibt keine mentalen Verbindungen zwischen uns. Die Fortsetzung der Existenz kann nicht im Interesse eines Wesens liegen, das *nie* die Vorstellung eines
fortdauernden Selbst gehabt hat – d. h. nie fähig war, sich
selbst als in der Zeit existierend zu begreifen. Hätte der Zug
das Baby auf der Stelle getötet, so hätte der Tod nicht im
Gegensatz zu den Interessen des Babys gestanden, weil es
eben nicht die Vorstellung von einer Existenz in der Zeit gehabt hätte. Es stimmt, ich hätte dann nicht gelebt; aber ich
kann doch sagen, daß es in meinem Interesse liegt zu leben,
eben weil ich die Vorstellung eines fortdauernden Selbst

habe. Mit gleicher Berechtigung kann ich sagen, es liege in meinem Interesse, daß sich meine Eltern begegnet sind; denn hätten sie sich nicht getroffen, hätten sie den Embryo nicht zeugen können, aus dem ich mich entwickelt habe, und so wäre ich nicht am Leben. Das bedeutet aber nicht, daß die Zeugung dieses Embryos im Interesse irgendeines potentiellen Wesens lag, das herumgeisterte und darauf wartete, zur Existenz gebracht zu werden. Ein solches Wesen gab es nicht, und wäre ich nicht zur Existenz gebracht worden, hätte es niemanden gegeben, der das Leben, dessen ich mich erfreue, verpaßt hätte. Ebenso machen wir einen Fehler, wenn wir jetzt ein Interesse des Säuglings an seinem zukünftigen Leben konstruieren, welches ja in den ersten Tagen nach seiner Geburt keine Vorstellung von einer fortdauernden Existenz haben kann und mit dem mich auch mental nichts verbindet.

Daher kommt Tooley in seinem Buch – allerdings auf Umwegen – praktisch zum gleichen Ergebnis wie in seinem Aufsatz. Um ein Recht auf Leben zu haben, muß man – wenigstens irgendwann – die Vorstellung einer fortdauernden Existenz (gehabt) haben. Man beachte, daß diese Formulierung alle Probleme im Zusammenhang mit schlafenden oder bewußtlosen Menschen vermeidet; es reicht aus, daß sie irgendwann einmal die Vorstellung fortdauernder Existenz hatten, um uns behaupten zu lassen, daß eine Fortsetzung ihres Lebens in ihrem Interesse sei. Das ist sinnvoll: mein Wunsch, das Leben fortzusetzen – oder mein Buch fertigzuschreiben oder nächstes Jahr eine Weltreise anzutreten –, endet nicht, wenn ich einmal nicht bewußt an diese Dinge denke. Wir wünschen uns oft etwas, ohne daß der Wunsch bei uns geistig im Vordergrund steht. Die Tatsache, daß wir den Wunsch haben, ist offensichtlich, wenn wir an ihn erinnert oder mit einer Situation konfrontiert werden, in der wir zwischen zwei Handlungsverläufen wählen müssen, von denen einer die Erfüllung des Wunsches weniger wahrscheinlich macht. In ähnlicher Weise hören unsere Zukunftswünsche nicht auf, wenn wir uns schlafen legen. Sie sind immer noch da, wenn wir aufwachen. So wie die Wünsche immer noch ein Teil unserer selbst sind, besteht auch unser Interesse an der Fortsetzung des Lebens in uns fort, während wir schlafen und ohne Bewußtsein sind.

Menschen und die Respektierung der Autonomie

Bisher hat sich unsere Diskussion über die Verwerflichkeit der Tötung von Menschen darauf konzentriert, daß sie die Fähigkeit besitzen, ihre Zukunft ins Auge zu fassen und auf die Zukunft bezogene Wünsche zu haben. Noch eine weitere Implikation von Person-sein kann für die Verwerflichkeit des Tötens relevant sein. Es gibt eine Richtung der Moralphilosophie, die sich auf Kant, aber auch auf viele moderne Nicht-Kantianer berufen kann und die besagt, daß die Respektierung der Autonomie ein grundlegendes moralisches Prinzip ist. Mit »Autonomie« ist die Fähigkeit gemeint, eine Wahl zu treffen, eine Handlung nach eigener Entscheidung zu vollziehen. Vernunftbegabte und selbstbewußte Wesen haben vermutlich diese Fähigkeit, während andere, die die verfügbaren Alternativen nicht in Erwägung ziehen können, nicht fähig sind, die erforderliche Wahl zu treffen, und daher nicht autonom sein können. Insbesondere kann nur ein Wesen, das fähig ist, den Unterschied zwischen Sterben und Weiterleben zu erfassen, sich autonom dafür entscheiden zu leben. Daher verrät die Tötung einer Person, die sich entscheidet, nicht zu sterben, mangelnden Respekt vor der Autonomie dieser Person; und weil die Wahl zwischen Leben und Tod wohl die fundamentalste Wahl ist, die jemand treffen kann, die Wahl, von der alle weiteren Entscheidungen abhängen, ist die Tötung einer Person, die sich nicht dafür entschieden hat, zu sterben, die denkbar schwerwiegendste Verletzung der Autonomie dieser Person.

Nicht alle stimmen mit der Auffassung überein, daß die Respektierung der Autonomie ein grundlegendes moralisches Prinzip oder überhaupt ein gültiges Moralprinzip ist. Utilitaristen respektieren Autonomie nicht um ihrer selbst willen, obwohl sie dem Wunsch einer Person, weiterzuleben, großes Gewicht beimessen mögen, entweder nach Art des Präferenz-Utilitarismus oder als Beweis dafür, daß das Leben der Person insgesamt ein glückliches war. Sind wir aber Präferenz-Utilitaristen, so müssen wir einräumen, daß der Wunsch nach dem Weiterleben von anderen Wünschen aufgewogen werden kann, und wenn wir klassische Utilitaristen sind, müssen wir anerkennen, daß sich die Menschen mit ihren Glückserwartungen ganz und gar im Irrtum befinden können. Demnach können Utilitaristen, um die Tötung einer Person abzulehnen, den Akzent nicht so sehr auf die Autonomie legen wie diejenigen, die die Respektierung der Autonomie für ein unabhängiges moralisches Prinzip halten. Klassische Utilitaristen müssen möglicherweise akzeptieren, daß es in einigen Fällen richtig wäre, eine Person, die sich nicht dafür entschieden hat, zu sterben, aus dem Grund zu töten, weil sie andernfalls ein elendes Leben führen müßte. Das stimmt freilich nur auf der kritischen Ebene moralischen Argumentierens. Wie wir gesehen haben, können Utilitaristen Leute dazu ermutigen, in ihrem täglichen Leben Prinzipien anzuwenden, die bei Anwendung in den meisten Fällen zu besseren Ergebnissen führen als alle anderen Handlungen. Das Prinzip des Respekts vor der Autonomie wäre ein ausgezeichnetes Beispiel für ein solches Prinzip. Wir werden aktuelle Problemfälle dieser Art in Kapitel 7 über Euthanasie diskutieren.

Es mag hilfreich sein, unsere Schlußfolgerungen über den Wert des Lebens einer Person hier zusammenzufassen. Wir haben gesehen, daß es vier mögliche Gründe dafür gibt, daß das Leben einer Person einen bestimmten zusätzlichen Wert hat im Vergleich zum Leben eines bloß empfindungsfähigen Wesens: die Rücksichtnahme des klassischen Utilitarismus, was die Wirkungen des Tötens auf andere betrifft; die Rücksichtnahme des Präferenz-Utilitarismus auf die Wünsche und Zukunftspläne des Opfers; das Argument, Wünsche hinsichtlich der Zukunft haben zu können, als notwendige Bedingung für ein Recht auf Leben; und die Respektierung der Autonomie. Obwohl – auf der kritischen Ebene – ein klassischer Utilitarist nur den ersten, indirekten Grund und ein Präferenz-Utilitarist die ersten zwei Gründe akzeptieren würde, würden – auf der intuitiven Ebene – beide Utilitaristen wahrscheinlich auch die Respektierung der Autonomie befürworten. Die Unterscheidung zwischen kritischer und intuitiver Ebene führt so – auf der Ebene alltäglicher Entscheidungsfindung – zu größerer Übereinstimmung zwischen Utilitaristen und denen, die andere moralische Ansichten vertreten, als wir sie finden würden, wenn wir nur die kritische Ebene der Argumentation berücksichtigten. Wir werden daher alle vier Gründe bedenken, wenn wir uns praktischen Problemen zuwenden, die mit dem Töten zusammenhängen.

Bevor wir dies jedoch tun, müssen wir uns noch mit einigen Behauptungen über den Wert des Lebens auseinandersetzen, die weder auf der Spezieszugehörigkeit noch auf der Personalität basieren.

Bewußtes Leben

Es gibt viele Wesen, die bewußt und fähig sind, Lust und Schmerz zu erfahren, aber nicht selbstbewußt und vernunftbegabt und somit keine Personen. Viele nichtmenschliche Tiere gehören nahezu mit Sicherheit zu dieser Kategorie; das gilt auch für Neugeborene und manche geistig Behinderte. Wem von diesen nun im einzelnen Selbstbewußtsein fehlt, das werden wir im nächsten Kapitel betrachten. Wenn Tooley recht hat, kann man von Wesen, denen Selbstbewußtsein fehlt, nicht sagen, sie hätten im vollen

Sinne von »Recht« ein Recht auf Leben. Dennoch mag es
aus anderen Gründen unrecht sein, sie zu töten. Im vorliegenden Abschnitt ist zu fragen, ob das Leben eines bewußten, aber nicht selbstbewußten Wesens einen Wert hat, und
wenn ja, wie sich sein Wert mit dem Wert des Lebens einer
Person vergleichen läßt.

Sollen wir bewußtes Leben als einen Wert achten?

Der offensichtlichste Grund dafür, das Leben eines Wesens,
das Lust und Schmerz empfinden kann, als einen Wert zu
achten, ist die Lust, die es empfinden kann. Achten wir unsere eigenen Lustgefühle als einen Wert – beim Essen, beim
Sex, beim schnellen Laufen oder beim Schwimmen an einem
heißen Tag –, dann verlangt der universale Aspekt des moralischen Urteils von uns, die positive Bewertung unserer
eigenen Empfindungen von Lust auf ähnliche Empfindungen all derer auszudehnen, die solche haben können. Aber
ein Wesen kann nicht Lust empfinden, wenn es tot ist. Daher ist die Tatsache, daß ein Wesen künftig Lust empfinden
wird, ein Grund zu sagen, daß es unrecht wäre, es zu töten.
Natürlich führt ein ähnliches Argument bezüglich des
Schmerzes in die entgegengesetzte Richtung, und nur wenn
wir glauben, daß die Lust, die ein Wesen wahrscheinlich
empfinden wird, den Schmerz aufwiegt, den es wahrscheinlich erleiden wird, zählt dieses Argument gegen das Töten.
Es läuft darauf hinaus, daß wir ein lustvolles Leben nicht
verkürzen sollten.
Dies scheint einfach genug: Wir schätzen Lust; diejenigen
töten, die ein lustvolles Leben führen, hieße die Lust beseitigen, die sie sonst empfinden würden, daher ist ein solches
Töten unrecht. Formuliert man aber das Argument so, dann
wird etwas verdeckt, das, einmal bemerkt, das Problem alles
andere als einfach macht. Es gibt nämlich zwei Wege, die
Summe der Lust in der Welt zu verringern; der eine besteht
darin, die Lust derjenigen zu beseitigen, die ein lustvolles

Leben führen; der andere darin, diejenigen zu beseitigen,
die ein lustvolles Leben führen. Der erste hinterläßt Wesen,
die weniger Lust erleben, als sie andernfalls erleben würden. Der zweite tut das nicht. Das bedeutet, daß wir nicht
automatisch von einer Präferenz für ein lustvolles Leben gegenüber einem lustlosen zu einer Präferenz für ein lustvolles Leben gegenüber gar keinem übergehen können. Denn,
so könnte man einwenden, wenn wir getötet werden, dann
sind wir nicht schlimmer dran; unsere Existenz hört auf.
Haben wir aber einmal aufgehört zu existieren, dann werden wir nicht die Lust vermissen, die wir empfunden hätten.
Vielleicht mag das spitzfindig erscheinen – ein Beispiel für
die Fähigkeit akademischer Philosophen, Unterscheidungen zu finden, die keine Bedeutung haben. Doch man un-
tersuche den entgegengesetzten Fall, bei dem es nicht um
die Verminderung, sondern die Vermehrung der Lust geht.
Es gibt zwei Wege, die Summe von Lust in der Welt zu steigern; der eine besteht darin, die Lust derjenigen zu vermehren, die jetzt existieren; der andere darin, die Zahl derjenigen zu erhöhen, die ein lustvolles Leben führen werden.
Wenn die Tötung derjenigen, die ein lustvolles Leben führen, schlecht ist wegen der Einbuße an Lust, dann wäre es
wohl gut, die Zahl derjenigen zu erhöhen, die ein lustvolles
Leben führen. Etwa, indem wir mehr Kinder in die Welt
setzen, vorausgesetzt, wir können für sie vernünftigerweise
ein lustvolles Leben erwarten, oder indem wir eine große
Anzahl von Tieren unter Bedingungen aufziehen, die ihnen
ein lustvolles Leben sichern. Aber wäre es wirklich gut,
mehr Lust zu erzeugen, indem man mehr lustempfindende
Wesen erzeugt?
Angesichts dieses verwirrenden Problems scheint es zwei
mögliche Ansätze zu geben. Der erste besteht darin, einfach
zu akzeptieren, daß es gut ist, die Anzahl der lustvollen Leben zu erhöhen, um die Summe der Lust in der Welt zu
steigern, und schlecht, die Summe der Lust in der Welt zu

vermindern, indem man die Zahl der lustvollen Leben vermindert. Diese Auffassung hat den Vorteil der Einfachheit und Konsequenz, aber sie verlangt, daß wir, wenn wir die Zahl derjenigen erhöhen könnten, die ein lustvolles Leben führen, ohne andere schlechter zu stellen, dies dann auch für gut erkennen und danach handeln. Wem diese Schlußfolgerung zu verwirrend vorkommt, der stelle sich den speziellen Fall eines Paares vor, das zu entscheiden versucht, ob es Kinder haben will oder nicht. Angenommen, Vorteile und Nachteile für ihr eigenes Glück halten sich die Waage. Kinder werden ihnen an einem entscheidenden Punkt ihrer Karriere hinderlich sein, und sie werden ihre bevorzugte Erholung, den Skilanglauf, zumindest für ein paar Jahre aufgeben müssen. Andererseits wissen sie, daß sie wie die meisten Eltern Freude und Erfüllung an ihren Kindern und deren Entwicklung haben werden. Angenommen, gute und schlechte Wirkungen höben einander auf, falls andere betroffen wären. Angenommen schließlich die Wahrscheinlichkeit, daß die Kinder ein lustvolles Leben führen würden, weil das Paar in der Lage ist, seinen Kindern einen guten Start ins Leben zu ermöglichen. Wären die wahrscheinlichen zukünftigen Freuden der Kinder ein entscheidender Grund für das Paar, überhaupt Kinder zu haben? Ich bezweifle das für viele Paare, aber wenn wir diesen ersten Ansatz akzeptieren, dann mußten sie diesen Grund gelten lassen.

Ich werde diesen Ansatz die »Totalansicht« nennen, weil es sich dabei um die Vermehrung der Gesamtsumme von Lust handelt (und um die Verminderung der Gesamtsumme von Schmerz) und es gleichgültig ist, ob dies durch die Vermehrung von Lust bei existierenden Wesen geschieht oder durch die Vermehrung der Zahl von Wesen, die existieren.

Der zweite Ansatz besteht darin, nur Wesen zu berücksichtigen, die bereits existieren – und zwar vor der Entscheidung – oder die zumindest unabhängig von der Entscheidung existieren werden. Wir können dies die »Vorherige-Existenz«-Ansicht nennen. Sie leugnet, daß es einen Wert habe, die Lust zu vermehren, indem man zusätzliche Wesen schafft. Die »Vorherige-Existenz«-Ansicht harmoniert eher mit dem intuitiven Urteil, das, so denke ich, wohl die meisten teilen, daß nämlich Paare moralisch nicht verpflichtet sind, Kinder zu bekommen, auch wenn die Kinder vermutlich ein lustvolles Leben haben werden und niemand sonst nachteilig betroffen ist. Aber wie vereinbaren wir es mit unserer Auffassung im umgekehrten Fall, wenn ein Ehepaar sich überlegt, ob es ein Kind zeugen soll, das – möglicherweise durch die Vererbung eines genetischen Fehlers – zu einem ganz und gar elenden Leben verdammt ist und vor seinem zweiten Geburtstag sterben wird? Wir würden es nicht richtig finden, wenn ein Paar wissentlich ein solches Kind zeugen würde; aber wenn die Lust, die ein potentielles Kind empfinden würde, *kein* Grund dafür ist, es in die Welt zu setzen, weshalb ist dann der Schmerz, den ein potentielles Kind erleiden würde, ein Grund dafür, es *nicht* in die Welt zu setzen? Die »Vorherige-Existenz«-Ansicht muß entweder dahin gehen, daß es nicht falsch ist, ein Wesen, das voraussichtlich ein elendes Leben haben wird, in die Welt zu setzen, oder sie muß die Asymmetrie zwischen den beiden Fällen erklären, in denen potentielle Kinder vermutlich ein angenehmes oder ein elendes Leben haben würden. Zu bestreiten, daß es schlecht ist, wissentlich ein unglückliches Kind in die Welt zu setzen, wird wohl kaum denjenigen zusagen, die sich der »Vorherige-Existenz«-Ansicht vor allem deshalb angeschlossen haben, weil sie mit unseren intuitiven Urteilen mehr zu harmonieren scheint als die »Totalansicht«; aber eine überzeugende Erklärung der Asymmetrie ist nicht leicht zu finden. Das Beste, was sich vielleicht sagen läßt – aber es ist nicht besonders gut –, ist, daß es nicht *direkt* unrecht ist, ein Kind zu zeugen, das unglücklich sein wird; aber wenn ein solches Kind einmal existiert, würden wir, weil sein Leben nichts als Elend sein kann, die Summe des Schmerzes in der Welt durch einen Akt der Euthanasie verringern. Aber Euthanasie ist für die Eltern und andere Beteiligte quälender als keine Empfängnis. Damit haben wir einen indirekten Grund dafür, kein Kind zu zeugen, das zu einem elenden Leben verdammt ist.

Ist es also unrecht, ein lustvolles Leben zu verkürzen? Wir können das bejahen, entweder aufgrund der »Totalansicht« oder der »Vorherige-Existenz«-Ansicht, aber unsere Antworten verpflichten uns in jedem Fall auf verschiedene Dinge. Wir können die »Vorherige-Existenz«-Ansicht nur übernehmen, wenn wir akzeptieren, daß es nicht unrecht ist, ein unglückliches Lebewesen in die Welt zu setzen; andernfalls müssen wir eine Erklärung dafür bieten, weshalb dies zwar unrecht, es jedoch nicht unrecht ist zu vermeiden, daß ein Wesen in die Welt gesetzt wird, dessen Leben glücklich sein wird. Als Alternative können wir uns die »Totalansicht« zu eigen machen, aber dann müssen wir akzeptieren, daß es auch gut ist, mehr Wesen zu erzeugen, deren Leben glücklich sein wird – dies aber hat manche seltsamen praktischen Implikationen, von denen wir einige kennengelernt haben. Andere werden im nächsten Kapitel deutlich werden.

Vergleich des Werts verschiedenen Lebens

Wenn wir auf die Frage, ob das Leben eines bewußten, aber nicht selbstbewußten Wesens irgendeinen Wert hat, eine – wenn auch nicht ganz unumwundene – bejahende Antwort geben können, läßt sich dann auch der Wert verschiedener Lebewesen auf verschiedenen Stufen des Bewußtseins und Selbstbewußtseins vergleichen? Wir wollen natürlich nicht versuchen, dem Leben verschiedener Wesen Zahlenwerte zuzuweisen oder sie gar in einer Liste aufzuführen. Im besten Falle können wir uns eine Vorstellung von den Prinzipien erhoffen, die als Grundlage für eine solche Liste dienen könnten, wenn sie mit genügend detaillierten Informatio-

nen über das Leben verschiedener Wesen ergänzt würde.
Das Hauptproblem besteht aber darin, ob wir die Vorstellung einer Wertordnung verschiedener Leben überhaupt akzeptieren können.

Manche halten es für eine anthropozentrische oder gar eine speziesistische Auffassung, den Wert verschiedener Leben hierarchisch ordnen zu wollen. Dabei würden wir unausweichlich uns selbst an die Spitze stellen und andere Wesen je nach ihrer Ähnlichkeit mit uns mehr oder weniger von uns wegrücken. Statt dessen, so heißt es, sollten wir erkennen, daß jedes Leben vom Standpunkt der je verschiedenen Wesen selbst gleichen Wert hat. Es mag wohl stimmen, daß das Leben einer Person ein Philosophiestudium einschließen kann, während das bei einer Maus nicht möglich ist; aber die Freuden eines Mäuselebens sind alles, was eine Maus hat, und es ist anzunehmen, daß sie der Maus ebensoviel bedeuten wie die Freuden im Leben einer Person dieser Person bedeuten. Wir können nicht sagen, das eine sei mehr oder weniger wert als das andere.

Urteilt man speziesistisch, wenn man sagt, das Leben eines normalen erwachsenen Mitglieds unserer Spezies sei wertvoller als das Leben einer normalen erwachsenen Maus? Ein solches Urteil ließe sich nur dann vertreten, wenn wir einen neutralen Grund, irgendeinen unparteiischen Standpunkt finden könnten, von dem aus der Vergleich anzustellen wäre.

Die Schwierigkeit, einen neutralen Grund zu finden, ist eine sehr reale und praktische, aber ich bin nicht davon überzeugt, daß sie ein unlösbares theoretisches Problem darstellt. Ich würde die Frage folgendermaßen formulieren: Stelle dir vor, ich hätte die eigentümliche Fähigkeit, mich in ein Tier zu verwandeln, so daß ich wie Puck im *Sommernachtstraum* »manchmal ein Pferd bin und manchmal ein Hund«. Und nimm an, ich wäre dann auch wirklich ein Pferd, mit allen mentalen Erlebnissen eines Pferdes; und wenn ich ein menschliches Wesen bin, dann habe ich alle mentalen Erlebnisse eines menschlichen Wesens. Machen wir nun die zusätzliche Annahme, ich könnte in einen dritten Zustand eintreten, in dem ich mich genau erinnere, wie es war, ein Pferd, und wie es war, ein Mensch zu sein. Wie sähe dieser dritte Zustand aus? In mancher Hinsicht – etwa was den Grad des Selbstbewußtseins und der Rationalität angeht – wäre das wohl eher eine menschliche Existenz als die eines Pferdes, aber es wäre nicht in jeder Hinsicht eine menschliche Existenz. In diesem dritten Zustand könnte ich dann Pferde-Existenz mit Menschen-Existenz vergleichen. Angenommen, mir würde ein weiteres Leben angeboten und ich hätte die Wahl, als Pferd oder als menschliches Wesen zu leben, und angenommen, das Leben wäre in beiden Fällen etwa so gut, wie man es von einem Pferdeleben oder Menschenleben auf diesem Planeten vernünftigerweise erwarten kann. Dann hieße es wirklich, sich zwischen dem Wert des Lebens eines Pferdes (für das Pferd) und dem Wert des Lebens eines Menschen (für den Menschen) zu entscheiden.

Zweifellos verlangt dieses Szenarium von uns die Annahme etlicher Dinge, die sich nie so zutragen könnten, und einiger Dinge, die unsere Einbildungskraft strapazieren. Die Stimmigkeit einer Existenz, in der man weder Pferd noch Mensch ist, aber sich erinnert, wie beides ist, läßt sich in Frage stellen. Trotzdem sehe ich in der Vorstellung, von diesem Standpunkt aus zu entscheiden, einen gewissen Sinn; und ich bin ziemlich sicher, daß man von diesem Standpunkt aus einige Lebensformen anderen vorziehen würde.

Wenn es stimmt, daß wir sinnvollerweise zwischen der Existenz als Maus und der Existenz als Mensch entscheiden können, dann können wir, wie auch immer die Entscheidung ausfallen wird, sinnvollerweise die Vorstellung haben, daß das Leben der einen Art von Lebewesen mehr Wert hat als das einer anderen; dann aber stünde die Behauptung, das Leben eines jeden Wesens habe den gleichen Wert, auf schwachen Füßen. Wir können diese Behauptung nicht mit dem Hinweis verteidigen, daß jedem Wesen sein Leben am wichtigsten sei, denn wir haben nunmehr einen Vergleich von einem objektiveren – oder zumindest intersubjektiven – Standpunkt aus akzeptiert, der somit über eine Betrachtung des Lebenswerts, die ausschließlich aus der Perspektive des betreffenden Lebewesens vorgenommen wird, hinausgeht.

Es wäre also nicht notwendig Speziesismus, wenn man den Wert verschiedener Leben in einer hierarchischen Rangordnung einstufte. Wie wir dabei vorgehen sollen, ist eine andere Frage, und ich habe keinen besseren Vorschlag, als daß wir uns in der Phantasie ausmalen, was es bedeuten würde, eine andere Art von Lebewesen zu sein. Manche Vergleiche sind vielleicht zu schwierig. Wir haben gewiß nicht die leiseste Ahnung, ob es besser ist, ein Fisch oder eine Schlange zu sein; aber wir sind auch selten zu der Entscheidung gezwungen, ob wir einen Fisch oder ob wir eine Schlange töten sollen. Andere Vergleiche dürften weniger schwierig sein. Im allgemeinen dürfte gelten: Je höher entwickelt das bewußte Leben eines Wesens, je größer der Grad von Selbstbewußtsein und Rationalität und je umfassender der Bereich möglicher Erfahrungen, um so mehr würde man diese Art des Lebens vorziehen, wenn man zwischen ihm und einem Wesen auf einer niedrigeren Bewußtseinsstufe zu wählen hätte. Können Utilitaristen eine solche Präferenz verteidigen? John Stuart Mill hat das in einem berühmten Abschnitt versucht:

»Nur wenige menschliche Geschöpfe würden damit einverstanden sein, in eins der niedrigeren Tiere verwandelt zu werden, auch wenn man ihnen den vollen Genuß tierischer Freuden verspräche; kein intelligentes menschliches Wesen wäre damit einverstanden, ein Narr zu sein; keine gebildete Person möchte ein Ignorant sein; keine Person mit Gefühl und Gewissen möchte egoistisch und gemein sein, auch wenn man sie davon überzeugte, daß der Narr, der Schwachkopf oder der Schuft mit seinem Los zufriedener wäre, als sie es mit ihrem sind. [...] Es ist besser, ein unzufriedener Mensch zu sein als ein zufriedenes Schwein; besser, ein unzufriedener Sokrates als ein zufriedener Narr. Und wenn der Narr oder das Schwein anderer Ansicht sind, dann deshalb, weil sie nur ihre eigene Seite der Frage kennen. Die andere Vergleichspartei kennt beide Seiten.«

Viele Kritiker haben gesagt, dieses Argument sei schwach. Weiß Sokrates wirklich, was es heißt, ein Narr zu sein? Kann er wirklich die Freuden eitler Vergnügungen in einfachen Dingen erleben, ohne den Wunsch zu verspüren, die Welt verstehen und verändern zu wollen? Wir dürfen das bezweifeln. Ein anderer wichtiger Aspekt ist jedoch häufig nicht beachtet worden. Mills Präferenz für das Leben eines menschlichen Wesens gegenüber dem eines Tieres (womit wohl die meisten modernen Leser einverstanden wären) findet eine genaue Parallele in seiner Präferenz für das Leben eines intelligenten menschlichen Wesens gegenüber dem eines Narren. Betrachtet man den Kontext und nimmt den üblichen zeitgenössischen Sprachgebrauch von »Narr« hinzu, so meint Mill vermutlich damit jemanden, den wir heute als Person mit einer geistigen Behinderung bezeichnen würden. Mit dieser weiteren Schlußfolgerung werden sich moderne Leser weniger gern anfreunden. Aber wie Mills Erörterung zeigt, ist es nicht leicht, die Präferenz für ein menschliches gegenüber einem nichtmenschlichen Leben gutzuheißen, ohne gleichzeitig das Leben eines normalen menschlichen Wesens gegenüber dem eines anderen menschlichen Wesens mit ähnlichem geistigen Niveau, wie es das nichtmenschliche Wesen beim ersten Vergleich aufweist, zu präferieren.

Mills Argument ist mit dem klassischen Utilitarismus schwer zu vereinbaren, weil es offensichtlich nicht stimmt, daß das intelligentere Wesen notwendig eine größere Glücksfähigkeit besitzt. Selbst wenn wir akzeptieren sollten, daß die Fähigkeit größer ist, wäre die Tatsache – wie Mill zugibt –, daß diese Fähigkeit seltener ausgeschöpft wird (der Narr ist zufrieden, Sokrates nicht), in Betracht zu ziehen. Hätte ein Präferenz-Utilitarist bessere Aussichten, Mills Urteile zu verteidigen? Das hinge davon ab, wie wir die unterschiedlichen Präferenzen, die mit verschiedenen Graden der Bewußtheit und des Selbstbewußtseins einhergehen, miteinander vergleichen. Es scheint nicht unmöglich, solche unterschiedlichen Präferenzen auf irgendeine Weise zu klassifizieren, aber im Augenblick muß die Frage offenbleiben.

Dieses Kapitel hat sich mit der Tötung bewußter Wesen befaßt. Ob es moralisch falsch ist, unbewußtes Leben, z. B. das von Bäumen oder Pflanzen, zu nehmen, wird in Kapitel 10 über Umweltethik erörtert werden.

5
Leben nehmen: Tiere

Im vorhergehenden Kapitel haben wir einige allgemeine Prinzipien über den Wert des Lebens untersucht. In diesem und den folgenden beiden Kapiteln werden wir aus dieser Diskussion einige Schlußfolgerungen über drei Fälle von Tötung ableiten, die bis heute Thema hitziger Debatten sind: Abtreibung, Euthanasie und Töten von Tieren. Von diesen dreien hat die Frage, ob man Tiere töten dürfe, vermutlich die geringste Kontroverse ausgelöst; nichtsdestoweniger ist es aus Gründen, die später noch deutlich werden, unmöglich, eine Ansicht über Abtreibung und Euthanasie zu vertreten, ohne eine bestimmte Meinung über die Tötung nichtmenschlicher Tiere zu haben. So werden wir uns diese Frage zuerst vornehmen.

Kann ein nichtmenschliches Tier eine Person sein?

Wir haben gesehen, daß es Gründe gibt für die Annahme, daß die Tötung einer Person in höherem Maße verwerflich sei als die Tötung eines nichtpersonalen Wesens. Das trifft zu, ob wir nun den Präferenz-Utilitarismus, Tooleys Argument für das Recht auf Leben oder das Prinzip des Respekts vor der Autonomie akzeptieren. Sogar ein klassischer Utilitarist würde zugeben, daß es indirekte Gründe dafür geben könnte, daß es schlimmer sei, eine Person zu töten. Somit ist es bei der Diskussion darüber, ob das Töten von nichtmenschlichen Tieren falsch ist, wichtig zu fragen, ob unter ihnen möglicherweise Personen sind.

Es klingt merkwürdig, ein Tier eine Person zu nennen. Daß es merkwürdig klingt, mag lediglich ein Symptom für unsere Gewohnheit sein, unsere Gattung scharf von anderen

abzugrenzen. Jedenfalls können wir die sprachliche Merkwürdigkeit vermeiden, indem wir die Frage entsprechend
unserer Definition von »Person« neu formulieren. Wir fragen also, ob irgendwelche nichtmenschlichen Tiere vernunftbegabt und selbstbewußt sind, ob sie sich ihrer selbst
als distinkter Entitäten mit einer Vergangenheit und Zukunft bewußt sind.

Sind Tiere selbstbewußt? Es gibt einen zuverlässigen Beweis dafür, daß zumindest einige es sind. Den dramatisch-
sten Beweis dafür liefern Menschenaffen, die mit uns kommunizieren können, indem sie eine menschliche Sprache
benutzen. Der alte Traum, unsere Sprache einer anderen
Spezies beizubringen, wurde Wirklichkeit, als zwei amerikanische Wissenschaftler, Allen und Beatrice Gardner, er-
kannten, daß frühere Versuche, Schimpansen das Sprechen
beizubringen, nicht an der für den Sprachgebrauch erforderlichen Intelligenz gescheitert waren, sondern an den feh-
lenden stimmlichen Voraussetzungen für eine Reproduktion der menschlichen Sprachlaute. Die Gardners beschlossen daher, eine junge Schimpansin so zu behandeln, als wäre
sie ein menschliches Baby ohne Stimmbänder. Sie verstän-
digten sich mit ihr und miteinander in ihrer Gegenwart
mittels der amerikanischen Zeichensprache, wie sie allgemein von Taubstummen verwendet wird.

Die Methode hatte verblüffenden Erfolg. Die Schimpansin,
die sie »Washoe« nannten, versteht heute etwa 350 verschiedene Zeichen und ist fähig, ungefähr 150 von ihnen korrekt
zu verwenden. Sie setzt Zeichen zusammen, um damit einfache Sätze zu bilden. Was das Selbstbewußtsein anlangt, so
zögert Washoe nicht, wenn man ihr das eigene Spiegelbild
zeigt und fragt: »Wer ist das?«, zu antworten: »Ich, Washoe.« Später kam Washoe nach Ellensburg (Washington),
wo sie mit anderen Schimpansen unter der Obhut von Roger und Deborah Fouts lebte. Hier adoptierte sie ein Schim-
pansen-Baby und begann bald, ihm gegenüber nicht nur
Zeichen zu verwenden, sondern ihm sogar bewußt Zeichen

beizubringen, indem sie zum Beispiel in entsprechendem Zusammenhang seine Hand zu dem Zeichen für »Nahrung« formte.

Gorillas sind offenbar ebenso begabt fürs Erlernen der Zeichensprache. Vor beinahe 20 Jahren begann Francine Patterson dem Gorilla-Weibchen Koko gegenüber Zeichen zu verwenden und mit ihm auf Englisch zu sprechen. Koko beherrscht jetzt ein aktives Vokabular von über 500 Zeichen, und sie hat etwa 1000 Zeichen bei einer oder mehreren Gelegenheiten korrekt verwendet. Sie versteht sogar eine noch größere Anzahl gesprochener englischer Wörter. Ihr Gefährte Michael, der später mit der Zeichensprache anfing, kann etwa 400 Zeichen anwenden. Vor einem Spiegel schneidet Koko Grimassen oder prüft ihre Zähne. Fragte man sie: »Was ist ein hübscher Gorilla?«, antwortete Koko: »Ich.« Als jemand in Kokos Gegenwart bemerkte: »Sie ist ein Dummerchen«, machte Koko, wohl weil sie den Ausdruck nicht verstand, das Zeichen für: »Nein, ein Gorilla«.

Lyn Miles hat dem Orang-Utan Chantek die Zeichensprache beigebracht. Als man ihm ein Foto von einem Gorilla zeigte, der auf seine Nase deutete, ahmte Chantek ihn nach, indem er auf seine eigene Nase zeigte. Das bedeutet, daß er eine Vorstellung von seinem eigenen Körper hat und diese Vorstellung aus der zweidimensionalen Bildebene übertragen kann, so daß es ihm gelingt, die notwendige Körperhandlung auszuführen.

Menschenaffen verwenden auch Zeichen, um sich auf vergangene oder zukünftige Ereignisse zu beziehen; dadurch zeigt sich, daß sie ein Zeitgefühl besitzen. Als Koko beispielsweise sechs Tage nach ihrem Geburtstag gefragt wurde, was sich an diesem Tag ereignet habe, machte sie das Zeichen für »Schlafen Essen«. Noch eindrucksvoller zeigt sich das Zeitgefühl bei den Festlichkeiten, die das Ehepaar Fouts regelmäßig in Ellensburg veranstaltet. Jedes Jahr nach dem Erntedankfest stellen sie einen Weihnachtsbaum auf und behängen ihn mit Eßwaren. Die Schimpansen verwenden die Zeichen-Kombination »Bonbon-Baum« für den Weihnachtsbaum. 1989 fiel unmittelbar nach dem Erntedankfest Schnee, aber der Baum war noch nicht aufgestellt; da fragte die Schimpansin Tatu: »Bonbon-Baum?« Die Fouts interpretieren dies als Zeichen dafür, daß sich Tatu nicht nur an den Baum erinnert hat, sondern auch wußte, daß der Winter die passende Jahreszeit dafür ist. Tatu wußte übrigens auch, daß der Geburtstag des Schimpansen Dar kurz auf den von Deborah Fouts folgte. Die Schimpansen bekamen Eis zu ihrem Geburtstag, und als Deborahs Geburtstagsfeier vorbei war, fragte Tatu: »Dar Eis?«

Angenommen, wir akzeptieren aufgrund dieser Zeugnisse, daß die die Zeichensprache verwendenden Menschenaffen Selbstbewußtsein haben. Sind sie in dieser Hinsicht Ausnahmen unter allen nichtmenschlichen Tieren, eben weil sie Sprache gebrauchen können? Oder versetzt die Sprache diese Tiere lediglich in die Lage, uns eine Eigenschaft aufzuzeigen, die sie und andere Tiere schon lange besitzen?

Einige Philosophen haben behauptet, daß Denken Sprache erfordert: Man kann nicht denken, ohne seine Gedanken in Worte zu fassen. Stuart Hampshire, Philosoph in Oxford, hat zum Beispiel geschrieben:

> »Der Unterschied zwischen einem Menschen und einem Tier liegt in der Möglichkeit für den Menschen, seine Absicht, so oder so zu handeln, auszudrücken und in Worte zu fassen, um des eigenen oder um des Vorteils anderer willen. Der Unterschied besteht ja nicht nur darin, daß ein Tier de facto über keine Mittel verfügt, seine Absicht mitzuteilen oder sie für sich selbst zu erfassen, was dazu führt, daß niemand je wissen kann, was seine Absicht war. Der Unterschied liegt vielmehr tiefer, und man könnte richtiger sagen, daß es sinnlos ist, einem Tier Absichten zuzuschreiben, das über keine Mittel verfügt, darüber nachzudenken und sein eigenes künftiges

Verhalten sich selbst oder anderen anzukündigen [. . .]. Es wäre sinnlos, einem Tier ein Gedächtnis zuzuschreiben, das die Reihenfolge der Ereignisse in der Vergangenheit unterscheide, und es wäre ebenso sinnlos, ihm die Erwartung einer Folge künftiger Ereignisse zuzuschreiben. Es hat keine Ordnungsbegriffe, ja überhaupt keine Begriffe.«

Offensichtlich hatte Hampshire unrecht, als er so grob zwischen Mensch und Tier unterschied; denn wie wir eben sahen, haben die die Zeichensprache verwendenden Menschenaffen deutlich gezeigt, daß sie »die Erwartung einer Folge zukünftiger Ereignisse« haben. Freilich schrieb dies Hampshire, bevor die Menschenaffen die Zeichensprache erlernt hatten, und so mag sein Fehlurteil entschuldbar sein. Dieselbe Entschuldigung kann für den englischen Philosophen Michael Leahy und sein viel später erschienenes Buch *Against Liberation* nicht gelten. Wie Hampshire behauptet Leahy, daß Tiere, da ihnen die Sprache fehle, auch keine Absichten« haben oder »aus Gründen« handeln können. Angenommen, solche Argumente wären so umzuformulieren, daß sie sich nur auf Tiere bezögen, die nicht gelernt haben, eine Sprache zu gebrauchen, nicht aber auf alle Tiere. Wären diese Argumente dann richtig? Wenn ja, dann kann kein Wesen ohne Sprache eine Person sein. Dies trifft vermutlich auf junge Menschen ebenso zu wie auf Tiere, die keine Zeichensprache verwenden. Man könnte argumentieren, daß viele Tierarten Sprache gebrauchen, wenn auch nicht die unsere. Sicherlich haben die meisten sozialen Tiere Mittel, um miteinander zu kommunizieren; denken wir an die melodischen »Gesänge« der Buckelwale, das Summen und Pfeifen der Delphine, das Heulen und Bellen der Hunde, die Lieder der Vögel und auch den Tanz der Honigbienen bei ihrer Rückkehr zum Stock, aus dem die anderen Bienen Entfernung und Richtung der Nahrungsquelle, von der die Biene kommt, erschließen können. Aber ob

Derartiges im geforderten Sinn als Sprache gelten kann, ist zweifelhaft, und da uns eine solche Erörterung zu weit von unserem Thema abführen würde, nehme ich an, daß dies nicht der Fall ist, und betrachte dafür, was aus dem nichtsprachlichen Verhalten von Tieren zu lernen ist.

Ist die Argumentationsweise, die den Tieren intentionales Verhalten abspricht, richtig, wenn sie sich auf Tiere ohne Sprache beschränkt? Ich glaube nicht. Hampshire und Leahy argumentieren ganz typisch wie viele andere Philosophen, die dieselben Ansichten vertreten: sie versuchen von ihrem Lehnstuhl aus auf einem Gebiet zu philosophieren, das Forschung in der realen Welt verlangt. Es ist überhaupt nichts Unbegreifliches an einem Wesen, das die Fähigkeit zum begrifflichen Denken besitzt, ohne eine Sprache zu haben; und es gibt Beispiele von tierischem Verhalten, die nur schwer oder überhaupt nicht zu erklären sind, wenn man nicht annimmt, daß die Tiere in Begriffen denken. Bei einem Experiment beispielsweise gaben deutsche Forscher der Schimpansin Julia zwei Reihen von je fünf geschlossenen, durchsichtigen Behältern. Am Ende der einen Reihe war eine Schachtel mit einer Banane darin; die Schachtel am Ende der anderen Reihe war leer. Die Schachtel mit der Banane konnte nur mit einem besonders geformten Schlüssel geöffnet werden; das sah man, wenn man die Schachtel betrachtete. Dieser Schlüssel nun war in einer anderen verschlossenen Schachtel sichtbar, und um diese Schachtel zu öffnen, benötigte Julia einen weiteren besonderen Schlüssel, den man aus einer dritten Schachtel entnehmen mußte, die nur mit jenem Schlüssel geöffnet werden konnte, der sich in der vierten verschlossenen Schachtel befand. Schließlich standen vor Julia zwei Anfangsschachteln, jeweils offen und mit einem besonderen Schlüssel darin. Julia war fähig, den richtigen Anfangsschlüssel zu wählen, mit dem sie die nächste Schachtel in der Reihe öffnen konnte, die am Ende zu der Schachtel mit der Banane führte. Um dies zu bewerkstelligen, mußte Julia in der Lage sein, »rückwärts« zu denken: von ihrem Wunsch, die Schachtel mit der Banane zu öffnen, zur Notwendigkeit, den Schlüssel zu bekommen, der die Schachtel öffnen würde, dann zur Notwendigkeit, jenen Schlüssel dafür zu bekommen und so weiter. Da Julia keine Form von Sprache erlernt hatte, beweist ihr Verhalten, daß es Wesen ohne Sprache gibt, die recht komplexe Denkvorgänge bewältigen.

Es geschieht auch nicht nur bei Laborversuchen, daß das Verhalten von Tieren den Schluß erlaubt, daß sie sowohl ein Gedächtnis für Vergangenes als auch Erwartungen für die Zukunft besitzen, Selbstbewußtsein haben, Absichten hegen und entsprechend handeln. Frans de Waal und seine Kollegen haben über mehrere Jahre Schimpansen beobachtet, die unter halbnatürlichen Bedingungen in einem Waldgebiet von etwa 8000 qm im Amsterdamer Zoo lebten. Dabei haben sie oft beobachtet, daß die Tiere u. a. offenbar planvoll zusammenarbeiten. So klettern etwa Schimpansen gern auf Bäume und brechen Äste ab, um die Blätter zu verzehren. Damit der kleine Baumbestand nicht gleich vernichtet wurde, umgaben die Zoowärter die Baumstämme mit Elektrozäunen. Die Schimpansen halfen sich, indem sie lange Äste von toten Bäumen (die keinen Zaun hatten) abbrachen und sie zum Fuß eines lebenden Baums schleiften. Ein Schimpanse hielt dann einen toten Ast, während der andere daran hinaufkletterte, über den Zaun hinweg in den Baumwipfel. Der Schimpanse, der auf diese Weise in den Baum gelangt war, teilte schließlich die Blätter mit dem, der den Ast gehalten hatte.

De Waal hat auch absichtliches Täuschungsverhalten beobachtet, das klar auf Selbstbewußtsein und das Gewahrsein des Bewußtseins von anderen hindeutet. Schimpansen leben in Gruppen mit einem dominanten Männchen, das andere Männchen angreift, sobald sich diese mit einem empfängnisbereiten Weibchen paaren. Dennoch kommt es zu beträchtlichen sexuellen Aktivitäten, wenn das dominierende Männchen nicht aufpaßt. Männliche Schimpansen versuchen oft, Weibchen für sexuelle Aktivitäten zu interessieren, indem sie mit gespreizten Beinen dasitzen und ihren erigierten Penis zeigen. (Männer, die sich in ähnlicher Weise entblößen, setzen eine Verhaltensform der Schimpansen fort, die inzwischen sozial unangemessen ist.) Einmal lockte ein junges Männchen ein Weibchen gerade in dieser Weise an, als das dominante Männchen vorbeikam. Das junge Männchen bedeckte seine Erektion mit beiden Händen, so daß das dominante Männchen es nicht sehen konnte.

Jane Goodall hat vorausschauendes Planen bei dem jungen Schimpansen Figan in der Region von Gombe (Tansania) beschrieben. Um die Tiere näher an ihren Beobachtungsposten heranzubringen, hatte sie einige Bananen in einem Baum versteckt:

»Eines Tages, nicht lange nachdem die Gruppe gefüttert worden war, entdeckte Figan eine Banane, die übersehen worden war – aber Goliath [ein erwachsenes Männchen, das in der Gruppenhierarchie über Figan stand] saß direkt darunter. Nach nicht mehr als einem raschen Blick von der Frucht zu Goliath entfernte sich Figan und setzte sich auf die andere Seite des Zelts, so daß er die Frucht nicht mehr sehen konnte. Fünfzehn Minuten später, als sich Goliath davonmachte, kletterte Figan ohne einen Moment zu zögern hinüber und las die Frucht auf. Offensichtlich hatte er die Situation taxiert: Wäre er früher zu der Frucht hinübergeklettert, hätte sie Goliath ihm ziemlich sicher weggeschnappt. Wäre er in der Nähe der Banane geblieben, hätte er vermutlich ab und zu nach ihr geschaut. Schimpansen bemerken und interpretieren sehr rasch die Augenbewegungen ihrer Genossen, und Goliath hätte also möglicherweise selbst die Frucht gesehen. Figan hat demnach nicht nur darauf verzichtet, seinen Wunsch sofort zu befriedigen, sondern er hat sich auch entfernt, um nicht durch einen Blick nach der Banane ›sein Spiel zu verlieren‹.«

Goodall spricht hier Figan natürlich ein komplexes Bündel von Absichten zu: zum Beispiel die, zu vermeiden, daß er »das Spiel verliert«, und die, die Banane nach Goliaths Weggang zu ergattern. Sie schreibt Figan auch eine »Erwartung einer Folge von Ereignissen in der Zukunft« zu, namentlich die, daß Goliath sich entfernen werde, daß die Banane aber noch dort sei und daß er, Figan, später hingehen und sie bekommen werde. Diese Zuschreibungen scheinen jedoch auf keinen Fall »sinnlos« zu sein, trotz der Tatsache, daß Figan seine Absichten oder Erwartungen nicht in Worte fassen kann. Wenn ein Tier einen sorgfältigen Plan ersinnen kann, um eine Banane zu erlangen – nicht gleich, sondern in absehbarer Zukunft –, und wenn es Vorsichtsmaßnahmen ergreifen kann, gegen seinen eigenen Hang durch seinen Gesichtsausdruck den Gegenstand seines Planes zu verraten, dann muß dieses Tier sich seiner selbst als einer distinkten, in der Zeit existierenden Entität bewußt sein.

Die Tötung nichtmenschlicher Personen

Einige nichtmenschliche Tiere sind also nach unserer Definition Personen. Um die Wichtigkeit dieser Feststellung zu erkennen, müssen wir sie im Zusammenhang mit unserer früheren Diskussion sehen, in der ich die Behauptung aufgestellt habe, daß die einzige vertretbare Version der Lehre von der Heiligkeit des menschlichen Lebens das sei, was man »die Lehre von der Heiligkeit des personalen Lebens« nennen könnte. Ich legte dar, daß, wenn menschliches Leben einen speziellen Wert oder einen besonderen Anspruch auf Schutz hat, es ihn insofern hat, als die meisten menschlichen Wesen Personen sind. Falls aber einige nichtmenschliche Tiere ebenfalls Personen sind, dann muß ihr Leben denselben Wert oder Schutzanspruch haben. Ob wir den speziellen Wert des Lebens menschlicher Personen auf den Präferenz-Utilitarismus gründen oder auf das Recht auf

Leben, das abgeleitet ist aus ihrer Fähigkeit, ein Weiterleben zu wünschen, oder auf die Respektierung der Autonomie – diese Argumente müssen ebenso für nichtmenschliche Personen gelten. Nur der indirekte utilitaristische Grund, keine Personen zu töten – die Furcht, die solche Handlungen wahrscheinlich in anderen Personen auslösen –, läßt sich nicht unmittelbar auf nichtmenschliche Personen anwenden, weil nichtmenschliche Tiere wahrscheinlich seltener von Tötungen erfahren, die weit von ihnen entfernt stattfinden. Doch läßt sich dieser Grund dann auch nicht auf alle Tötungsakte gegen menschliche Personen anwenden, weil es möglich ist, so zu töten, daß niemand davon erfährt, daß eine Person getötet wurde.

Daher sollten wir die Lehre, die das Leben von Angehörigen unserer Gattung über das Leben der Angehörigen anderer Gattungen erhebt, ablehnen. Manche Angehörigen anderer Gattungen sind Personen: manche Angehörigen unserer eigenen Spezies sind es nicht. Keine objektive Beurteilung kann den Standpunkt unterstützen, daß es immer schlimmer ist, Mitglieder unserer eigenen Spezies, die keine Personen sind, zu töten, als Mitglieder anderer Spezies, die es sind. Im Gegenteil gibt es, wie wir sahen, starke Gründe dafür, der Überzeugung zu sein, daß es an sich schwerwiegender ist, Personen das Leben zu nehmen als Nichtpersonen. So scheint es, daß etwa die Tötung eines Schimpansen schlimmer ist als die Tötung eines menschlichen Wesens, welches aufgrund einer angeborenen geistigen Behinderung keine Person ist und nie sein kann.

Gegenwärtig wird die Tötung eines Schimpansen nicht als schwerwiegendes Problem betrachtet. Eine große Anzahl von Schimpansen wird in der Forschung verwendet, und viele von ihnen sterben dabei. Weil sich Schimpansen in Gefangenschaft nur schwer züchten lassen, wurden sie viele Jahre lang im afrikanischen Dschungel gefangen. Die Standardmethode, wie sie die Unternehmen, die für den Nachschub an Tieren sorgen, verwenden, bestand darin, ein

Weibchen, das ein Junges bei sich hat, zu erschießen. Das Junge wurde dann gefangen und nach Europa oder in die Vereinigten Staaten transportiert. Jane Goodall schätzt, daß für jedes Junge, das seinen Bestimmungsort lebendig erreichte, sechs Schimpansen starben. Obwohl man Schimpansen auf die Liste der bedrohten Tiere setzte und dieser Handel verboten wurde, geht das illegale Töten der Schimpansen, Gorillas und Orang-Utans, einschließlich des Handels, immer noch weiter.

Bei den großen Menschenaffen – Schimpansen, Gorillas und Orang-Utans – ist es wohl am deutlichsten, daß sie nichtmenschliche Personen sind, aber es gibt sicher auch andere. Systematische Beobachtungen von Walen und Delphinen stecken demgegenüber aus offensichtlichen Gründen noch in den Anfängen, aber es ist gut möglich, daß sich diese Säugetiere mit ihren großen Gehirnen als vernunftbegabt und selbstbewußt herausstellen. Trotz eines offiziellen Moratoriums metzelt jedoch die Walindustrie jährlich Tausende von Walen im Namen der »Forschung« nieder, und die Walfängernationen versuchen jenes Moratorium der Internationalen Walfang-Kommission zu kippen und zum uneingeschränkten kommerziellen Walfang zurückzukehren. Auch hierzulande sind viele, die mit Hunden und Katzen leben, der Überzeugung, diese Tiere seien selbstbewußt und hätten einen Sinn für Zukunft. Sie erwarten etwa ihren menschlichen Gefährten zu einer bestimmten Zeit im Haus zurück. Sheila Hocken berichtet in ihrem Buch *Emma and I*, wie ihr Blindenhund sie unaufgefordert jeden Freitag zu den Plätzen brachte, an denen sie ihre Wochenendeinkäufe tätigte, ohne daß ihm der Tag gesagt werden mußte. Leute, die streunende Katzen einmal die Woche füttern, haben herausgefunden, daß auch sie am richtigen Wochentag aufkreuzen. Solche Beobachtungen mögen »unwissenschaftlich« sein, aber für diejenigen, die Hunde und Katzen gut kennen, sind sie plausibel, und in Ermangelung besserer Untersuchungen sollte man sie ernst nehmen. Nach offiziellen

Angaben des amerikanischen Landwirtschaftsministeriums sterben jährlich etwa 140 000 Hunde und 42 000 Katzen in Laboratorien der Vereinigten Staaten, und kleinere, aber immer noch beachtliche Zahlen sind es in jeder »entwickelten« Nation. Wenn Hunde und Katzen als Personen einzustufen sind, dann können die Säugetiere, die wir als Nahrung verwerten, nicht weit dahinter zurückliegen. Wir halten Hunde für menschenähnlicher als Schweine; aber Schweine sind hochintelligente Lebewesen, und würden wir Schweine als Haustiere halten und Hunde zu Nahrungszwecken mästen, so würde sich die Reihenfolge unserer Vorliebe vermutlich umkehren. Verwandeln wir Personen in Speck?

Zugegeben, das ist alles spekulativ. Es ist offensichtlich schwierig festzustellen, wann ein anderes Wesen selbstbewußt ist. Aber angenommen, es ist falsch, eine Person zu töten, wenn wir es vermeiden können, und es besteht echter Zweifel, ob ein Wesen, das man zu töten gedenkt, eine Person ist, so sollten wir den Zweifel zugunsten dieses Lebewesens sprechen lassen. Es gilt hier dieselbe Regel wie unter Jägern, welche besagt: Wenn man im Gebüsch etwas sich bewegen sieht und nicht sicher ist, ob es ein Hirsch oder ein Jäger ist, soll man nicht schießen! (Wir mögen zwar meinen, der Jäger sollte in beiden Fällen nicht schießen, aber die Regel ist innerhalb der Jägermoral vernünftig.) Aus diesen Gründen muß die Tötung nichtmenschlicher Tiere zu einem großen Teil verurteilt werden.

Die Tötung anderer Tiere

Die Argumente gegen das Töten, die sich auf die Fähigkeit stützen, sich selbst als ein in der Zeit existierendes Individuum zu begreifen, sind zwar auf einige nichtmenschliche Tiere anwendbar, aber es gibt andere, von denen man, obwohl sie Bewußtsein haben, plausiblerweise nicht sagen kann, sie seien Personen. Von den Tieren, die die Menschen regelmäßig in großer Zahl töten, sind die Fische offensichtlich der klarste Fall für Lebewesen, die zwar Bewußtsein haben, aber keine Personen sind. Ob es richtig oder falsch ist, diese Tiere zu töten, scheint von utilitaristischen Erwägungen abzuhängen; denn sie sind nicht autonom und – jedenfalls wenn Tooleys Analyse von Rechten korrekt ist – erfüllen nicht die Voraussetzungen für ein Recht auf Leben.

Bevor wir den utilitaristischen Ansatz zum Töten selbst diskutieren, sollten wir uns daran erinnern, daß in der utilitaristischen Rechnung eine große Zahl mannigfaltiger indirekter Gründe auftaucht. Viele Tötungsarten bringen den Tieren nicht augenblicklich den Tod, so daß der Vorgang des Sterbens mit Schmerzen verbunden ist. Auch kann sich der Tod eines Tieres auf seine Gefährten oder andere Mitglieder seiner sozialen Gruppe auswirken. Es gibt viele Vogelarten, bei denen die Verbindung zwischen Männchen und Weibchen lebenslänglich aufrechterhalten wird. Der Tod des einen Teils des Paares verursacht dem überlebenden Teil vermutlich Schmerz und ein Gefühl von Verlust und Leid. Die Mutter-Kind-Beziehung bei Säugetieren kann ebenfalls eine Quelle intensiven Leidens bedeuten, wenn eines von beiden getötet wird. (Milchbauern bringen routinemäßig die Kälber bald nach ihrer Geburt von den Müttern weg, damit die Milch für den Menschen verfügbar wird; jeder, der auf einem Milchbauernhof gelebt hat, weiß, daß die Kühe noch tagelang nach den Kälbern rufen, die ihnen weggenommen wurden.) Das Verhalten von Wölfen und Elefanten verweist darauf, daß der Tod eines Tieres bei manchen Gattungen von einer größeren Gruppe empfunden werden kann. All diese Faktoren würden die Utilitaristen dazu veranlassen, einen Großteil des Tötens von Tieren abzulehnen, ob es nun Personen sind oder nicht. Dies wären allerdings keine Gründe dafür, das Töten von Nichtpersonen an sich abzulehnen, also unabhängig von dem Schmerz und dem Leid, die es verursachen mag.

Das utilitaristische Verbot gegen das Töten, das schmerzlos ist und keinen Verlust für andere bedeutet, ist komplizierter, weil es davon abhängt, welche von den beiden im vorhergehenden Kapitel skizzierten Versionen des Utilitarismus wir wählen. Entscheiden wir uns für das, was ich die »Vorherige-Existenz«-Ansicht genannt habe, so werden wir es falsch finden, ein Wesen zu töten, dessen Leben voraussichtlich mehr Lust als Schmerz enthalten wird oder dessen Leben man zu einem solchen machen kann. Diese Ansicht impliziert, daß es normalerweise unrecht ist, Tiere zu töten, um sie zu essen, weil wir gewöhnlich die Möglichkeit hätten, dafür zu sorgen, daß diese Tiere ein paar angenehme Monate oder sogar Jahre erleben, bevor sie sterben – und das Vergnügen, das wir genießen, wenn wir sie essen, würde das nicht aufwiegen.

Die andere Version des Utilitarismus – die »Totalansicht« – kann freilich zu einem anderen Resultat führen, das zur Rechtfertigung des Fleischkonsums herangezogen worden ist. Leslie Stephen, britischer Staatsphilosoph des 19. Jahrhunderts, schrieb einmal:

> »Von allen Argumenten für den Vegetarismus ist keines so schwach wie das Argument der Humanität. Das Schwein hat ein stärkeres Interesse an der Nachfrage nach Speck als irgend jemand sonst. Wären alle Juden, gäbe es überhaupt keine Schweine.«

Stephen betrachtet die Tiere als ersetzbar, und dem müssen diejenigen, die die »Totalansicht« akzeptieren, zustimmen. Die totale Version des Utilitarismus betrachtet empfindungsfähige Wesen nur insofern als wertvoll, als sie die Existenz an sich wertvoller Erfahrungen wie Lust ermöglichen. Dies ist so, als wenn empfindungsfähige Wesen Behälter für etwas Wertvolles wären und es nichts ausmachen würde, wenn ein Behälter entzweiginge, solange es einen anderen Behälter gibt, in den der Inhalt überführt werden kann, ohne daß etwas verschüttet wird. (Diese Metapher sollte man freilich nicht allzu ernst nehmen; im Gegensatz zu wertvollen Flüssigkeiten können Erfahrungen wie Freude nicht unabhängig von einem bewußten Wesen existieren, und so können – auch nach der »Totalansicht« – empfindungsfähige Wesen nicht eigentlich nur als Behälter betrachtet werden.) Obwohl Fleischkonsumenten – nach Stephen – für den Tod der Tiere, die sie essen, und für deren Einbuße an Lust verantwortlich sind, sind sie auch dafür verantwortlich, daß mehr Tiere zur Welt kommen; denn wenn niemand Fleisch äße, würden Tiere nicht mehr zur Mast aufgezogen. Der Verlust, den Fleischkonsumenten den Tieren zufügen, wird nach der »Totalansicht« durch den Vorteil aufgewogen, den sie den nächstfolgenden verschaffen. Wir können dies das »Ersetzbarkeits-Argument« nennen.

Dazu ist zunächst einmal zu bemerken: Selbst für den Fall, daß dieses Argument dann gültig ist, wenn die betreffenden Tiere ein angenehmes Leben haben, würde es nicht rechtfertigen, daß wir Fleisch aus der modernen Massentierhaltung essen, wo die Tiere derart zusammengepfercht und in ihren Bewegungen eingeschränkt sind, daß ihr Leben mehr eine Last als eine Wohltat zu sein scheint.

Ein zweiter Gesichtspunkt ist folgender: Wenn es gut ist, glückliches Leben zu erzeugen, dann ist es vermutlich auch gut, wenn es auf unserem Planeten so viele glückliche Wesen wie möglich gibt. Die Apologeten des Fleischverzehrs sollten lieber hoffen, einen Grund zu finden, warum es besser ist, glückliche Menschen zu haben anstatt der größtmöglichen Zahl glücklicher Wesen; denn sonst könnte das Argument implizieren, daß wir fast alle menschlichen Wesen vernichten sollten, um den Weg für eine viel größere Zahl kleinerer glücklicher Tiere freizumachen. Wenn jedoch die Apologeten des Fleischverzehrs einen Grund nennen können, der für die Bevorzugung der Erzeugung glücklicher Menschen gegenüber etwa Mäusen spricht, dann wird dieser keineswegs zugunsten des Fleischverzehrs sprechen.

Denn mit der Ausnahme von Dürrezonen, die nur für Weidegras geeignet sind, könnte die Oberfläche unserer Erde mehr Menschen versorgen, wenn wir, statt Tiere zu züchten, pflanzliche Nahrung anbauten.

Diese beiden Gesichtspunkte schwächen zwar das Argument der Ersetzbarkeit zur Verteidigung der fleischlichen Ernährung stark ab, aber sie treffen nicht den Kern der Sache. Sind manche empfindungsfähige Wesen wirklich ersetzbar? Das Ersetzbarkeits-Argument ist, wie die Reaktion auf die 1. Auflage zeigt, wahrscheinlich das umstrittenste und meistkritisierte des ganzen Buches. Leider hat keiner der Kritiker eine befriedigende Alternativlösung für die Probleme angeboten, auf die die Ersetzbarkeit immerhin eine, wenn auch keine sehr sympathische Antwort gibt.

Henry Salt, ein englischer Vegetarier des 19. Jahrhunderts und Verfasser des Buchs *Animals' Rights*, meinte, das Argument beruhe auf einem einfachen philosophischen Irrtum:

> »Der Trugschluß liegt in der Verwirrung des Gedankens, der Existenz mit Nicht-Existenz zu vergleichen versucht. Eine Person, die bereits existiert, kann das Gefühl haben, lieber gelebt als nicht gelebt zu haben, aber sie muß zuerst die *terra firma* der Existenz haben, um von da aus argumentieren zu können: in dem Moment, da sie wie aus dem Abgrund der Nicht-Existenz heraus zu argumentieren beginnt, redet sie Unsinn, indem sie Gut und Übel, Glück und Unglück von etwas aussagt, von dem wir nichts aussagen können.«

In der 1. Auflage von *Animal Liberation* habe ich mich Salts Ansicht angeschlossen. Ich dachte, es sei absurd, so zu reden, als würde man einem Wesen eine Gunst erweisen, indem man es in die Welt setzt, weil zu dem Zeitpunkt, da man diese Gunst erweist, überhaupt kein Wesen existiert. Aber heute bin ich weniger zuversichtlich. Nach allem, was wir im vorhergehenden Kapitel erörtert haben, tun wir offenbar etwas Schlechtes, wenn wir wissentlich ein unglückliches Wesen in die Welt setzen; und wenn das so ist, dann ist es schwierig zu erklären, weshalb wir nicht etwas Gutes tun, wenn wir wissentlich ein glückliches Wesen in die Welt setzen.

Derek Parfit hat eine andere hypothetische Situation beschrieben, die die Ersetzbarkeits-These noch weiter stärkt. Man stelle sich vor, zwei Frauen planten, jeweils ein Kind zu bekommen. Die erste Frau ist schon drei Monate schwanger, als ihr der Arzt eine gute und eine schlechte Nachricht mitteilt. Die schlechte lautet, daß der Fötus, den sie in sich trägt, so geschädigt ist, daß die Lebensqualität des zukünftigen Kindes beträchtlich verringert sein wird – wenngleich nicht so schlimm, daß das Leben des Kindes ganz und gar elend oder überhaupt nicht lebenswert wäre. Die gute Nachricht ist, daß diese Schädigung leicht zu behandeln ist. Die Frau braucht nur eine Tablette zu nehmen, die keine Nebenwirkungen hat, und das zukünftige Kind wird nicht geschädigt werden. In dieser Situation, meint Parfit, und das klingt plausibel, würden wir alle darin übereinstimmen, daß die Frau die Tablette nehmen sollte und daß sie unrecht tun würde, wenn sie sich weigerte.

Die zweite Frau geht zu ihrem Arzt, bevor sie schwanger ist – sie möchte gerade die Verhütungsmittel absetzen –, und auch sie erhält eine gute und eine schlechte Nachricht. Die schlechte: Sie befindet sich in einem Gesundheitszustand, der zur Folge hat, daß, falls sie innerhalb der nächsten drei Monate ein Kind empfängt, dieses beträchtlich geschädigt sein wird – die Aussichten für die Lebensqualität des Kindes entsprechen den im vorigen Abschnitt beschriebenen; dieser Schaden aber ist nicht behandelbar. Die gute Nachricht besagt, daß der Zustand der Frau vorübergehend ist und daß ihr Kind nicht geschädigt sein würde, wenn sie noch drei Monate bis zur Schwangerschaft abwartete. Auch hier, meint Parfit, wären wir wohl alle der Meinung, daß die Frau warten sollte und es unrecht wäre, wenn sie es nicht täte.

Angenommen, die erste Frau würde die Tablette nicht nehmen, die zweite Frau würde nicht warten und in beiden Fällen wäre ein behindertes Kind die Folge. Dann sähe es so aus, als hätten beide unrecht gehandelt. Wäre das Unrecht gleich groß? Angenommen, es wäre für die zweite Frau nicht lästiger zu warten als für die erste Frau, die Tablette zu nehmen, dann wäre wohl die Antwort: Ja; beide täten gleiches Unrecht. Doch was bedeutet diese Antwort? Die erste Frau hat ihrem Kind Schaden zugefügt. Das Kind kann später zu seiner Mutter sagen: »Du hättest die Tablette nehmen sollen. Hättest du's getan, hätte ich jetzt nicht diese Behinderung und könnte bedeutend besser leben.« Würde das Kind der zweiten Frau denselben Vorwurf erheben, könnte seine Mutter folgende niederschmetternde Antwort geben: »Hätte ich drei Monate gewartet bis zur Schwangerschaft, hättest du gar nicht existiert. Dann hätte ich ein anderes Kind in die Welt gesetzt, aus einem andern Ei und mit anderem Samen. Auch mit dieser Behinderung ist dein Leben eindeutig über den Punkt hinaus, an dem Leben so elend ist, daß es sich nicht mehr zu leben lohnt. Denn ohne die Behinderung hättest du keine Chance gehabt, überhaupt zu leben. Schaden habe ich dir damit nicht zugefügt.« So wäre der Vorwurf offensichtlich vollkommen entkräftet. Sollten wir trotzdem meinen, die Frau habe unrecht daran getan, die Schwangerschaft nicht zu verschieben, worin bestünde dann das Unrecht? Es kann nicht darin liegen, daß sie dieses Kind in die Welt setzte, denn es hat eine angemessene Lebensqualität. Oder könnte es darin liegen, daß sie ein mögliches Wesen nicht in die Welt setzt, genauer: daß sie das Kind, das sie erst nach drei Monaten empfangen hätte, nicht in die Welt setzte? Das wäre eine mögliche Antwort, sie verpflichtet uns aber der »Totalansicht« und impliziert, daß – gleiche Umstände vorausgesetzt – es gut ist, Kinder ohne Behinderungen in die Welt zu setzen. Eine dritte Möglichkeit ist die, daß die unrechte Handlung nicht darin liegt, daß einem bestimmten vorhandenen Kind Schaden zugefügt wurde, auch nicht daß es einfach unterlassen wurde, ein mögliches Kind in die Welt zu setzen, sondern daß ein Kind mit weniger befriedigender Lebensqualität in die Welt gesetzt wurde, als ein anderes Kind, das zur Welt hätte gebracht werden können. Mit anderen Worten: Es ist nicht gelungen, das bestmögliche Resultat zu erzielen. Das scheint die plausibelste Antwort, aber sie bedeutet auch, daß zumindest mögliche Menschen ersetzbar sind. Die Frage lautet dann: In welchem Stadium des Prozesses, der von potentiellen zu aktuellen Menschen führt, gilt das Ersetzbarkeits-Argument nicht mehr? Welches charakteristische Merkmal macht den Unterschied aus?

Wenn wir lebende – menschliche oder nichtmenschliche – Wesen als selbstbewußte Individuen betrachten, die ein eigenes Leben führen und den Wunsch haben weiterzuleben, so ist das Argument der Ersetzbarkeit kaum überzeugend. Es ist möglich, daß Salt an solche Wesen dachte, als er so nachdrücklich die Idee der Ersetzbarkeit zurückwies; denn er schließt seinen Essay mit der Behauptung, Lukrez habe schon vor langer Zeit Stephens »vulgären Sophismus« in der folgenden Passage von »De rerum natura« widerlegt:

> »Oder wär' Unglück für uns, nicht geschaffen zu sein, es gewesen?
> [. . .]
> Wer auch immer geboren, muß nämlich im Leben zu bleiben
> wünschen, solange verlockende Lust ihn zurückhält im Leben;
> wer aber nie gar hat gekostet die Liebe zum Leben noch dazu je gehört: nicht geschaffen zu sein, was verschlägt's ihm?«

Diese Stelle stützt die Behauptung, es gebe einen Unterschied zwischen der Tötung von Wesen, die »im Leben zu bleiben wünschen«, und der Unterlassung, ein Wesen her-

vorzubringen, das, ungeboren und unpersönlich, nicht
wünschen kann, im Leben zu bleiben. Aber wie steht es mit
einem Wesen, das, obwohl es lebt, nicht wünschen kann, im
Leben zu bleiben, weil es keinen Begriff hat von sich selbst
als einem lebenden Wesen mit einer Zukunft? Diese Art
von Wesen ist in gewissem Sinn »unpersönlich«. Vielleicht
tut man ihm daher kein persönliches Unrecht, wenn man es
tötet, obwohl man die Glücksmenge im Universum verringert. Aber dieses Unrecht, wenn es denn eines ist, kann dadurch ausgeglichen werden, daß man ähnliche Wesen in die
Welt setzt, die ein ebenso glückliches Leben haben werden.
So ist vielleicht die Fähigkeit, sich selbst als in der Zeit existierend zu sehen und so ein längeres Leben zu erstreben
(auch andere über den Augenblick hinausgehende, zu-
kunftsorientierte Interessen zu haben), das charakteristische
Merkmal der Wesen, die als nichtersetzbar zu betrachten
sind.

Obwohl wir auf dieses Thema noch in den nächsten beiden
Kapiteln eingehen werden, können wir schon hier festhalten, daß diese Schlußfolgerung mit Tooleys Ansichten über
die Voraussetzungen, derer es bedarf, um ein Recht auf Leben zu haben, harmoniert. Für einen Präferenz-Utilitaristen, der mehr mit der Erfüllung der Präferenzen befaßt ist
als mit Leidens- oder Glückserfahrungen, gibt es eine ähnliche Übereinstimmung mit der bereits getroffenen Unterscheidung zwischen der Tötung rationaler und selbstbewußter Wesen und solchen, die diese Eigenschaften nicht
haben. Rationale, selbstbewußte Wesen sind Individuen, die
ihr eigenes Leben führen und keineswegs nur als Behältnisse für bestimmte Glücksmengen angesehen werden können. Wie der amerikanische Philosoph James Rachels sagt,
haben sie nicht bloß ein biologisches, sondern ein biogra-
phisches Leben. Im Gegensatz dazu kommen Wesen, die
Bewußtsein, aber kein Bewußtsein ihrer selbst haben, dem
Bild der Behältnisse für Leidens- und Glückserfahrungen
näher, weil ihre Präferenzen unmittelbarerer Art sind. Sie

haben keine Wünsche, die das Bild ihrer eigenen Existenz in die Zukunft projizieren. Ihre Bewußtseinszustände sind innerlich nicht über die Zeit miteinander verbunden. Wir können annehmen, daß Fische, wenn sie ihr Bewußtsein verlieren, vor diesem Verlust keine Erwartungen oder Wünsche bezüglich künftigen Geschehens hegen, und wenn sie ihr Bewußtsein zurückerlangen, sich ihrer früheren Existenz nicht bewußt sind. Wenn also Fische in bewußtlosem Zustand getötet und durch eine ähnliche Zahl anderer Fische ersetzt würden, die nur erschaffen werden könnten, weil die erste Gruppe getötet wurde, gäbe es – aus Sicht des Fischbewußtseins – keinen Unterschied zu dem Fisch, der sein Bewußtsein verliert und wiedergewinnt.

Für ein nicht-selbstbewußtes Wesen bedeutet der Tod das Aufhören von Erfahrungen, so wie die Geburt das Beginnen von Erfahrungen markiert. Der Tod kann nicht einem Interesse an der Fortsetzung des Lebens entgegenstehen, ebensowenig wie die Geburt mit einem Interesse am beginnenden Leben einhergeht. So gesehen heben sich bei einem nicht-selbstbewußten Leben Geburt und Tod gegenseitig auf; dagegen bedeutet für ein selbstbewußtes Wesen die Tatsache, daß es – einmal selbstbewußt geworden – weiterleben will, daß der Tod einen Verlust zufügt, der durch die Geburt eines andern nur ungenügend ausgeglichen wird.

Der Universalisierbarkeits-Test unterstützt diese Ansicht. Wenn ich mich selbst abwechselnd als ein selbstbewußtes und als ein bewußtes, aber nicht selbstbewußtes Wesen denke, dann habe ich nur im ersten Fall vorausschauende Wünsche, die über die Perioden des Schlafs oder vorübergehender Bewußtlosigkeit hinausgehen; etwa den Wunsch, mein Studium zu beenden, den Wunsch, Kinder zu haben, oder einfach den Wunsch weiterzuleben, zusätzlich zu dem Verlangen nach Freude und Zufriedenheit oder danach, aus einer schmerzlichen oder beunruhigenden Situation herauszukommen. Daher bedeutet nur im ersten Fall mein Tod einen größeren Verlust als eben den vorübergehenden Verlust des Bewußtseins und wird nicht angemessen ausgeglichen durch die Schaffung eines Wesens mit ähnlichen Aussichten auf angenehme Erfahrungen.

In seiner Besprechung der 1. Auflage dieses Buches meinte H. L. A. Hart, ehemaliger Juraprofessor an der Universität Oxford, daß für einen Utilitaristen selbstbewußte Wesen ebenso wie nicht-selbstbewußte Wesen ersetzbar sein müssen. Ob man nun ein Präferenz- oder ein klassischer Utilitarist ist, macht hier nach Harts Ansicht keinen Unterschied, weil

> »Präferenz-Utilitarismus schließlich eine Form des Maximierungs-Utilitarismus [ist]: er verlangt, daß die Gesamterfüllung der Präferenzen verschiedener Personen maximiert wird, so wie der klassische Utilitarismus die Maximierung des empfundenen Gesamtglücks fordert [. . .]. Wenn Präferenzen, sogar der Wunsch zu leben, durch die Präferenzen anderer aufgewogen werden können, warum können sie dann nicht durch neue Präferenzen aufgewogen werden, die erzeugt werden, um deren Platz einzunehmen?«

Natürlich ist Präferenz-Utilitarismus eine Form des Maximierungs-Utilitarismus im oben beschriebenen Sinn, aber wenn Hart meint, dies bedeute, daß vorhandene Präferenzen durch neue Präferenzen aufgewogen werden können, die erzeugt werden, um deren Platz einzunehmen, dann bewegt er sich auf unsicherem Grund. Denn während die Erfüllung einer vorhandenen Präferenz etwas Gutes ist, muß die Bündelung – erst eine Präferenz schaffen und sie dann befriedigen – nicht unbedingt als äquivalent dazu angesehen werden. Wiederum hilft der Universalisierbarkeits-Test den Präferenz-Utilitarismus auf diese Art zu begreifen. Setze ich mich an die Stelle eines andern mit einer unbefriedigten Präferenz und frage ich mich, ob ich möchte, daß diese Präferenz befriedigt wird, so lautet die Antwort (tautologisch): Ja. Frage ich mich jedoch, ob ich möchte, daß eine neue Präferenz geschaffen wird, die dann befriedigt werden kann, so bin ich ziemlich unsicher. Stelle ich mir einen Fall vor, wo die Erfüllung der Präferenz höchst lustvoll ist, werde ich wohl ja sagen. (Wir sind gern hungrig, wenn köstliches Essen auf dem Tisch steht, und starkes sexuelles Verlangen ist schön, wenn wir es befriedigen können.) Aber wenn ich mir vorstelle, daß die zu schaffende Präferenz eher einer Entbehrung ähnelt, dann werde ich nein sagen. (Wir verursachen uns nicht selbst Kopfschmerzen, nur um Aspirin nehmen und auf diese Weise unseren Wunsch, den Kopfschmerz loszuwerden, erfüllen zu können.) Das bedeutet, daß die Schaffung und Befriedigung von Präferenzen an sich weder gut noch schlecht ist: Unsere Antwort auf die Vorstellung von Schaffung und Befriedigung einer Präferenz variiert je nachdem, ob die Erfahrung als ganze erstrebenswert oder nicht erstrebenswert ist hinsichtlich anderer, dauerhafter Präferenzen, die wir haben mögen, beispielsweise für Lust statt Schmerz.

Wie der Präferenz-Utilitarismus die Erzeugung und Befriedigung einer Präferenz genau bewerten sollte – im Unterschied zur Befriedigung einer bestehenden Präferenz –, ist ein schwieriges Problem. Zunächst schlug ich als Antwort auf Harts Kritik vor, daß wir die Erzeugung einer unbefriedigten Präferenz so betrachten sollten, als würden wir in einer Art moralischem Kassenbuch ein Soll eintragen, das durch die Befriedigung der Präferenz lediglich getilgt wird. (Einige werden darin Marxens verächtliche Bemerkung bestätigt sehen, wonach Benthams Utilitarismus eine Philosophie für ein Volk von Krämerseelen ist!) Das Modell des »moralischen Kassenbuchs« hat den Vorteil, daß es die im vorhergehenden Kapitel erwähnte irritierende Asymmetrie im Zusammenhang mit der Unterscheidung von »Totalansicht« und »Vorherige-Existenz«-Ansicht des Utilitarismus erklärt. Wir halten es für unrecht, ein Kind in die Welt zu setzen, das wegen eines genetischen Fehlers ein oder zwei Jahre lang ein ganz und gar elendes Leben führen und dann sterben wird. Doch halten wir es auch nicht für gut oder verpflichtend, ein Kind in die Welt zu setzen, das aller Wahrscheinlichkeit nach ein glückliches Leben führen wird. Die eben skizzierte Soll-Ansicht der Präferenzen würde erklären, warum das so sein sollte: ein Kind in die Welt zu setzen, dessen Präferenzen wir größtenteils nicht befriedigen können, bedeutet ein Soll zu schaffen, das wir nicht ausgleichen können. Das ist unrecht. Ein Kind in die Welt zu setzen, dessen Präferenzen befriedigt werden können, bedeutet ein Soll zu schaffen, das ausgeglichen werden kann. Ich dachte, dies sei an sich ethisch neutral. Das Modell kann auch erklären, warum – in Parfits Beispiel – beide Frauen gleichermaßen unrecht tun; denn beide setzen unnötigerweise ein Kind in die Welt, das wahrscheinlich eine größere Negativbilanz im Kassenbuch aufweist als ein Kind, das sie unter anderen Umständen hätten zur Welt bringen können.

Leider hat dieselbe These eine weniger erstrebenswerte Implikation: Gleiche Umstände vorausgesetzt, läßt sie es als unrecht erscheinen, ein Kind in die Welt zu setzen, das insgesamt sehr glücklich und in der Lage sein wird, beinahe all seine Präferenzen zu befriedigen, während einige dennoch unbefriedigt bleiben werden. Denn wenn die Schaffung einer jeden Präferenz ein Soll ergibt, das nur ausgeglichen werden kann, wenn der Wunsch erfüllt wird, so wird auch das beste Leben, für sich genommen, ein kleines Soll im Kassenbuch behalten. Da jedermann einige unerfüllte Wünsche hegt, muß der Schluß gezogen werden, es sei am besten, wenn keiner von uns geboren wäre. Damit reicht also das Modell des »moralischen Kassenbuchs« mit seinem Präferenz-Erzeugen und -Befriedigen nicht aus. Man könnte es vielleicht retten mit einem Zusatz, der ein bestimmtes Niveau der Präferenz-Befriedigung unterhalb der vollständigen Befriedigung ansetzt, sozusagen als Minimum, das den Negativposten, der bei der Erzeugung eines Wesens mit unbefriedigten Präferenzen entsteht, ausgleicht. Das könnte etwa jenes Niveau sein, bei dem ein Leben unserer Meinung nach sich nicht mehr zu leben lohnt – vom Standpunkt der Person aus, die dieses Leben führt. Eine solche Lösung erscheint ein wenig vorläufig, aber vielleicht ist es möglich, sie in eine überzeugende Version des Präferenz-Utilitarismus zu integrieren.

Eine andere Möglichkeit ist, sich Shakespeare zum Vorbild zu nehmen, der von »des Lebens ungewisser Reise« spricht, und das Leben selbstbewußter Wesen als eine beschwerliche, unsichere Reise zu betrachten, in die zu verschiedenen Zeitpunkten verschiedene Beträge von Hoffnungen und Wünschen, aber auch von Zeit und Anstrengung investiert werden, um bestimmte Ziele zu erreichen. Man stelle sich vor, ich würde nach Nepal reisen und das Thyanboche-Kloster am Fuße des Mount Everest aufsuchen wollen. Hohe Berge habe ich immer geliebt und ich weiß, daß es mir gefallen würde, zum ersten Mal den Himalaya zu sehen. Sollte in den ersten Tagen, in denen ich über diese Reise nachdenke, ein unüberwindliches Hindernis auftauchen – so könnte etwa die nepalesische Regierung den Tourismus verbieten, weil er eine Bedrohung für die Umwelt darstellt –, dann dürfte ich zwar etwas ungehalten sein, aber meine Enttäuschung würde bei weitem nicht so schlimm sein, als wenn ich schon meinen Urlaub eingereicht, einen Flug nach Katmandu ohne Rücktrittsmöglichkeit gebucht hätte oder bereits ein gutes Stück weit Richtung Kloster getreckt wäre, bevor man mir verwehrt hätte, mein Ziel zu erreichen. Entsprechend kann man eine Entscheidung, kein Kind in die Welt zu setzen, so ähnlich bewerten wie die Verhinderung einer Reise; doch das ist an sich nicht unrecht, denn der Reisende hat noch keine Pläne gemacht und sich keine Ziele gesetzt. Werden aber einmal Ziele gesetzt – und sei es nur versuchsweise – und Schritte unternommen, um die Wahrscheinlichkeit zu erhöhen, diese Ziele zu erreichen, so wird das Unrecht entsprechend größer, wenn eine solche Reise dann vorzeitig gestoppt wird. Gegen Ende des Lebens, wenn die meisten Dinge, die man sich vorgenommen hat, erreicht sind oder dann vermutlich nicht mehr erreicht werden können, mag der Verlust des Lebens wiederum weniger tragisch sein als in einem früheren Stadium.

Der große Vorzug dieses »Reise«-Modells liegt darin, daß es einerseits erklären kann, warum Wesen, die ihre eigene zukünftige Existenz begreifen können und sich auf ihre Lebensreise begeben haben, nicht ersetzbar sind; daß es andererseits aber auch plausibel macht, warum es unrecht ist, ein unglückliches Wesen in die Welt zu setzen. Tut man dies, schickt man es auf eine Reise, die zu Enttäuschung und Frustration verurteilt ist. Dieses Modell liefert auch eine selbstverständliche Erklärung dafür, daß die beiden Frauen bei Parfit unrecht handeln, und zwar in gleichem Maße: unnötigerweise schicken sie Wesen auf die Reise, die weniger Aussichten auf eine erfolgreiche Reise haben als andere Reisende, die sie hätten losschicken können. Die Kinder der Frauen können als ersetzbar gelten, bevor die Reise beginnt; aber deshalb müssen wir es noch nicht für eine Verpflichtung halten, mehr Kinder in die Welt zu setzen, geschweige denn Menschen für ersetzbar halten, wenn das Leben einmal richtig begonnen hat.

Sowohl das Kassenbuch-Modell als auch das Reise-Modell sind Metaphern und sollten nicht allzu wörtlich genommen werden. Bestenfalls deuten sie Denkmöglichkeiten an, wann Wesen als ersetzbar betrachtet werden könnten und wann nicht. Wie ich im Vorwort andeutete, ist dies ein Gebiet, auf dem voll befriedigende Antworten noch ausstehen.

Bevor wir das Thema »Töten nicht-selbstbewußter Wesen« verlassen, möchte ich betonen, daß die Ansicht, nicht-selbstbewußte Wesen seien ersetzbar, nicht bedeutet, daß deren Interessen nicht zählen. Ich hoffe, in Kapitel 3 klargemacht zu haben, daß sie sehr wohl zählen. Solange fühlende Wesen Bewußtsein haben, haben sie ein Interesse daran, so viel Lust und so wenig Schmerz wie möglich zu erfahren. Empfindungsfähigkeit reicht aus, um ein Lebewesen in die

Sphäre gleicher Interessenabwägung zu rücken; aber sie bedeutet nicht, daß es ein persönliches Interesse daran hat,
sein Leben fortzusetzen.

Schlußfolgerungen

Wenn die Argumente in diesem Kapitel zutreffend sind,
dann gibt es keine alleingültige Antwort auf die Frage: »Ist
es normalerweise unrecht, ein Tier zu töten?« Der Begriff
»Tier« – selbst in der eingeschränkten Bedeutung von
»nichtmenschlichem Tier« – deckt nämlich eine allzu viel-
fältige Spannweite von Leben ab, als daß hier ein einziges
Prinzip auf alle anwendbar wäre.
Einige nichtmenschliche Tiere scheinen vernunftbegabt und
selbstbewußt zu sein und begreifen sich selbst als distinkte
Wesen mit einer Vergangenheit und Zukunft. Wenn das so
ist oder nach unserem besten Wissen so sein kann, dann ist
in diesem Fall das Argument gegen das Töten so stark wie
das Argument gegen die Tötung von Menschen mit einer
dauerhaften geistigen Behinderung auf gleichem geistigen
Niveau. (Ich denke hier an die *direkten* Gründe gegen das
Töten; die Wirkung auf Angehörige des geistig behinderten
Menschen wird manchmal – aber nicht immer – zusätzliche
indirekte Gründe gegen das Töten des Menschen schaffen.
Vgl. dazu auch Kapitel 7.)
Dieses starke Argument gegen das Töten kann – bei unserem heutigen Kenntnisstand – gegen das Abschlachten von
Schimpansen, Gorillas und Orang-Utans angeführt werden.
Auf der Grundlage dessen, was wir heute über diese nahen
Verwandten von uns wissen, sollten wir auf sie sofort den
gleichen vollen Tötungsschutz ausdehnen, den wir heute für
alle menschlichen Wesen beanspruchen. Triftige Gründe lassen sich – wenngleich mit etwas unterschiedlicher Sicherheit
– auch für Wale, Delphine, andere Affenarten, Hunde, Katzen, Schweine, Robben, Bären, Rindvieh, Schafe usw. an-

führen, vielleicht sogar für alle Säugetiere insgesamt; viel hängt davon ab, wie weit wir die Gunst des Zweifels, wo ein solcher besteht, auszudehnen bereit sind. Auch wenn wir bei den genannten Arten haltmachen (und den Rest der Säugetiere ausschließen), so hat unsere Diskussion doch ein großes Fragezeichen hinter die Berechtigung des Tötens vieler Tiere durch den Menschen gesetzt, selbst wenn dieses Töten schmerzlos geschieht und ohne anderen Mitgliedern der Tiergemeinschaft Leiden zu verursachen. (Wir wissen freilich, daß das Töten meistens nicht unter solch idealen Bedingungen stattfindet.)

Das Argument gegen das Töten von Tieren, die, soweit wir es beurteilen können, nicht vernunftbegabt und selbstbewußt sind, ist schwächer. Wenn wir es nicht mit Tieren zu tun haben, die sich ihrer selbst als distinkter Entitäten bewußt sind, bezieht sich die Unrechtmäßigkeit des schmerzlosen Tötens lediglich auf die damit verbundene Reduktion von Lust. Wo das Leben des getöteten Wesens alles in allem kein angenehmes war, da wird kein direktes Unrecht verübt. Selbst wenn das getötete Tier lustvoll gelebt haben sollte, kann man zumindest der Ansicht sein, daß nichts Unrechtes begangen wird, wenn das getötete Tier, als ein Resultat des Tötens, durch ein anderes Tier ersetzt wird, das ein ebenso lustvolles Leben führen kann. Diese Betrachtungsweise enthält die Annahme, daß ein Unrecht gegen ein existierendes Wesen durch den Vorteil wettgemacht werden kann, den man einem noch nicht existierenden Wesen verschafft. Somit ist es möglich, nicht-selbstbewußte Wesen als untereinander austauschbar zu betrachten in einer Weise, wie selbstbewußte Wesen es nicht sind. Das bedeutet, daß es unter gewissen Umständen – wenn Tiere ein lustvolles Leben haben, schmerzlos getötet werden, ihr Tod keine Leiden für andere Tiere bedeutet und das Töten des einen Tieres dessen Ersetzung durch ein anderes ermöglicht, das sonst nicht leben würde – kein Unrecht sein mag, nicht-selbstbewußte Tiere zu töten.

Ist es möglich, die Züchtung von Hühnern zu Nahrungszwecken, nicht unter den Bedingungen industrieller Tierhaltung, sondern bei freiem Auslauf auf einem Bauernhof
zu rechtfertigen? Es gelte die fragwürdige Annahme, Hühner hätten kein Bewußtsein ihrer selbst. Nehmen wir ferner
an, daß die Vögel schmerzlos getötet werden können und
daß die Überlebenden durch den Tod eines Vogels aus ihren
Reihen allem Anschein nach nicht betroffen sind. Nehmen
wir schließlich noch an, daß wir die Vögel aus ökonomi-
schen Gründen nicht züchten könnten, ohne sie zu essen.
Dann scheint das Töten der Vögel durch das Ersetzbarkeits-
Argument gerechtfertigt, weil die Beraubung ihrer lustvollen Existenz durch die Freuden von Hühnern aufgewogen
werden kann, die noch nicht existieren und nur existieren
werden, wenn existierende Hühner getötet werden.

Als Bestandteil kritischen moralischen Denkens mag dieses
Argument stichhaltig sein, aber es ist wichtig zu erkennen,
wie beschränkt es in seiner Anwendbarkeit ist. Es kann in-
dustrielle Tierhaltung nicht rechtfertigen, bei der ja die
Tiere kein angenehmes Leben führen. Noch rechtfertigt es
normalerweise das Töten wilder Tiere. Eine Ente, die von
einem Jäger geschossen wird, hat (macht man die zweifel-
hafte Annahme, daß Enten kein Bewußtsein ihrer selbst haben, und die fast sicher falsche Annahme, man könne sich
darauf verlassen, daß der Jäger die Ente auf der Stelle tötet)
wahrscheinlich ein angenehmes Leben gehabt, aber wenn
man eine Ente schießt, wird sie dadurch nicht durch eine
andere ersetzt. Wenn die Entenpopulation nicht das Maximum erreicht, das in Anbetracht der verfügbaren Nahrung
zu erzielen ist, beendet die Tötung einer Ente ein angenehmes Leben, ohne ein neues zu initiieren, und sie ist deshalb
aus einfachen utilitaristischen Gründen unrecht. So gibt es
wohl durchaus Situationen, in denen es nicht falsch ist,
Tiere zu töten, aber sie sind sehr speziell und betreffen nur
ganz wenige von den Milliarden Fällen, in denen Menschen
Jahr für Jahr Tieren den vorzeitigen Tod bringen.

Auf der Ebene der praktischen moralischen Grundsätze wäre es jedenfalls besser, auf das Töten von Tieren zu Nahrungszwecken völlig zu verzichten, außer es wäre notwendig zum Überleben. Töten wir Tiere zu Nahrungszwecken, so betrachten wir sie als Objekte, mit denen wir tun können, was wir wollen. Ihr Leben zählt dann wenig gegenüber unseren Bedürfnissen. Solange wir Tiere weiterhin so behandeln, ist die Aufgabe, unsere Haltung gegenüber Tieren so zu ändern, wie wir sie ändern sollten, unlösbar. Wie können wir denn jemanden zur Achtung vor Tieren und gleichen Abwägung ihrer Interessen ermutigen, wenn er sie weiter aus bloßem Vergnügen verzehrt? Um die richtige Einstellung zur Berücksichtigung von Tieren zu fördern, auch der nicht-selbstbewußten, wäre es am besten, den einfachen Grundsatz zu beachten: Tiere nicht zu Nahrungszwecken zu töten.

Leben nehmen: Der Embryo und der Fötus

Das Problem

Über kaum ein ethisches Problem wird heute so erbittert gestritten wie über die Abtreibung, und während das Pendel nach beiden Richtungen weit ausgeschlagen ist, hat es keine der streitenden Parteien vermocht, die Überzeugungen ihrer Gegner nennenswert zu ändern. Bis 1967 war Abtreibung außer in Schweden und Dänemark nahezu überall illegal. Dann wurde in Großbritannien das Gesetz geändert und Abtreibung aus umfassenden sozialen Gründen erlaubt; schließlich entschied der Oberste Gerichtshof der Vereinigten Staaten 1973 im Prozeß *Roe gegen Wade*, daß die Frauen in den ersten sechs Monaten der Schwangerschaft ein verfassungsmäßiges Recht auf einen Abbruch haben. Westeuropäische Länder einschließlich der römisch-katholischen wie Italien, Spanien und Frankreich liberalisierten ihr Abtreibungsrecht. Lediglich die Republik Irland widersetzte sich dem Trend.

Die Abtreibungsgegner gaben jedoch nicht auf. In den Vereinigten Staaten haben konservative Präsidenten die Formulierungen des Obersten Gerichtshofes verändert, der seinerseits die Ränder der Roe-gegen-Wade-Entscheidung angeknabbert und einigen Staaten so die Möglichkeit gegeben hat, Abtreibung auf verschiedene Art und Weise zu erschweren. Auch in Osteuropa kam das Thema Abtreibung nach dem Zusammenbruch des Kommunismus wieder hoch. Die Kommunisten hatten die Abtreibung erlaubt, aber mit dem Wiedererstarken nationalistischer und religiöser Kräfte setzten in Ländern wie Polen Bewegungen ein, die für die Wiedereinführung restriktiver Gesetze eintraten. Die Tatsache, daß Westdeutschland strengere Gesetze als

Ostdeutschland hatte, löste im Zuge der Wiedervereinigung und aufgrund der Notwendigkeit, ein einheitliches Gesetz vorzulegen, eine heftige Debatte aus.

1978 stellte sich mit der Geburt von Louise Brown ein neues Problem bezüglich des Status frühen menschlichen Lebens. Denn mit ihr wurde zum ersten Mal ein menschliches Wesen aus einem Embryo geboren, der außerhalb eines menschlichen Körpers befruchtet worden war. Damit gelang es Robert Edwards und Patrick Steptoe, die Möglichkeit der In-Vitro-Fertilisation (IVF) zu demonstrieren; zuvor hatte man viele Jahre erfolglos mit menschlichen Embryonen experimentiert. Heute ist IVF bei bestimmten Arten von Unfruchtbarkeit eine Standardmethode, durch deren Anwendung Tausende von gesunden Babys das Licht der Welt erblickten. Auf dem Weg dorthin mußten jedoch viele Embryonen bei Experimenten zerstört werden, und weitere Verbesserungen der IVF-Methode erfordern die Fortsetzung der Experimente. Noch bedeutsamer sind wohl auf die Dauer andere Versuchsmöglichkeiten, die sich durch die Existenz eines lebensfähigen Embryos außerhalb des menschlichen Körpers eröffnet haben. Embryonen können jetzt eingefroren und über mehrere Jahre aufgehoben werden, bevor man sie auftaut und Frauen implantiert. Aus diesen Embryonen entstehen ganz normale Kinder, aber diese Technik hat zur Folge, daß auf der ganzen Welt eine große Anzahl von Embryonen in speziellen Kühlapparaten konserviert werden (allein 11 000 in Australien zur Zeit der Niederschrift dieses Kapitels). Weil das IVF-Verfahren oft mehr Embryonen produziert, als auf sicherem Wege in den Uterus der Frau, von der das Ei stammt, zurückgeführt werden können, gibt es viele eingefrorene Embryonen, die niemals gebraucht, vermutlich zerstört oder der Forschung zur Verfügung gestellt oder auch an andere unfruchtbare Paare weitergegeben werden.

Zudem tauchen ganz neue Technologien am Horizont auf. Embryonen können auf genetische Anomalien hin untersucht und beseitigt werden, wenn sich solche zeigen. Edwards hat vorhergesagt, daß es wissenschaftlich möglich sein wird, Embryonen im Reagenzglas so weit zu entwickeln, daß sie siebzehn Tage nach der Befruchtung Blut-Stammzellen bilden, die man zur Behandlung verschiedener bisher tödlicher Blutkrankheiten einsetzen könnte. Andere, die noch weiter in die Zukunft spekulieren, fragen sich, ob wir eines Tages Embryonen- und Föten-Banken haben werden, die Organe bereitstellen für Patienten, die sie benötigen.

Abtreibung und Experimente, die zur Vernichtung von Embryonen führen, werfen schwierige ethische Fragen auf; denn die Entwicklung eines menschlichen Wesens ist ein stufenweiser Prozeß. Wenn wir das befruchtete Ei unmittelbar nach der Empfängnis entfernen, ist es schwer, sich über seinen Tod zu beunruhigen. Das befruchtete Ei ist eine einzelne Zelle. Nach einigen Tagen ist es immer noch lediglich ein kleiner Zellklumpen, ohne daß auch nur ein einziges anatomisches Detail des späteren Wesens erkennbar würde. Die Zellen, die dann den eigentlichen Embryo bilden werden, sind in diesem Stadium nicht von den Zellen zu unterscheiden, die die Plazenta und die Fruchtblase bilden werden. Bis vierzehn Tage nach der Befruchtung können wir nicht einmal sagen, ob aus dem Embryo ein oder zwei Individuen entstehen werden; denn es kann zur Teilung und damit zur Bildung von eineiigen Zwillingen kommen. Nach vierzehn Tagen erscheint dann als erstes anatomisches Detail die Corda dorsalis, aus der sich später die Wirbelsäule entwickeln wird. Zu diesem Zeitpunkt kann der Embryo unmöglich ein Bewußtsein oder Schmerzempfinden haben. Am andern Ende der Entwicklung steht der erwachsene Mensch. Ihn zu töten bedeutet Mord, was von jedermann ohne Zögern verurteilt wird – mit Ausnahme einiger besonderer Fälle, die im folgenden Kapitel diskutiert werden. Eine klare Trennlinie zwischen dem befruchteten Ei und dem Erwachsenen gibt es nicht; daher rührt das Problem.

Dieses Kapitel widmet sich vornehmlich der Problematik des Schwangerschaftsabbruchs, aber die Diskussion um den Status des Fötus berührt offensichtlich auch die Thematik der Embryonen-Versuche und der Verwendung von fötalem Gewebe zu medizinischen Zwecken. Zuerst werde ich nun die Position der Abtreibungsgegner darstellen, die ich die konservative Position nennen werde, danach einige typische liberale Antworten prüfen und zeigen, weshalb sie unangemessen sind. Abschließend werde ich unsere frühere Diskussion über den Wert des Lebens mit heranziehen, um das Problem aus einer umfassenderen Perspektive zu betrachten. Allgemein ist die Ansicht verbreitet, daß Schwangerschaftsabbruch aus moralischer Sicht ein unlösbares Dilemma ist, aber ich werde zeigen, daß es – wenigstens im Rahmen einer nicht-religiösen Ethik – eine eindeutige Antwort gibt: wer eine andere Ansicht vertritt, befindet sich ganz einfach im Irrtum.

Die konservative Position

Das zentrale Argument gegen den Schwangerschaftsabbruch läßt sich formal etwa folgendermaßen darstellen:

> Erste Prämisse: Es ist unrecht, ein unschuldiges menschliches Wesen zu töten.
> Zweite Prämisse: Ein menschlicher Fötus ist ein unschuldiges menschliches Wesen.
> Schlußfolgerung: Daher ist es unrecht, einen menschlichen Fötus zu töten.

Üblicherweise besteht die liberale Antwort darin, daß man die zweite Prämisse dieses Arguments bestreitet. So kommt es, daß das Problem mit der Frage verbunden wird, ob der Fötus ein menschliches Wesen ist, und die Diskussion um Schwangerschaftsabbruch wird oft als eine Diskussion darüber begriffen, wann menschliches Leben beginnt.

In diesem Punkt läßt sich die konservative Position kaum erschüttern. Die Konservativen verweisen auf das Kontinuum zwischen befruchtetem Ei und Kind und fordern die Liberalen auf, irgendeinen Punkt in diesem stufenweisen Prozeß aufzuzeigen, der eine moralisch bedeutsame Zäsur markiert. Wenn es keine solche Zäsur gibt, dann müssen wir nach konservativer Auffassung entweder den Status des Embryos im frühesten Stadium so hoch wie den des Kindes bewerten oder den Status des Kindes so niedrig wie den des Embryos; aber niemand will zulassen, daß Kinder auf Wunsch ihrer Eltern ins Jenseits befördert werden, und somit besteht die einzig haltbare Position darin, dem Fötus den Schutz zu garantieren, den wir jetzt dem Kind gewähren.

Trifft es zu, daß zwischen dem befruchteten Ei und dem Kind keine moralisch relevante Trennlinie existiert? Gewöhnlich werden die folgenden vorgeschlagen: Geburt; Lebensfähigkeit; Bewegung des Fötus; Einsetzen des Bewußtseins. Wir wollen sie der Reihe nach betrachten.

Geburt

Die Geburt ist die sichtbarste mögliche Trennlinie, und es ist diejenige, die den Liberalen am besten ins Konzept passen würde. Sie trifft sich zu einem gewissen Grade mit unseren Sympathien: wir werden weniger verwirrt durch die Zerstörung eines Fötus, den wir nie gesehen haben, als durch den Tod eines Wesens, das wir sehen, hören und liebhaben können. Aber genügt das, um die Geburt als die Trennlinie zu betrachten, die entscheidet, ob ein Wesen getötet werden darf oder nicht? Die Konservativen können auf plausible Weise entgegnen, daß Fötus und Baby dasselbe Wesen sind, ob es sich nun innerhalb oder außerhalb des Mutterleibs befindet, mit den gleichen menschlichen Zügen (ob wir sie sehen können oder nicht) und demselben Bewußtseinsgrad und der gleichen Fähigkeit, Schmerz zu empfinden. Ein Frühgeborenes mag in dieser Hinsicht durchaus *weniger* entwickelt sein als ein Fötus kurz vor dem normalen Geburtstermin. Es wäre seltsam, wenn wir die Meinung verträten, wir dürften den frühgeborenen Säugling nicht töten, aber wir dürften den entwickelten Fötus töten. Wo sich ein Wesen befindet – innerhalb oder außerhalb des Mutterleibs –, sollte in bezug auf das Unrecht, das darin besteht, es zu töten, nicht allzu stark ins Gewicht fallen.

Lebensfähigkeit

Wenn die Geburt keinen entscheidenden moralischen Unterschied markiert, sollten wir dann die Zäsur in die Zeit zurückverlegen, von der an der Fötus außerhalb des Mutterleibs überleben könnte? Damit wird ein Einwand gegen die Meinung, die Geburt sei der entscheidende Punkt, überwunden, denn der lebensfähige Fötus wird als dem frühgeborenen Kind ebenbürtig betrachtet, das auf derselben Entwicklungsstufe steht. Lebensfähigkeit ist die Grenzlinie, die der Oberste Gerichtshof der Vereinigten Staaten in seiner historischen Entscheidung von *Roe gegen Wade* 1973 gezogen hat. Das Gericht war der Meinung, der Staat habe ein legitimes Interesse daran, potentielles Leben zu schützen, und dieses Interesse werde bei der Lebensfähigkeit »zwingend«, weil der Fötus dann voraussichtlich die Fähigkeit zu einem sinnvollen Leben außerhalb des Mutterleibs besitzt«. Daher wären nach der Auffassung des Gerichtshofs Gesetze, die die Abtreibung nach Erreichung der Lebensfähigkeit verbieten, außer wenn Leben oder Gesundheit der Mutter in Gefahr sind, nicht verfassungswidrig. Aber die Richter, die die mit Mehrheit gefällte Entscheidung begründeten, gaben keinen Hinweis darauf, weshalb die bloße Fähigkeit, außerhalb des Mutterleibs zu existieren, für das staatliche Interesse, potentielles Leben zu schützen, derart ins Gewicht fallen sollte. Schließlich ist, wenn wir wie der

Gerichtshof von *potentiellem* Leben sprechen, der nicht lebensfähige Fötus ebensosehr ein potentieller menschlicher Erwachsener wie der lebensfähige Fötus. (Ich werde bald auf das Problem der Potentialität zurückkommen; aber dabei handelt es sich um ein anderes Thema, nicht um das konservative Argument, das wir jetzt diskutieren und das die Behauptung enthält, der Fötus sei ein menschliches Wesen und nicht bloß ein potentielles menschliches Wesen.)

Es gibt einen weiteren wichtigen Einwand gegen den Versuch, die Lebensfähigkeit zur Trennlinie zu machen. Der Moment, in dem der Fötus außerhalb des Mutterleibs überleben kann, variiert je nach dem Stand der medizinischen Technologie. Vor dreißig Jahren war man allgemein der Meinung, daß ein mehr als zwei Monate zu früh geborenes Kind nicht überleben könne. Heute kann ein sechs Monate alter Fötus – drei Monate zu früh geboren – dank der hochentwickelten medizinischen Technik oft gerettet und zum Leben gebracht werden, ja nach nur fünfeinhalb Monaten Schwangerschaft haben Föten überlebt. Diese Tatsache droht die vom Obersten Gerichtshof gezogene strikte Trennlinie der Schwangerschaft in Trimesterabschnitte aufzulösen, wobei die Lebensfähigkeit zwischen dem 2. und 3. Trimester liegt.

Können wir also angesichts dieser medizinischen Entwicklungen sagen, bei einem sechs Monate alten Fötus sollte heute kein Schwangerschaftsabbruch vorgenommen werden, aber vor dreißig Jahren hätte man dies tun können, ohne ein Unrecht zu begehen? Derselbe Vergleich läßt sich nicht nur zwischen Gegenwart und Vergangenheit anstellen, sondern auch zwischen verschiedenen Orten. Ein sechs Monate alter Fötus kann eine gute Überlebenschance haben, wenn er in einer Stadt wie London oder New York geboren wird, wo die modernsten medizinischen Techniken angewendet werden, aber er wird überhaupt keine Chance haben, wenn er in einem abgelegenen Dorf im Tschad oder in Neu-Guinea geboren wird. Angenommen, eine im sechsten Monat schwangere Frau hätte aus irgendeinem Grund von New York in ein Dorf in Neu-Guinea reisen müssen und, dort angekommen, keine Möglichkeit gehabt, rasch in eine Stadt mit modernen medizinischen Einrichtungen zurückzukehren. Heißt das etwa, es wäre unrecht gewesen, wenn sie vor ihrer Abreise aus New York die Schwangerschaft abgebrochen hätte, jetzt jedoch, da sie sich in diesem Dorf befindet, dürfe sie einen Abbruch vornehmen lassen? Die Reise ändert doch nichts an der Natur des Fötus; weshalb also sollte sie seinen Anspruch auf Leben aufheben?

Die Liberalen könnten entgegnen, die Tatsache, daß der Fötus in dem, was sein Überleben angeht, völlig von der Mutter abhängig sei, bedeute, daß er kein von ihren Wünschen unabhängiges Recht auf Leben habe. In anderen Fällen sind wir allerdings nicht der Ansicht, völlige Abhängigkeit von einer anderen Person bedeute, daß diese Person über Leben oder Tod entscheiden darf. Ein neugeborenes Baby ist ganz und gar abhängig von seiner Mutter, wenn es in einer abgeschiedenen Gegend geboren wird, wo es von keiner anderen Frau gestillt oder mit der Flasche großgezogen werden kann. Eine ältere Frau kann völlig abhängig sein von ihrem Sohn, der für sie sorgt, und eine Frau auf Wanderschaft, die sich fünf Tagesmärsche von der nächsten Straße entfernt ein Bein bricht, wird sterben, wenn ihr Begleiter nicht Hilfe holt. Wir sind nicht der Meinung, daß in diesen Situationen die Mutter ihr Baby, der Sohn seine betagte Mutter oder der Wanderer seine verletzte Gefährtin umbringen darf. Somit ist die Behauptung nicht plausibel, daß die Abhängigkeit des nicht lebensfähigen Fötus von der Mutter ihr das Recht gibt, ihn zu töten; wenn aber Abhängigkeit es nicht rechtfertigt, die Lebensfähigkeit zur Trennlinie zu machen, dann ist schwer einzusehen, was sonst dafür sprechen könnte.

Bewegung des Fötus

Wenn weder Geburt noch Lebensfähigkeit einen moralisch bedeutsamen Unterschied markieren, dann läßt sich für den dritten Kandidaten noch weniger anführen: den Zeitpunkt, da die Mutter die Bewegung des Fötus zum ersten Mal spürt. In der traditionellen katholischen Theologie meinte man, dies sei der Augenblick, in dem der Fötus seine Seele erhalte. Würden wir dieser Anschauung folgen, könnten wir die Bewegung des Fötus als entscheidend ansehen, da die Seele nach christlicher Auffassung die Menschen von den Tieren unterscheidet. Aber die Vorstellung, die Seele trete in jenem Augenblick in den Fötus ein, ist ein veralteter Aberglaube, den selbst die katholischen Theologen heute aufgegeben haben. Läßt man jene religiösen Dogmen beiseite, so ist dieser Zeitpunkt bedeutungslos. Er ist lediglich der Moment, in dem die erste eigenständige Bewegung des Embryos empfunden wird; der Fötus lebt vor diesem Augenblick, ja Ultraschalluntersuchungen haben gezeigt, daß Föten schon sechs Wochen nach der Befruchtung sich bewegen, lange bevor die Bewegung spürbar wird. Jedenfalls hat die vorhandene oder nicht vorhandene physische Bewegungsfähigkeit nichts damit zu tun, daß jemand ernsthaft einen Anspruch auf Fortsetzung des Lebens hat. So betrachten wir auch bei Gelähmten das Fehlen eines physischen Bewegungsvermögens nicht als die Aufhebung ihres Anspruchs auf Weiterleben.

Bewußtsein

Man könnte Bewegung indirekt für moralisch relevant halten, ist sie doch ein Anzeichen für irgendeine Form von Bewußtheit – und wie wir bereits gesehen haben, sind Bewußtsein und die Fähigkeit, Freude und Schmerz zu empfinden, tatsächlich von moralischer Bedeutung. Trotzdem ist keine der beiden Seiten in der Abtreibungsdebatte auf die Bewußtseinsentwicklung des Fötus besonders eingegangen. Die Abtreibungsgegner mögen Filme über den »stummen Schrei« des Fötus während des Schwangerschaftsabbruchs zeigen, aber damit soll nur auf die Gefühle der Nichtbetroffenen eingewirkt werden. Die Gegner propagieren in Wirklichkeit das Lebensrecht für das menschliche Wesen von der Empfängnis an, ohne Rücksicht darauf, ob es Bewußtsein hat oder nicht. Die Befürworter des Schwangerschaftsabbruchs haben sich dagegen auf ein riskantes Spiel eingelassen, wenn sie auf die Abwesenheit von Bewußtseinsfähigkeit setzen. Seitdem gezeigt wurde, daß schon sechs Wochen nach der Befruchtung Bewegung einsetzt, und andere Untersuchungen Gehirnaktivitäten in der siebten Woche festgestellt haben, ist nicht mehr auszuschließen, daß der Fötus möglicherweise schon in diesem frühen Stadium fähig ist, Schmerz zu empfinden. Aufgrund dieser Möglichkeit sind auch die Liberalen vorsichtig geworden, das Einsetzen des Bewußtseins mit dem Lebensrecht des Fötus zu koppeln. Wir werden auf die Frage des Bewußtseins bei Föten noch in diesem Kapitel zurückkommen, weil es wichtig ist im Zusammenhang mit Embryonen- und Föten-Versuchen (vgl. S. 213 f.). Was den Schwangerschaftsabbruch anlangt, so ist in der bisherigen Diskussion deutlich geworden, daß die Suche der Liberalen nach einer moralisch entscheidenden Trennlinie zwischen dem Neugeborenen und dem Fötus kein Ereignis oder Entwicklungsstadium erbracht hat, das solche *mit* Lebensrecht von andern *ohne* Lebensrecht eindeutig scheiden könnte; es ist einfach nicht klar bewiesen, daß Föten in einem Entwicklungsstadium, in dem die meisten Schwangerschaftsabbrüche stattfinden, der letzteren Kategorie angehören. Die Konservativen bewegen sich dagegen auf festem Boden, wenn sie betonen, daß die Entwicklung vom Embryo zum Säugling ein stufenweiser Prozeß ist.

Einige liberale Argumente

Einige Liberale fechten die konservative Behauptung, der Fötus sei ein unschuldiges menschliches Wesen, nicht an, aber sie entgegnen, Abtreibung sei trotzdem erlaubt. Ich werde drei Argumente für diese Ansicht prüfen.

Die Folgen restriktiver Gesetze

Das erste Argument lautet: Gesetze gegen die Abtreibung verhindern sie nicht, sondern drängen sie lediglich in den Untergrund. Frauen, die einen Abbruch vornehmen lassen wollen, sind oft verzweifelt. Sie gehen zu Kurpfuschern oder versuchen es mit primitiven Mitteln selbst. Wird der Schwangerschaftsabbruch von einem qualifizierten Arzt vorgenommen, ist er ebenso sicher wie jede andere ärztliche Operation, aber Abbruchversuche von unqualifizierten Leuten enden oft mit ernsten medizinischen Komplikationen und manchmal tödlich. Daher besteht die Wirkung des Verbots von Schwangerschaftsabbrüchen nicht in ihrer Verminderung, sondern in der Zunahme von Schwierigkeiten und Gefahren für Frauen mit ungewollten Schwangerschaften.

Dieses Argument hat für eine liberalere Abtreibungsgesetzgebung großes Gewicht gehabt. Es wurde von der Canadian Royal Commission on the Status of Women akzeptiert: »Ein Gesetz, das mehr schlechte als gute Wirkungen hat, ist ein schlechtes Gesetz [. . .]. Solange es in seiner gegenwärtigen Form existiert, werden es Tausende von Frauen brechen.«

Das Entscheidende an diesem Argument besteht darin, daß es ein Argument gegen gesetzliche Abtreibungsverbote ist, nicht jedoch gegen die Auffassung, daß Abtreibung unrecht sei. Das ist ein wichtiger Unterschied, der in der Abtreibungsdebatte oft übersehen wird. Das vorliegende Argument illustriert den Unterschied gut; denn man könnte es durchaus akzeptieren und dafür sein, daß das Gesetz den Schwangerschaftsabbruch auf Verlangen erlaubt, während man sich zugleich selbst – bei eigener Schwangerschaft – gegen einen Abbruch entscheiden oder anderen, die schwanger sind, davon abraten würde. Es ist ein Irrtum, anzunehmen, ein Gesetz sollte stets moralisches Verhalten erzwingen. Es könnte sein, daß, wie etwa im Falle des Schwangerschaftsabbruchs, Versuche, richtiges Verhalten zu erzwingen, Folgen haben, die niemand will, und keinen Rückgang von Vergehen herbeiführen; oder es könnte sein (was im nächsten Argument vorgebracht wird), daß es eine Zone der privaten Moral gibt, in der das Gesetz nichts zu suchen hat.

Somit betrifft dieses erste Argument die Abtreibungsgesetzgebung, nicht aber die Moral des Schwangerschaftsabbruchs. Selbst innerhalb dieser Grenzen ist es jedoch umstritten, denn es widerlegt nicht die konservative Behauptung, daß ein Schwangerschaftsabbruch das absichtliche Töten eines unschuldigen menschlichen Wesens ist und zu derselben moralischen Kategorie wie Mord gehört. Diejenigen, die die Abtreibung so beurteilen, werden sich nicht mit der Versicherung zufriedengeben, restriktive Abtreibungsgesetze leisteten nicht mehr, als daß sie Frauen Kurpfuschern in die Hände trieben. Sie werden vielmehr darauf bestehen, daß diese Situation geändert und dem Gesetz Geltung verschafft werden kann. Sie können auch Maßnahmen befürworten, die es den Frauen, die ungewollt schwanger werden, erleichtern, ihre Schwangerschaft zu akzeptieren. Das eingangs statuierte moralische Urteil gegen Abtreibung einmal vorausgesetzt, ist dies eine vollkommen vernünftige Entgegnung, und aus diesem Grund gelingt es dem ersten Argument nicht, den ethischen Aspekt auszuklammern.

Nicht Sache des Gesetzes?

Das zweite Argument betrifft wiederum die Abtreibungsgesetze und nicht die Moral des Schwangerschaftsabbruchs. Es beruft sich auf eine Auffassung, die in einem Untersuchungsbericht der britischen Regierung zur Gesetzgebung hinsichtlich Homosexualität und Prostitution folgendermaßen ausgedrückt wird: »Es muß ein Bereich der privaten Moral und Unmoral übrigbleiben, der, um es kurz und bündig zu sagen, nicht Sache des Gesetzes ist.« Diese Ansicht ist unter den liberalen Denkern weit verbreitet und läßt sich bis auf John Stuart Mill und seine Freiheitsschrift (*On Liberty*) zurückverfolgen. Das »eine sehr einfache Prinzip« dieses Werks lautet in Mills Worten:

> »Daß der einzige Zweck, zu welchem über irgendein Mitglied eines zivilisierten Gemeinwesens gegen dessen Willen rechtmäßig Macht ausgeübt werden darf, darin besteht, andere vor Schaden zu schützen [. . .]. Niemand kann rechtmäßig gezwungen werden zu handeln oder nicht zu handeln, weil es für ihn besser wäre, weil es ihn glücklicher machen würde, weil es nach der Meinung der anderen weise oder sogar richtig wäre.«

Mills Ansicht wird oft und gern zitiert, um die Forderung nach der Abschaffung von Gesetzen zu stützen, die »Verbrechen ohne Opfer« hervorbringen – wie etwa jene, die einvernehmliche homosexuelle Beziehungen zwischen Erwachsenen, den Gebrauch von Marihuana und anderen Drogen, Prostitution, Glücksspiel und anderes verbieten. Abtreibung wird oft in diese Liste aufgenommen, so zum Beispiel von dem Kriminologen Edwin Schur in seinem Buch *Crimes Without Victims*. Diejenigen, die Abtreibung für ein Verbrechen ohne Opfer halten, sagen, daß zwar jeder Mensch berechtigt sei, in bezug auf Abtreibung zu denken und zu handeln, wie es ihm beliebt, daß aber kein Teil des Gemeinwesens versuchen sollte, andere zu zwingen, sich seiner besonderen Sichtweise anzuschließen. In einer pluralistischen Gesellschaft sollten wir Menschen mit anderen moralischen Anschauungen tolerieren und die Entscheidung, ob sie einen Schwangerschaftsabbruch vornehmen wollen, den betroffenen Frauen überlassen.

Daß ein Fehlschluß damit einhergeht, Abtreibung zu den
Verbrechen ohne Opfer zu zählen, sollte jedem klar sein.
Der Streit über die Abtreibung ist über weite Strecken ein
Disput darüber, ob sie ein »Opfer« trifft oder nicht. Abtreibungsgegner meinen, das Opfer sei der Fötus. Diejenigen,
die nicht gegen Schwangerschaftsabbruch sind, mögen bestreiten, daß der Fötus in ernsthafter Weise als Opfer gelten
kann. Sie können zum Beispiel vorbringen, daß ein Wesen
kein Opfer sein kann, wenn es keine Interessen hat, die sich
verletzen lassen; der Fötus aber habe keine Interessen.
Doch wie auch immer dieser Disput aussieht – man kann
ihn nicht einfach unter Hinweis darauf mißachten, daß niemand versuchen dürfe, anderen die Befolgung seiner eigenen moralischen Ansichten aufzuzwingen. Meine Ansicht,
daß das, was Hitler den Juden zugefügt hat, unrecht war, ist
eine moralische Ansicht, und wenn es irgendein Anzeichen
für ein Wiederaufleben des Nazismus gäbe, so würde ich
alles daransetzen, andere zu zwingen, nicht im Gegensatz
zu dieser Ansicht zu handeln. Mills Prinzip ist nur vertretbar, wenn es, wie das Mill auch tut, auf Handlungen beschränkt wird, die anderen nicht schaden. Benutzt man das
Prinzip als Mittel, die Schwierigkeiten zu umgehen, die die
Diskussion über die Abtreibung bietet, so setzt man voraus,
daß Abtreibung keinem »anderen« schadet – und genau das
ist der Punkt, den man beweisen müßte, bevor wir das Prinzip zu Recht auf den Fall des Schwangerschaftsabbruchs anwenden könnten.

Ein feministisches Argument

Das letzte der drei Argumente, mit dem man die Abtreibung zu rechtfertigen versucht, ohne zu bestreiten, daß der
Fötus ein unschuldiges menschliches Wesen ist, besagt, daß
eine Frau ein Recht darauf hat, zu entscheiden, was mit
ihrem eigenen Körper geschieht. Dieses Argument kam im
Zusammenhang mit der Frauenemanzipation auf und

wurde von amerikanischen Philosoph(inn)en weiterentwik-
kelt, die mit dem Feminismus sympathisieren, allen voran
von Judith Jarvis Thomson. Thomson vertritt ihre Sache
mit Hilfe einer raffinierten Analogie. Stell dir vor – sagt
sie –, du wachst eines Morgens auf und befindest dich in einem Krankenhausbett, und im Bett neben dir liegt ein be-
wußtloser Mann, an den du irgendwie angeschlossen bist.
Man erzählt dir, dieser Mann sei ein bekannter Geiger mit
einem Nierenleiden. Er könne nur überleben, wenn sein
Kreislauf an das Kreislaufsystem eines anderen Menschen
mit derselben Blutgruppe angeschlossen werde, und du bist
die einzige Person, deren Blut geeignet ist. Deshalb hat dich
eine Gesellschaft von Musikliebhabern gekidnappt, die
Operation des Ankoppelns vollziehen lassen, und da bist
du nun. Da es sich um ein renommiertes Krankenhaus handelt, könntest du jetzt, wenn du dich dafür entscheidest, einen Arzt herbeirufen, um dich von dem Geiger abkoppeln
zu lassen; aber der Geiger wird dann mit Sicherheit sterben.
Wenn du dagegen für nur (nur?) neun Monate mit dem
Geiger verbunden bleibst, wird er genesen, und du kannst
von ihm abgekoppelt werden, ohne ihn zu gefährden.
Thomson meint, daß du in dieser unerwarteten mißlichen
Situation nicht moralisch verpflichtet bist, dem Geiger die
Benutzung deiner Nieren für neun Monate zu gestatten. Es
mag großzügig oder freundlich von dir sein, wenn du es
tust, aber das ist, so meint Thomson, eine Aussage, die völlig verschieden ist von der Aussage, daß du unrecht handeln
würdest, wenn du es nicht tätest.
Man beachte, daß Thomsons Schlußfolgerung nicht davon
abhängt, ob man dem Geiger den Status eines unschuldigen
menschlichen Wesens abspricht, das dasselbe Recht auf Leben wie andere unschuldige menschliche Wesen hat. Im Gegenteil, Thomson bejaht, daß der Geiger ein Recht auf Leben hat – aber ein Recht auf Leben haben schließt nicht das
Recht ein, den Körper eines anderen Menschen zu benutzen, selbst wenn man ohne diese Benutzung sterben wird.

Die Parallele zur Schwangerschaft, insbesondere zu einer durch Vergewaltigung verursachten Schwangerschaft, ist offensichtlich. Eine durch Vergewaltigung schwangere Frau findet sich, ohne ihre eigene Entscheidung, mit einem Fötus verbunden, genauso wie die betreffende Person mit dem Geiger verbunden ist. Zwar braucht eine schwangere Frau normalerweise nicht neun Monate im Bett zu verbringen, aber die Gegner der Abtreibung würden dies nicht als hinreichende Rechtfertigung für die Abtreibung ansehen. Ein neugeborenes Baby zur Adoption freizugeben mag psychologisch schwieriger sein als die Trennung von dem Geiger nach seiner Genesung; aber dies ist an sich offenbar kein hinreichender Grund dafür, den Fötus zu töten. Nimmt man um des Argumentes willen an, der Fötus gelte als ein fertiges menschliches Wesen, so hat ein Schwangerschaftsabbruch dieselbe moralische Bedeutung wie das Abkoppeln von dem Geiger. Wenn wir also mit Thomson übereinstimmen, daß es kein Unrecht wäre, sich von dem Geiger loskoppeln zu lassen, so müssen wir auch akzeptieren, daß ein Schwangerschaftsabbruch kein Unrecht ist, welchen Status auch immer der Fötus haben mag; zumindest gilt das, wenn die Schwangerschaft durch eine Vergewaltigung verursacht worden ist.

Thomsons Argument läßt sich vermutlich über den Fall der Vergewaltigung hinaus verwenden. Angenommen, du findest dich an den Geiger angeschlossen, nicht weil du von Musikliebhabern gekidnappt wurdest, sondern weil du im Krankenhaus eine kranke Freundin besuchen wolltest; doch im Lift hast du versehentlich auf den falschen Knopf gedrückt und bist in einer Abteilung gelandet, die normalerweise nur von denjenigen aufgesucht wird, die sich freiwillig zur Verfügung stellen, um an Patienten angeschlossen zu werden, die andernfalls nicht überleben würden. Ein Ärzteteam hat dich für den nächsten Kandidaten gehalten, du hast eine Betäubungsspritze bekommen und bist angeschlossen worden. Wenn Thomsons Argument im Entführungsfall vernünftig war, so ist es vermutlich auch hier vernünftig, weil unfreiwillige Hilfe für einen andern neun Monate lang ein hoher Preis ist für Unwissen oder Nachlässigkeit. Auf diese Weise läßt sich das Argument über Vergewaltigungsverbrechen hinaus auf eine viel größere Zahl von Frauen anwenden, die durch Unwissen, Nachlässigkeit oder mangelhafte Verhütung schwanger werden.

Aber ist das Argument stichhaltig? Die kurze Antwort lautet: Ja, sofern die spezielle Rechtstheorie, die ihm zugrunde liegt, stichhaltig ist; und es ist nicht stichhaltig, wenn jene Rechtstheorie nicht stichhaltig ist.

Die betreffende Rechtstheorie läßt sich durch ein weiteres von Thomsons phantasievollen Beispielen illustrieren: Angenommen, ich leide an einer äußerst gefährlichen Krankheit, und das einzige, was mich retten kann, ist, daß mein Lieblingsfilmstar mir eine kühle Hand auf meine fiebrige Stirn legt. Nun, sagt Thomson, obwohl ich ein Recht auf Leben habe, bedeutet das nicht, daß ich ein Recht hätte, den Star zu zwingen, zu mir zu kommen, oder daß er irgendeine moralische Pflicht hätte, das nächste Flugzeug zu nehmen und mich zu retten – obwohl es schrecklich nett von ihm wäre. Thomson akzeptiert also nicht, daß wir stets verpflichtet sind, nach Abwägung aller Umstände den besten Weg des Handelns einzuschlagen oder das zu tun, was die besten Konsequenzen hat. Vielmehr akzeptiert sie ein System von Rechten und Verpflichtungen, die es uns erlauben, unsere Handlungen unabhängig von ihren Konsequenzen zu rechtfertigen.

Ich werde in Kapitel 8 über diese Rechtskonzeption noch mehr sagen. Hier genügt die Bemerkung, daß Utilitaristen diese Rechtstheorie ablehnen würden, und sie würden auch Thomsons Urteil im Fall des Geigers nicht akzeptieren. Utilitaristen würden folgenden Standpunkt vertreten: Meine Empörung über meine Entführung mag noch so groß sein; aber wenn die Konsequenzen meiner Abkoppelung von dem Geiger – alles in allem und unter Berücksichtigung der Interessen aller Betroffenen – schlimmer sind als die Konsequenzen für mich, wenn ich angeschlossen bleibe, dann sollte ich angeschlossen bleiben. Dies bedeutet nicht notwendig, daß die Utilitaristen eine Frau, die sich abkoppeln ließe, als böse oder tadelnswert betrachteten. Sie dürften anerkennen, daß sie sich in einer außerordentlich schwierigen Situation befunden hat, in der das Richtige zu tun ein beträchtliches Opfer erfordert. Sie dürften sogar einräumen, daß die meisten Leute in dieser Situation eher ihrem Eigeninteresse folgen würden, als das Richtige zu tun. Dennoch würden sie die Meinung vertreten, daß es falsch sei, sich abkoppeln zu lassen.

Indem sie Thomsons Rechtstheorie und damit ihr Urteil im Fall des Geigers zurückweisen, würden die Utilitaristen auch ihr Argument für die Abtreibung ablehnen. Thomson hat behauptet, daß ihr Argument die Abtreibung selbst dann legitimieren würde, wenn wir es zuließen, daß das Leben des Fötus ebensoviel zählt wie das Leben einer normalen Person. Utilitaristen würden entgegnen, es sei falsch, sich zu weigern, das Leben einer Person neun Monate lang zu erhalten, wenn dies die einzige Überlebenschance der Person wäre. Mißt man also dem Leben des Fötus dasselbe Gewicht bei wie dem Leben einer Person, dann würden die Utilitaristen die Weigerung, den Fötus auszutragen, bis er außerhalb des Mutterleibes existieren kann, als Unrecht bezeichnen.

Damit ist unsere Erörterung der gängigen liberalen Entgegnungen auf die konservativen Argumente gegen die Abtreibung abgeschlossen. Wir haben gesehen, daß es den Liberalen nicht gelungen ist, eine moralisch relevante Trennlinie zwischen dem Neugeborenen und dem Fötus festzulegen und – vielleicht mit der Ausnahme von Thomsons Argument, sofern ihre Rechtstheorie vertretbar ist – die Abtreibung zu rechtfertigen, ohne die konservative Behauptung zu bestreiten, daß der Fötus ein unschuldiges menschliches Wesen ist. Trotzdem wäre es für die Konservativen verfrüht, anzunehmen, daß ihre Argumentation gegen die Abtreibung stichhaltig ist. Es ist nun an der Zeit, einige allgemeinere Schlußfolgerungen über den Wert des Lebens in die Debatte einzuführen.

Der Wert des fötalen Lebens

Kehren wir zum Anfang zurück. Das Hauptargument gegen die Abtreibung, von dem wir ausgingen, lautete folgendermaßen:

> Erste Prämisse: Es ist unrecht, ein unschuldiges menschliches Wesen zu töten.
> Zweite Prämisse: Ein menschlicher Fötus ist ein unschuldiges menschliches Wesen.
> Schlußfolgerung: Daher ist es unrecht, einen menschlichen Fötus zu töten.

Die zuerst behandelte Gruppe von Einwänden bejahte die erste, verneinte aber die zweite Prämisse dieses Arguments. Die zweite Gruppe von Einwänden lehnt keine von beiden Prämissen ab, wendet sich aber gegen die Schlußfolgerung, daß Abtreibung vom Gesetz verboten werden sollte. Kein Einwand hat bisher die erste Prämisse in Frage gestellt. Angesichts der weitverbreiteten Zustimmung zur Lehre von der Heiligkeit des Lebens ist das nicht verwunderlich; aber die Diskussion über diese Lehre in den vorangehenden Kapiteln zeigt, daß diese Prämisse weniger sicher ist, als viele glauben.

Die Schwäche der ersten Prämisse des konservativen Arguments liegt darin, daß wir vom besonderen Status des *menschlichen* Lebens überzeugt sein müssen. Wir haben aber gesehen, daß der Begriff »menschlich« zwischen verschiedenen Bedeutungen schwankt: Mitglied der Spezies Homo sapiens einerseits und Person andererseits. Ist der Begriff erst einmal auf diese Weise aufgespalten, so wird die

Schwäche der ersten Prämisse der Konservativen augenfällig. Wird »menschlich« als Äquivalent für »Person« genommen, dann ist die zweite Prämisse des Arguments, die Behauptung, der Fötus sei ein menschliches Wesen, mit Sicherheit falsch, denn man kann nicht plausibel argumentieren, der Fötus sei rational oder selbstbewußt. Nimmt man andererseits »menschlich« in der Bedeutung von »Mitglied der Spezies Homo sapiens«, dann beruht die konservative Verteidigung des Lebens des Fötus auf einer Eigenschaft, die keine moralische Relevanz hat, und somit ist die erste Prämisse falsch. Dieser Punkt sollte uns jetzt allmählich vertraut sein: ob ein Wesen ein Mitglied unserer Spezies ist oder nicht, ist für sich genommen für die Unrechtmäßigkeit des Tötens ebenso unerheblich wie die Frage, ob es ein Mitglied unserer Rasse ist oder nicht. Die Auffassung, die bloße Zugehörigkeit zu unserer Spezies, ungeachtet aller anderen Eigenschaften, sei von entscheidender Bedeutung für die Unrechtmäßigkeit des Tötens, ist ein Erbe religiöser Lehren, die selbst die Gegner der Abtreibung nur mehr zögernd ins Gespräch bringen.

Diese einfache Erkenntnis verändert die Abtreibungsdiskussion. Wir können den Fötus nun als das betrachten, was er ist – die wirklichen Eigenschaften, die er besitzt –, und können sein Leben nach demselben Maßstab bewerten wie das Leben von Wesen, die ähnliche Eigenschaften haben, aber nicht zu unserer Spezies gehören. Es wird nun offensichtlich, daß die »Pro-Leben-« oder »Recht-auf-Leben«-Bewegung einen falschen Namen hat. Weit entfernt davon, sich für jedes Leben einzusetzen oder sich einzusetzen in einem Ausmaß, das sich ohne Voreingenommenheit nur nach der Natur des fraglichen Lebens bemißt, zeigen diejenigen, die gegen Abtreibung protestieren, jedoch regelmäßig das Fleisch von Hühnern, Schweinen und Kälbern verspeisen, nur ein vordergründiges Interesse am Leben von Wesen, die zu unserer eigenen Spezies gehören. Denn bei jedem fairen Vergleich moralisch relevanter Eigenschaften wie Rationali-

tät, Selbstbewußtsein, Bewußtsein, Autonomie, Lust- und
Schmerzempfindung und so weiter haben das Kalb, das
Schwein und das viel verspottete Huhn einen guten Vor-
sprung vor dem Fötus in jedem Stadium der Schwangerschaft – und wenn wir einen weniger als drei Monate alten
Fötus nehmen, so würde sogar ein Fisch mehr Anzeichen
von Bewußtsein zeigen.

Ich schlage daher vor, dem Leben eines Fötus keinen größeren Wert zuzubilligen als dem Leben eines nichtmenschlichen Lebewesens auf einer ähnlichen Stufe der Rationalität, des Selbstbewußtseins, der Bewußtheit, der Empfindungsfähigkeit usw. Da kein Fötus eine Person ist, hat kein
Fötus denselben Anspruch auf Leben wie eine Person. Wir
müssen natürlich noch untersuchen, wann der Fötus voraussichtlich in der Lage sein wird, Schmerz zu empfinden.
Für den Augenblick genügt die Feststellung: Bis diese Fähigkeit vorhanden ist, beendet ein Schwangerschaftsabbruch eine Existenz, die überhaupt keinen Wert an sich hat.
Danach jedoch, wenn der Fötus Bewußtsein (wenn auch
kein Selbstbewußtsein) hat, sollte Abtreibung nicht leicht-
genommen werden (falls eine Frau jemals einen Schwangerschaftsabbruch leichtnimmt). Aber die ernsthaften Interessen der Frau würden normalerweise jederzeit vor den rudi-
mentären Interessen selbst eines bewußten Fötus Vorrang
haben. Ja, selbst ein Schwangerschaftsabbruch in einem
späten Stadium der Schwangerschaft aus den trivialsten
Gründen ist schwerlich zu verurteilen, wenn wir nicht
gleichzeitig das Abschlachten viel weiter entwickelter Lebensformen, nur weil uns deren Fleisch schmeckt, verurteilen.

Der Vergleich zwischen dem Fötus und anderen empfindungsfähigen Lebewesen führt uns zu einem weiteren
Punkt. Wo es das Gleichgewicht einander widerstreitender
Interessen erfordert, ein empfindungsfähiges Geschöpf zu
töten, ist es wichtig, daß das Töten so schmerzlos wie möglich geschieht. Im Falle nichtmenschlicher Tiere wird die

Bedeutung eines humanen Tötens weithin anerkannt; im Falle der Abtreibung kümmert man sich seltsamerweise nur wenig darum. Der Grund dafür liegt nicht in dem Wissen, daß durch den Abbruch der Fötus schnell und human getötet würde. Späte Schwangerschaftsabbrüche – und gerade bei diesen ist der Fötus vielleicht schon fähig, Schmerz zu empfinden – werden oft so ausgeführt, daß man eine Salzlösung in die den Fötus umgebende Fruchtblase einspritzt. Es wurde behauptet, die Folge davon seien Konvulsionen des Fötus, der etwa ein bis drei Stunden später sterbe. Danach wird der tote Fötus aus dem Mutterleib ausgestoßen. Wann auch immer Grund zu der Annahme besteht, daß eine Methode des Schwangerschaftsabbruchs dem Fötus Leiden verursacht, sollte er vermieden werden.

Der Fötus als potentielles Leben

Gegen das Argument, das ich im vorhergehenden Abschnitt angeboten habe, ließe sich einwenden, daß es nur die aktuellen Eigenschaften des Fötus berücksichtige, nicht jedoch seine potentiellen. Manche Gegner der Abtreibung werden zugeben, daß der Fötus im Vergleich mit vielen nichtmenschlichen Tieren hinsichtlich seiner vorhandenen Eigenschaften schlecht abschneidet; seine Zugehörigkeit zur Spezies Homo sapiens wird dann wichtig, wenn wir ihn als potentielles reifes menschliches Wesen betrachten, und dann übertrifft der Fötus jedes Huhn, Schwein oder Kalb bei weitem.

Ich habe die Frage nach der Potentialität des Fötus bisher zurückgestellt, um mich auf das Hauptargument gegen die Abtreibung zu konzentrieren; aber man kann durchaus ein anderes Argument ins Spiel bringen, das auf der Potentialität des Fötus basiert. Wir können es folgendermaßen formulieren:

Erste Prämisse: Es ist unrecht, ein potentielles menschliches Wesen zu töten.
Zweite Prämisse: Ein menschlicher Fötus ist ein potentielles menschliches Wesen.
Schlußfolgerung: Daher ist es unrecht, einen menschlichen Fötus zu töten.

Die zweite Prämisse dieses Arguments ist stärker als die zweite Prämisse des vorhergehenden Arguments. Während es problematisch ist, ob ein Fötus wirklich ein menschliches Wesen *ist* – das hängt davon ab, was wir mit dem Begriff meinen –, kann nicht in Abrede gestellt werden, daß der Fötus ein potentielles menschliches Wesen ist. Dies trifft zu, ganz gleich, ob wir unter »menschlichem Wesen« ein »Mitglied der Spezies Homo sapiens« oder ein rationales und selbstbewußtes Wesen, eine Person, verstehen. Die starke zweite Prämisse des neuen Arguments wird allerdings mit einer schwächeren ersten Prämisse erkauft, denn die Unrechtmäßigkeit der Tötung eines potentiellen menschlichen Wesens – selbst einer potentiellen Person – ist leichter anzufechten als die Unrechtmäßigkeit der Tötung eines wirklichen menschlichen Wesens.

Es trifft natürlich zu, daß die potentielle Rationalität, das potentielle Selbstbewußtsein usw. eines fötalen Homo sapiens weit über das hinausgeht, was eine Kuh oder ein Schwein aufzuweisen haben; aber daraus folgt nicht, daß der Fötus einen größeren Anspruch auf Leben hat. Es gibt keine Regel, die besagt, daß ein potentielles X denselben Wert oder alle Rechte von X hat. Es gibt viele Beispiele, die gerade das Gegenteil beweisen. Wenn man eine keimende Eichel aus der Erde zieht, dann ist das nicht dasselbe, als wenn man eine Ehrfurcht gebietende Eiche fällt. Wer ein lebendes Huhn in kochendes Wasser wirft, handelt viel schlimmer als jemand, der dasselbe mit einem Ei macht. Prinz Charles ist der potentielle König von England, aber er besitzt nicht die Rechte eines Königs.

Da eine allgemeine Ableitung aus »A ist ein potentielles X« zu »A hat die Rechte von X« nicht gegeben ist, sollten wir verneinen, daß eine potentielle Person die Rechte einer Person hat, außer es kann ein spezifischer Grund angegeben werden, warum dies in diesem besonderen Fall gelten soll. Aber was könnte das für ein Grund sein? Diese Frage wird insbesondere dann dringlich, wenn wir uns in Erinnerung rufen, wie im vorhergehenden Kapitel begründet wurde, weshalb das Leben einer Person mehr Schutz verdient als das Leben eines nichtpersonalen Wesens. Der indirekte klassische Utilitarismus ist darum besorgt, in anderen nicht die Furcht zu wecken, sie kämen als nächste an die Reihe; der Präferenz-Utilitarismus legt das Schwergewicht auf die Wünsche einer Person; Tooley sieht eine Beziehung zwischen einem Recht auf Leben und der Fähigkeit, die Fortdauer des eigenen Lebens zu wünschen, und es gibt das Prinzip des Respekts vor der Autonomie – all diese Gründe stützen sich darauf, daß Personen sich als distinkte Entitäten mit einer Vergangenheit und Zukunft sehen. Sie erstrecken sich nicht auf diejenigen, die jetzt nicht fähig sind und auch niemals fähig waren, sich selbst so zu sehen. Wenn das die Gründe sind, Personen nicht zu töten, so spricht die bloße Potentialität, eine Person zu werden, nicht gegen das Töten.

Man könnte sagen, dieser Einwand verkenne die Bedeutung des Potentials im menschlichen Fötus, und dieses Potential sei nicht deshalb wichtig, weil es im Fötus ein Recht oder einen Anspruch auf Leben konstituiere, sondern weil jeder, der einen menschlichen Fötus tötet, die Welt eines künftigen rationalen und selbstbewußten Wesens beraube. Wenn rationale und selbstbewußte Wesen an sich wertvoll sind, dann heißt einen menschlichen Fötus töten der Welt etwas an sich Wertvolles entreißen, und somit ist es unrecht. Abgesehen von der Schwierigkeit des Nachweises, daß rationale und selbstbewußte Wesen einen Wert an sich haben, ist dieses Argument gegen die Abtreibung hauptsächlich deshalb problematisch, weil es sich nicht gegen alle Schwangerschaftsabbrüche richtet, nicht einmal gegen solche, die nur wegen des ungelegenen Zeitpunkts der Schwangerschaft vorgenommen werden; und es führt uns dazu, eine Reihe anderer Praktiken neben dem Schwangerschaftsabbruch zu verurteilen, die die meisten Abtreibungsgegner akzeptieren.

Es gibt keinen Grund, der sich gegen alle Schwangerschaftsabbrüche vorbringen läßt, denn nicht alle berauben die Welt eines rationalen und selbstbewußten Wesens. Angenommen, eine Frau hat vor, sich im Juni einer Bergsteigerexpedition anzuschließen, und im Januar erfährt sie, daß sie im zweiten Monat schwanger ist. Sie hat noch keine Kinder, aber die feste Absicht, in einem Jahr ein Kind zu bekommen. Die Schwangerschaft ist nur deshalb unerwünscht, weil sie ungelegen kommt. Abtreibungsgegner würden vermutlich einen Abbruch unter diesen Umständen ganz besonders empörend finden, denn weder das Leben noch die Gesundheit der Mutter stehen auf dem Spiel – nur das Vergnügen, das ihr das Bergsteigen verschafft. Doch wenn ein Schwangerschaftsabbruch bloß deshalb unrecht ist, weil er die Welt einer künftigen Person beraubt, dann ist dieser Abbruch kein Unrecht; er verzögert lediglich den Eintritt einer Person in die Welt.

Umgekehrt nötigt uns dieses Argument gegen die Abtreibung dazu, solche Praktiken zu verurteilen, die die künftige Bevölkerung reduzieren: die Verhütung, sei es mit »künstlichen«, sei es mit »natürlichen« Mitteln wie Abstinenz an Fertilitätstagen der Frau, und auch das Zölibat. Dieses Argument weist alle Schwierigkeiten der in Kapitel 4 diskutierten »totalen« Form des Utilitarismus auf, und es liefert uns keinen Grund für die Ansicht, daß Abtreibung schlimmer sei als irgendein anderes Mittel der Bevölkerungskontrolle. Falls die Welt bereits übervölkert ist, liefert uns das Argument überhaupt keinen Grund gegen die Abtreibung.

Hat das Faktum, daß der Fötus eine potentielle Person ist, noch irgendeine andere Bedeutung? Wenn ja, habe ich keine Ahnung, welche das sein könnte. In Schriften gegen die Abtreibung wird oft auf die Tatsache hingewiesen, daß jeder menschliche Fötus einzigartig ist. Paul Ramsey, ehemaliger Theologieprofessor an der Universität Princeton, hat gesagt, daß uns die moderne Genetik mit ihrer Lehre, wonach die erste Verschmelzung von Samenzelle und Eizelle ein nie zu wiederholendes Stück Information schaffe, offenbar zu der Schlußfolgerung führt, »daß jede Zerstörung von fötalem Leben als Mord klassifiziert werden sollte«. Aber warum sollte uns diese Tatsache zu diesem Schluß führen? Der Fötus eines Hundes ist zweifellos auch genetisch einmalig. Bedeutet das, daß es ebenso unrecht ist, einen Hund abzutreiben wie einen Menschen? Wenn eineiige Zwillinge gezeugt werden, wiederholt sich die genetische Information. Würde Ramsey also meinen, es sei erlaubt, einen der beiden eineiigen Zwillinge abzutreiben? Die Kinder, die meine Frau und ich in die Welt setzen würden, wenn wir keine Verhütungsmittel anwendeten, wären genetisch einzigartig. Macht der Umstand, daß es noch unbestimmt ist, welchen genetisch einmaligen Charakter diese Kinder genau haben würden, den Gebrauch von empfängnisverhütenden Mitteln zu einem geringeren Übel als den Schwangerschaftsabbruch? Weshalb sollte er? Und wenn es so wäre, würde die sich abzeichnende Aussicht auf erfolgreiches Klonen – eine Technik, bei der die Zellen eines Individuums verwendet werden, um einen Fötus zu reproduzieren, der eine genetische Kopie des Originals ist – den Schwangerschaftsabbruch weniger bedenklich machen? Angenommen, die Frau, die bergsteigen will, wäre in der Lage, einen Abbruch vornehmen, eine Zelle des nicht ausgetragenen Fötus herausnehmen und dann wieder in ihren Uterus implantieren zu lassen, so daß sich eine exakte genetische Kopie des Fötus entwickeln würde – der einzige Unterschied bestünde darin, daß die Schwangerschaft nun sechs Monate später beendet würde; sie könnte daher noch an der Expedition teilnehmen. Würde das den Schwangerschaftsabbruch akzeptabel machen? Ich bezweifle, daß viele Abtreibungsgegner so denken würden.

Der Status des Labor-Embryos

Es ist nun an der Zeit, sich der Debatte über Versuche mit menschlichen Embryonen zuzuwenden, die außerhalb des menschlichen Körpers in einer speziellen Flüssigkeit aufbewahrt werden. Diese Debatte ist relativ neu, weil diese Behandlung des Embryos neu ist; doch in vieler Hinsicht verläuft sie in denselben Bahnen wie die Abtreibungsdebatte. Obwohl ein Hauptargument für die Abtreibung – der Anspruch, daß eine Frau das Recht hat, über ihren Körper zu bestimmen – in dem neueren Kontext nicht anwendbar ist, beruht das Argument gegen Embryonen-Versuche auf einer der beiden Behauptungen, die wir schon untersucht haben: daß der Embryo einen Schutzanspruch hat, entweder weil er ein menschliches Wesen oder weil er ein potentielles menschliches Wesen ist.

Man könnte also meinen, daß die Sache contra Embryonen-Versuche besser dasteht als die Sache pro Schwangerschaftsabbruch. Denn *ein* Argument zugunsten des Schwangerschaftsabbruchs ist dort nicht anwendbar, während die wesentlichen Argumente gegen die Abtreibung sehr wohl anwendbar sind. In Wirklichkeit aber lassen sich die zwei Argumente gegen den Schwangerschaftsabbruch nicht so direkt auf den Labor-Embryo anwenden, wie man meinen könnte.

Erstens: Ist der Embryo schon ein menschliches Wesen? Wir haben bereits gesehen, daß Rechtsansprüche auf Leben nicht auf Spezieszugehörigkeit gegründet werden sollten; so beweist die Tatsache, daß der Embryo der Spezies Homo sapiens angehört, nicht, daß der Embryo in einem moralisch relevanten Sinn ein menschliches Wesen ist. Und wenn der Fötus keine Person ist, dann kann der Embryo erst recht keine sein. Aber da ist noch ein weiterer wichtiger Punkt: Menschliche Wesen sind Individuen, aber der Embryo im Frühstadium ist durchaus kein Individuum. Bis zu vierzehn Tage nach der Befruchtung – und das ist länger als menschliche Embryonen bisher außerhalb des Körpers am Leben erhalten wurden – kann sich der Embryo jederzeit in zwei oder mehr genetisch identische Embryonen aufspalten (vgl. S. 179).

Daraus resultiert ein Problem für diejenigen, die für die Kontinuität unserer Existenz von der Empfängnis bis zum Erwachsensein eintreten. Man denke sich einen Embryo in einer Schale auf einem Labortisch. Betrachten wir diesen Embryo als die erste Stufe zu einem menschlichen Wesen, dann nennen wir ihn einfach Mary. Jetzt aber teilt sich der Embryo in zwei identische Embryonen. Ist der eine immer noch Mary und der andere Jane? Wenn ja, welcher ist Mary? Nichts unterscheidet die beiden, man kann auch nicht sagen, daß sich der Jane genannte Embryo von dem mit Namen Mary abgespalten hat (eher als umgekehrt). Sollen wir also sagen: Mary ist nicht mehr bei uns, dafür haben wir jetzt Jane und Helen? Aber was ist mit Mary passiert? Ist sie gestorben? Sollten wir um sie trauern? Diese Spekulationen klingen irgendwie absurd. Das kommt daher, weil wir den Embryo als ein Individuum betrachten zu einem Zeitpunkt, wo er nur ein kleiner Zellklumpen ist. Solange also die Möglichkeit zu Zwillingen besteht, ist die Behauptung, der Embryo sei in einem moralisch relevanten Sinn ein menschliches Wesen, noch schwieriger aufrechtzuerhalten als jene, daß der Fötus in einem moralisch relevanten Sinn ein menschliches Wesen sei. Damit wird eine gewisse Grundlage geliefert für Gesetze und Richtlinien in Großbritannien und anderen Ländern, die Embryonen-Versuche bis vierzehn Tage nach der Befruchtung zulassen. Doch aus bereits genannten und weiteren noch zu erörternden Gründen ist auch dies noch eine unnötig rigorose Grenzziehung.

Wie steht es nun mit dem Argument, daß der Embryo ein potentielles menschliches Wesen ist? Lassen sich die bekannten Ansichten über die Potentialität des Embryos im Uterus auf den Labor-Embryo anwenden? Ehe Robert Edwards die Versuche begann, die zum IVF-Verfahren führten, hatte niemand einen lebensfähigen menschlichen Embryo vor dem Zeitpunkt gesehen, wo er sich in die Wand des Uterus einnistet. Im normalen Prozeß der Reproduktion innerhalb des Körpers ist der Embryo oder »Prä-Embryo«, wie er jetzt gelegentlich genannt wird, sieben bis vierzehn Tage lang auf Wanderschaft. Solange solche Embryonen nur innerhalb des Mutterleibs existierten, konnte man sie in dieser Zeit nicht beobachten. Die Existenz des Embryos im eigentlichen Sinn konnte erst nach der Einnistung als gesichert gelten. Unter diesen Umständen hatte dieser Embryo, sobald seine Existenz einmal feststand, gute Chancen, eine Person zu werden, falls seine Entwicklung nicht bewußt unterbrochen wurde. Die Wahrscheinlichkeit, daß ein solcher Embryo eine Person werden würde, war also viel größer als jene, daß sich ein Ei in einer fortpflanzungsfähigen Frau mit dem Samen des Partners dieser Frau vereinigte und zu einem Kind führte.

In der Zeit vor der IVF gab es noch einen weiteren Unterschied zwischen Embryo und Ei und Samen. Während der Embryo im Körper der Frau eine reelle Chance hat – wie groß diese ist, soll später erörtert werden –, sich zu einem Kind zu entwickeln, *falls nicht* eine menschliche Handlung sein Wachstum unterbricht, können sich Ei und Samen nur dann zu einem Kind entwickeln, wenn eine bewußte menschliche Handlung stattfindet. Im einen Fall ist also dafür, daß der Embryo Aussicht hat, sein Potential zu entwickeln, nichts anderes nötig, als daß die Betroffenen in seine Entwicklung nicht eingreifen; im andern Fall müssen sie eine positive Handlung ausführen. Die Entwicklung des

Embryos im Körper der Frau kann demnach als eine bloße Entfaltung des ihm inhärenten Potentials betrachtet werden. (Das ist zugegeben eine starke Vereinfachung, denn die positiven Handlungen bei der Geburt bleiben darin unberücksichtigt; aber es stimmt annähernd.) Die Entwicklung von getrenntem Ei und Samen ist demgegenüber nur schwer auf diese Weise zu betrachten, weil keine weitere Entwicklung stattfindet, wenn das Paar nicht Geschlechtsverkehr hat oder künstliche Befruchtung angewendet wird.

Was ist nun aber als Ergebnis des IVF-Erfolgs zu verzeichnen? Die Sache funktioniert so: Man entfernt ein oder zwei Eier aus den Ovarien der Frau, legt sie in die geeignete Flüssigkeit in einer Glasschale und gibt dann Sperma hinzu. In den fortschrittlicheren Labors führt das zu einer Befruchtung von etwa 80% der so behandelten Eier. Der Embryo kann dann zwei oder drei Tage in der Schale bleiben, während er wächst und sich in zwei, vier und dann acht Zellen teilt. Zu diesem Zeitpunkt wird der Embryo normalerweise in den Uterus einer Frau transferiert. Obwohl dieser Transfer selbst eine einfache Prozedur ist, besteht eine hohe Wahrscheinlichkeit, daß danach die Dinge schiefgehen: aus ungeklärten Gründen beträgt auch bei den erfolgreichsten IVF-Teams die Wahrscheinlichkeit, daß ein in den Uterus transferierter Embryo sich dort einnistet und es zu einer kontinuierlichen Schwangerschaft kommt, stets weniger als 20%, im allgemeinen höchstens 10%. Zusammenfassend läßt sich sagen: Vor der Einführung des IVF-Verfahrens konnte man von jedem normalen menschlichen Embryo erwarten, daß er sich, sofern kein bewußter Eingriff erfolgte, mit größter Wahrscheinlichkeit zu einer Person entwickelte. Das IVF-Verfahren hingegen führt zur Erzeugung eines Embryos, der sich nur dann zu einer Person entwickeln kann, wenn eine bewußte menschliche Handlung stattfindet (der Transfer in den Uterus), und der sich auch dann nur unter allergünstigsten Umständen aller Wahrscheinlichkeit nach zu einer Person entwickeln wird.

Das IVF-Verfahren hat also den Unterschied verringert zwischen dem, was sich über den Embryo, und dem, was sich über Ei und Samen, solange sie noch getrennt sind, aber als zusammengehörig gelten, sagen läßt. Vor der IVF hatte jeder uns bekannte normale menschliche Embryo eine weitaus größere Chance, ein Kind zu werden, als jedes Ei plus Samen vor der Befruchtung. Aber mit der IVF besteht zwischen der Wahrscheinlichkeit, daß aus einem zweizelligen Embryo in einer Glasschale ein Kind entsteht, und der Wahrscheinlichkeit, daß aus einem Ei und irgendeinem Spermium in einer Glasschale ein Kind entsteht, ein wesentlich geringerer Unterschied. Um genau zu sein: Wenn wir annehmen, daß im Labor die Befruchtungsrate 80 % und die Schwangerschaftsrate pro transferiertem Embryo 10 % beträgt, dann ist die Wahrscheinlichkeit, daß ein Kind aus einem vorhandenen Embryo entsteht, 10 %; und die Wahrscheinlichkeit, daß ein Kind aus einem Ei entsteht, das man in eine Flüssigkeit legt und dem man Samen zuführt, beträgt 8 %. Wenn also der Embryo eine potentielle Person ist, warum sollen nicht Ei und Samen, zusammen betrachtet, ebenfalls eine potentielle Person sein? Doch kein Mitglied der Pro-Leben-Bewegung möchte Eier und Samen bewahren, um das Leben der Menschen, die diese potentiell werden können, zu retten.

Man betrachte das folgende nicht ganz aus der Luft gegriffene Szenarium. Im IVF-Labor hat man das Ei einer Frau bekommen. Es befindet sich in einer Schale auf dem Tisch. Das Sperma ihres Partners steht in einer Schale daneben bereit, um mit der Lösung, die das Ei enthält, vermischt zu werden. Es gibt eine schlechte Nachricht: Die Frau hat eine Uterus-Blutung und wird frühestens in einem Monat in der Lage sein, den Embryo zu empfangen. Es hat also keinen Zweck, das Verfahren fortzusetzen. Eine Laborantin soll Ei und Sperma beseitigen und tut dies, indem sie beides in den Ausguß schüttet. So weit, so gut; doch einige Stunden später kommt die Laborantin zurück, um das nächste Verfahren vorzubereiten, und da merkt sie, daß der Ausguß verstopft ist. Das Ei und die Flüssigkeit sind noch da. Sie will den Abfluß frei machen und realisiert, daß auch das Sperma in den Ausguß geschüttet worden ist. Es ist leicht möglich, daß das Ei befruchtet wurde. Was soll sie machen? Wer eine scharfe Trennlinie zwischen Ei/Sperma und Embryo zieht, muß nun folgern: Während die Laborantin durchaus berechtigt war, Ei und Sperma in den Ausguß zu schütten, wäre es jetzt unrecht, den Abfluß frei zu machen. Das ist schwer verständlich. Potentialität ist offenbar kein Alles-oder-nichts-Begriff; der Unterschied zwischen Ei/Sperma und Embryo ist ein gradueller, bezogen auf die Wahrscheinlichkeit, daß eine Entwicklung zur Person erfolgt.

Traditionelle Verfechter des Lebensrechts des Embryos zögern, Potentialitätsgrade in die Debatte einzuführen, weil dann unweigerlich herauskommt, daß der Embryo im Frühstadium weniger Person ist als der spätere Embryo oder der Fötus. Dies wiederum könnte leicht so ausgelegt werden, daß das Tötungsverbot beim frühen Embryo weniger streng ist als jenes beim späteren Embryo oder Fötus. Trotzdem haben einige Verfechter des Potentialitäts-Arguments die Wahrscheinlichkeit ins Spiel gebracht, darunter der römisch-katholische Theologe John Noonan:

»Wie das Leben selbst eine Sache von Wahrscheinlichkeiten und das moralische Argumentieren im wesentlichen ein Bewerten von Wahrscheinlichkeiten ist, so befindet man sich offenbar im Einklang mit der Struktur der Realität und der Natur des moralischen Denkens, wenn man ein moralisches Urteil auf den Wechsel der Wahrscheinlichkeiten bei der Empfängnis gründet [...]. Sähe das Argument anders aus, wenn nur eins von zehn empfangenen Kindern ausgetragen würde? Natürlich; denn dieses Argument verweist auf aktuell existierende Wahrscheinlichkeiten, nicht auf irgendwelche oder alle denkbaren Zustände [...]. Wenn ein Spermatozoon vernichtet wird, dann vernichtet man ein Wesen, das weniger als ein Zwei-hundertmillionstel Aussicht hatte, sich zu einem Ver-nunftwesen zu entwickeln, das im Besitz des genetischen Codes, eines Herzens und anderer Organe sowie fähig ist, Schmerz zu empfinden. Vernichtet man dagegen einen Fötus, dann handelt es sich um ein Wesen, das bereits den genetischen Code, Organe und Schmerzempfindlichkeit besaß und das eine 80%ige Chance hatte, sich zu einem Baby außerhalb des Mutterleibs zu entwickeln und später Vernunft zu haben.«

Der Aufsatz, dem das Zitat entnommen ist, hat die Abtrei-bungsdebatte beeinflußt; von Abtreibungsgegnern ist er oft zitiert und nachgedruckt worden; doch unser weiterentwik-keltes Verständnis des Reproduktionsprozesses läßt Noo-nans Position als unhaltbar erscheinen. Zunächst einmal gelten Noonans Zahlen sogar für das Überleben des Em-bryos im Uterus inzwischen als ungenau. Als Noonan seinen Aufsatz schrieb, beruhte die Schätzung der Schwan-gerschaftsfehlschläge auf klinischen Untersuchungen bei Schwangeren sechs bis acht Monate nach der Befruchtung. In diesem Stadium liegt die Chance, daß die Schwanger-schaft durch eine Fehlgeburt endet, bei etwa 15%. Jüngste technische Entwicklungen, die eine frühere Erkennung der Schwangerschaft ermöglichen, liefern jedoch ganz andere Zahlen. Wenn die Schwangerschaft vor der Implantation (innerhalb von vierzehn Tagen nach der Befruchtung) dia-gnostiziert wird, liegt die Wahrscheinlichkeit, daß es zu einer Geburt kommen wird, bei 25 bis 30%. Nach der Implantation steigt diese Zahl zunächst auf 40 bis 60%, und erst sechs Wochen nach der Befruchtung steigt die Chance, daß es zu einer Geburt kommt, auf 85 bis 90%.
Noonan behauptete, sein Argument verweise »auf aktuell existierende Wahrscheinlichkeiten, nicht auf irgendwelche oder alle denkbaren Zustände«. Sobald wir aber die – je nach Stadium ihrer Existenz – wirklichen Wahrscheinlich-

keiten von Embryonen, sich zu Personen zu entwickeln, einsetzen, ist Noonans Argument nicht mehr in der Lage, den Augenblick der Befruchtung als den Zeitpunkt anzugeben, an dem der Embryo einen wesentlich anderen moralischen Status erlangt. Sollten wir in der Tat eine 80%ige Wahrscheinlichkeit für die weitere Entwicklung zum Baby fordern – diese Zahl nennt Noonan selbst –, müßten wir fast sechs Wochen bis nach der Befruchtung warten, ehe der Embryo die Bedeutung erlangt, die Noonan für ihn beansprucht.

Noonan behauptete auch, die Chancen stünden 1:200 000 000, daß ein Spermium Teil eines lebenden Wesens werden könne. Abgesehen von der Betonung des Samens gegenüber dem Ei, die wir als kurioses Beispiel für männliche Voreingenommenheit beiseite lassen wollen, bringt die neue Technologie eine weitere Schwierigkeit für Noonans Argument. Es gibt heute eine Behandlungsmethode gegen die männliche Unfruchtbarkeit, die durch eine zu geringe Spermienrate verursacht ist. Das Ei wird wie beim normalen IVF-Verfahren entfernt; aber anstatt daß ein Tropfen der Samenflüssigkeit in die Schale, in der sich das Ei befindet, gegeben wird, saugt man mit einer feinen Nadel einen einzelnen Samen auf und injiziert ihn unter die äußere Eihülle. Vergleichen wir nun die Wahrscheinlichkeit, daß ein Embryo eine Person wird, mit der Wahrscheinlichkeit, daß aus dem Ei zusammen mit dem Samen, der mit einer Nadel aufgenommen wurde und nun in die Eizelle injiziert werden soll, eine Person resultiert, dann können wir keinen deutlichen Unterschied feststellen. Heißt dies, daß es unrecht wäre, den Vorgang abzubrechen, sobald der einzelne Samen aufgesogen ist? Noonans Wahrscheinlichkeitsargument würde offenbar dazu führen, daß er sich entweder diese unplausible Behauptung zu eigen macht oder aber akzeptiert, daß wir menschliche Embryonen vernichten dürfen. Auch Ramseys Behauptung von der Wichtigkeit der einzigartigen genetischen Blaupause – jenes »unwiederholbaren« Informationsteils, der im Falle des Embryos bereits festgelegt ist, noch nicht jedoch im Falle von Ei und Sperma – wird durch das neue Verfahren erschüttert. Denn auch jene genetische Blaupause wird hier vor der Befruchtung determiniert.

In diesem Abschnitt habe ich zu zeigen versucht, wie die besonderen, für den Labor-Embryo zutreffenden Umstände die Anwendung von Argumenten beeinflussen, die in diesem Kapitel hinsichtlich des Status von Embryonen oder Föten vorgebracht wurden. Dabei habe ich keineswegs alle Aspekte der IVF und der Embryonen-Versuche berücksichtigt. Dafür wäre es notwendig, verschiedene andere Themen zu untersuchen, u. a. wie weit es angemessen ist, die medizinische Forschung auf diesem Sektor zu beschneiden angesichts des ernsten Problems weltweiter Übervölkerung, oder wie dem Mißbrauch der neuen Techniken zur Produktion von »Kindern auf Bestellung« – sowohl von seiten der Eltern oder, noch schlimmer, eines verrückten Diktators – zu begegnen ist. Eine Einbeziehung dieser wichtigen, jedoch auch ziemlich disparaten Probleme würde uns zu weit von den Hauptthemen dieses Buches abbringen. Die Rolle des Paars, aus dessen Keimzellen sich der Embryo entwickelt hat, muß freilich hier noch kurz erläutert werden.

Feministinnen haben zu Recht darauf hingewiesen, wie anfällig ein Paar gegenüber dem Druck eines medizinischen Forschungsteams sein kann, das es dazu auffordert, einen Embryo für ihre Arbeit zu »spenden«. Vielleicht wünschen sich die Partner verzweifelt ein Kind. Das IVF-Team ist vielleicht ihre letzte Hoffnung, dieses Ziel zu erreichen. Sie wissen, daß viele andere Paare ebenfalls auf die Behandlung warten. Unter diesen Umständen werden sie wahrscheinlich bereit sein, dem Ärzte-Team soweit wie möglich entgegenzukommen. Wenn sie darum gebeten werden, Eier oder Embryonen zu spenden, haben sie dann wirklich die freie Wahl? Gewiß nur dann, wenn ganz klar ist, daß ihre Ant-

wort keinerlei Auswirkung auf die IVF-Behandlung hat.
Wo immer mit Embryonen experimentiert wird, müssen
Vorsichtsmaßnahmen und Kontrollmechanismen entwickelt
werden, um zu gewährleisten, daß dies stets der Fall ist.

Die Verwendung von Föten

Die Aussicht, menschliche Föten für medizinische Zwecke
zu verwenden, hat eine weitere mit der Abtreibungsdebatte
verbundene Kontroverse ausgelöst. Die spezielle Erforschung der Föten hat die Hoffnung genährt, man könne
viele ernste Krankheiten durch Transplantationen von Fö-
tusgewebe bzw. -zellen möglicherweise erfolgreich behandeln. Im Vergleich mit Erwachsenengewebe scheint fötales
Gewebe nach der Transplantation besser zu wachsen, und
die Wahrscheinlichkeit, daß es vom Patienten abgestoßen
wird, ist geringer. Das in der Öffentlichkeit am meisten be-
achtete Beispiel ist die Parkinsonsche Krankheit; doch auch
für die Alzheimersche und die Huntingtonsche Krankheit
sowie für Diabetes wurde der Einsatz von fötalem Gewebe
vorgeschlagen; fötale Transplantate wurden dazu benutzt,
das Leben eines andern Fötus zu retten, wobei es um einen
30 Wochen alten Fötus in utero ging, dessen höchst bedroh-
liche Störung des Immunsystems mit Zellen von nicht ausgetragenen Föten behandelt wurde.
Haben Föten Rechte oder Interessen, die verletzt oder beeinträchtigt werden können, wenn man sie für diese Zwecke
verwendet? Ich habe schon ausgeführt, daß der Fötus kein
Recht auf, genaugenommen nicht einmal ein Interesse am
Leben hat. Im Fall der Tiere haben wir allerdings gesehen,
daß die Behauptung, ein Wesen habe kein Recht auf Leben,
nicht bedeutet, daß es überhaupt keine Rechte und Interessen hat. Wenn der Fötus Schmerz zu empfinden vermag,
dann ist er daran interessiert, keinen Schmerz zu leiden, und
dieses Interesse sollte genauso berücksichtigt werden wie

die ähnlichen Interessen jedes anderen Wesens. Man kann sich leicht vorstellen, daß das Am-Leben-Erhalten eines Fötus nach der Schwangerschaftsunterbrechung zum Zweck der bestmöglichen Konservierung seines Gewebes diesem Schmerz und Leiden verursacht, sofern er empfindungsfähig ist. Dies führt uns zurück zu einer eingehenderen Untersuchung des bereits weiter oben erörterten Problems: Wann erlangt der Fötus Bewußtsein?

Glücklicherweise ist jetzt eine einigermaßen sichere Antwort auf diese Frage möglich. Der Teil des Gehirns, der mit Schmerzempfindung oder, allgemeiner, mit Bewußtseinsbildung verbunden ist, ist die Großhirnrinde. Bis zur 18. Schwangerschaftswoche ist die Großhirnrinde noch nicht so weit entwickelt, daß sich synaptische Vorgänge in ihr abspielen – mit anderen Worten: die Signale, die bei einem Erwachsenen Schmerzempfinden auslösen, werden nicht empfangen. Zwischen 18 und 25 Wochen erreicht das Gehirn des Fötus ein Stadium, in dem eine gewisse Verschaltung in den Teilen stattfindet, die mit Bewußtseinsbildung verbunden sind. Aber auch dann noch scheint der Fötus im Zustand des Schlafes zu verharren und ist vermutlich nicht fähig, Schmerz zu empfinden. Etwa in der 30. Schwangerschaftswoche beginnt der Fötus zu »erwachen«. Natürlich ist er damit über den Schritt zur Lebensfähigkeit hinaus, und ein »Fötus«, der zu diesem Zeitpunkt außerhalb des Mutterleibs lebendig wäre, würde als Baby gelten, keineswegs mehr als Fötus.

Im Zweifelsfall wäre es vernünftig, den frühestmöglichen Zeitpunkt der Empfindungsfähigkeit als die Grenze anzusetzen, jenseits derer der Fötus Schutz genießen sollte. Deshalb sollten wir das unsichere Anzeichen des Wachseins außer acht lassen und als definitivere zeitliche Trennlinie die physische Fähigkeit des Gehirns wählen, die für das Bewußtsein notwendigen Signale zu empfangen: also etwa ab der 18. Schwangerschaftswoche. Vor dieser Zeit gibt es kaum einen vernünftigen Grund für die Annahme, daß ein

Fötus vor schädigenden Eingriffen der Forschung zu schützen sei; denn dem Fötus kann kein Schaden zugefügt werden. Nach dieser Zeit freilich muß der Fötus vor Schaden geschützt werden, und zwar aus demselben Grund, der für empfindungsfähige, nicht-selbstbewußte, nichtmenschliche Lebewesen gilt.

Hier ist jedoch eine Einschränkung zu machen. Während der Fötus vor der 18. Woche genaugenommen unfähig ist, Schaden zu erleiden, könnte, falls man den Fötus sich zu einem Kind entwickeln läßt, das zukünftige Kind durch einen Versuch ernsthaft geschädigt werden, weil er die Ursache dafür sein könnte, daß das Kind behindert geboren wird. Deshalb fällt die Forschung, die den Fötus über die 18. Woche hinaus am Leben erhält, nicht unter die im vorangehenden Absatz vorgeschlagene zulässige Regelung.

In Diskussionen über die Verwendung fötalen Gewebes wird oft die Gefahr der »Komplizenschaft« beim unmoralischen Akt des Schwangerschaftsabbruchs beschworen. Die Befürworter der Verwendung fötalen Gewebes legen ausführlich dar, daß dieser Vorgang vollkommen getrennt werden kann von der Entscheidung, ob ein Schwangerschaftsabbruch durchgeführt wird oder nicht, und somit keineswegs zur »Legitimierung« von Schwangerschaftsabbrüchen beitrage. Aus demselben Grund haben oder entwickeln viele Länder jetzt Gesetze oder Richtlinien für die Verwendung fötalen Gewebes aus indizierten Schwangerschaftsabbrüchen, und viele dieser Gesetze oder Richtlinien basieren auf der impliziten oder expliziten Annahme, daß es wichtig ist, die Entscheidung für den Abbruch von der Verwendung fötalen Gewebes zu trennen, damit letztere nicht dazu beiträgt, die Zahl der Schwangerschaftsabbrüche zu erhöhen. Es kann beispielsweise die Forderung erhoben werden, daß die Spende absolut anonym bleiben muß. Dies verhindert, daß eine Frau einen Schwangerschaftsabbruch vornehmen läßt, um Gewebe zu spenden, welches das Leben eines Verwandten, vielleicht sogar eines eigenen Kindes retten könnte.

Möglicherweise liegt der Grund für solche Forderungen darin, daß die Frau vor dem Druck, einen Schwangerschaftsabbruch vorzunehmen, geschützt werden soll. Ob es deshalb berechtigt ist, Anonymität zu verlangen, werde ich noch erörtern. Hier sei nur festgestellt: Wenn die Prämisse, daß der Schwangerschaftsabbruch unmoralisch ist, den Grund dafür liefert, zu versuchen, jede »Komplizenschaft« zwischen der Verwendung fötalen Gewebes und der Durchführung des Schwangerschaftsabbruchs zu verhindern oder sicherzustellen, daß die Verwendung fötalen Gewebes nicht zu einer höheren Zahl von Abbrüchen führt, dann sprechen die in diesem Kapitel vorgebrachten Argumente gegen diese Ansicht. Ein Schwangerschaftsabbruch ist an sich moralisch neutral, sofern er vor der 18. Woche durchgeführt wird. Selbst zu einem späteren Zeitpunkt vorgenommen und mit Schmerz verbunden, könnten Schwangerschaftsabbrüche gerechtfertigt werden, wenn sich dadurch größeres Leiden verhindern ließe, etwa indem das Leben eines Kindes gerettet werden könnte, das an einer Störung des Immunsystems leidet, oder indem man bei einer älteren Person die Parkinsonsche oder Alzheimersche Krankheit erfolgreich behandeln könnte. Wenn sich aber die Forderung, den Schwangerschaftsabbruch von der Spende fötalen Gewebes zu trennen, nicht vernünftig mit der Notwendigkeit, den Fötus zu schützen, begründen läßt, kann man sie dann vielleicht mit der Notwendigkeit, die Eltern, insbesondere die Frau, zu schützen, rechtfertigen? Unterschiedliche Aspekte der Trennung sind dabei zu bedenken. Sind der Arzt, der die Frau bezüglich des Schwangerschaftsabbruchs berät, und der Arzt, der fötales Gewebe für einen sterbenden Patienten braucht, ein und dieselbe Person, dann ist der Interessenkonflikt offensichtlich, und es besteht wirklich die Gefahr, daß der Arzt der Schwangeren keinen neutralen Rat zu geben vermag. Damit wäre diese Trennung ein wichtiger Aspekt des Schutzes der Schwangeren.

Wie steht es mit der Ansicht, daß die Schwangere vom Re-

zipienten durch einen Schleier der Anonymität getrennt
sein sollte? Dies verhindert natürlich, daß sie eine Unter-
brechung vornehmen läßt, um jemanden, den sie kennt, mit
Gewebe zu versorgen. Ist diese Beschränkung durch die
Abwägung ihrer eigenen Interessen gerechtfertigt? Einerseits kann man sich ohne diesen Schutz leicht Szenarien ausmalen, in denen etwa eine Schwangere starkem Druck ausgesetzt ist, ihre Schwangerschaft abzubrechen, um das Leben eines todkranken Verwandten zu retten; oder eine Frau,
die nicht schwanger ist, könnte das Gefühl haben, schwanger werden zu müssen, und dann die Schwangerschaft beenden, um das benötigte fötale Gewebe zu liefern. Feministinnen könnten sehr wohl der Meinung sein, daß in einer
von Männern dominierten Gesellschaft die Aussicht, der
Druck auf Frauen könnte in dieser Weise verstärkt werden,
als Grund ausreicht, um auszuschließen, daß das Gewebe
für eine spezielle, bekannte Person bestimmt wird.
Doch ist auch das Argument für die entgegengesetzte Ansicht stark. Es ist nämlich weder ungewöhnlich noch unvernünftig, wenn ein Elternteil für ein Kind große Opfer
bringt. Wir lassen es ohne weiteres zu, daß sowohl Männer
als auch Frauen stundenlang stupide Fabrikarbeit verrichten, um ihren Kindern eine gute Ausbildung zu ermöglichen. Das läßt vermuten, daß Opfer für einen Verwandten
oder geliebten Menschen zu bringen nicht an sich unrecht
oder zu verbieten ist. In vielen Ländern wird außerdem zugelassen, daß Frauen aus viel unwichtigeren Gründen als
dem der Lebensrettung eine Schwangerschaft abbrechen.
Das bedeutet, wir halten einen Schwangerschaftsabbruch
(vom Standpunkt des Fötus oder der Frau aus betrachtet)
nicht für etwas so Schlechtes, daß er verboten oder auch nur
auf Situationen beschränkt werden sollte, in denen er zur
Rettung eines Lebens notwendig ist. So gesehen, können
wir eine Frau kaum kritisieren, wenn sie sich entschließt,
ihre Schwangerschaft abzubrechen, um fötales Gewebe für
ihr todkrankes Kind zu liefern. Nicht jede Frau wird das

tun wollen; aber diejenigen, die es tun, mögen sehr wohl eine vollkommen vernünftige und autonome Entscheidung treffen. Wenn hier das Gesetz eingreift und dem Arzt verbietet, daß solche Entscheidungen wirksam werden, so ist dies höchst paternalistisch. Unter diesem Gesichtspunkt ist es merkwürdig, daß einige Feministinnen, die doch eigentlich das Recht der Frauen auf Autonomie hochhalten müßten, sich unter diejenigen einreihen, die meinen, Frauen bräuchten spezielle Gesetze, die sie vor den Auswirkungen ihrer eigenen, freigewählten Handlungen schützten.

Diese beiden gegensätzlichen Argumente haben jeweils viel für sich, aber wir sollten letztlich doch die Autonomie favorisieren, außer es gäbe klare Beweise, daß dies zu wirklich sehr schlechten Resultaten führt. Derartiges ist mir nicht bekannt. Ich vermute dagegen, daß die Begründung für das Verbot von Gewebespenden mit fester Bestimmung weitgehend (wenn auch nicht ausschließlich) darauf zurückzuführen ist, daß man mehr Schwangerschaftsabbrüche vermeiden und vor allem nicht zulassen möchte, daß Frauen schwanger werden, um fötales Gewebe zu »produzieren«. Doch wie gesagt: ich sehe nichts inhärent Falsches in mehr Schwangerschaftsabbrüchen oder in mehr Schwangerschaften zum Zweck der Bereitstellung fötalen Gewebes, wenn Frauen dies aus freien Stücken tun und die zusätzlichen Schwangerschaftsabbrüche zur Lebensrettung beitragen. Wenn der Haupteinwand dahin geht, daß Frauen zu derartigen Handlungen gezwungen werden könnten, anstatt daß sie ihrer freien Entscheidung folgen, dann sollte die Lösung darin bestehen, nicht *alle* Entscheidungen für einen Schwangerschaftsabbruch zwecks Gewebelieferung zu verhindern, sondern eher institutionell sicherzustellen, daß diejenigen, die dies tun, sich angesichts aller verfügbaren relevanten Informationen frei entschieden haben.

An diesem Punkt wird sich der Handel zu Wort melden. Man wird die Frage stellen: Was geschieht, wenn Frauen schwanger werden und ihre Schwangerschaft beenden, nicht um das Leben ihrer Lieben zu retten, sondern um mit dem Gewebe ihres Fötus Geld zu verdienen? Legt das Autonomie-Argument nicht nahe, daß auch darüber zu entscheiden den Frauen zusteht? Ist es wirklich schlimmer, schwanger zu werden und die Schwangerschaft zu beenden, um dafür 10 000 Dollar zu bekommen, als sechs Monate stupide Arbeit in einer lauten, verschmutzten, gefährlichen Fabrik für denselben Lohn zu verrichten?

Trotz meiner Bereitschaft, die Verwendung fötalen Gewebes zu erleichtern, zögere ich im Hinblick auf den freien Markt viel stärker; nicht weil ich glaube, daß die Frauen unfähig wären, sich vor Ausbeutung zu schützen; es handelt sich doch offenbar um keine schlimmere Form von Ausbeutung, als wir sie üblicherweise bei sonstigen Beschäftigungsformen akzeptieren. Vielmehr mißfällt mir der Gedanke eines freien Marktes mit fötalem Gewebe, weil wir – wie R. M. Titmuss vor vielen Jahren im Fall der Blutkonserven für medizinische Zwecke ausführte –, wenn wir zwischen einer auf Altruismus und einer auf Kommerz basierenden Sozialpolitik wählen, dann wählen wir zwischen zwei verschiedenen Gesellschaftsformen. Wahrscheinlich ist es aus verschiedenen Gründen besser, daß es einige Dinge gibt, die man nicht kaufen kann; einige Umstände, in denen wir auf den Altruismus derer angewiesen sind, die wir lieben, oder auch derer, die in unserer Gesellschaft Fremde sind. Ich unterstütze alle Anstrengungen, die sich der schleichenden Kommerzialisierung sämtlicher Lebensbereiche widersetzen, und so würde ich mich auch der Kommerzialisierung des fötalen Gewebes widersetzen.

Schwangerschaftsabbruch und Infantizid

Es bleibt ein Haupteinwand gegen das Argument übrig, das ich zugunsten des Schwangerschaftsabbruchs vorgebracht habe. Wir haben bereits gesehen, daß die Stärke der konser-

vativen Position in der Schwierigkeit liegt, die die Liberalen
haben, eine moralisch relevante Unterscheidung zwischen
einem Embryo und einem neugeborenen Baby vorzulegen.
Die gängige liberale Position muß eine solche Unterscheidung machen, weil die Liberalen üblicherweise annehmen,
daß es erlaubt ist, einen Embryo oder einen Fötus, nicht
aber einen Säugling zu töten. Ich habe den Standpunkt vertreten, daß das Leben eines Fötus (und natürlich erst recht
das eines Embryos) nicht mehr wert ist als das Leben eines
nichtmenschlichen Lebewesens auf einem ähnlichen Stand
der Rationalität, des Selbstbewußtseins, der Bewußtheit,
der Fähigkeit zu fühlen usw. und daß, weil ein Fötus keine
Person ist, ein Fötus nicht denselben Anspruch auf Leben
hat wie eine Person. Nun muß man zugeben, daß sich diese
Argumente ebensowohl auf Neugeborene wie auf Föten
anwenden lassen. Ein Neugeborenes, das eine Woche alt
ist, ist kein rationales und selbstbewußtes Wesen, und es
gibt viele nichtmenschliche Lebewesen, deren Rationalität,
Selbstbewußtsein, Bewußtheit, Fähigkeit zu fühlen und so
weiter die Fähigkeit eines eine Woche oder einen Monat
alten menschlichen Säuglings übertreffen. Wenn der Fötus
nicht denselben Anspruch auf Leben wie eine Person hat,
dann hat ihn das Neugeborene offensichtlich auch nicht,
und das Leben eines Neugeborenen hat für dieses weniger
Wert als das Leben eines Schweins, eines Hundes oder eines
Schimpansen für das nichtmenschliche Tier. Während mein
Standpunkt im Hinblick auf den Wert des fötalen Lebens
für viele akzeptabel sein mag, vertragen sich die Implikationen dieser Auffassung vom Status des neugeborenen Lebens nicht mit der praktisch unbestrittenen Annahme, daß
das Leben eines neugeborenen Babys ebenso sakrosankt sei
wie das eines Erwachsenen. Ja, manche meinen offenbar, das
Leben eines Babys sei kostbarer als das eines Erwachsenen.
Greuelgeschichten über deutsche Soldaten, die belgische Babys mit dem Bajonett aufspießten, waren im Zuge der anti-
deutschen Propaganda, die das Eintreten Großbritanniens

in den Ersten Weltkrieg begleitete, auffallend häufig zu hören, und es schien ein stillschweigendes Einverständnis darüber zu bestehen, daß dies eine größere Grausamkeit war, als es der Mord an Erwachsenen wäre.

Ich betrachte den Konflikt zwischen meiner Position und den weitverbreiteten Ansichten über die Heiligkeit des Lebens von Säuglingen nicht als Grund, meine Position aufzugeben. Ich finde, daß diese weitverbreiteten Ansichten kritikbedürftig sind. Es stimmt, daß Babys auf uns eine besondere Wirkung haben, weil sie klein und hilflos sind, und es gibt zweifellos sehr gute evolutionäre Gründe, weshalb wir uns ihnen gegenüber als Beschützer fühlen sollten. Es stimmt auch, daß Säuglinge nicht zur Kampftruppe gehören, und das Töten von Säuglingen in Kriegszeiten ist der denkbar klarste Fall von Tötung der Zivilbevölkerung, die ja durch internationale Konvention verboten ist. Weil Kleinkinder im allgemeinen harmlos und moralisch unfähig sind, ein Verbrechen zu begehen, mangelt es denen, die sie töten, an Entschuldigungen, die oft für die Tötung von Erwachsenen vorgebracht werden. Nichts von alledem weist allerdings darauf hin, daß das Töten eines Säuglings ebenso schlimm sei wie das Töten eines (unschuldigen) Erwachsenen.

In diesem Zusammenhang sollten wir Gefühle beiseite lassen, die aus dem Anblick kleiner, hilfloser und – zuweilen – niedlicher menschlicher Säuglinge herrühren. Der Gedanke, das Leben von Säuglingen habe einen besonderen Wert, weil Säuglinge klein und niedlich sind, steht auf einer Stufe mit dem Gedanken, daß ein Robbenbaby mit seinem weichen weißen Fell und großen, runden Augen mehr Schutz verdiene als ein Gorilla, dem diese Eigenschaften fehlen. Auch kann die Hilflosigkeit oder Unschuld eines Homo-sapiens-Säuglings nicht der Grund dafür sein, ihm vor einem ebenso hilflosen und unschuldigen Homo-sapiens-Fötus den Vorzug zu geben, oder schließlich vor Versuchsratten, die in genau dem gleichen Sinn »unschuldig«

sind wie der menschliche Säugling und, angesichts der Macht des Versuchsleiters, fast ebenso hilflos.

Wenn wir diese emotional bewegenden, aber im Grunde unerheblichen Gesichtspunkte im Zusammenhang mit der Tötung eines Babys zurückstellen können, vermögen wir zu erkennen, daß sich die Gründe gegen das Töten von Personen nicht auf neugeborene Säuglinge anwenden lassen. Das indirekte Argument des klassischen Utilitarismus ist nicht anwendbar, weil niemand, der versteht, was beim Töten eines Neugeborenen geschieht, sich von einer Vorgehensweise bedroht fühlen könnte, die Neugeborenen weniger Schutz gewährt als Erwachsenen. In dieser Hinsicht hatte Bentham recht, der den Infantizid als etwas beschrieb, »was seiner Natur nach selbst der ängstlichsten Phantasie nicht die geringste Beunruhigung verschaffen kann«. Sind wir einmal alt genug, um diese Vorgehensweise zu verstehen, sind wir bereits zu alt, um von ihr bedroht zu werden.

Ebensowenig läßt sich das Argument des Präferenz-Utilitarismus für die Respektierung des Lebens einer Person auf Neugeborene anwenden. Ein Neugeborenes ist nicht imstande, sich selbst als ein Wesen zu sehen, das eine Zukunft haben kann oder nicht, und daher kann es auch keinen Wunsch haben weiterzuleben. Wenn das Recht auf Leben auf die Fähigkeit, weiterleben zu wollen, oder auf das Vermögen, sich als kontinuierliches mentales Subjekt zu betrachten, gegründet werden muß, dann kann ein Neugeborenes aus eben diesem Grund kein Recht auf Leben haben. Schließlich ist ein Baby kein autonomes Wesen, das fähig zu Entschlüssen wäre – es töten kann daher nicht heißen, daß man das Prinzip des Respekts vor der Autonomie verletzt. In all diesen Hinsichten befindet sich das Neugeborene auf demselben Stand wie der Fötus, und folglich gibt es weniger Gründe gegen die Tötung von Babys und Föten als gegen die Tötung derjenigen, die sich selbst als distinkte, in der Zeit existierende Entitäten begreifen können.

Es ist natürlich schwer zu sagen, in welchem Alter ein Kind sich selbst als eine in der Zeit existierende Entität zu sehen beginnt. Selbst wenn wir mit zwei- oder dreijährigen Kindern sprechen, ist es gewöhnlich sehr schwierig, ihnen eine zusammenhängende Vorstellung vom Tod zu entlocken oder von der Möglichkeit, daß jemand – geschweige denn das Kind selbst – aufhören könnte zu existieren. Zweifellos ist das Alter, in dem Kinder beginnen diese Dinge zu begreifen, von Fall zu Fall sehr unterschiedlich, was auch für die meisten anderen Bereiche gilt. Gleichwohl erlaubt die Schwierigkeit, die Zäsur zu setzen, nicht, sie an einer offensichtlich falschen Stelle zu setzen, ganz so wie die berüchtigte Schwierigkeit, zu bestimmen, wie viele Haare ein Mann verloren haben muß, ehe wir ihn als kahlköpfig bezeichnen können, uns nicht berechtigt, einen Schädel, der glatt wie eine Billardkugel ist, nicht als kahl zu bezeichnen. Wenn Rechte auf dem Spiel stehen, sollten wir uns auf der sicheren Seite irren. So hat die Ansicht einiges für sich, daß das Gesetz über Mord aus rechtlichen Gründen weiterhin unmittelbar nach der Geburt anzuwenden ist, weil diese nun einmal die einzige scharfe, deutliche und leicht verständliche Grenzlinie darstellt. Da dieses Argument aber auf der Ebene der Rechtsordnung und Gesetzgebung angesiedelt ist, ist es sehr wohl vereinbar mit der Ansicht, daß – aus rein moralischen Gründen – das Töten eines Neugeborenen mit dem Töten eines älteren Kindes oder eines Erwachsenen nicht vergleichbar ist. Andererseits könnte man – gemäß Hares Unterscheidung zwischen der kritischen und der intuitiven Ebene des moralischen Denkens – der Meinung sein, daß das von uns gefällte moralische Urteil nur auf der Ebene der kritischen Moral gilt; bei unseren alltäglichen Entscheidungen aber sollten wir so handeln, als ob ein Säugling vom Augenblick der Geburt an ein Lebensrecht hat. Im nächsten Kapitel werden wir jedoch eine weitere Möglichkeit erwägen: daß zumindest unter ganz bestimmten Umständen das volle gesetzlich verankerte Recht auf

Leben nicht mit der Geburt in Kraft tritt, sondern erst kurze Zeit, vielleicht etwa einen Monat, nach der Geburt. Dies würde den oben erwähnten breiten Sicherheitsspielraum bieten.

Wenn diese Folgerungen zu schockierend erscheinen, um ernst genommen zu werden, dann sollten wir uns vielleicht daran erinnern, daß unser heutiger absoluter Schutz des Lebens von Säuglingen Ausdruck einer klar definierten christlichen Haltung ist und nicht etwa ein universaler moralischer Wert. Infantizid wurde in Gesellschaften praktiziert, die sich geographisch von Tahiti bis Grönland erstrecken und kulturell so verschieden sind wie die nomadisierenden Ureinwohner Australiens und die hochkultivierten Stadtbewohner des alten Griechenland oder des China der Mandarine. In einigen dieser Gesellschaften war Infantizid nicht bloß erlaubt, sondern sie wurde unter bestimmten Umständen als moralische Verpflichtung angesehen. Einen mißgestalteten oder kranken Säugling nicht zu töten wurde oft als unrecht betrachtet, und Infantizid war vermutlich die erste und in manchen Gesellschaften die einzige Form von Bevölkerungskontrolle.

Wir können der Meinung sein, daß wir doch viel »zivilisierter« seien als diese »primitiven« Völker. Aber es ist nicht so leicht, mit Zuversicht zu behaupten, wir seien zivilisierter als die besten griechischen und römischen Moralisten. Wie wir gesehen haben, waren es nicht nur die Spartaner, die ihre Kinder auf Bergen aussetzten: auch Platon und Aristoteles empfahlen, der Staat solle das Töten von mißgestalteten Kindern anordnen. Römer wie Seneca, dessen moralisches Empfinden den modernen Leser (oder jedenfalls mich) im Vergleich zu den frühen und mittelalterlichen christlichen Schriftstellern überlegen anmutet, meinten ebenfalls, Infantizid sei die natürliche und humane Lösung des Problems, das sich durch kranke und mißgestaltete Säuglinge stellt. Im Westen ist der Wandel der Einstellung zum Infantizid seit den Zeiten der Römer ein Produkt des

Christentums, so wie die Lehre von der Heiligkeit des Lebens, deren Bestandteil sie ist. Vielleicht ist es heute möglich, über diese Probleme nachzudenken, ohne das christliche Moralsystem ins Spiel zu bringen, das so lange Zeit jede grundlegende Neueinschätzung verhindert hat.

Nichts von alledem soll besagen, daß jemand, der herumläuft und ziellos Babys umbringt, moralisch auf einer Stufe steht mit einer Frau, die einen Schwangerschaftsabbruch vornehmen läßt. Wir sollten Infantizid sicherlich nur unter sehr strengen Bedingungen erlauben; aber diese Beschränkungen würden sich eher den Wirkungen des Infantizids auf andere verdanken als der Unrechtmäßigkeit an sich, Säuglinge zu töten. Ganz offensichtlich bedeutet die Tötung eines Kindes für diejenigen, die es lieben und pflegen, meist einen schrecklichen Verlust. Mein Vergleich zwischen Schwangerschaftsabbruch und Infantizid wurde durch den Einwand veranlaßt, daß die Position, die ich in bezug auf Schwangerschaftsabbruch eingenommen habe, auch den Infantizid rechtfertigt. Ich habe diesen Vorwurf gelten lassen – ohne daß durch dieses Zugeständnis meine Position erschüttert würde –, und zwar in dem Sinne, daß das Unrecht *an sich*, den entwickelten Fötus zu töten, nicht sonderlich verschieden ist von dem Unrecht *an sich*, das Neugeborene zu töten. Im Falle eines Schwangerschaftsabbruchs setzen wir jedoch voraus, daß die am meisten Betroffenen – die potentiellen Eltern oder zumindest die potentielle Mutter – den Abbruch auch wirklich wollen. Daher kann Infantizid nur dann mit Schwangerschaftsabbruch gleichgesetzt werden, wenn die dem Kind Nahestehenden nicht wollen, daß es lebt. Da ein Säugling von anderen adoptiert werden kann, wie es bei einem noch nicht lebensfähigen Fötus nicht möglich ist, dürften solche Fälle selten sein (einige werden im folgenden Kapitel diskutiert). Einen Säugling zu töten, dessen Eltern nicht wollen, daß es getötet wird, steht natürlich auf einem ganz anderen Blatt.

Leben nehmen: Menschen

Anläßlich eines Einwands gegen die Abtreibung haben wir im vorigen Kapitel bereits über die Abtreibung hinaus den Infantizid in den Blick genommen. Das wird bei den Vertretern der Heiligkeit des menschlichen Lebens den Verdacht bestätigt haben: Ist erst einmal die Abtreibung akzeptiert, dann lauert die Euthanasie hinter der nächsten Ecke – und für sie ist Euthanasie ein eindeutiges Übel. Sie wird, darauf weist man uns hin, von den Ärzten seit dem 5. Jahrhundert vor Christus abgelehnt, als sie nämlich zum ersten Mal den Eid des Hippokrates ablegten und schworen, »keine zum Tode führende Medizin auf Verlangen zu verabreichen und auch keine zu empfehlen«. Zudem, argumentiert man, sei das Vernichtungsprogramm der Nazis ein fürchterliches modernes Beispiel dafür, was geschehen kann, wenn man dem Staat einmal die Macht verleiht, unschuldige menschliche Wesen zu töten.

Wenn man die Abtreibung aus den in Kapitel 6 dargelegten Gründen akzeptiert, dann ergeben sich auch gute Gründe dafür, unter bestimmten Bedingungen andere menschliche Wesen zu töten; das will ich nicht leugnen. Wie ich jedoch in diesem Kapitel zeigen möchte, hat dies nichts Schreckliches an sich, und die Nazi-Analogie ist ganz und gar irreführend. Im Gegenteil, haben wir jene Lehren von der Heiligkeit des menschlichen Lebens erst einmal aufgegeben, die – wie wir in Kapitel 4 sahen – in sich zusammenfallen, sobald sie hinterfragt werden, dann kann gerade die Weigerung, Tötungen zu akzeptieren, in manchen Fällen schreckliche Folgen haben.

»Euthanasie« heißt laut Lexikon »freundlicher und leichter Tod«, meint aber heute das Töten jener, die unheilbar krank sind und große Schmerzen oder Leiden erdulden, um ihret-

willen und um ihnen weiteres Leiden oder Elend zu ersparen. Dies ist das Hauptthema des jetzigen Kapitels. Ich
werde jedoch auch einige Fälle betrachten, in denen das Töten, wenngleich es nicht den Wünschen dessen, der getötet
wird, entgegengesetzt ist, aber auch nicht speziell um seinetwillen ausgeführt wird. Wie wir sehen werden, gehören
einige Fälle von Neugeborenen in diese Kategorie. Solche
Fälle mögen nicht als »Euthanasie« im strengen Wortsinn
gelten, aber es ist nützlich, sie in dieselbe allgemeine Diskussion einzubeziehen, solange wir uns nur über die wichtigen Unterschiede im klaren sind.
Innerhalb der üblichen Definition von Euthanasie lassen
sich nun drei verschiedene Arten unterscheiden, von denen
jede unterschiedliche moralische Probleme aufwirft. Es
wird unsere Diskussion fördern, wenn wir zunächst diese
dreifache Unterscheidung darlegen und dann die Vertretbar-
keit jeder Art beurteilen.

Drei Arten von Euthanasie

Freiwillige Euthanasie

Die meisten Gruppen, die sich gegenwärtig für eine Geset-
zesänderung mit dem Ziel der Zulassung von Euthanasie
einsetzen, tun dies im Hinblick auf die freiwillige Euthanasie, das heißt die Euthanasie auf Verlangen der Person, die
getötet werden will.
Manchmal läßt sich die freiwillige Euthanasie kaum von der
Beihilfe zum Selbstmord unterscheiden. In *Jean's Way* hat
Derek Humphry berichtet, wie seine an Krebs sterbens-
kranke Frau ihn bat, ihr Mittel zu besorgen, die ihr Leben
rasch und ohne Qual beenden würden. Sie hatten die Situation auf sich zukommen sehen und sie im voraus bespro-
chen. Derek besorgte sich Tabletten und gab sie Jean, die sie
einnahm und bald danach starb.

Dr. Jack Kevorkian, Pathologe in Michigan, ging einen Schritt weiter und baute eine »Selbstmord-Maschine«, um Todkranken beim Selbstmord zu helfen. Sie bestand aus einem Metallstab mit drei verschiedenen Flaschen, die in eine Kanüle mündeten, wie sie für Tropfinfusionen verwendet wird. Der Arzt führt die Kanüle in die Vene des Patienten ein, und in diesem Stadium fließt nur eine harmlose Kochsalzlösung durch. Dann kann der Patient einen Knopf drükken: jetzt fließt ein Mittel durch, das zum Koma führt; darauf folgt automatisch aus dem dritten Fläschchen das tödliche Medikament. Dr. Kevorkian machte bekannt, daß er die Maschine für Todkranke, die sie benützen wollten, zur Verfügung stelle (Beihilfe zum Selbstmord ist in Michigan nicht strafbar). Im Juni 1990 wandte sich Janet Adkins, an der Alzheimerschen Krankheit leidend, aber noch fähig, die Entscheidung zur Beendigung ihres Lebens zu treffen, an Dr. Kevorkian mit der Bitte, sie von ihrem langsam fortschreitenden Leiden zu erlösen. Dr. Kevorkian war anwesend, während sie sich seiner Maschine bediente, und zeigte darauf ihren Tod der Polizei an. Er wurde des Mordes angeklagt, aber der Prozeß wurde nicht eröffnet, mit der Begründung, daß Janet Adkins ihren Tod selbst herbeigeführt habe. In den folgenden Jahren benutzten zwei weitere Personen Dr. Kevorkians Maschine, um ihr Leben zu beenden.[1]

In anderen Fällen kommt es vor, daß Personen, die sterben möchten, außerstande sind, sich selbst zu töten. 1973 wurde George Zygmaniak bei einem Motorradunfall in der Nähe seines Hauses in New Jersey verletzt. Im Krankenhaus stellte man fest, daß er vom Hals an abwärts völlig gelähmt war; er litt außerdem fürchterliche Schmerzen. Er erklärte seinem Arzt und seinem Bruder Lester, daß er so nicht weiterleben wolle, und bat beide, ihn zu töten. Lester erkundigte sich beim Arzt und beim Krankenhauspersonal,

---

1 Dr. Kevorkian wurde wiederum des Mordes angeklagt, im Zusammenhang mit den letzten Fällen zusätzlich wegen der Beschaffung eines verbotenen Mittels, aber auch diesmal wurde er freigesprochen.

ob George irgendeine Aussicht auf Heilung habe. Die Antwort war, daß seine Aussichten gleich Null seien. Darauf schmuggelte er ein Gewehr in das Krankenhaus und sagte zu seinem Bruder: »Ich bin gekommen, um deine Qual zu beenden, George. Bist du damit einverstanden?« George, der inzwischen nach einer Operation zur Sicherstellung seiner Atmung nicht mehr sprechen konnte, nickte zustimmend. Daraufhin schoß ihm Lester in die Schläfe.

Der Fall Zygmaniak scheint ein eindeutiges Beispiel für freiwillige Euthanasie zu sein, obwohl einige Verfahrensabsicherungen nicht gegeben waren, die die Befürworter der Legalisierung freiwilliger Euthanasie vorschlagen. So hatte man die ärztliche Auskunft über die Genesungsaussichten des Patienten nur auf informellem Wege eingeholt. Auch hatte man versäumt, sorgfältig vor unabhängigen Zeugen feststellen zu lassen, ob Georges Todeswunsch unumstößlich und rational begründet war und auf den besten verfügbaren Informationen über seine Situation beruhte. Die Tötung wurde nicht von einem Arzt durchgeführt. Eine Injektion wäre für andere weniger schlimm gewesen als die Erschießung. Aber diese Wahlmöglichkeiten hatte Lester Zygmaniak nicht, denn das Gesetz in New Jersey wie fast überall auch sonst betrachtet den Gnadentod als Mord, und wenn er seinen Plan bekanntgegeben hätte, wäre er nicht in der Lage gewesen, ihn auszuführen.

Euthanasie kann auch dann freiwillig sein, wenn eine Person im Unterschied zu Jean Humphry und George Zygmaniak nicht mehr in der Lage ist, ihrem Wunsch zu sterben noch bis zu dem Augenblick Ausdruck zu geben, da die Tablette geschluckt, der Knopf gedrückt oder der Schuß abgegeben wird. Eine Person kann, während sie noch gesund ist, ein schriftliches Gesuch um Sterbehilfe verfassen, für den Fall, daß sie durch Unfall oder Krankheit unfähig wird, eine Entscheidung über ihren eigenen Tod zu fällen oder zu äußern (etwa wegen zu großer Schmerzen oder weil sie geistig dazu nicht mehr in der Lage ist); vorausgesetzt, es besteht keine vernünftige Hoffnung auf Genesung. Tötet man jemanden, der ein solches Gesuch verfaßt und es von Zeit zu Zeit bestätigt hat und der sich nun in dem einen oder anderen wie oben beschriebenen Zustand befindet, dann kann man mit Fug und Recht behaupten, daß man im Einverständnis mit der betreffenden Person handelt.

Es gibt jetzt ein Land, in dem Ärzte ihren Patienten beim Sterben in Frieden und Würde behilflich sein können, nämlich die Niederlande, wo eine Reihe von Gerichtsentscheidungen das Recht des Arztes bestätigten, seinem Patienten beim Sterben zu helfen, und zwar so weitgehend, daß der Arzt seinem Patienten die tödliche Spritze selbst verabreichen darf. Ärzte in den Niederlanden, die sich an bestimmte Richtlinien (vgl. S. 251) halten, können jetzt offen Sterbehilfe leisten und dies auf dem Totenschein vermerken, ohne mit einer Anklage rechnen zu müssen. Schätzungen besagen, daß jährlich etwa 2300 Todesfälle aus derart praktizierter Euthanasie resultieren.

Unfreiwillige Euthanasie

Ich betrachte Euthanasie dann als unfreiwillig, wenn die getötete Person fähig ist, ihrem eigenen Tod zuzustimmen, aber es nicht tut, weil sie entweder nicht gefragt wird, oder weil sie zwar gefragt wird, sich aber dafür entscheidet, weiterzuleben. Diese Definition vermengt zugegebenermaßen zwei verschiedene Fälle. Es besteht ein wichtiger Unterschied zwischen der Tötung einer Person, die sich dafür entscheidet, weiterzuleben, und der Tötung einer Person, die dem nicht zugestimmt hat, aber zugestimmt hätte, wenn sie gefragt worden wäre. In der Praxis kann man sich allerdings kaum Fälle vorstellen, in denen eine Person fähig ist zuzustimmen und zugestimmt hätte, wenn sie gefragt worden wäre, aber nicht gefragt wurde. Denn warum sollte man sie nicht fragen? Nur in den ausgefallensten Situationen könnte es vorkommen, daß man sich die Zustimmung einer zustimmungsfähigen und zustimmungswilligen Person nicht verschafft.

Jemanden ohne seine Zustimmung töten kann nur dann als Euthanasie gelten, wenn das Motiv des Tötens der Wunsch ist, der betreffenden Person Leiden zu ersparen. Es wäre natürlich seltsam, wenn jemand, der aus diesem Motiv handelt, die Wünsche der Person mißachtete, um derentwillen die Handlung ausgeführt wird. Echte Fälle von unfreiwilliger Euthanasie sind offenbar selten.

Nichtfreiwillige Euthanasie

Diese beiden Definitionen lassen Raum für eine dritte Art von Euthanasie. Wenn ein menschliches Wesen nicht fähig ist, die Entscheidung zwischen Leben und Tod zu verstehen, dann wäre die Euthanasie weder freiwillig noch unfreiwillig, sondern nichtfreiwillig. Diejenigen, die nicht in der Lage sind, ihre Zustimmung zu geben, sind unheilbar kranke oder schwerbehinderte Säuglinge sowie Menschen, die durch Unfall, Krankheit oder hohes Alter die Fähigkeit auf Dauer verloren haben, das Entscheidungsproblem zu verstehen, ohne daß sie zuvor Euthanasie unter diesen Umständen gefordert oder abgelehnt hätten.

Verschiedene Fälle von nichtfreiwilliger Euthanasie sind vor Gericht und in die Spalten der Boulevardpresse gelangt. Hierfür ein Beispiel. Louis Repouille hatte einen Sohn, der als »unheilbar schwachsinnig« bezeichnet wurde, seit der Kindheit bettlägerig und seit fünf Jahren blind war. Repouille sagte: »Er war die ganze Zeit so gut wie tot. [...] Er konnte nicht gehen, nicht reden, nichts tun.« Schließlich tötete Repouille seinen Sohn mit Chloroform.

1988 wurde ein Fall bekannt, der gut die Art und Weise illustriert, wie die moderne medizinische Technologie uns zwingt, Entscheidungen über Leben und Tod zu treffen. Der Säugling Samuel Linares verschluckte einen kleinen Gegenstand, der in seiner Luftröhre steckenblieb und einen

Sauerstoffmangel im Gehirn verursachte. Im Koma wurde er in ein Krankenhaus in Chicago gebracht und an ein Atemgerät angeschlossen. Acht Monate später lag Samuel immer noch im Koma, war immer noch an das Gerät angeschlossen und sollte nach dem Plan des Krankenhauses in eine Langzeitpflege-Abteilung verlegt werden. Kurz bevor dies geschah, besuchten die Eltern das Kind im Krankenhaus. Die Mutter verließ das Krankenzimmer, während der Vater mit einem Revolver die Schwester in Schach hielt. Dann löste er die Verbindungsschläuche zum Atemgerät und wiegte das Kind in seinen Armen, bis es starb. Als er sicher war, daß Samuel tot sei, gab er seinen Revolver ab und stellte sich der Polizei. Er wurde des Mordes angeklagt, aber das Schwurgericht ließ die Mordklage fallen, dafür erhielt er eine Bewährungsstrafe wegen unrechtmäßigen Waffenbesitzes.

Offensichtlich geht es bei solchen Fällen um andere Probleme als bei der freiwilligen Euthanasie. Das Kind äußert nicht den Wunsch zu sterben. Es ist hier auch die Frage, ob der Tod um des Kindes oder eher um der Familie als ganzer willen herbeigeführt wird. Wenn Louis Repouilles Sohn »die ganze Zeit so gut wie tot« war, dann war sein Gehirn möglicherweise so geschädigt, daß er überhaupt keinen Schmerz zu empfinden vermochte. Das traf wahrscheinlich auch auf den im Koma befindlichen Samuel Linares zu. Während in jenem Fall die Pflege für die Familie eine große Belastung und zweifellos ohne Aussicht auf Besserung gewesen wäre und im Fall Linares die beschränkten finanziellen Mittel für das Gesundheitswesen über Gebühr beansprucht worden wären, kann man nicht sagen, die Kinder hätten gelitten und ihr Tod sei in ihrem oder gegen ihr Interesse gewesen. Es handelt sich also strenggenommen nicht um Euthanasie, wie ich sie definiert habe. Dennoch könnte es eine gerechtfertigte Beendigung eines menschlichen Lebens sein.

Da die Fälle von Säuglingstötung und nichtfreiwilliger

Euthanasie in besonders engem Zusammenhang mit unseren obigen Diskussionen über den Status von Tieren und menschlichen Föten stehen, seien sie zuerst behandelt.

Rechtfertigung von Infantizid und nichtfreiwilliger Euthanasie

Wie wir gesehen haben, ist Euthanasie dann nichtfreiwillig, wenn das Subjekt niemals die Fähigkeit hatte, zwischen Leben und Sterben zu wählen. Dies ist die Situation des schwerbehinderten Säuglings oder des älteren Menschen, der seit Geburt geistig schwer geschädigt ist. Euthanasie ist auch dann nichtfreiwillig, wenn das Subjekt nicht jetzt, aber früher fähig war, zwischen Leben und Sterben zu wählen, aber damals keine für seine gegenwärtige Situation relevante Entscheidung getroffen hat.

Der Fall, daß eine Person niemals die Fähigkeit besaß, zwischen Leben und Sterben zu wählen, ist etwas einfacher als der, daß jemand diese Fähigkeit früher einmal besaß, sie aber jetzt verloren hat. Wir werden diese beiden Fälle wiederum voneinander trennen und den weniger komplizierten zuerst behandeln. Der Einfachheit halber werde ich mich auf Säuglinge konzentrieren, wobei sich alles, was ich über diese sage, auch auf ältere Kinder oder Erwachsene anwenden läßt, die auf der geistigen Reifestufe eines Säuglings stehengeblieben sind.

Entscheidungen über Leben und Tod von behinderten Säuglingen

Wenn wir ohne jede vorherige moralische Erörterung des Tötens im allgemeinen das Problem von Leben und Tod bei schwerbehinderten menschlichen Säuglingen behandeln müßten, wären wir vermutlich außerstande, den Konflikt zwischen der breit akzeptierten Verpflichtung, die Heiligkeit menschlichen Lebens zu schützen, und dem Ziel, Leiden zu vermindern, zu lösen. Manche sagen, solche Entscheidungen seien »subjektiv« oder Fragen über Leben und Tod müßten Gott und der Natur überlassen bleiben. Die vorherigen Diskussionen haben jedoch die Grundlage vorbereitet, und die Prinzipien, die wir in den vorangehenden drei Kapiteln aufgestellt und angewendet haben, lassen das Problem weit weniger verwirrend erscheinen, als die meisten glauben.

In Kapitel 4 haben wir gesehen, daß die Tatsache, daß ein Wesen ein menschliches Wesen im Sinne der Zugehörigkeit zur Spezies Homo sapiens ist, für die Unrechtmäßigkeit seiner Tötung ohne Bedeutung ist; entscheidend sind vielmehr Eigenschaften wie Rationalität, Autonomie und Selbstbewußtsein. Säuglinge haben diese Eigenschaften nicht. Sie zu töten kann daher nicht gleichgesetzt werden mit der Tötung normaler menschlicher Wesen oder anderer selbstbewußter Wesen. Diese Schlußfolgerung beschränkt sich nicht auf Säuglinge, die wegen irreversibler geistiger Behinderung niemals rationale, selbstbewußte Wesen sein werden. Bei unserer Erörterung der Abtreibung wurde deutlich, daß die potentielle Fähigkeit eines Fötus, ein rationales, selbstbewußtes Wesen zu werden, nicht als Grund dagegen gelten kann, ihn in einem Stadium zu töten, in dem er diese Eigenschaften noch nicht hat – außer wir wären auch bereit, den Wert eines rationalen selbstbewußten Lebens als Grund gegen Empfängnisverhütung und Zölibat gelten zu lassen. Kein Säugling – mag er nun behindert sein oder nicht – hat in gleichem Maße Anspruch auf das Leben wie Wesen, die fähig sind, sich selbst als distinkte, in der Zeit existierende Entitäten zu sehen.

Der Unterschied zwischen der Tötung eines behinderten und eines normalen Säuglings liegt nicht in irgendeinem vorausgesetzten Recht auf Leben, das der letztere hätte und der erstere nicht, sondern in anderen Erwägungen über das Töten. Am deutlichsten fällt häufig der Unterschied in den

Einstellungen der Eltern ins Auge. Die Geburt eines Kindes ist in aller Regel ein glückliches Ereignis für die Eltern. Heutzutage haben die Eltern das Kind oftmals geplant. Die Mutter hat es neun Monate lang ausgetragen. Mit dem Augenblick der Geburt beginnt eine natürliche Zuneigung der Eltern zu ihrem Kind. So liegt ein wichtiger Grund, weshalb einen Säugling zu töten normalerweise etwas Schreckliches ist, in der Wirkung, die eine solche Tötung auf die Eltern ausüben wird.

Es ist etwas anderes, wenn sich herausstellt, daß der Säugling mit einer schweren Behinderung zur Welt kommt. Natürlich gibt es unterschiedliche Schäden. Manche sind geringfügig und haben wenig Auswirkung auf das Glück des Kindes oder seiner Eltern, andere hingegen verwandeln das normalerweise freudige Ereignis der Geburt in eine Bedrohung für das Glück der Eltern und anderer Kinder, die sie vielleicht haben.

Eltern mögen mit gutem Grund bedauern, daß ein behindertes Kind überhaupt geboren wurde. In diesem Fall kann die Wirkung, die der Tod des Kindes auf seine Eltern haben wird, eher ein Grund dafür als dagegen sein, das Kind zu töten. Einige Eltern wollen, daß selbst ein schwerstbehindertes Kind so lange wie möglich lebt, und dieses Verlangen wäre dann ein Grund gegen die Tötung des Kindes. Aber wenn das nicht der Fall ist? In der nachfolgenden Erörterung werde ich voraussetzen, daß die Eltern nicht wollen, daß das behinderte Kind lebt. Ich werde ebenfalls voraussetzen, daß die Behinderung so schwer ist, daß – wiederum im Unterschied zu der Situation eines unerwünschten, aber normalen Kindes heute – kein anderes Paar daran interessiert ist, den Säugling zu adoptieren. Dies ist eine realistische Annahme selbst in einer Gesellschaft, in der es eine lange Warteliste für Paare gibt, die normale Babys adoptieren möchten. Es stimmt auch, daß gelegentlich Fälle von Kindern, die schwer behindert sind und die man nicht behandelt, um sie sterben zu lassen, mit großem publizistischem Aufwand vor Gericht kommen, was dann dazu führt, daß sich Paare anbieten, ein solches Kind zu adoptieren. Leider sind diese Angebote Ergebnis einer publizistisch ausgeschlachteten dramatischen Situation auf Leben und Tod, und sie erstrecken sich nicht auf die weniger medienwirksamen, aber weit üblicheren Situationen, in denen Eltern sich nicht in der Lage fühlen, für das schwerbehinderte Kind zu sorgen, und das Kind in einem Heim dahinsiecht.

Säuglinge sind empfindungsfähige Wesen, die weder Rationalität noch Selbstbewußtsein haben. Wenn wir also die Säuglinge an sich betrachten – unabhängig von der Einstellung ihrer Eltern, da ihre Spezies für ihren moralischen Status ohne Bedeutung ist –, müssen die Prinzipien, die die Unrechtmäßigkeit der Tötung nichtmenschlicher Lebewesen bestimmen, welche Empfindungsfähigkeit, aber nicht Rationalität oder Selbstbewußtsein besitzen, auch hier Anwendung finden. Wie wir sahen, sind die plausibelsten Argumente dafür, daß einem Wesen ein Lebensrecht zugeschrieben wird, nur dann anwendbar, wenn es ein gewisses Bewußtsein seiner selbst als eines in der Zeit existierenden Wesens oder eines kontinuierlichen geistigen Selbst besitzt. Wo keine Fähigkeit zur Autonomie vorhanden ist, kann die Respektierung der Autonomie nicht gelten. Die übrigen, in Kapitel 4 bereits aufgestellten Prinzipien sind utilitaristisch. Von daher wird dann die voraussichtliche Lebensqualität des Säuglings wichtig.

Ein häufiger Geburtsfehler besteht in einer Fehlentwicklung der Wirbelsäule, bekannt als Spina bifida. Ihr Vorkommen ist von Land zu Land verschieden, aber auf 500 Geburten kann immerhin *ein* solcher Fall kommen. In den schwereren Fällen bleibt das Kind von der Hüfte an abwärts dauerhaft gelähmt und gewinnt keine Kontrolle über Darm und Blase. Oft sammelt sich im Gehirn ein Überschuß von Flüssigkeit an, ein Zustand, der als Hydrocephalus bekannt ist und zu geistiger Behinderung führen kann.

Obwohl bis zu einem gewissen Grad eine Behandlung möglich ist, können Lähmung, Inkontinenz und Entwicklungshemmung in schweren Fällen nicht überwunden werden.

Einige Ärzte, die an schwerer Spina bifida leidende Kinder behandeln, sind der Meinung, das Leben mancher dieser Kinder sei so elend, daß es falsch wäre, eine Operation vorzunehmen, um sie am Leben zu erhalten. Veröffentlichungen, die das Leben dieser Kinder beschreiben, bestätigen das Urteil, daß diese am schlimmsten betroffenen Kinder unter Schmerzen und Beschwerden leben müssen. Sie müssen sich zudem wiederholt größeren Operationen unterziehen, um eine Rückgratverkrümmung zu vermeiden, die aufgrund der Lähmung entsteht, und um andere Anomalien zu korrigieren. Einige Kinder mit Spina bifida hatten etwa vierzig chirurgische Eingriffe, bevor sie das Teenager-Alter erreichten.

Wenn das Leben eines Kindes so elend sein wird, daß es sich aus der inneren Perspektive des Wesens, das dieses Leben führen wird, nicht zu leben lohnt, dann folgt sowohl aus der »Vorherige-Existenz«- als auch aus der »totalen« Version des Utilitarismus, daß es, sofern keine »äußeren« Gründe vorliegen, den Säugling am Leben zu erhalten – wie etwa die Gefühle der Eltern –, besser ist, ihm ohne weiteres Leiden zum Sterben zu verhelfen. Ein schwierigeres Problem ergibt sich – und damit endet die Übereinstimmung zwischen den beiden Standpunkten –, wenn wir Schädigungen betrachten, die die Lebensaussichten des Kindes bedeutend weniger rosig erscheinen lassen als die eines normalen Kindes, aber nicht so trübe, daß sich das Leben nicht doch zu leben lohnen würde. Hämophilie dürfte in diese Kategorie gehören. Dem Bluter fehlt der Faktor des normalen Bluts, der es gerinnen läßt, und daher droht ihm bei der leichtesten Verletzung lang anhaltendes Bluten, insbesondere innere Blutung. Ist die Blutung nicht zu stoppen, kommt es zu einer dauerhaften Lähmung, die schließlich zum Tode führt. Das Bluten ist sehr schmerzhaft, und obwohl verbesserte Behandlungsmethoden die Notwendigkeit ständiger Bluttransfusionen beseitigt haben, müssen Bluter immer noch viel Zeit im Krankenhaus zubringen. Sie sind unfähig, die meisten Sportarten auszuüben, und leben ständig am Rande der Krisis. Trotzdem bringen Bluter offensichtlich ihr Leben nicht mit der Frage zu, ob sie mit allem Schluß machen sollten; die meisten von ihnen finden das Leben eindeutig lebenswert, trotz der vorhandenen Schwierigkeiten.

Diese Fakten vorausgesetzt sei angenommen, ein neugeborenes Baby werde als Bluter diagnostiziert. Die Eltern, erschreckt von der Aussicht, ein Kind unter dieser Bedingung aufziehen zu müssen, wollen nicht, daß es am Leben bleibt. Wäre Euthanasie hier vertretbar? Unsere erste Reaktion mag durchaus ein eindeutiges »Nein« sein; denn das Kind kann ein lebenswertes Leben erwarten, auch wenn dieses nicht so gut sein wird wie das eines normalen Babys. Die »Vorherige-Existenz«-Version des Utilitarismus stützt dieses Urteil. Der Säugling existiert. Von seinem Leben ist zu erwarten, daß in der Bilanz Glück über Unglück überwiegen wird. Ihn zu töten hieße, ihn dieser positiven Glücksbilanz zu berauben, und wäre daher unrecht.

Nach der »totalen« Version des Utilitarismus andererseits können wir nicht allein auf der Grundlage dieser Information eine Entscheidung fällen. Die »Totalansicht« führt notwendig zu der Frage, ob der Tod des hämophilen Säuglings zur Erzeugung eines anderen Wesens führen wird, das sonst vielleicht nicht existieren würde. Mit anderen Worten: werden die Eltern, wenn das hämophile Kind getötet wird, ein weiteres Kind bekommen, das sie nicht hätten, wenn das hämophile Kind leben würde? Und wenn sie es hätten, würde das zweite Kind dann vermutlich ein besseres Leben haben, als es das getötete gehabt hätte?

Oft wird es möglich sein, diese beiden Fragen zu bejahen. Eine Frau kann planen, daß sie zwei Kinder haben will.

Wenn eines stirbt, während sie im gebärfähigen Alter ist, kann sie an seiner Stelle ein anderes empfangen. Angenommen, eine Frau, die zwei Kinder geplant hat, hat ein normales Kind und bringt dann ein hämophiles zur Welt. Die Belastung, die dieses Kind bedeutet, dürfte den Verzicht auf ein drittes Kind unvermeidlich machen; sollte aber das behinderte Kind sterben, so würde sie noch ein weiteres Kind bekommen. Es ist auch plausibel anzunehmen, daß die Aussichten auf ein glückliches Leben für ein normales Kind besser wären als für ein hämophiles.

Sofern der Tod eines behinderten Säuglings zur Geburt eines anderen Säuglings mit besseren Aussichten auf ein glückliches Leben führt, dann ist die Gesamtsumme des Glücks größer, wenn der behinderte Säugling getötet wird. Der Verlust eines glücklichen Lebens für den ersten Säugling wird durch den Gewinn eines glücklicheren Lebens für den zweiten aufgewogen. Wenn daher die Tötung des hämophilen Säuglings keine nachteilige Wirkung auf andere hat, dann wäre es nach der Totalansicht richtig, ihn zu töten.

Die Totalansicht behandelt Säuglinge ebenso als ersetzbar wie nicht-selbstbewußte Tiere (vgl. Kap. 5). Viele werden der Ansicht sein, das Ersetzbarkeits-Argument lasse sich nicht auf menschliche Säuglinge anwenden. Wenn die unmittelbare Tötung selbst völlig hoffnungslos geschädigter Säuglinge immer noch offiziell als Mord betrachtet wird, wie könnte dann die Tötung von Säuglingen mit weit geringeren Problemen, wie Hämophilie, akzeptiert werden? Doch bei weiterem Nachdenken scheinen die Implikationen des Ersetzbarkeits-Arguments nicht ganz so ausgefallen. Denn es gibt behinderte Mitglieder unserer Spezies, mit denen wir genauso umgehen, wie es das Argument nahelegt. Diese Fälle sind den bisher erörterten nahe verwandt. Der einzige Unterschied besteht im Zeitpunkt, wann das Problem erkannt wird und wann als Folge davon die Tötung des behinderten Wesens erfolgt.

Pränatale Diagnostik ist heute eine Routineangelegenheit für schwangere Frauen. Es gibt verschiedene medizinische Techniken, um während der frühen Monate der Schwangerschaft über den Fötus eine ganze Menge in Erfahrung zu bringen. Irgendwann im Laufe der Entwicklung wurde es möglich festzustellen, welches Geschlecht der Fötus hat, jedoch noch nicht, ob er an Hämophilie leidet. Sie ist ein geschlechtsspezifischer genetischer Defekt, an dem nur männliche Wesen leiden. Weibliche Wesen können das Gen haben und es ihrem männlichen Nachwuchs weitergeben, ohne selbst davon betroffen zu sein. Eine Frau, die weiß, daß sie das Gen für Hämophilie hat, kann also vermeiden, daß sie ein hämophiles Kind zur Welt bringt, indem sie das Geschlecht des Fötus bestimmen läßt und bei allen männlichen Föten die Schwangerschaft abbricht. Statistisch gesehen hätte nur die Hälfte der männlichen Kinder von Frauen, die mit dem schadhaften Gen behaftet sind, an Hämophilie leiden müssen, aber damals war es noch nicht möglich herauszubekommen, zu welcher Hälfte der einzelne Fötus gehörte. Deshalb wurden zweimal so viele Föten getötet als nötig, um Geburten von hämophilen Kindern zu verhindern. Diese Praxis war in vielen Ländern verbreitet, ohne daß man sich darüber entrüstet hätte. Jetzt haben wir Methoden, mit denen wir Hämophilie vor der Geburt feststellen können, und sind in der Lage, eine Selektion vorzunehmen; grundsätzlich geht es aber um dasselbe: Den Frauen wird ein Schwangerschaftsabbruch angeboten (den sie auch meist akzeptieren), um zu vermeiden, daß sie hämophile Kinder zur Welt bringen.

Ähnliches gilt für andere Faktoren, die vor der Geburt festgestellt werden können. Das Down-Syndrom, früher unter dem Namen Mongolismus bekannt, gehört dazu. Solche Kinder sind geistig behindert, und die meisten werden niemals unabhängig leben können, aber ihr Leben kann, wie das von kleinen Kindern, durchaus angenehm sein. Das Risiko, ein Kind mit Down-Syndrom zu bekommen, steigt mit dem Alter der Mutter steil an, und daher empfiehlt man schwangeren Frauen über 35 in der Regel die pränatale Diagnostik. Diese bringt es wiederum mit sich, daß die Frau, wenn der Test das Down-Syndrom nachweist, einen Schwangerschaftsabbruch in Erwägung zieht; falls sie ein weiteres Kind wünscht, hat sie immerhin die Aussicht, daß eine erneute Schwangerschaft normal verläuft.

Pränatale Diagnostik mit nachfolgendem Schwangerschaftsabbruch in einzelnen Fällen gehört in Ländern mit liberalen Abtreibungsgesetzen und fortgeschrittenen Behandlungsmethoden zur üblichen Praxis. Ich meine, daß dies auch so sein sollte. Wie die Argumente in Kapitel 6 gezeigt haben, glaube ich, daß sich Abtreibung rechtfertigen läßt. Es bleibt allerdings festzuhalten, daß weder Hämophilie noch Down-Syndrom das Leben so beeinträchtigen, daß es sich aus der Innenperspektive der Person, die es führt, nicht mehr zu leben lohnte. Wer bei einem Fötus mit einem dieser Schäden einen Schwangerschaftsabbruch vornehmen läßt in der Absicht, ein anderes Kind zu bekommen, das nicht behindert sein wird, sieht Föten offensichtlich als austauschbar oder ersetzbar an. Wenn die Mutter sich zuvor entschlossen hat, eine bestimmte Zahl von Kindern, sagen wir zwei, zu bekommen, dann weist sie im Grunde mit dem Schwangerschaftsabbruch lediglich ein potentielles Kind zugunsten eines anderen zurück. Um ihr Handeln zu verteidigen, könnte sie folgendes sagen: Der Verlust des Lebens für den nicht ausgetragenen Fötus wird aufgewogen durch den Gewinn eines besseren Lebens für das normale Kind, das nur gezeugt werden wird, wenn das behinderte Kind stirbt.

Wenn der Tod vor der Geburt eintritt, gerät die Ersetzbarkeit nicht mit allgemein akzeptierten moralischen Überzeugungen in Konflikt. Daß man von der Schädigung eines Fötus weiß, wird weithin als Abtreibungsgrund anerkannt. Doch bei der Abtreibungsdiskussion haben wir gesehen, daß die Geburt keine moralisch relevante Grenzlinie markiert. Mir ist nicht ersichtlich, wie sich die Ansicht verteidigen ließe, Föten vor der Geburt dürften »ersetzt« werden, neugeborene Säuglinge dagegen nicht. Es gibt auch kein anderes Merkmal, etwa die Lebensfähigkeit, die uns für eine solche Abgrenzung bessere Dienste leistete. Selbstbewußtsein, das die Ansicht begründen könnte, es sei falsch, ein Wesen zu töten und es durch ein anderes zu ersetzen, läßt sich weder im Fötus noch im neugeborenen Kind auffinden. Weder der Fötus noch das neugeborene Kind ist ein Individuum, fähig, sich selbst als distinkte Entität mit einem eigenständigen Leben zu betrachten; und nur für Neugeborene oder noch frühere Stadien des menschlichen Lebens sollte Ersetzbarkeit als eine moralisch akzeptable Option gelten.

Man mag immer noch einwenden, daß es unrecht sei, einen Fötus oder ein Neugeborenes zu ersetzen, weil dadurch heute lebenden Behinderten suggeriert wird, ihr Leben sei weniger lebenswert als das Leben derer, die nicht behindert sind. Wer leugnet, daß dies im Durchschnitt gesehen so ist, verkennt die Realität. Nur so geben Handlungen, die wir alle für selbstverständlich halten, einen Sinn. Man erinnere sich an den Contergan-Fall: Von Schwangeren eingenommen, war dieses Mittel die Ursache dafür, daß viele Kinder ohne Arme oder Beine geboren wurden. Als die Ursache für diese anormalen Geburten erkannt war, wurde das Mittel vom Markt genommen und die verantwortliche Firma mußte Schadenersatz leisten. Wären wir wirklich der Überzeugung, daß es keinen Grund gibt anzunehmen, daß das Leben einer behinderten Person wahrscheinlich irgendwie schlechter ist als das einer normalen Person, dann hätten wir das damals nicht als Tragödie empfunden. Schadenersatz wäre weder gefordert noch von den Gerichten verhängt worden. Die Kinder wären eben bloß »anders« gewesen. Wir hätten das Mittel ruhig im Handel belassen können, und die Frauen, die es für ein brauchbares Schlafmittel während der Schwangerschaft hielten, hätten es weiter einnehmen können. Das klingt grotesk, aber eben nur deshalb, weil wir überhaupt keinen Zweifel haben, daß es besser ist, mit Gliedmaßen geboren zu werden als ohne. Diese Überzeugung bedeutet keinerlei Mißachtung gegenüber jenen, die ohne Gliedmaßen leben müssen; vielmehr wird damit einfach die Realität der Schwierigkeiten anerkannt, denen sich die Betroffenen gegenübersehen.

Jedenfalls folgt aus dem hier vertretenen Standpunkt nicht, daß es besser wäre, wenn keine Menschen mit schweren Behinderungen überlebten. Es folgt lediglich, daß die Eltern solcher Kinder eine entsprechende Entscheidung treffen können sollten. Es folgt daraus auch nicht ein Mangel an Respekt vor oder gleicher Berücksichtigung von Menschen mit Behinderungen, die jetzt ihr eigenes Leben entsprechend ihren eigenen Wünschen leben. Wie wir am Ende von Kapitel 2 sahen, weist das Prinzip der gleichen Interessenabwägung jegliche geringere Berücksichtigung von Interessen aus Gründen des Behindertseins zurück.

Sogar diejenigen, die gegen Abtreibung sind und den Gedanken, der Fötus sei ersetzbar, ablehnen, werden wahrscheinlich mögliche Menschen für ersetzbar halten. Man erinnere sich an die zweite Frau in Parfits Beispiel (vgl. Kap. 5, S. 163). Ihr Arzt hatte ihr gesagt, falls sie weiterhin den Plan verfolge, sofort schwanger zu werden, würde ihr Kind behindert zur Welt kommen (z. B. wegen Hämophilie); wenn sie aber drei Monate warten würde, gäbe es keine Komplikationen. Sollten wir der Meinung sein, die Frau tue unrecht, nicht zu warten, dann doch nur, weil wir die beiden möglichen Leben vergleichen und zu dem Urteil kommen, das eine habe bessere Perspektiven als das andere. Natürlich hat in diesem Stadium das Leben noch nicht begonnen; aber die Frage ist eben, wann das Leben in einem moralisch relevanten Sinn beginnt. In den Kapiteln 4 und 5 fanden wir verschiedene Gründe dafür, daß das Leben in einem moralisch relevanten Sinne begonnen hat, wenn ein Bewußtsein der eigenen Existenz in der Zeit vorhanden ist.

Auch die Metapher vom Leben als einer Reise liefert einen Grund zu der Behauptung, daß im Säuglingsalter die Reise noch kaum begonnen hat.

Würde man Neugeborene – so wie nunmehr Föten – als ersetzbar betrachten, so böte dies große Vorteile gegenüber der pränatalen Diagnostik mit anschließendem Schwangerschaftsabbruch. Denn es gibt einige Behinderungen, die tatsächlich vor der Geburt nicht vorhanden sind; sie können aus einer extremen Frühgeburt resultieren oder daraus, daß die Geburt nicht normal verläuft. Gegenwärtig haben die Eltern nur dann die Wahl, behinderte Nachkommen zu behalten oder ihr Leben zu beenden, wenn die Behinderung während der Schwangerschaft entdeckt wird. Es gibt keine logische Grundlage dafür, daß die Wahlmöglichkeit der Eltern auf diese besonderen Behinderungen beschränkt bleibt. Würden behinderte Neugeborene bis etwa eine Woche oder einen Monat nach der Geburt nicht als Wesen betrachtet, die ein Recht auf Leben haben, dann wären die Eltern in der Lage, in gemeinsamer Beratung mit dem Arzt und auf viel breiterer Wissensgrundlage in bezug auf den Gesundheitszustand des Kindes, als dies vor der Geburt möglich ist, ihre Entscheidung zu treffen.

Alle diese Bemerkungen betrafen die Unrechtmäßigkeit an sich, das Leben eines Säuglings zu beenden, weniger die Auswirkungen auf andere. Wenn wir letztere in Betracht ziehen, kann sich das Bild ändern. Die gesamte Schwangerschaft mitsamt den Wehen durchzustehen, nur um ein Kind zu gebären und dann zu entscheiden, es solle nicht am Leben bleiben, wäre offenkundig eine schwere, vielleicht auch sehr leidvolle Erfahrung. Aus diesem Grund würden viele Frauen pränatale Diagnostik und Schwangerschaftsabbruch einer Geburt mit der Möglichkeit des Infantizids vorziehen; aber wenn letztere moralisch nicht verwerflicher ist als ein Schwangerschaftsabbruch, dann sollte die Frau wohl selbst eine solche Wahl treffen dürfen.

Ein anderer Faktor, den es zu berücksichtigen gilt, ist die

Möglichkeit der Adoption. Wenn es mehr Paare gibt, die eine Adoption wünschen, als normale Kinder, die für eine Adoption zur Verfügung stehen, so könnte es sein, daß ein kinderloses Paar bereit wäre, einen Bluter zu adoptieren. Dies würde der Mutter die Last abnehmen, ein hämophiles Kind aufzuziehen, und sie in die Lage versetzen, ein weiteres Kind zu bekommen, wenn sie das wünscht. Dann könnte das Ersetzbarkeits-Argument den Infantizid nicht rechtfertigen; denn ob ein anderes Kind in die Welt gesetzt wird, wäre nicht abhängig vom Tod des an Hämophilie leidenden. Dessen Tod wäre somit ein unmittelbarer Verlust eines Lebens mit einer positiven Lebensqualität, das nicht aufgewogen würde durch die Erzeugung eines anderen Wesens, das ein besseres Leben hätte.

Das Thema der Beendigung des Lebens von behinderten Neugeborenen ist also recht kompliziert, und wir können es hier nicht ausdiskutieren. Der Kern der Sache ist freilich klar: die Tötung eines behinderten Säuglings ist nicht moralisch gleichbedeutend mit der Tötung einer Person. Sehr oft ist sie überhaupt kein Unrecht.

Andere Fälle von nichtfreiwilliger Euthanasie

Im vorigen Abschnitt haben wir gerechtfertigtes Töten bei Wesen erörtert, die niemals fähig waren, zwischen Leben und Tod zu wählen. Die Beendigung eines Lebens ohne vorherige Zustimmung kann nun aber auch im Falle derer in Erwägung gezogen werden, die einmal Personen und fähig waren, zwischen Leben und Tod zu wählen, doch jetzt, durch Unfall oder hohes Alter, diese Fähigkeit für immer verloren und vor dem Verlust dieser Fähigkeit keinerlei Ansichten darüber geäußert haben, ob sie unter diesen Umständen weiterleben wollten. Diese Fälle sind nicht selten. In vielen Krankenhäusern werden Opfer von Verkehrsunfällen betreut, deren Gehirn unheilbar geschädigt wurde. Sie können etliche Jahre lang überleben, im Koma oder bei schwächstem Bewußtsein. 1991 berichtete die Zeitschrift *Lancet*, daß die Krankenschwester Rita Greene 39 Jahre lang Patientin im D. C. General Hospital von Washington gewesen war, ohne dies zu wissen. Nunmehr 63 Jahre alt, befand sie sich seit 1952 nach einem Eingriff am offenen Herzen in einem vegetierenden Zustand. Der Bericht stellte fest, daß sich ständig etwa 5000 bis 10 000 Amerikaner im Koma befinden. In anderen hochentwickelten Ländern, in denen lebensverlängernde Technologien nicht so energisch eingesetzt werden, gibt es weit weniger Langzeitpatienten in diesem Zustand.

In den meisten Hinsichten unterscheiden sich diese Menschen nur unerheblich von behinderten Säuglingen. Sie sind nicht selbstbewußt, rational oder autonom, und so sind Erwägungen des Rechts auf Leben oder des Respekts vor der Autonomie hier nicht angebracht. Wenn sie überhaupt keine Erlebnisse haben und auch niemals mehr welche haben können, dann hat ihr Leben keinen Wert an sich. Ihre Lebensreise ist an ein Ende gelangt. Biologisch leben sie, aber nicht biographisch. (Wem diese Feststellung zu schroff erscheint, der möge sich selbst fragen, ob es hinsichtlich der folgenden Optionen etwas zu wählen gibt: a) sofortiger Tod oder b) sofortiges Koma zehn Jahre lang, ohne Genesung, bis zum Tod. Ich kann keinen Vorteil darin sehen, im Zustand des Komas zu überleben, wenn der Tod ohne Genesung gewiß ist.) Das Leben derer, die nicht im Koma liegen und die Bewußtsein, aber kein Selbstbewußtsein haben, hat dann einen Wert, wenn sie mehr Lust als Schmerz empfinden oder Präferenzen haben, die erfüllt werden können; doch es ist schwer einzusehen, warum man solche menschlichen Wesen am Leben erhalten sollte, wenn ihr Leben insgesamt elend ist.

In einer Hinsicht unterscheiden sich diese Fälle allerdings von dem des behinderten Säuglings. Am Ende von Kapitel 6 habe ich anläßlich des Infantizids Benthams Bemerkung zitiert, diese könne auch »dem ängstlichsten Vorstellungsvermögen nicht die geringste Beunruhigung verschaffen«. Das ist so, weil sich diejenigen, die alt genug sind, sich der Tötung von behinderten Säuglingen bewußt zu sein, notwendig außerhalb des Anwendungsbereiches einer derartigen Maßnahme befinden. Dies läßt sich jedoch nicht von der Sterbehilfe für diejenigen sagen, die einmal vernünftig und ihrer selbst bewußt waren. Somit wäre es ein möglicher Einwand gegen diesen Fall von Euthanasie, daß sie zu Unsicherheit und Furcht unter denen führen wird, die, wenn nicht jetzt, so doch irgendwann einmal in ihren Anwendungsbereich fallen können. Ältere Menschen zum Beispiel, die wissen, daß nichtfreiwillige Euthanasie manchmal bei senilen älteren Patienten angewendet wird, die bettlägerig und leidend sind und nicht die Fähigkeit haben, den Tod zu akzeptieren oder zurückzuweisen, könnten befürchten, daß jede Spritze oder Pille ihnen den Tod bringt. Diese Furcht kann ganz irrational sein, aber es wäre schwierig, die Betreffenden vom Gegenteil zu überzeugen, insbesondere dann, wenn hohes Alter ihr Gedächtnis oder ihre Verstandeskraft wirklich beeinträchtigt hat.

Diesem Einwand könnte man mit einem Verfahren begegnen, das denjenigen, die die nichtfreiwillige Euthanasie unter keinen Umständen wünschen, ermöglicht, ihre Weigerung schriftlich festzulegen. Vielleicht würde das genügen; vielleicht würde es aber immer noch keine ausreichende Beruhigung schaffen. In letzterem Falle ließe sich die nichtfreiwillige Euthanasie nur für diejenigen rechtfertigen, die niemals fähig waren, zwischen Leben und Tod zu entscheiden.

Rechtfertigung freiwilliger Euthanasie

In den meisten Ländern riskieren die Ärzte unter den bestehenden Gesetzen eine Anklage wegen Mordes, wenn sie dem Wunsch derer nachkommen, die wegen unerträglicher Schmerzen und zerrüttet von einer unheilbaren Krankheit um Beendigung ihres Lebens ersuchen. Obwohl die Gerichte in Fällen dieser Art mit Schuldsprüchen äußerst zurückhaltend sind, ist das Gesetz doch klar: weder das Verlangen noch der Grad des Leidens noch der unheilbare Zustand sprechen von dem Vorwurf des Mordes frei. Befürworter der freiwilligen Euthanasie schlagen vor, das Gesetz so zu ändern, daß Ärzte nicht mehr illegal handeln, wenn sie Patienten auf deren Wunsch von ihrem Leiden erlösen. Wie wir sahen, sind die Ärzte in den Niederlanden unter bestimmten Bedingungen dazu befugt. In Deutschland dürfen sie einem Patienten das Mittel zur Beendigung des Lebens verschreiben, aber sie können es ihm nicht verabreichen.

Freiwillige und nichtfreiwillige Euthanasie haben, insofern der Tod für den Getöteten ein Vorteil ist, eine gemeinsame Grundlage. Die beiden Arten von Euthanasie unterscheiden sich jedoch darin, daß die freiwillige Euthanasie die Tötung einer Person bedeutet, also eines rationalen und seiner selbst bewußten Wesens, nicht eines bloß bewußten Wesens. (Um ganz genau zu sein, muß man sagen, daß das nicht immer so ist; denn obwohl nur rationale und ihrer selbst bewußte Wesen ihrem eigenen Tod zustimmen können, könnten sie theoretisch zu dem Zeitpunkt, da die Euthanasie erwogen wird, nicht im Vollbesitz ihrer geistigen Kräfte sein; der Arzt kann zum Beispiel einem im voraus schriftlich abgefaßten Gesuch um Sterbehilfe entsprechen, wenn die rationalen Fähigkeiten der Betreffenden durch Unfall oder Krankheit unwiederbringlich zerstört sind. Der Einfachheit halber werden wir diese kompliziertere Variante im folgenden unberücksichtigt lassen.)

Wir haben gesehen, daß es möglich ist, die Beendigung des Lebens eines menschlichen Wesens zu rechtfertigen, dem die Zustimmungsfähigkeit fehlt. Wir müssen nun fragen, in welcher Weise sich die ethischen Probleme verändern, wenn das Wesen zustimmungsfähig ist und tatsächlich zustimmt.

Kehren wir zu den allgemeinen Prinzipien über das Töten zurück, die in Kapitel 4 aufgestellt wurden. Ich habe dort argumentiert, daß die Tötung eines seiner selbst bewußten Wesens schwerer wiegt als die Tötung eines bloß bewußten Wesens. Dafür habe ich vier verschiedene Gründe angegeben:

(1) Die klassisch-utilitaristische Behauptung, daß, weil selbstbewußte Wesen fähig sind, ihren eigenen Tod zu fürchten, ihre Tötung schlimmere Wirkungen auf andere hat.

(2) Die präferenz-utilitaristische Erwägung, die es als wichtigen Grund gegen das Töten erachtet, daß der Wunsch des Opfers weiterzuleben durchkreuzt wird.

(3) Eine Rechtstheorie, nach der man, um ein Recht zu haben, die Fähigkeit besitzen muß, das zu wünschen, worauf man ein Recht hat, so daß man, um ein Recht auf Leben zu haben, fähig sein muß, die Fortsetzung seiner eigenen Existenz zu wünschen.

(4) Respektierung der autonomen Entscheidungen rational handelnder Wesen.

Angenommen, wir haben eine Situation, in der eine Person, die an einer schmerzhaften und unheilbaren Krankheit leidet, zu sterben wünscht. Wenn das Individuum nicht eine Person wäre – nicht rational oder ihrer selbst bewußt –, so ließe sich Sterbehilfe, wie ich gesagt habe, rechtfertigen. Liefert uns irgendeiner der vier genannten Gründe für die Ansicht, es sei normalerweise schlimmer, eine Person zu töten, Argumente gegen das Töten, wenn das Individuum eine Person ist, die zu sterben wünscht?

Der klassisch-utilitaristische Einwand läßt sich auf das Töten, das nur mit der ernstgemeinten Zustimmung der zu tötenden Person stattfindet, nicht anwenden. Daß Menschen unter diesen Bedingungen getötet werden, würde weder Furcht noch Unsicherheit verbreiten, weil wir keine Ursache haben, uns zu fürchten, wenn wir mit unserer eigenen echten Zustimmung getötet werden. Wenn wir nicht getötet werden wollen, stimmen wir einfach nicht zu. Im Grunde genommen spricht das Argument der Furcht für die freiwillige Euthanasie, denn wenn freiwillige Euthanasie nicht erlaubt ist, dann können wir mit gutem Grund befürchten, daß unser Tod unnötig in die Länge gezogen werden und qualvoll sein könnte. In den Niederlanden wurde in einer von der Regierung in Auftrag gegebenen Studie herausgefunden, daß »viele Patienten die Zusicherung haben möchten, daß ihnen der Arzt beim Sterben behilflich sein wird, falls das Leiden unerträglich würde«. Wenn diese Zusicherung vorlag, kam es oft gar nicht mehr zu einem dringlichen Gesuch um Sterbehilfe. Die Verfügbarkeit der Euthanasie war tröstlich, ohne daß Euthanasie selbst durchgeführt werden mußte.

Der Präferenz-Utilitarismus spricht ebenfalls für und nicht gegen freiwillige Euthanasie. Ebenso wie der Präferenz-Utilitarismus einen Wunsch weiterzuleben als Grund gegen das Töten gelten lassen muß, so muß er einen Wunsch zu sterben als Grund für das Töten gelten lassen.

Sodann macht es nach der erörterten Rechtstheorie ein wesentliches Merkmal eines Rechts aus, daß man, wenn man will, auf sein Recht verzichten kann. Ich mag ein Recht auf Privatleben haben; aber ich kann, wenn ich will, jede Einzelheit meines täglichen Lebens filmen und die Nachbarn zu meinem Heimkino einladen. Wenn sie das interessant genug finden und meine Einladung annehmen, können sie das tun, ohne mein Recht auf Privatleben zu verletzen, weil in diesem Fall das Recht auf Schutz des Privatlebens aufgegeben wurde. Ebenso bedeutet, daß ich ein Recht auf Leben habe, nicht, daß es von meiner Ärztin unrecht wäre, mein Leben zu beenden, wenn sie auf meinen Wunsch so handelte. Indem ich diese Bitte ausspreche, verzichte ich auf mein Recht auf Leben.

Schließlich gebietet uns das Prinzip des Respekts vor der Autonomie, rational handelnde Personen ihr eigenes Leben

leben zu lassen, gemäß ihren autonomen Entscheidungen, frei von Zwang und Einmischung; wenn aber rational handelnde Personen autonom entscheiden, daß sie sterben wollen, dann muß uns die Respektierung der Autonomie dazu veranlassen, ihnen zu helfen, daß sie so handeln können, wie sie sich entschieden haben.

Obwohl es also Gründe für die Ansicht gibt, daß ein selbstbewußtes Wesen zu töten normalerweise schlimmer ist als irgendein anderes Wesen zu töten, so sprechen in dem speziellen Fall der freiwilligen Euthanasie die meisten dieser Gründe eher für als gegen Euthanasie. Dieses Resultat mag zunächst überraschend erscheinen, doch es spiegelt nur die Tatsache wider, daß das Besondere an einem selbstbewußten Wesen ist, daß es weiß, daß es in der Zeit existiert und weiter existieren wird, sofern es nicht stirbt. Normalerweise wird diese Fortsetzung der Existenz heiß ersehnt; wenn die absehbare Fortsetzung der Existenz allerdings eher gefürchtet als ersehnt wird, dann kann der Wunsch zu sterben an die Stelle des normalen Wunsches zu leben treten, und die Gründe gegen das Töten auf der Grundlage des Wunsches zu leben kehren sich um. Daher haben die Argumente für die freiwillige Euthanasie viel mehr Gewicht als die für nichtfreiwillige Euthanasie.

Einige Gegner der Legalisierung der freiwilligen Euthanasie mögen einräumen, daß all das zwingend folgt, wenn eine wirklich freie und rationale Entscheidung zu sterben vorliegt; sie fügen aber hinzu, daß man nie sicher sein kann, ob ein Tötungsersuchen wirklich das Ergebnis einer freien und rationalen Entscheidung ist. Kommt es nicht vor, daß die Kranken und die Betagten von ihren Angehörigen dazu gedrängt werden, ihr Leben rasch zu beenden? Besteht nicht auch die Möglichkeit regelrechten Mordes unter dem Vorwand, daß eine Person die Euthanasie verlangt hat? Und selbst wenn die Gefahr einer falschen Interpretation nicht besteht – kann jemand, der krank ist, Schmerzen leidet und höchstwahrscheinlich in einem von Medikamenten beein-

flußten, verwirrten Geisteszustand ist, eine rationale Entscheidung darüber fällen, ob er leben oder sterben will?
Diese Fragen lassen eher technische Schwierigkeiten für die
Legalisierung der freiwilligen Euthanasie als Einwände gegen die zugrunde liegenden ethischen Prinzipien erkennen:
aber es sind und bleiben trotzdem ernsthafte Schwierigkeiten. Die Richtlinien, die von den Gerichten in den Niederlanden entwickelt wurden, versuchen diesen zu begegnen,
indem sie vorschlagen, daß Sterbehilfe nur akzeptabel ist,
wenn

- sie von einem Arzt geleistet wird;
- der Patient ausdrücklich um Sterbehilfe ersucht hat,
  und zwar in einer Weise, die am Wunsch des Patienten
  zu sterben keinen Zweifel läßt;
- die Entscheidung des Patienten nach gründlicher Information erfolgt und frei und dauerhaft ist;
- der Patient in einem unrettbaren Zustand ist, der es mit
  sich bringt, daß das körperliche und seelische Leiden in
  die Länge gezogen und damit für den Patienten unerträglich wird;
- keine vernünftige Alternative (vom Standpunkt des Patienten aus) vorhanden ist, um das Leiden des Patienten zu lindern;
- der Arzt einen unabhängigen Kollegen konsultiert hat,
  der seinem Urteil zustimmt.

Unter diesen Bedingungen wird die Euthanasie von der
Königlich-Holländischen Ärztevereinigung und breiten Be-
völkerungsschichten der Niederlande durchaus unterstützt.
Die Richtlinien lassen Mord unter dem Deckmantel der
Euthanasie ziemlich abwegig erscheinen; Anzeichen für
eine Zunahme der Mordrate in den Niederlanden gibt es
nicht.
In den Debatten über Sterbehilfe wird oft gesagt, daß Ärzte
irren können. Gewiß haben einige wenige Patienten, die von
zwei angesehenen Ärzten die Diagnose »unheilbar« erhiel-

ten, überlebt und sich noch über viele Jahre guter Gesundheit
erfreut. Möglicherweise würde die Legalisierung der freiwilligen Euthanasie über Jahre hinaus den Tod von ein paar
Menschen bedeuten, die vielleicht doch noch von ihrer un-
mittelbaren Krankheit genesen wären und einige zusätzliche
Jahre gelebt hätten. Dies ist jedoch nicht, wie einige glauben,
das Argument, das die Sterbehilfe zu Fall bringt. Dieser sehr
kleinen Zahl von unnötigen Todesfällen, die eintreten könnten, wenn die Sterbehilfe legalisiert ist, müssen wir die sehr
große Summe von Leiden und Schmerz gegenüberstellen,
die von wirklich unheilbaren Patienten erlitten wird, wenn
die Sterbehilfe nicht legalisiert ist. Längeres Leben ist kein
so hohes Gut, daß es alle anderen Überlegungen aufwöge.
(Wenn es das wäre, gäbe es sehr viel wirksamere Arten,
Leben zu retten – etwa ein Verbot des Rauchens oder von
Autos, die schneller als 40 Stundenkilometer fahren können –,
als das Verbot der freiwilligen Euthanasie.) Die Möglichkeit, daß beide Ärzte eine Fehldiagnose stellen könnten, bedeutet, daß eine Person, die für die Euthanasie optiert, sich
nach dem Abwägen von Wahrscheinlichkeiten entscheidet
und eine sehr kleine Überlebenschance preisgibt, um weiteres Leiden zu vermeiden, das nahezu gewiß mit dem Tod
endet. Dies kann eine vollkommen rationale Entscheidung sein. Wahrscheinlichkeit ist die Führerin des Lebens
und auch des Todes. Dagegen werden einige einwenden,
daß verbesserte Behandlungsmethoden die unheilbar Kranken vom Schmerz zu befreien vermögen und freiwillige Euthanasie unnötig machen. Elisabeth Kübler-Ross, die das
wohl bekannteste Buch über die Betreuung von Sterbenden
geschrieben hat (*On Death and Dying*), behauptet, daß
niemand von ihren Patienten um Sterbehilfe ersucht. Sind
persönliche Aufmerksamkeit und richtige medizinische Behandlung gegeben, dann, sagt sie, akzeptieren die Menschen
ihren Tod und sterben friedlich und ohne Schmerzen.
Kübler-Ross mag recht haben. Es ist heute zwar möglich,
den Schmerz zu beseitigen, in fast allen Fällen vielleicht so-

gar zu gewährleisten, daß die Patienten im Besitz ihrer rationalen Fähigkeiten und frei von Erbrechen, Übelkeit und anderen quälenden Nebenwirkungen bleiben. Leider wird aber diese Art der Betreuung heute nur einer Minderheit von sterbenden Patienten zuteil. Auch ist physischer Schmerz nicht das einzige Problem. Andere quälende Umstände sind beispielsweise Knochen, die so brüchig sind, daß sie bei jähen Bewegungen brechen, unkontrollierbares Erbrechen, langsames Verhungern, das durch ein Krebsgeschwür verursacht wird, Unfähigkeit, Darm oder Blase zu kontrollieren, Atembeschwerden usw.

Der Arzt Dr. Timothy Quill aus Rochester (New York) beschreibt, wie er »Diane«, einer schwer an Leukämie Erkrankten, Barbiturat-Schlaftabletten verschrieb, wohl wissend, daß sie haben wollte, um ihr Leben zu beenden. Quill hatte Diane viele Jahre gekannt und ihren Mut bewundert, den sie bei früheren schweren Erkrankungen aufgebracht hatte. Wörtlich fährt er in dem im *New England Journal of Medicine* erschienenen Aufsatz fort:

»Für Diane war es außerordentlich wichtig, ihre Selbstkontrolle und ihre Würde in der ihr noch verbleibenden Zeit zu bewahren. Sollte dies nicht mehr möglich sein, so wollte sie sterben. Als ehemaliger Direktor eines Hospiz-Programms weiß ich, wie man das Leiden von Patienten durch schmerzlindernde Mittel verringern kann. Ich erklärte ihr den Sinn dieser Palliativ-Therapie, an die ich fest glaube. Diane verstand dies und wußte es auch zu würdigen, aber sie hatte von Leuten gehört, die in einer sogenannten ›relativen Beschwerdefreiheit‹ dahinsiechten, und wollte damit nichts zu tun haben. Als der Zeitpunkt näherkam, wollte sie auf die am wenigsten schmerzvolle Weise sterben. Da ich ihr Verlangen nach Unabhängigkeit und ihren Entschluß, selbst zu bestimmen, kannte, dachte ich, daß dieser Wunsch einen Sinn ergebe. [...] Bei unseren Gesprächen wurde deutlich, daß die Beschäftigung mit der Furcht vor einem langsamen Tod in Konflikt geriet mit Dianes Bestreben, aus der ihr verbleibenden Zeit das Beste zu machen, bis sie einen sicheren Weg fände, der ihr Leben beenden würde.«

Nicht alle Patienten sind in der glücklichen Lage, einen Dr. Quill zu haben. Betty Rollin beschreibt in ihrem bewegenden Buch *Last Wish*, wie ihre Mutter Eierstockkrebs bekam, der sich im ganzen Körper ausbreitete. Eines Morgens sagte ihre Mutter:

»Ich habe ein wunderbares Leben gehabt, aber jetzt ist es vorbei, oder es sollte vorbei sein. Ich habe keine Angst vor dem Tod, aber ich habe Angst davor, was mir diese Krankheit antut ... Es wird nie mehr besser werden. Immer nur Übelkeit und dieser Schmerz ... Es wird keine weitere Chemotherapie geben. Es gibt keine Behandlungsmethode mehr. Was also geschieht jetzt mit mir? Ich weiß es. Ich werde langsam sterben ... Das will ich nicht ... Wozu soll es gut sein, wenn ich langsam sterbe? Wäre es gut für meine Kinder, dann wäre ich dazu bereit. Aber es ist nicht gut für euch. Ein langsamer Tod ist absolut sinnlos. Sinnlose Dinge habe ich nie gern getan. Ich muß damit Schluß machen.«

Betty Rollin hatte große Schwierigkeiten, ihrer Mutter diesen Wunsch zu erfüllen: »Alle Ärzte lehnten unser Hilfeersuchen ab (Wie viele Tabletten? Welche Sorte?).« Nachdem ihr Buch über den Tod der Mutter erschienen war, erhielt sie Hunderte von Briefen, meist von Menschen, die erfolglos versucht hatten zu sterben und nur um so mehr gelitten hatten, oder von deren nahen Angehörigen. Vielen Menschen wurde von den Ärzten die Hilfe verweigert, weil zwar in den meisten Rechtsprechungen Selbstmord legal ist, Beihilfe zum Selbstmord aber nicht.
Vielleicht wird es eines Tages möglich sein, alle unheilbar kranken Patienten so zu behandeln, daß niemand Sterbe-

hilfe wünscht und das Thema kein Entscheidungsproblem mehr darstellt; aber dies ist heute nicht mehr als ein utopisches Ideal und liefert keinen Grund, die Sterbehilfe für jene abzulehnen, die unter weit weniger angenehmen Bedingungen leben und sterben müssen. Es ist auf jeden Fall in hohem Maße paternalistisch, sterbenden Patienten zu sagen, sie seien nun unter so guter Fürsorge, daß man ihnen die Wahlmöglichkeit der Sterbehilfe nicht anzubieten brauche. Man würde den Respekt vor der individuellen Freiheit und Autonomie besser wahren, wenn die Sterbehilfe legalisiert und es den Patienten überlassen würde, zu entscheiden, ob ihre Situation unerträglich ist.

Messen nun vielleicht diese Argumente für die freiwillige Euthanasie der individuellen Freiheit und Autonomie zuviel Gewicht bei? Schließlich gestehen wir den Menschen in Angelegenheiten wie etwa dem Heroinkonsum keine freie Entscheidung zu. Dies ist eine Einschränkung der Freiheit, aber nach Ansicht vieler eine Einschränkung, die aus paternalistischen Gründen gerechtfertigt werden kann. Wenn Paternalismus gerechtfertigt ist, um Leute davon abzuhalten, heroinsüchtig zu werden, warum ist dann nicht auch Paternalismus gerechtfertigt, um Menschen daran zu hindern, daß sie sich töten lassen?

Die Frage ist vernünftig, weil Respektierung der individuellen Freiheit zu weit führen kann. John Stuart Mill war der Ansicht, der Staat dürfe das Individuum niemals einschränken, außer um andere vor Schaden zu bewahren. Das eigene Wohl des Individuums ist nach Mill kein echter Grund für staatliche Intervention. Aber Mill dürfte eine allzu hohe Meinung von der Rationalität menschlicher Wesen gehabt haben. Es kann gelegentlich richtig sein, Menschen daran zu hindern, Entscheidungen zu treffen, die offensichtlich nicht rational begründet sind und von denen wir sicher sein können, daß sie sie später bereuen werden. Das Verbot der freiwilligen Euthanasie kann allerdings nicht aus paternalistischen Gründen gerechtfertigt werden, denn die freiwillige Euthanasie ist eine Handlung, für die es gute Gründe gibt. Die freiwillige Euthanasie findet nur dann statt, wenn nach bestem medizinischem Wissen eine Person an einem unheilbaren und schmerzhaften oder äußerst quälenden Zustand leidet. Unter diesen Umständen kann man nicht sagen, die Entscheidung, rasch sterben zu wollen, sei irrational. Die Stärke des Arguments für die freiwillige Euthanasie liegt in dieser Kombination von Respektierung der Präferenzen oder der Autonomie jener, die sich für Euthanasie entscheiden, und der klaren rationalen Basis der Entscheidung selbst.

Keine Rechtfertigung für die unfreiwillige Euthanasie

Die unfreiwillige Euthanasie ähnelt der freiwilligen darin, daß sie die Tötung derer betrifft, die fähig sind, ihrem eigenen Tod zuzustimmen. Sie unterscheidet sich von jener darin, daß die Betroffenen nicht zustimmen. Dieser Unterschied ist entscheidend, wie die Argumentation des vorangehenden Abschnitts zeigt. Die vier Gründe gegen die Tötung selbstbewußter Wesen lassen sich allesamt anwenden, wenn die betreffende Person sich nicht dafür entscheidet zu sterben.

Ließe sich nun die unfreiwillige Euthanasie jemals aus paternalistischen Gründen rechtfertigen, um jemanden vor extremer Qual zu bewahren? Möglicherweise kann man sich einen Fall vorstellen, in dem die Qual so groß und so gewiß wäre, daß das Gewicht utilitaristischer Abwägungen alle vier Gründe gegen die Tötung selbstbewußter Wesen zunichte machen würde. Doch um diese Entscheidung treffen zu können, müßte man eindeutig beurteilen können, wann das Leben einer Person so schlecht ist, daß es nicht lebenswert ist – eindeutiger jedenfalls, als es diese Person selbst beurteilen kann. Es ist nicht klar, ob wir jemals das Recht dazu haben, unserem eigenen Urteil darüber zu vertrauen, ob das Leben einer anderen Person für sie selbst lebenswert ist. Daß die andere Person weiterzuleben wünscht, ist ein gutes Zeichen dafür, daß ihr Leben sich zu leben lohnt. Was für ein besseres Zeichen könnte es geben?

Der einzige Fall, wo das Paternalismus-Argument überhaupt plausibel ist, liegt dann vor, wenn die zu tötende Person nicht erkennt, welche Qual ihr in der Zukunft bevorsteht, und daß sie diese, wenn sie jetzt nicht getötet wird, bis zum bitteren Ende durchstehen muß. Aus diesen Gründen mag man eine Person töten, die – obwohl sie es noch nicht merkt – in die Hände von mörderischen Sadisten gefallen ist, die sie zu Tode foltern werden. Solchen Fällen begegnet man glücklicherweise aber mehr in der Literatur als in der Wirklichkeit.

Wenn es denn unwahrscheinlich ist, daß wir im wirklichen Leben jemals einem Fall von gerechtfertigter unfreiwilliger Euthanasie begegnen werden, so ist es wohl am besten, diese imaginären Fälle, in denen man sich vorstellen könnte, sie zu verteidigen, beiseite zu lassen; vielmehr soll die Regel gegen die unfreiwillige Euthanasie für alle praktischen Zwecke absolut gelten. Auch hier ist Hares Unterscheidung zwischen der kritischen und der intuitiven Ebene moralischen Argumentierens von Bedeutung (vgl. Kap. 4). Bei dem im vorangehenden Absatz beschriebenen Fall könnte – auf der kritischen Ebene argumentiert – unfreiwillige Euthanasie als gerechtfertigt erscheinen. Auf der intuitiven Ebene, der Ebene des moralischen Denkens, die wir in unserem Alltagsleben anwenden, können wir jedoch einfach sagen, daß die Euthanasie nur dann gerechtfertigt ist, wenn jene, die getötet werden, entweder: (1) die Fähigkeit, ihrem Tod zuzustimmen, nicht haben, weil sie die Wahl zwischen der Fortsetzung ihrer Existenz und ihrer Nicht-Existenz nicht zu verstehen vermögen; oder (2) die Fähigkeit haben, zwischen der Fortsetzung ihres Lebens und dem Tod zu wählen und eine wohlinformierte, freiwillige und sichere Entscheidung treffen, zu sterben.

Aktive und passive Euthanasie

Die Schlußfolgerungen, zu denen wir in diesem Kapitel gelangt sind, werden eine große Zahl von Lesern schockieren, denn sie verstoßen gegen eine der grundlegendsten Lehren der westlichen Ethik – nämlich daß es Unrecht sei, unschuldige menschliche Wesen zu töten. Ich habe bereits zu zeigen versucht, daß unsere Schlußfolgerungen, zumindest in bezug auf behinderte Säuglinge, von bestehenden Praktiken weniger radikal abweichen, als man annehmen könnte. Ich habe ausgeführt, daß wir bereit sind, einen Fötus in einem späten Stadium der Schwangerschaft zu töten, wenn das Risiko einer Behinderung groß ist; und da die Grenze zwischen einem entwickelten Fötus und einem neugeborenen Säugling keine entscheidende moralische Trennlinie darstellt, ist schwer einzusehen, warum es schlimmer sein soll, einen neugeborenen Säugling zu töten, von dem man weiß, daß er behindert ist. In diesem Abschnitt werde ich nun deutlich machen, daß es einen weiteren Bereich anerkannter medizinischer Praxis gibt, der sich nicht grundsätzlich von den Praktiken unterscheidet, die nach der Argumentation dieses Kapitels erlaubt wären.

Ich habe auf den als Spina bifida bekannten Geburtsfehler hingewiesen, bei dem der Säugling mit einer Öffnung im Rücken geboren wird, so daß die Wirbelsäule frei liegt. Vor 1957 starben die meisten dieser Neugeborenen binnen kurzer Zeit, aber in jenem Jahr wandten Ärzte erstmals eine neue Erfindung an, bekannt als Holter-Klappe, mit der sich die ausfließende Flüssigkeit ableiten läßt, die sich sonst bei dieser Krankheit im Kopf ansammelt. In einigen Krankenhäusern setzte man in der Folgezeit seinen Ehrgeiz darein, mit dieser Methode jeden Spina-bifida-Säugling zu retten. Das Ergebnis war, daß nur noch wenige Spina-bifida-Säuglinge starben – aber von denen, die überlebten, blieben viele stark behindert, mit schwerer Lähmung, vielfachen Verformungen der Beine und des Rückgrats und dem Verlust der

Kontrolle über Darm und Blase. Auch geistige Behinderungen waren nicht selten. Kurzum: die Existenz dieser Kinder bereitete ihren Familien große Schwierigkeiten, überforderte die verfügbaren medizinischen Einrichtungen und Mittel und war für die Kinder selbst oft ein großes Unglück.

Nachdem der britische Arzt John Lorber die Ergebnisse dieser Methode der aktiven Behandlung studiert hatte, schlug er vor, man solle, statt alle Fälle von Spina bifida zu behandeln, nur diejenigen für die Behandlung auswählen, bei denen der Schaden in abgeschwächter Form auftrete. (Er machte den Vorschlag, daß die letzte Entscheidung den Eltern überlassen werden solle, aber die Eltern folgen nahezu immer den Empfehlungen der Ärzte.) Dieses Prinzip der selektiven Behandlung ist heute fast überall akzeptiert, und in Großbritannien hat das Ministerium für Gesundheit und soziale Sicherheit es als legitim anerkannt. Dies hat zur Folge, daß zwar weniger Spina-bifida-Kinder das Säuglingsalter überleben, daß aber bei denen, die überleben, im großen und ganzen die physischen und geistigen Behinderungen relativ geringfügig sind.

Das Verfahren der Selektion ist also offenbar wünschenswert; aber was geschieht mit den behinderten Säuglingen, die nicht zur Behandlung ausgewählt worden sind? Lorber verhehlt nicht, daß in diesen Fällen die Hoffnung dahin geht, das Kind werde bald und ohne Leiden sterben. Um dieses Ziel zu erreichen, unterläßt man chirurgische Eingriffe und andere aktive Behandlungsmethoden, wenngleich man natürlich Schmerz und Unbehagen soweit wie möglich lindert. Wenn sich der Säugling etwa eine Infektion zuzieht, die man bei einem normalen Säugling rasch mit Antibiotika bekämpfen würde, so werden hier keine Antibiotika verabreicht. Weil das Überleben des Säuglings nicht erwünscht ist, werden keine Schritte unternommen, einen Zustand zu verhindern, der mit gewöhnlichen medizinischen Praktiken zwar leicht zu kurieren wäre, ohne sie aber zum Tod führt.

All das ist, wie gesagt, allgemein akzeptierte medizinische Praxis. In medizinischen Zeitschriften haben Ärzte Fälle beschrieben, bei denen sie zuließen, daß Säuglinge starben. Diese beschränken sich nicht auf Spina bifida, sondern es geht zum Beispiel auch um Säuglinge, die mit Down-Syndrom und anderen Komplikationen geboren wurden. 1982 brachte der Fall »Baby Doe« diese Praxis der amerikanischen Öffentlichkeit zur Kenntnis. »Baby Doe« war das offizielle Pseudonym eines Babys aus Bloomington (Indiana), das mit Down-Syndrom und einigen weiteren Komplikationen geboren wurde; am bedenklichsten war die Mißbildung der Speiseröhre, so daß Baby Doe nicht durch den Mund ernährt werden konnte. Ein chirurgischer Eingriff hätte Abhilfe schaffen können, aber in diesem Fall gaben die Eltern – nach Konsultation ihres Geburtshelfers – keine Einwilligung dazu. Ohne chirurgischen Eingriff aber mußte man damit rechnen, daß Baby Doe bald sterben würde. Der Vater sagte später, als Lehrer habe er mit Down-Syndrom-Kindern engen Kontakt gehabt und er und seine Frau hätten entschieden, es sei im Interesse Baby Does und der ganzen Familie (sie hatten zwei weitere Kinder), die Zustimmung zur Operation zu verweigern. Die Verantwortlichen des Krankenhauses waren sich über die rechtliche Situation nicht im klaren und gingen vor Gericht. Sowohl das örtliche County-Gericht als auch das höchste Gericht von Indiana bestätigten das Recht der Eltern, einen chirurgischen Eingriff zu verweigern. Der Fall erregte Aufsehen im ganzen Land, und man versuchte das höchste Gericht der Vereinigten Staaten damit zu befassen; aber bevor dies geschah, starb Baby Doe.

Der Fall Baby Doe hatte zur Folge, daß die US-Regierung damals unter Präsident Reagan, der u. a. mit Hilfe der rechtsgerichteten, religiösen »Moralischen Mehrheit« an die Macht gekommen war, die Verordnung erließ, daß allen Säuglingen die notwendige lebenserhaltende Behandlung zu gewähren sei, ohne Rücksicht auf irgendwelche Behinderungen. Aber sowohl die American Medical Association als auch die American Academy of Pediatrics setzte den neuen Bestimmungen starken Widerstand entgegen. Vor Gericht mußte sogar Reagans Gesundheitsminister Dr. C. Everett Koop, die treibende Kraft bei der genannten Verordnung, in einer Anhörung einräumen, daß es einige Fälle gebe, in denen er eine lebenserhaltende Behandlung ablehnen würde. Er nannte drei Voraussetzungen, unter denen er eine solche Entscheidung treffen würde: (1) anenzephalische Kinder (d. h. Kinder ohne Gehirn); (2) Kinder, die – meist als Folge einer extremen Frühgeburt – unter starken Gehirnblutungen leiden und deshalb niemals in der Lage sein werden, ohne künstliche Beatmung zu leben oder einen Menschen zu erkennen; (3) Kinder, denen ein größerer Teil des Verdauungstrakts fehlt und die nur durch intravenöse Ernährung am Leben erhalten werden können.

Die Bestimmungen wurden schließlich nur in entschärfter Form akzeptiert und erlaubten den Ärzten wenigstens eine gewisse Flexibilität. In einer Studie amerikanischer auf Neugeborenentherapie spezialisierter Kinderärzte hieß es allerdings, 76 % der Ärzte hielten die Bestimmungen für überflüssig, 66 % meinten, diese kämen mit dem Recht der Eltern in Konflikt, selbst über das für ihre Kinder vorteilhafteste Vorgehen entscheiden zu dürfen, 60 % glaubten, die Bestimmungen zögen das Leiden der Kinder nicht angemessen in Betracht.

In einer Reihe von Fällen in Großbritannien stellten sich die Gerichte auf den Standpunkt, daß die Lebensqualität des Kindes ein wichtiger Faktor sei, der bei der Entscheidung über lebenserhaltende Maßnahmen entsprechend zu berücksichtigen sei. Im Fall *In re B*, bei dem es sich wie bei Baby Doe um ein Neugeborenes mit Down-Syndrom und Darmverschluß handelte, entschied das Gericht, die Operation solle durchgeführt werden, weil das Leben des Säuglings nicht »nachweislich schlimm« sein würde. Im Fall *Re C*, wo das Baby ein schwach ausgebildetes Gehirn und schwere physische Schäden aufwies, entband das Gericht das Ärzteteam von lebensverlängernden Maßnahmen. Ebenso wurde im Fall *Re Baby J* entschieden: dieses Baby war extrem früh geboren worden, es war blind und taub und vermutlich für immer unfähig zu sprechen.

Obwohl also, was das Sterbenlassen eines Babys mit Down-Syndrom anlangt, viele mit Baby Does Eltern nicht übereinstimmen würden (weil Menschen mit Down-Syndrom durchaus ein erfreuliches Leben führen und warmherzige, liebevolle Individuen sein können), so erkennt praktisch jeder an, daß es unter gravierenderen Bedingungen der einzig humane und moralisch vertretbare Weg ist, einen Säugling sterben zu lassen. Die Frage ist nun: Wenn es richtig ist, zuzulassen, daß Säuglinge sterben, warum ist es dann falsch, sie zu töten?

Diese Frage ist der Aufmerksamkeit der beteiligten Ärzte nicht entgangen. Häufig beantworten sie sie mit einem gut gemeinten Hinweis auf Arthur Clough, einen Dichter des 19. Jahrhunderts, der geschrieben hat:

Thou shalt not kill; but need'st not strive
Officiously to keep alive.

(Du sollst nicht töten, aber du brauchst dich nicht übertrieben darum zu bemühen, Leben zu erhalten.)

Bedauerlich für jene, die sich auf Cloughs unsterbliche Zeilen als eine verbindliche ethische Äußerung berufen, daß sie aus einer bissigen Satire mit dem Titel »The Latest Decalogue« (»Die letzten Zehn Gebote«) stammen, dessen Absicht es ist, die beschriebenen Einstellungen zu verspotten. Die Anfangszeilen lauten zum Beispiel:

Thou shalt have one god only; who
Would be at the expense of two.
No graven images may be
Worshipped except the currency.

(Du sollst nur einen Gott haben; wer
könnte sich zwei leisten.
Keine Götzenbilder dürfen
verehrt werden, ausgenommen die Münzbilder.)

Clough kann also nicht von jenen in Anspruch genommen
werden, die es falsch finden zu töten, aber richtig, nicht allzusehr zu versuchen, Leben zu erhalten. Läßt sich nicht
trotzdem irgend etwas zugunsten dieses Gedankens sagen?
Ja, und zwar mittels der sogenannten »Handlungs- und
Unterlassungslehre«. Sie besagt, daß es einen wichtigen moralischen Unterschied macht, ob man eine Handlung vollzieht, die gewisse Konsequenzen hat – etwa den Tod eines
behinderten Kindes –, oder ob man es unterläßt, etwas zu
tun, das dieselben Konsequenzen hat. Wenn diese Lehre
richtig ist, dann begeht der Arzt, der dem Kind eine tödliche Spritze gibt, ein Unrecht; der Arzt dagegen, der es unterläßt, dem Kind Antibiotika zu geben, wohl wissend, daß
das Kind ohne Antibiotika sterben wird, begeht kein Unrecht.

Was gibt es für Gründe, die Handlungs- und Unterlassungslehre zu akzeptieren? Nur wenige vertreten die Lehre
um ihrer selbst willen als ein grundlegendes ethisches Prinzip. Sie ist eher eine Implikation jener moralischen Auffassung, der zufolge wir, solange wir nicht spezifische moralische Regeln verletzen, die uns bestimmte moralische Verpflichtungen auferlegen, alles tun, was die Moral von uns
fordert. Diese Regeln sind von der Art, wie sie uns von den
Zehn Geboten und ähnlichen moralischen Kodizes her vertraut sind: Töte nicht, lüge nicht, stiehl nicht usw. Bezeich-
nenderweise sind sie negativ formuliert, so daß es, um ihnen
zu gehorchen, lediglich notwendig ist, sich der Handlungen
zu enthalten, die sie verbieten. Daher kann von jedem Mitglied der Gesellschaft Gehorsam gefordert werden.

Eine Ethik, die aus spezifischen, von moralischen Regeln
vorgeschriebenen Pflichten besteht, deren Befolgung von je-

dem erwartet werden kann, muß zwischen Handlungen
und Unterlassungen eine scharfe moralische Trennlinie ziehen. Man nehme etwa die Regel »Töte nicht«. Wenn diese
Regel, wie in der westlichen Tradition, lediglich als Verbot
interpretiert wird, unschuldiges menschliches Leben zu töten, dann ist es nicht allzu schwierig, sichtbare Handlungen
zu vermeiden, die es verletzen. Wenige unter uns sind Mörder. Es ist aber weniger leicht zu vermeiden, unschuldige
Menschen sterben zu lassen. Viele Menschen sterben aus
Nahrungsmangel oder wegen unzureichender medizinischer Einrichtungen. Wenn wir einigen von ihnen helfen
könnten, es aber nicht tun, lassen wir sie sterben. Bezöge
man die Regel gegen das Töten auf Unterlassungen, so
trüge ein Leben, das diese Regel befolgte, eher den Stempel
der Heiligkeit oder des moralischen Heroismus und ging
über das Minimum weit hinaus, das von jedem moralisch
anständigen Menschen zu fordern ist.

Eine Ethik, die Handlungen danach beurteilt, ob sie spezifische moralische Regeln verletzen oder nicht, muß daher der
Unterscheidung zwischen Handlungen und Unterlassungen
moralisches Gewicht beimessen. Eine Ethik, die Handlungen nach ihren Konsequenzen beurteilt, wird das nicht tun;
denn die Konsequenzen einer Handlung und einer Unterlassung lassen sich in ihrer Bedeutung oft nicht unterscheiden. Zum Beispiel kann die Unterlassung, einem an Lungenentzündung erkrankten Kind Antibiotika zu geben,
Konsequenzen haben, die nicht weniger fatal sind, als wenn
man ihm eine tödliche Spritze verabreicht.

Welcher Ansatz ist der richtige? Ich habe für einen konsequentialistischen Ansatz in der Ethik argumentiert. Die
Handlungs- und Unterlassungsproblematik zeigt die Wahlmöglichkeit zwischen diesen beiden Grundansätzen ungewöhnlich klar und unmittelbar auf. Wir brauchen uns nur
zwei parallele Situationen vorzustellen, die sich allein dadurch unterscheiden, daß in der einen eine Person eine
Handlung vollzieht, die den Tod eines anderen menschli-

chen Wesens zur Folge hat, während sie in der anderen etwas zu tun unterläßt, was zu demselben Resultat führt.
Dies sei am Beispiel einer relativ geläufigen Situation dargestellt, wie sie Sir Gustav Nossal, ein hervorragender australischer Mediziner, beschreibt:

> »Eine 83jährige Frau ist [in ein Pflegeheim] aufgenom-
> men worden, weil die zunehmende geistige Verwirrung
> es ihr unmöglich machte, allein in ihrem Haus zu bleiben,
> und niemand da war, der hätte nach ihr sehen können. Ihr
> Zustand verschlechtert sich im Laufe von drei Jahren. Sie
> kann nicht mehr sprechen, muß gefüttert werden und hat
> keine Kontrolle mehr über ihre Verdauung. Schließlich
> kann sie nicht mehr im Sessel sitzen und ist ans Bett ge-
> fesselt. Eines Tages bekommt sie Lungenentzündung.«

Bei einem Patienten, der sich einer zumindest leidlichen Lebensqualität erfreut, würde Lungenentzündung normalerweise mit Antibiotika behandelt werden. Soll diese Patientin Antibiotika bekommen? Nossal fährt fort:

> »Die Angehörigen werden benachrichtigt, und die Leite-
> rin des Pflegeheims sagt ihnen, daß sie zusammen mit der
> im Heim beschäftigten Ärztin für solche Fälle eine lok-
> kere Vereinbarung getroffen habe: Bei fortgeschrittener
> Altersdemenz behandelten sie die ersten drei Infektionen
> mit Antibiotika, danach aber ließen sie – getreu der Re-
> densart ›Lungenentzündung ist der Alten Freund‹ – die
> Natur ihren Lauf nehmen. Die Leiterin betont, sofern die
> Angehörigen es wünschten, könnten alle Infektionen
> auch energisch behandelt werden. Die Angehörigen er-
> klären sich mit der Faustregel einverstanden. Die Patien-
> tin stirbt sechs Monate später an einem Harnweginfekt.«

Diese Patientin starb also infolge einer bewußten Unterlassung. Viele Menschen wären wohl der Ansicht, daß sie in
diesem Fall gerechtfertigt war. Vielleicht würden sie sich sogar fragen, ob es nicht besser gewesen wäre, die Behandlung

schon bei der ersten Lungenentzündung zu unterlassen. Es gibt schließlich keine moralische Magie der Zahl drei. Wäre es nun aber – zum Zeitpunkt der Unterlassung – auch gerechtfertigt gewesen, eine Spritze zu geben, die den friedlichen Tod der Patientin herbeigeführt hätte?

Ist es beim Vergleich dieser beiden Fälle vernünftig, die Ansicht zu vertreten, daß die Ärztin, die die Spritze gibt, eine Mörderin ist, die ins Gefängnis gehört, während jene, die sich dafür entscheidet, keine Antibiotika zu verabreichen, ihren Arztberuf gut und mitfühlend ausübt? So würde man vielleicht vor Gericht reden, aber gewiß ist eine solche Unterscheidung unhaltbar. In beiden Fällen ist das Ergebnis der Tod der Patientin. In beiden Fällen weiß dies die Ärztin und entscheidet auf der Grundlage dieses Wissens, was sie zu tun hat, weil sie diesen Ausgang für besser hält als die Alternative. In beiden Fällen muß die Ärztin die Verantwortung für ihre Entscheidung übernehmen – es wäre nicht korrekt von ihr, wenn sie nach der Entscheidung, keine Antibiotika zu geben, sagen würde, sie sei für den Tod ihrer Patientin nicht verantwortlich, weil sie nichts getan habe. Nichts zu unternehmen ist in dieser Situation sehr wohl eine überlegte Entscheidung, und man kann sich der Verantwortung für die Folgen nicht entziehen.

Man könnte natürlich sagen, daß die Ärztin, die die Antibiotika vorenthält, die Patientin nicht tötet, sondern sie bloß sterben läßt; aber dann muß man auch die weitere Frage beantworten, warum töten unrecht ist, sterben lassen jedoch nicht. Die Antwort, die die meisten Befürworter der Unterscheidung geben, ist einfach die, daß es eine moralische Regel gegen die Tötung unschuldiger Menschen gibt, dagegen keine gegen das Sterbenlassen. Damit wird eine allgemein akzeptierte moralische Regel so behandelt, als sei sie unanfechtbar; man geht nicht weiter und fragt, ob wir eine moralische Regel gegen das Töten haben sollten (aber keine gegen das Sterbenlassen). Wir haben jedoch bereits gesehen, daß das üblicherweise akzeptierte Prinzip der Heiligkeit des

Lebens unhaltbar ist. Die moralischen Regeln, die das Töten verbieten, das Sterbenlassen aber akzeptieren, können ebenfalls nicht als gegeben hingenommen werden.

Ein Nachdenken über diese Fälle führt uns zu der Schlußfolgerung, daß es zwischen Töten und Sterbenlassen keinen moralischen Unterschied *an sich* gibt. Das heißt, es gibt keinen Unterschied, der lediglich von der Unterscheidung zwischen Handlung und Unterlassung abhängt. (Dies bedeutet nicht, daß alle Fälle von Sterbenlassen dem Töten moralisch äquivalent sind. Andere Faktoren – äußerer Art – fallen manchmal ins Gewicht. Dies wird in Kapitel 8 weiter diskutiert werden.) Sterbenlassen – gelegentlich »passive Euthanasie« genannt – wird in bestimmten Fällen bereits als eine humane und angemessene Handlungsweise akzeptiert. Wenn es zwischen Töten und Sterbenlassen keinen moralischen Unterschied an sich gibt, dann sollte »aktive Euthanasie« ebenfalls unter bestimmten Umständen als human und angemessen akzeptiert werden.

Andere haben gemeint, daß der Unterschied zwischen der Vorenthaltung lebensverlängernder Maßnahmen und der Verabreichung einer tödlichen Spritze in der Absicht liegt, mit der diese beiden Handlungsweisen ausgeführt werden. Wer diese Ansicht vertritt, bezieht sich auf die »Lehre von der Doppelwirkung«, welche bei römisch-katholischen Moraltheologen und Moralphilosophen weit verbreitet ist und darauf hinausläuft, daß *eine* Handlung (z. B. Vorenthaltung lebensverlängernder Maßnahmen) zwei Wirkungen haben kann (in diesem Fall: Vermeidung zusätzlichen Leidens für den Patienten und Verkürzung des Lebens des Patienten). Man argumentiert dann, daß die Handlung zulässig ist, solange die *direkt beabsichtigte* Wirkung die vorteilbringende ist, welche keine absolute moralische Vorschrift verletzt. Obwohl wir vorhersehen, daß unsere Handlung (oder Unterlassung) zum Tod des Patienten führen wird, ist dies nur ein ungewollter Nebeneffekt. Aber die Unterscheidung zwischen direkt beabsichtigter Wirkung und Nebenwirkung

ist künstlich herbeigeführt. Wir können Verantwortlichkeit nicht einfach umgehen, indem wir der einen Wirkung mehr Aufmerksamkeit schenken als der andern. Wenn wir beide Wirkungen vorhersehen, müssen wir die Verantwortung für beide Wirkungen unseres Tuns übernehmen. Wir möchten oft etwas tun, aber wir können es nicht wegen der andern ungewollten Folgen. Zum Beispiel könnte eine Chemiefabrik den Wunsch haben, giftige Abfälle möglichst kostensparend loszuwerden, und sie in den nächsten Fluß kippen. Würden wir den Verantwortlichen in der Firma die Behauptung durchgehen lassen, alles, was sie direkt beabsichtigen, sei die Verbesserung der Effizienz der Fabrik, wodurch ja auch Arbeitsplätze gesichert und die Lebenshaltungskosten gering gehalten würden? Würden wir die Verschmutzung als entschuldbar hinnehmen, weil sie nur ein ungewollter Nebeneffekt der Förderung achtbarer Interessen wäre? Selbstverständlich würden die Vertreter der Lehre von der Doppelwirkung eine solche Entschuldigung nicht gelten lassen. Weisen sie sie jedoch zurück, dann machen sie sich eine Beurteilung zu eigen, wonach die Kosten – die Verschmutzung des Flusses – in keinem Verhältnis zu dem erzielten Gewinn stehen. Ein konsequentialistisches Urteil verbirgt sich hier hinter der Lehre von der Doppelwirkung. Das gleiche gilt, wenn man sie im Hinblick auf medizinische Behandlung anwendet. Normalerweise geht Leben retten vor Schmerz lindern. Wenn dies im Falle eines bestimmten Patienten nicht gilt, dann nur, weil wir der Meinung sind, daß die Aussichten des betreffenden Patienten auf ein künftiges Leben von einigermaßen annehmbarer Qualität so gering sind, daß in diesem Fall Leidensmilderung den Vorzug erhalten kann. Mit anderen Worten: dies ist keine Entscheidung, die auf der Überzeugung von der Heiligkeit des Lebens beruht, sondern eine Entscheidung, die auf einem verschleierten Urteil über Lebensqualität basiert.
Gleichfalls unbefriedigend ist die verbreitete Propagierung einer Unterscheidung zwischen »gewöhnlichen« und »au-

ßergewöhnlichen« Behandlungsmethoden, in Verbindung mit der Überzeugung, außergewöhnliche Mittel einzusetzen sei nicht verpflichtend. Zusammen mit meiner Kollegin Helga Kuhse habe ich Kinderärzte und Geburtshelfer in Australien befragt und erfahren, daß sie bemerkenswerte Vorstellungen davon hatten, was »gewöhnliche« und »außergewöhnliche« Mittel seien. Einige waren sogar der Ansicht, daß die Verabreichung von Antibiotika – die billigste, einfachste und verbreitetste Behandlungsmethode – »außergewöhnlich« sein könnte. Der Grund für diese Bandbreite von Meinungen ist leicht zu entdecken. Wenn man sich ansieht, wie jene Unterscheidung von Moraltheologen und Moralphilosophen gerechtfertigt wird, so ergibt sich, daß was in der einen Situation »gewöhnlich« ist, in einer anderen den Status des »Außergewöhnlichen« annehmen kann. Nehmen wir als Beispiel den berühmten Fall der jungen Karen Ann Quinlan in New Jersey, die zehn Jahre im Koma war, bevor sie starb: hier ließ ein römisch-katholischer Bischof verlauten, der Einsatz eines Atmungsgerätes sei »außergewöhnlich« und daher wahlfrei, weil keine Hoffnung für ein Erwachen aus dem Koma bestehe. Wenn also die Ärzte gesagt hätten, Quinlan würde wahrscheinlich aus dem Koma erwachen, dann wäre offensichtlich der Einsatz eines Atmungsgerätes nicht wahlfrei gewesen und als »gewöhnlich/üblich« eingestuft worden. Wiederum ist es demnach der Faktor Lebensqualität des Patienten (und – wo die Mittel begrenzt sind und wirksamer eingesetzt werden könnten, um anderswo Leben zu retten – der Faktor Behandlungskosten), der bestimmt, ob eine vorliegende Form der Behandlung »gewöhnlich« oder »außergewöhnlich« ist und damit angewandt wird oder nicht. Wer diese Unterscheidung propagiert, kleidet seine konsequentialistischen Ansichten in das Gewand einer absolutistischen Ethik. Aber das Gewand ist abgetragen, und die Tarnung ist jetzt durchschaubar.

Es ist also nicht möglich, die Lehre von der Doppelwir-

kung oder die Unterscheidung zwischen »gewöhnlichen«
und »außergewöhnlichen« Mitteln zu propagieren, um zu
beweisen, daß einen Patienten sterben zu lassen und einem
Patienten aktiv Sterbehilfe zu leisten einen moralischen Unterschied macht. Ja, aufgrund von Unterschieden äußerer
Art – insbesondere hinsichtlich der Zeit, die es braucht, bis
der Tod eintritt – kann die aktive Euthanasie sogar der einzige humane und moralisch angemessene Weg sein. Passive
Euthanasie ist möglicherweise ein langsamer Prozeß. In einem Artikel im *British Medical Journal* hat John Lorber das
Schicksal von 25 Säuglingen skizziert, die mit Spina bifida
geboren wurden und bei denen in Anbetracht der geringen
Aussicht auf ein lebenswertes Leben beschlossen wurde, sie
nicht zu operieren. Es sei daran erinnert, daß Lorber frei-
mütig einräumt, mit der Nichtbehandlung von Säuglingen
verfolge man das Ziel, sie bald und schmerzlos sterben zu
lassen. Doch von den 25 nicht behandelten Säuglingen waren nach einem Monat immer noch 14 und nach drei Monaten noch 7 am Leben. Nach neun Monaten waren alle Säuglinge der von Lorber beschriebenen Gruppe gestorben, aber
dies läßt sich nicht garantieren, jedenfalls nicht, ohne daß
man die dünne Trennlinie zwischen aktiver und passiver
Euthanasie überschreitet. (Lorbers Gegner wenden ein, daß
die nicht behandelten Säuglinge bei ihm deshalb allesamt
sterben, weil sie Beruhigungsmittel bekommen und nur auf
Verlangen gefüttert werden. Schläfrige Babys haben keinen
gesunden Appetit.) In einer australischen Klinik, die Lorbers Verfahren bei Spina bifida anwandte, fand man heraus,
daß von 79 nicht behandelten Säuglingen 5 länger als zwei
Jahre lebten. Sowohl für die Säuglinge als auch für ihre Familien muß das eine unendlich lange, qualvolle Erfahrung
sein; auch sollte man dabei die beträchtliche Belastung für
das Krankenhauspersonal und den Kostenfaktor im Gesundheitswesen nicht außer acht lassen (wenngleich dies für
eine einigermaßen wohlhabende Gesellschaft nicht der entscheidende Punkt der Überlegung sein sollte).

Man denke auch an die Säuglinge, die mit Down-Syndrom und einem Verschluß im Verdauungssystem geboren werden, der, sofern er nicht beseitigt wird, verhindert, daß das Baby Nahrung zu sich nehmen kann. Wie bei »Baby Doe« kann es erlaubt sein, diese Neugeborenen sterben zu lassen. Aber der Verschluß kann auch beseitigt werden und hat mit dem Grad der zu erwartenden geistigen Behinderung des Kindes nichts zu tun. Überdies ist der Tod, der als Folge des Versäumnisses, unter diesen Umständen zu operieren, eintritt, zwar gewiß, aber weder rasch noch schmerzlos. Der Säugling stirbt, verdurstet oder verhungert. Baby Doe starb nach fünf Tagen, und in anderen ähnlich gelagerten Fällen hat es zwei Wochen gedauert, bis der Tod eintrat.

In diesem Zusammenhang sei wiederum an unser früheres Argument erinnert, wonach die Zugehörigkeit eines Wesens zur Spezies Homo sapiens keine bessere Behandlung rechtfertigt, als sie einem Wesen zuteil wird, das einer anderen Spezies angehört und ein ähnliches geistiges Niveau erreicht. Wir hätten auch sagen können – wäre es nicht zu selbstverständlich erschienen –, daß die Zugehörigkeit zur Spezies Homo sapiens auch keine *schlechtere* Behandlung rechtfertigt, als sie dem Mitglied einer anderen Spezies zuteil wird. Hinsichtlich der Euthanasie jedoch muß das eigens betont werden. Wir bezweifeln nicht, daß es richtig ist, ein schwerverletztes oder krankes Tier zu erschießen, wenn es Schmerzen hat und seine Chance auf Genesung gering ist. »Der Natur ihren Lauf zu lassen«, ihm eine Behandlung vorzuenthalten, aber sich zu weigern, es zu töten, wäre offensichtlich unrecht. Nur unser unangebrachter Respekt vor der Lehre von der Heiligkeit des menschlichen Lebens hindert uns daran, zu erkennen, daß das, was bei einem Pferd offensichtlich unrecht ist, ebenso unrecht ist, wenn wir es mit einem behinderten Säugling zu tun haben.

Um zusammenzufassen: Passive Wege, ein Leben zu beenden, schieben oft den Tod lange hinaus. Sie bringen irrelevante Faktoren (wie zum Beispiel einen Darmverschluß oder eine leicht zu heilende Infektion) bei der Auswahl derer ins Spiel, die sterben sollen. Wenn wir fähig sind zuzugeben, daß unser Ziel ein schneller und schmerzloser Tod ist, sollte nicht der Zufall bestimmen dürfen, ob dieses Ziel erreicht wird oder nicht. Haben wir uns für den Tod entschieden, dann sollten wir sichergehen, daß er auf die bestmögliche Weise eintritt.

Die schiefe Bahn: von der Euthanasie zum Völkermord?

Bevor wir dieses Thema verlassen, müssen wir einen Einwand in Erwägung ziehen, der in der Anti-Euthanasie-Literatur so gewichtig ist, daß er einen Abschnitt für sich beanspruchen darf. Er liefert zum Beispiel den Grund dafür, daß John Lorber die aktive Euthanasie ablehnt:

> »Ich lehne die Euthanasie ganz und gar ab. Obwohl sie in sich völlig logisch ist und in fachkundigen, gewissenhaften Händen die humanste Weise darstellen könnte, mit einer solchen Situation fertig zu werden, wäre die Legalisierung der Euthanasie eine äußerst gefährliche Waffe in den Händen des Staates bzw. von unwissenden oder skrupellosen Individuen. Man muß nicht weit zurückgehen in der Geschichte, um zu wissen, welche Verbrechen begangen werden können, wenn Euthanasie legalisiert würde.«

Wäre die Euthanasie der erste Schritt, der uns auf eine schiefe Bahn bringt? Würden wir aus Mangel an deutlichem moralischem Halt, der unseren Abstieg verhindern könnte, geradewegs in den Abgrund staatlichen Terrors und Massenmords stolpern? Die Erfahrung des Nationalsozialismus, auf die sich Lorber ohne Zweifel bezieht, wird oft als Illustration dessen verwendet, was aus der Freigabe der Euthanasie folgen könnte. Präzisiert findet sich das etwa in einem Artikel von Leo Alexander – auch er Arzt:

»Welche Ausmaße auch immer die [Nazi-]Verbrechen schließlich angenommen haben, es wurde allen, die sie untersucht haben, deutlich, daß sie aus kleinen Anfängen erwuchsen. Am Anfang standen zunächst nur feine Akzentverschiebungen in der Grundhaltung der Ärzte. Es begann mit der Auffassung, die in der Euthanasiebewegung grundlegend ist, daß es so etwas wie Leben gebe, das es nicht wert sei, gelebt zu werden. In ihrem Frühstadium betraf diese Haltung nur die schwer und chronisch Kranken. Nach und nach wurden zu dieser Kategorie auch die sozial Unproduktiven, die ideologisch Unerwünschten, die rassisch Unerwünschten und schließlich alle Nicht-Deutschen gerechnet. Entscheidend ist freilich, sich klar zu machen, daß die Haltung gegenüber den unheilbar Kranken der unendlich kleine Auslöser für einen totalen Gesinnungswandel war.«

Alexander macht das sogenannte Euthanasie-Programm als die Wurzel aller später begangenen fürchterlichen Nazi-Verbrechen aus, weil darin zum Ausdruck kommt, »daß es so etwas gibt wie Leben, das es nicht wert sei, gelebt zu werden«. Lorber könnte mit Alexander in diesem Punkt kaum übereinstimmen, weil das von ihm empfohlene Verfahren, ausgewählte Säuglinge nicht zu behandeln, sich genau auf dieses Urteil gründet. Obwohl die Leute manchmal so reden, als ob es für immer verboten sein sollte, ein Leben nach seiner Qualität zu beurteilen, gibt es Zeiten, in denen ein solches Urteil offensichtlich korrekt ist. Ein Leben körperlichen Leidens, das nicht durch irgendeine Form von Freude oder wenigstens durch einen geringen Grad von Selbstbewußtsein gemildert wird, lohnt sich nicht zu leben. Es gibt Untersuchungen von Gesundheitsfürsorge-Fachleuten, in denen die Leute gefragt werden, wie hoch sie den Wert des Lebens einschätzen, wenn bestimmte Krankheiten auftreten sollten; in der Regel messen sie einigen Gesundheitszuständen einen negativen Wert bei, d. h. die Befragten würden dem Tod einem Leben unter solchen Bedingungen den Vorzug geben. Offensichtlich war auch das Leben der alten Frau, von der Sir Gustav Nossal berichtet hat, nach Ansicht der Heimleiterin, der Ärztin und der Angehörigen nicht lebenswert. Wenn wir Entscheidungskriterien dafür aufstellen können, wen man sterben lassen darf und wem Behandlung zukommt, warum sollte es dann unrecht sein, Entscheidungskriterien – vielleicht dieselben Kriterien – dafür aufzustellen, wer getötet werden darf?

Somit ist es nicht die Auffassung, daß einige Leben nicht lebenswert sind, durch die sich die Nazis von normalen Leuten, die keine Massenmorde begehen, unterscheiden. Was aber ist es dann? Etwa die Tatsache, daß sie über die passive Euthanasie hinausgingen und die aktive Euthanasie praktizierten? Viele machen sich wie Lorber Sorgen darüber, daß ein Programm der aktiven Euthanasie ungeheure Macht in die Hände einer skrupellosen Regierung legen könnte. Diese Sorge ist nicht zu ignorieren, aber sie sollte auch nicht übertrieben werden. Skrupellose Regierungen verfügen bereits über wirksamere Mittel, um ihre Gegner loszuwerden, als die von Ärzten aus medizinischen Gründen durchgeführte Euthanasie – »Selbstmorde« lassen sich arrangieren, »Unfälle« können passieren. Nötigenfalls lassen sich Mörder anheuern. Unsere beste Verteidigung gegen solche Möglichkeiten ist es, alles Mögliche zu tun, um unsere Regierung demokratisch, offen und in den Händen von Leuten zu erhalten, die nicht den ernstlichen Wunsch haben, ihre Gegner zu töten. Ist es ihnen mit dem Wunsch erst wirklich ernst, dann werden sie auch einen Weg finden, ganz gleich ob Euthanasie legal ist oder nicht.

In Wirklichkeit hatten die Nazis kein Euthanasie-Programm im eigentlichen Sinn des Wortes. Bei ihrem sogenannten Euthanasie-Programm ging es nicht um die Rücksicht auf das Leiden derer, die getötet wurden. Wie wäre sonst die Tatsache zu verstehen, daß die Nazis ihre Operationen geheimhielten, die Angehörigen über die Todesursache der Betroffenen täuschten und bei bestimmten privilegierten Gruppen wie Kriegsveteranen oder Verwandten des Vollzugspersonals Ausnahmen zuließen? Nazi-»Euthanasie« war niemals freiwillig, sondern oft eher unfreiwillig als nichtfreiwillig. »Nutzlose Mäuler beseitigen« – diese von den dafür Verantwortlichen verwendete Phrase gibt eine bessere Vorstellung von den Absichten des Programms als das Wort »Gnadentod«. Sowohl rassische Herkunft als auch Arbeitsfähigkeit gehörten zu den Faktoren, die bei der Auswahl der zu tötenden Patienten eine Rolle spielten. Die Nazis waren davon überzeugt, daß ein reines arisches Volk erhalten werden müsse – eine irgendwie mystische Entität, welche man für wichtiger hielt als bloßes individuelles Leben –, und diese Überzeugung ermöglichte sowohl das sogenannte Euthanasie-Programm als auch den gesamten Holocaust. Vorschläge für die Legalisierung von Euthanasie gründen sich dagegen auf die Respektierung der Autonomie und die Absicht, sinnloses Leiden zu verhindern.

Auch wenn man den wesentlichen Unterschied zwischen den Zielen der Nazi-»Euthanasie« und gegenwärtigen Vorschlägen zugeben mag, könnte dennoch das Argument der »schiefen Bahn« als dienlich angesehen werden, um uns davon zu überzeugen, daß das gegenwärtige strikte Verbot, unschuldige menschliche Wesen direkt zu töten, einen nützlichen Zweck erfüllt. Wie willkürlich und ungerechtfertigt die Unterscheidungen zwischen menschlich und nichtmenschlich, Fötus und Säugling, Töten und Sterbenlassen auch sein mögen, das Verbot, unschuldige Menschen zu töten, zeigt zumindest eine praktikable Grenzlinie auf. Eine Unterscheidung zu treffen zwischen einem Säugling, dessen Leben vielleicht lebenswert ist, und einem, dessen Leben es definitiv nicht ist, ist viel schwieriger. Vielleicht könnte jemand, der sieht, daß gewisse Arten von menschlichen Wesen unter bestimmten Umständen getötet werden, zu der Schlußfolgerung gelangen, daß es nicht unrecht ist, andere zu töten, die von der ersten Art nicht sehr verschieden sind.

Wird so die Grenze für akzeptables Töten allmählich zurückverschoben? Wird, in Ermangelung irgendeiner logischen Barriere, am Ende jegliche Achtung vor dem menschlichen Leben verlorengehen?

Wenn unsere Gesetze so geändert würden, daß jeder Euthanasie durchführen dürfte, würde das Fehlen einer klaren Trennlinie zwischen denen, die berechtigterweise getötet werden können, und jenen, bei denen das nicht möglich ist, eine wirkliche Gefahr darstellen; aber das ist nicht das, was die Befürworter der Euthanasie vorschlagen. Wenn Euthanasie nur von einem Mitglied der ärztlichen Zunft und unter Mitwirkung eines zweiten Arztes durchgeführt werden dürfte, ist es unwahrscheinlich, daß sich die Neigung zum Töten in der Allgemeinheit unkontrolliert verbreiten würde. Ärzte haben durch die Möglichkeit, eine Behandlung zu verweigern, bereits jetzt ein gutes Stück Macht über Leben und Tod. Es gibt aber keinen Hinweis darauf, daß Ärzte, die jetzt zulassen, daß schwerbehinderte Säuglinge an Lungenentzündung sterben, dazu übergehen könnten, ethnischen Minderheiten oder politischen Extremisten Antibiotika vorzuenthalten. Hingegen kann sich die Legalisierung der Euthanasie umgekehrt sogar als eine Kontrolle über die Macht der Ärzte auswirken, weil sie das aufdecken und der Prüfung eines weiteren Arztes unterwerfen würde, was heute manche Ärzte aus eigener Initiative und insgeheim tun.

Es gibt jedenfalls kaum historische Anhaltspunkte dafür, daß eine Einstellung, die die Tötung einer Kategorie menschlicher Wesen erlaubt, zu einem Zusammenbruch der Beschränkungen gegen die Tötung anderer Menschen führt. Bei den alten Griechen war es gängige Praxis, Säuglinge zu töten oder auszusetzen, aber sie hatten offenkundig mindestens ebenso viele Skrupel in bezug auf die Tötung ihrer Mitbürger wie mittelalterliche Christen oder Amerikaner von heute. In traditionellen Eskimogesellschaften war es Sitte, daß ein Mann seine betagten Eltern tötete, aber ein

Mord an einem normalen gesunden Erwachsenen kam fast nie vor. Wenn diese Gesellschaften fähig waren, menschliche Wesen in verschiedene Kategorien einzustufen, ohne ihr Verhalten von einer Gruppe auf die andere zu übertragen, dann sollten wir mit unseren ausgeklügelten Rechtssystemen und unserem größeren medizinischen Wissen dazu ebenso in der Lage sein.

Damit soll nicht bestritten werden, daß ein Abweichen von der traditionellen Ethik der Heiligkeit des Lebens ein sehr kleines, doch begrenztes Risiko unerwünschter Konsequenzen mit sich bringt. Gegen dieses Risiko müssen wir aber den greifbaren Schaden abwägen, der durch die traditionelle Ethik entsteht – für jene nämlich, deren Elend unnötig verlängert wird. Wir müssen auch fragen, ob die verbreitete Akzeptanz von Abtreibung und passiver Euthanasie nicht bereits Risse in der traditionellen Ethik bloßgelegt hat, die sie nur noch einen schwachen Schutz gegen jene bieten läßt, denen die Achtung vor dem individuellen Leben fehlt. Eine folgerichtige, wenn auch weniger scharf umrissene Ethik kann langfristig einen festeren Grund legen, um nichtgerechtfertigtem Töten entgegenzuwirken.

Arm und Reich

Einige Fakten über die Armut

In der Euthanasie-Diskussion in Kapitel 7 haben wir die Unterscheidung zwischen Töten und Sterbenlassen in Frage gestellt, mit dem Ergebnis, daß sie keine ethische Bedeutung an sich besitzt. Dieses Ergebnis hat Folgerungen, die weit über die Euthanasie hinausgehen.

Man halte sich folgende Fakten vor Augen: Nach den vorsichtigsten Schätzungen leiden vierhundert Millionen Menschen Mangel an Kalorien, Proteinen, Vitaminen und Mineralstoffen, die für ein körperlich und geistig gesundes Leben notwendig sind. Millionen haben ständig Hunger; andere leiden an Mangelkrankheiten und an Infektionen, die sie bei einer besseren Ernährung abwehren könnten. Am schlimmsten betroffen sind die Kinder. Nach einer Schätzung sterben jedes Jahr vierzehn Millionen Kinder unter fünf Jahren an Unterernährung und den damit verbundenen Infektionen. In einigen Gegenden ist von der Hälfte der geborenen Kinder zu erwarten, daß sie vor ihrem fünften Geburtstag sterben.

Nahrungsmangel ist jedoch nicht die einzige Not der Armen. Um ein vollständigeres Bild zu ermöglichen, hat Robert McNamara, als er Präsident der Weltbank war, den Begriff »absolute Armut« vorgeschlagen. Die Armut, mit der wir in den Industrienationen vertraut sind, ist eine relative Armut – was bedeutet, daß einige Bürger im Vergleich zu ihren reichen Nachbarn arm sind. Menschen, die in Australien in relativer Armut leben, dürften ganz gut dran sein im Vergleich zu Rentnern in Großbritannien, und britische Rentner sind nicht arm, bedenkt man die Armut, die in Mali oder Äthiopien herrscht. Absolute Armut ist jedoch Armut nach allen Maßstäben. In McNamaras Worten:

»Armut auf absolutem Niveau [...] ist Leben am äußersten Rand der Existenz. Die absolut Armen sind Menschen, die unter schlimmen Entbehrungen und in einem Zustand von Verwahrlosung und Entwürdigung ums Überleben kämpfen, der unsere durch intellektuelle Phantasie und privilegierte Verhältnisse geprägte Vorstellungskraft übersteigt.

Verglichen mit denen, die das Glück haben, in entwickelten Ländern zu leben, gilt für die Individuen in den ärmsten Nationen:

- eine achtmal höhere Rate der Kindersterblichkeit
- eine dreimal geringere Lebenserwartung
- eine 60% niedrigere Quote von Erwachsenen, die lesen und schreiben können
- ein Grad der Ernährung, der für jeden zweiten aus der Bevölkerung unter den akzeptablen Maßstäben liegt;
- und für Millionen von Säuglingen zu wenig Proteine für eine optimale Entwicklung des Gehirns.«

McNamara hat absolute Armut zusammengefaßt als »Lebensbedingungen, die derart durch Unterernährung, Analphabetentum, Krankheit, verwahrloste Umgebung, hohe Kindersterblichkeit und niedrige Lebenserwartung gekennzeichnet sind, daß sie sich jenseits jeder vernünftigen Definition von menschlicher Würde befinden«.

Absolute Armut ist, nach den Worten McNamaras, verantwortlich für zahllose Todesopfer, insbesondere unter Säuglingen und Kleinkindern. Wenn absolute Armut nicht zum Tod führt, so verursacht sie doch Elend in einem Ausmaß, wie es bei den wohlhabenden Nationen nur selten anzutreffen ist. Unterernährung bei Kleinkindern hemmt sowohl die physische als auch die geistige Entwicklung. Wie das Entwicklungshilfeprogramm der Vereinten Nationen aus-

weist, leiden 180 Millionen Kinder unter fünf Jahren an
Unterernährung. Millionen von unterernährten Menschen
leiden an Mangelkrankheiten wie Kropf oder an durch das
Fehlen von Vitamin A verursachter Blindheit. Zudem wird
der Nährwert dessen, was die Armen essen, durch Parasiten
wie den Hakenwurm und die Ringelflechte verringert, die
sich überall dort verheerend ausbreiten, wo das Gesundheitswesen und die Gesundheitserziehung im argen liegen.

Von Tod und Krankheit abgesehen, ist absolute Armut –
mit unzureichender Ernährung, Unterkunft, Kleidung,
Hygiene, Gesundheitsfürsorge und Ausbildung – eine
elende Lebensgrundlage. Das Worldwatch Institute schätzt,
daß 1,2 Milliarden Menschen – das sind 23% der Weltbe-
völkerung – in absoluter Armut leben. Hier wird absolute
Armut definiert als »Mangel an ausreichendem Einkommen
– sei es in Bargeld oder Naturalien –, um die grundlegendsten biologischen Bedürfnisse an Nahrung, Kleidung und
Unterkunft zu befriedigen«. Absolute Armut ist wahrscheinlich heute der Hauptgrund für menschliches Elend.

Einige Fakten über den Wohlstand

Dies ist der Hintergrund für die ständig auf unserem Planeten vorherrschende Situation. Sie liefert keine Schlagzeilen.
Gestern starben Menschen an Unterernährung und daraus
resultierenden Krankheiten, und noch mehr werden mor-
gen sterben. Die gelegentlichen Dürrezeiten, Wirbelstürme,
Erdbeben und Flutkatastrophen, die an einem Ort und auf
einen Schlag Zehntausende das Leben kosten, sind für die
Berichterstattung ergiebiger. Sie vermehren die Gesamtsumme menschlichen Leidens gewaltig; doch es ist falsch
anzunehmen, alles sei in Ordnung, wenn gerade einmal
nicht von einem größeren Unglücksfall berichtet wird.
Das Problem besteht nicht darin, daß die Welt nicht genug

produzieren kann, um die auf ihr lebenden Menschen zu
ernähren und ihnen Obdach zu geben. Die Menschen in
den armen Ländern verbrauchen im Durchschnitt jährlich
180 Kilo Getreide; die Nordamerikaner dagegen durchschnittlich mehr als 900 Kilo. Die Differenz kommt dadurch zustande, daß wir in den reichen Ländern das meiste
Getreide an Tiere verfüttern und somit in Fleisch, Milch
und Eier »verwandeln«. Weil dies ein höchst ineffizientes
Verfahren ist, durch das 95% des Nährwerts der tierischen
Nahrung verschwendet werden, sind die Menschen in den
reichen Ländern für den Verbrauch von viel mehr Nahrung
verantwortlich als jene Menschen in armen Ländern, die
nur wenig tierische Produkte essen. Würden wir aufhören,
Tiere mit Getreide und Sojabohnen zu füttern, würde die
Summe der eingesparten Nahrung mehr als ausreichen, um
– falls sie an die verteilt würde, die sie brauchen – überall
auf der Welt den Hunger zu beenden.

Diese Fakten über tierische Nahrung bedeuten nicht, daß
das Welternährungsproblem durch den Verzicht auf tieri-
sche Produkte leicht zu lösen wäre, aber sie zeigen, daß das
Problem im wesentlichen eher eines der Verteilung als der
Produktion ist. Die Welt produziert genügend Nahrung.
Überdies könnten die ärmeren Nationen weit mehr produ-
zieren, wenn sie stärker von verbesserten Anbaumethoden
Gebrauch machen würden.

Warum leiden trotzdem Menschen Hunger? Arme Leute
können es sich nicht leisten, Getreide zu kaufen, das von
Landwirten der reicheren Länder angebaut worden ist.
Arme Bauern können es sich nicht leisten, besseres Saatgut,
Dünger oder Maschinen zu kaufen, die man braucht, um
Brunnenschächte zu bohren und Wasser heraufzupumpen.
Nur wenn etwas vom Reichtum der entwickelten Nationen
den Armen der unterentwickelten Nationen zugute kommt,
kann die Situation verändert werden.

Daß es diesen Reichtum gibt, ist klar. Dem Bild der absoluten Armut, das McNamara gezeichnet hat, könnte man ein

Bild des »absoluten Überflusses« entgegensetzen. Diejenigen, die absolut betrachtet wohlhabend sind, sind nicht notwendig im Vergleich mit ihren Nachbarn wohlhabend, aber sie sind es hinsichtlich jeder vernünftigen Definition von menschlichen Bedürfnissen. Das bedeutet, daß sie ein höheres Einkommen haben, als sie brauchen, um sich selbst mit allen grundlegenden Notwendigkeiten des Lebens hinreichend zu versorgen. Selbst nachdem die absolut Wohlhabenden – sei es direkt oder durch Steuern – für Nahrung, Wohnung, Kleidung, grundlegende Gesundheitsfürsorge und Ausbildung ihr Geld ausgegeben haben, sind sie immer noch in der Lage, sich Luxusartikel zu leisten. Die absolut Wohlhabenden suchen sich ihre Speisen aus, um dem Gaumen eine Freude zu machen, nicht um den Hunger zu stillen; sie kaufen neue Kleider der Mode wegen, nicht um sich warm anzuziehen; sie wechseln den Wohnsitz, um in einer besseren Umgebung zu leben oder um ein Spielzimmer für die Kinder zu haben, nicht um sich gegen den Regen zu schützen; und auch nach alledem ist immer noch Geld vorhanden, das man für HiFi-Anlagen, Videokameras und Ferienreisen nach Übersee ausgeben kann.

Ich gebe an dieser Stelle noch kein moralisches Urteil über absoluten Reichtum ab, sondern stelle lediglich fest, daß es ihn gibt. Sein entscheidendes Kennzeichen ist ein Einkommen, das deutlich über dem Niveau liegt, welches notwendig ist, um für die eigenen Grundbedürfnisse und die der Angehörigen zu sorgen. An diesem Maßstab gemessen ist die Mehrheit der Bürger in Westeuropa, Nordamerika, Japan, Australien, Neuseeland und in den Erdölländern des Mittleren Ostens absolut wohlhabend. Um McNamara noch einmal zu zitieren:

> »Der Durchschnittsbürger eines entwickelten Landes genießt einen Reichtum, der die ausschweifendsten Träume jener einen Milliarde Menschen übersteigt, die in Ländern mit einem Pro-Kopf-Einkommen von unter

200 Dollar leben. Dies sind also die Länder – und Individuen –, die über einen Wohlstand verfügen, den sie auf die absolut Armen übertragen könnten, ohne die Grundlage ihres Wohlergehens zu gefährden.«

Gegenwärtig geschieht da sehr wenig. Nur Schweden, die Niederlande, Norwegen und einige der Erdöl exportierenden arabischen Länder haben das bescheidene UN-Soll von 0,7% des Bruttosozialprodukts erreicht. Großbritannien steckt 0,31% seines Bruttosozialprodukts in offizielle Entwicklungshilfe und einen kleinen zusätzlichen Betrag in nichtoffizielle Hilfe von freiwilligen Organisationen. Der Gesamtbetrag beläuft sich monatlich auf zwei Pfund pro Person; man vergleiche das mit den 5,5% des Bruttosozialprodukts, die für Alkohol, oder mit den 3%, die für Tabak ausgegeben werden. Andere, selbst reichere Nationen führen kaum mehr ab: Deutschland 0,41% und Japan 0,32%. Die Vereinigten Staaten führen lediglich 0,15% ihres Bruttosozialprodukts ab.

Das moralische Äquivalent zu Mord?

Wenn dies die Fakten sind, läßt sich die Schlußfolgerung nicht umgehen, daß die Menschen in den reichen Ländern, indem sie nicht mehr geben, als zur Zeit geschieht, zulassen, daß die Bewohner der armen Länder absolute Armut leiden, woraus wiederum Unterernährung, Krankheit und Tod folgen. Diese Schlußfolgerung läßt sich nicht nur auf Regierungen anwenden, sondern auf jedes Individuum, das absolut wohlhabend ist; denn jeder von uns hat die Möglichkeit, die Situation zu verbessern, indem wir unsere Zeit und unser Geld zum Beispiel freiwilligen Hilfsorganisationen zur Verfügung stellen. Falls grundsätzlich kein Unterschied zwischen Sterbenlassen und Töten besteht, könnte es fast scheinen, daß wir alle Mörder sind.

Ist dieses Urteil zu hart? Viele werden es als augenscheinlich absurd ablehnen. Sie werden es eher als Beweis dafür werten, daß Sterbenlassen eben nicht gleichbedeutend sein kann mit Töten; nicht aber als Hinweis darauf, daß, wer im Wohlstand lebt, ohne einen Beitrag für eine internationale Hilfsorganisation zu leisten, ethisch auf derselben Stufe steht wie einer, der nach Äthiopien geht und ein paar Bauern erschießt. Zweifellos – wenn man es so plump wie hier formuliert, ist das Urteil in der Tat zu hart.

Es gibt mehrere bedeutsame Unterschiede zwischen dem Geldausgeben für Luxusartikel (statt das Geld zu verwenden, um Leben zu retten) und dem vorsätzlichen Erschießen von Menschen.

Erstens ist normalerweise die Motivation verschieden. Wer jemand andern vorsätzlich erschießen will, legt es darauf an zu töten; es ist anzunehmen, daß er den Tod seines Opfers wünscht, und zwar aus Bosheit, Sadismus oder irgendeinem ähnlich abscheulichen Grund. Eine Person, die eine neue HiFi-Anlage kauft, will ihren musikalischen Genuß steigern, was an sich nicht weiter schrecklich ist. Schlimmstenfalls zeugt es von Selbstsucht und Gleichgültigkeit gegenüber dem Leiden anderer, wenn man sein Geld für Luxusartikel ausgibt anstatt zu karitativen Zwecken; aber wenn solche Eigenschaften auch nicht wünschenswert sein mögen, so sind sie doch mit wirklicher Bosheit oder ähnlichen Motiven nicht vergleichbar.

Zweitens ist es für die meisten von uns nicht schwierig, nach einer Regel gegen das Töten von Menschen zu leben; dagegen ist es sehr schwierig, einer Regel zu gehorchen, die befiehlt, alle Menschenleben, die wir retten können, zu retten. Um ein angenehmes oder gar luxuriöses Leben zu genießen, ist es nicht notwendig, jemanden zu töten; aber es ist notwendig, einige sterben zu lassen, die wir hätten retten können, denn das Geld, das wir zu einem angenehmen Leben brauchen, hätten wir spenden können. Die Pflicht, das Töten zu vermeiden, ist also viel leichter vollständig zu erfüllen als die Pflicht, Leben zu retten. Jedes Leben retten, das wir retten könnten, würde bedeuten, unseren Lebensstandard auf das zu reduzieren, was wir brauchen, um uns am Leben zu erhalten.[1] Diese Pflicht vollständig zu erfüllen würde ein Maß an moralischem Heroismus verlangen, das völlig verschieden ist von dem, welches die bloße Vermeidung des Tötens erfordert.

Ein dritter Unterschied besteht in der größeren Gewißheit über das Ergebnis des Erschießens im Vergleich zu der unterlassenen Hilfeleistung. Wenn ich ein geladenes Gewehr auf jemand richte und abdrücke, ist es so gut wie sicher, daß der oder die Betroffene verletzt, wenn nicht gar getötet wird; wogegen das Geld, das ich spenden könnte, vielleicht für ein Projekt ausgegeben wird, das sich als erfolglos herausstellt und niemandem hilft.

Viertens: wenn Menschen erschossen werden, gibt es identifizierbare Individuen, denen Schaden zugefügt worden ist. Wir können auf sie und ihre trauernden Familien zeigen. Wenn ich meine HiFi-Anlage kaufe, kann ich nicht wissen, wen mein Geld gerettet hätte, falls ich es gespendet hätte. Wenn wieder irgendwo eine Hungersnot herrscht, kann es sein, daß ich Leichen und trauernde Familien in den Nachrichtensendungen sehe, und ich könnte nicht zweifeln, daß mein Geld einige von ihnen hätte retten können; selbst dann ist es aber unmöglich, auf einen bestimmten Körper zu zeigen und zu sagen, daß genau diese Person überlebt hätte, wenn ich die Anlage nicht gekauft hätte.

---

1 Strenggenommen müßten wir ihn auf das Minimum reduzieren, welches mit dem Einkommen vereinbar ist, das uns nach der Befriedigung unserer Bedürfnisse ein Maximum für karitative Spenden übrigließe. Wenn ich beispielsweise in meiner gegenwärtigen Stellung 40 000 Dollar im Jahr verdiene und 5000 Dollar im Jahr brauche, um mich anständig zu kleiden und ein Auto zu halten, dann kann ich nicht mehr Menschen retten, indem ich das Auto und die Kleider hergebe, weil das unter Umständen bedeuten würde, daß ich eine Arbeit annehmen muß, die mir, obwohl ich diese Ausgaben dann nicht haben werde, nur 20 000 Dollar einbringt.

Fünftens könnte man sagen, daß die Notlage der Hungernden nicht die Folge meines Tuns ist, und somit kann man mich nicht dafür verantwortlich machen. Die Hungernden würden hungern, auch wenn ich nie existiert hätte. Wenn ich hingegen töte, bin ich verantwortlich für den Tod meiner Opfer, denn diese Menschen wären nicht gestorben, wenn ich sie nicht getötet hätte.

Diese Unterschiede brauchen unser früher erreichtes Ergebnis, daß es zwischen Töten und Sterbenlassen keinen Unterschied an sich gibt, nicht zu erschüttern. Denn es handelt sich um Unterschiede äußerer Art, das heißt solche, die im Regelfall, aber nicht mit Notwendigkeit bei der Unterscheidung zwischen Töten und Sterbenlassen eine Rolle spielen. Wir können uns Fälle vorstellen, in denen jemand einen anderen aus bösartigen oder sadistischen Gründen sterben läßt; wir können uns eine Welt vorstellen, in der so wenig Menschen der Hilfe bedürfen und ihnen so leicht zu helfen ist, daß sich unsere Pflicht, niemand sterben zu lassen, ebenso leicht erfüllen läßt wie unsere Pflicht, niemand zu töten; wir können uns Situationen ausdenken, in denen das Resultat unterlassener Hilfe ebenso gewiß ist wie beim Erschießen; wir können uns Fälle vorstellen, in denen wir die Personen identifizieren können, die wir sterben lassen. Wir können uns sogar einen Fall von Sterbenlassen vorstellen, in dem die Person nicht gestorben wäre, wenn ich nicht existiert hätte – etwa dergestalt, daß, wenn ich nicht in der Position gewesen wäre, von der aus ich hätte helfen können (ohne es dann getan zu haben), jemand anders in dieser Position gewesen wäre und geholfen hätte.

Unsere vorhergehende Euthanasiediskussion illustriert die äußerliche Natur dieser Unterschiede; denn sie bieten keine Grundlage zur Unterscheidung von aktiver und passiver Euthanasie. Wenn eine Ärztin nach Rücksprache mit den Eltern entscheidet, einen Säugling mit Down-Syndrom und Darmverschluß nicht zu operieren – und somit sterben zu lassen –, wird ihre Motivation der eines Arztes gleichen, der lieber eine tödliche Spritze gibt, als daß er das Kind sterben läßt. In keinem von beiden Fällen ist ein außerordentliches Opfer oder moralischer Heroismus erforderlich. Nicht operieren führt genauso sicher zum Tod wie das Verabreichen der Spritze. Sterbenlassen hat ein identifizierbares Opfer. Schließlich ist es gut möglich, daß die Ärztin persönlich für den Tod des Säuglings verantwortlich ist, gegen dessen Operation sie sich entscheidet, etwa weil sie weiß, daß andere Ärzte in demselben Krankenhaus operiert hätten, wenn sie diesen Fall nicht übernommen hätte.

Dennoch ist Euthanasie ein spezieller Fall und etwas ganz anderes, als zuzulassen, daß Menschen den Hungertod sterben. (Der wesentliche Unterschied ist der, daß, wenn die Euthanasie sich rechtfertigen läßt, der Tod eine gute Sache ist.) Die äußeren Unterschiede, die *normalerweise* Töten und Sterbenlassen trennen, erklären, warum wir *normalerweise* Töten für viel schlimmer ansehen als Sterbenlassen.

Unsere traditionellen moralischen Einstellungen erklären heißt nicht sie rechtfertigen. Vermögen die fünf Unterschiede unsere Einstellung nicht nur zu erklären, sondern auch zu rechtfertigen? Betrachten wir sie nacheinander:

(1) Nehmen wir das Fehlen eines identifizierbaren Opfers zuerst. Angenommen, ich bin Vertreter für Konservennahrung und erfahre, daß eine Sendung von Konserven ein Gift enthält, das, wenn es in den Körper gelangt, bei den Konsumenten das Risiko, an Magenkrebs zu sterben, verdoppelt. Angenommen, ich verkaufe die Konserven trotzdem weiter. Meine Entscheidung mag keine identifizierbaren Opfer treffen. Einige von denen, die die Nahrung zu sich nehmen, werden an Krebs sterben. Der Anteil der Konsumenten, die auf diese Weise sterben, wird für die Gemeinschaft insgesamt doppelt so hoch sein; aber welche von den Konsumenten sind deshalb gestorben, weil sie aßen, was ich verkauft habe, und welche von ihnen hätten sich die Krankheit ohnehin zugezogen? Das festzustellen ist nicht möglich; aber diese Unmöglichkeit macht meine Entscheidung sicher

nicht weniger verwerflich, als wenn das Gift zwar leichter zu ermittelnde, aber ebenso fatale Wirkungen gehabt hätte.

(2) Der Mangel an Gewißheit, ob ich ein Leben retten könnte, indem ich Geld spende, vermindert das Unrecht, keines zu geben, gegenüber vorsätzlichem Töten; aber das genügt nicht, um zu zeigen, daß es ein akzeptables Verhalten ist, nichts zu spenden. Die Autofahrerin, die über den Zebrastreifen rast, ohne darauf zu achten, ob jemand gerade die Straße überquert, ist keine Mörderin. Es mag sein, daß sie niemals einen Fußgänger wirklich erwischt; doch was sie tut, ist ein sehr großes Unrecht.

(3) Daß der Begriff der Verantwortung eher für Handlungen als für Unterlassungen gilt, bietet größere Schwierigkeiten. Einerseits fühlen wir uns mehr verpflichtet, denen zu helfen, deren Unglück wir verursacht haben (so argumentieren die Befürworter der Entwicklungshilfe oft damit, daß die westlichen Nationen die Armut der Länder der Dritten Welt durch wirtschaftliche Ausbeutung seit der Kolonialzeit erst geschaffen haben). Andererseits würde jeder Konsequentialist darauf bestehen, daß wir für alle Konsequenzen unserer Handlungen verantwortlich sind, und wenn eine Konsequenz dessen, daß ich Geld für einen Luxusartikel ausgebe, darin besteht, daß jemand stirbt, dann bin ich für diesen Tod verantwortlich. Es stimmt, daß die Person auch dann gestorben wäre, wenn ich nie existiert hätte, aber inwiefern ist das relevant? Tatsache ist, daß ich existiere, und die Konsequentialisten werden sagen, daß unsere Verantwortlichkeiten von der wirklichen Welt herrühren und nicht von der Welt, wie sie hätte sein können.

Eine Möglichkeit, der nichtkonsequentialistischen Ansicht von der Verantwortlichkeit Sinn zu verleihen, besteht darin, daß man sie auf eine Rechtstheorie gründet, wie sie John Locke oder in neuerer Zeit Robert Nozick vorgeschlagen haben. Wenn jeder ein Recht auf Leben hat und dieses Recht ein Recht *gegen* andere ist, die mein Leben bedrohen

könnten, aber nicht ein Recht auf Hilfe von anderen, wenn
mein Leben in Gefahr ist, dann können wir die Meinung
verstehen, daß wir zwar für eine Tötungshandlung verantwortlich seien, aber nicht dafür, daß wir eine Rettung unterlassen. Ersteres verletzt die Rechte von anderen, letzteres
nicht.

Sollen wir eine solche Rechtstheorie akzeptieren? Wenn wir
diese so aufbauen, daß wir uns, wie es Locke und Nozick
tun, Individuen vorstellen, die unabhängig voneinander in
einem »Naturzustand« leben, dann mag es ganz natürlich
scheinen, daß man einen Begriff von Recht entwickelt, bei
dem niemandes Rechte verletzt werden, solange jeder den
anderen in Ruhe läßt. Nach dieser Ansicht hätte ich meine
unabhängige Existenz durchaus beibehalten können, wenn
ich es gewollt hätte, ich dich also nicht in eine schlechtere
Lage bringe als die, in der du gewesen wärst, wenn ich überhaupt nichts mit dir zu tun gehabt hätte, wie kann ich dann
deine Rechte verletzen? Warum aber von einer solch un-
historischen, abstrakten und letztlich unverständlichen Idee
wie der eines unabhängigen Individuums ausgehen? Wir
wissen heute, daß unsere Vorfahren – wie andere Primaten –,
lange bevor sie menschliche Wesen waren, soziale Wesen
waren und die Fähigkeiten und die Fertigkeiten menschlicher Wesen nicht hätten entwickeln können, wenn sie nicht
zuerst soziale Wesen gewesen wären. Auf jeden Fall sind
wir heute keine isolierten Individuen. Warum sollten wir
also annehmen, daß Rechte auf Rechte gegen äußere Beeinträchtigung beschränkt sein müssen? Statt dessen könnten
wir zu der Ansicht gelangen, daß es unvereinbar ist, einerseits Rechte auf Leben ernst zu nehmen, andererseits aber
dabeizustehen und zuzuschauen, wie Menschen sterben, die
man mühelos retten könnte.

(4) Und wie steht es mit dem Unterschied in der Motivation? Daß eine Person den Tod einer anderen nicht wirklich
wünscht, mindert die Schärfe des Tadels, den sie verdient;
aber nicht so sehr, wie es unsere gegenwärtigen Einstellun-

gen gegenüber der Hilfeleistung vermuten lassen. Wiederum ist unser Verhalten dem des rasenden Autofahrers vergleichbar, denn solche Autofahrer haben gewöhnlich durchaus nicht den Wunsch, jemanden zu töten. Sie haben nur Spaß am rasanten Fahren und machen sich nichts aus den Konsequenzen. Obwohl sie nicht böswillig sind, verdienen diejenigen, die mit Autos töten, nicht nur Tadel, sondern auch schwere Strafe.

(5) Die Tatsache, daß es normalerweise nicht schwierig ist, das Töten von Menschen zu vermeiden, während es heroisch ist, alle zu retten, die man möglicherweise retten könnte, muß schließlich unsere Haltung wesentlich differenzieren gegenüber der Unterlassung dessen, was zu tun die jeweiligen Prinzipien fordern. Nicht zu töten ist ein Minimum für akzeptables Verhalten, das wir von jedem verlangen können; alle zu retten, die man möglicherweise retten könnte, ist etwas, das man realistischerweise nicht von jedem verlangen kann, insbesondere nicht in Gesellschaften, die gewohnt sind, so wenig herzugeben wie die unseren. Nach den allgemein akzeptierten Maßstäben werden Leute, die im Jahr etwa 1000 Dollar für eine Entwicklungshilfe-Organisation spenden, mit größerer Wahrscheinlichkeit für ihre überdurchschnittliche Großzügigkeit gelobt als dafür getadelt, daß sie weniger spenden, als sie könnten. Die Angemessenheit von Lob und Tadel ist jedoch ein Problem, das von der Frage nach Recht oder Unrecht einer Handlung geschieden werden muß. Ersteres bewertet den Handelnden; letzteres bewertet die Handlung. Vielleicht sollten viele Leute, die 1000 Dollar geben, mindestens 5000 Dollar geben, aber sie dafür zu tadeln, daß sie nicht mehr geben, könnte die gegenteilige Wirkung haben. Es könnte sie veranlassen, das, was gefordert wird, als zu anspruchsvoll zu empfinden, und wenn man ohnehin Gefahr läuft, getadelt zu werden, dann kann man ebensogut überhaupt nichts geben.

(Daß eine Ethik, welche die Rettung aller, die man möglicherweise retten kann, mit dem Nichttöten gleichstellt, eine Ethik für Heilige und Heroen wäre, sollte uns nicht zu der Annahme verleiten, daß die Alternative eine Ethik sein muß, die es obligatorisch macht, nicht zu töten, aber uns keinerlei Verpflichtung auferlegt, überhaupt jemanden zu retten. Es gibt Positionen zwischen diesen Extremen, wie wir bald sehen werden.)

Um unsere Diskussion der fünf Unterschiede, die normalerweise zwischen Töten und Sterbenlassen im Zusammenhang mit der absoluten Armut und der Entwicklungshilfe bestehen, zusammenzufassen: Das Fehlen eines identifizierbaren Opfers ist nicht von moralischer Bedeutung, obwohl es für die Erklärung unserer Einstellungen eine wichtige Rolle spielen mag. Die Vorstellung, daß wir direkt verantwortlich sind für diejenigen, die wir töten, aber nicht für jene, denen wir nicht helfen, beruht auf einem fragwürdigen Begriff der Verantwortung und ließe sich wohl nur mit einer umstrittenen Rechtstheorie begründen. Unterschiede bezüglich Gewißheit und Motivation sind ethisch bedeutsam und zeigen, daß den Armen nicht zu helfen nicht als Mord an ihnen zu verurteilen ist; gleichwohl könnte man es mit der Tötung einer Person durch rücksichtsloses Fahren auf eine Stufe stellen, was gravierend genug ist. Aufgrund der Schwierigkeiten schließlich, die sich ergeben, wenn wir die Pflicht, alle zu retten, die wir retten können, vollständig erfüllen wollten, ist es unangemessen, diejenigen, die hinter diesem Ziel zurückbleiben, in derselben Weise zu verurteilen wie jene, die töten; aber damit ist nicht gesagt, daß die Handlung selbst weniger gravierend ist. Und es wird damit auch nichts über die gesagt, die, weit davon entfernt, alle zu retten, die sie möglicherweise retten können, keine Anstrengung machen, überhaupt jemanden zu retten.

Diese Schlußfolgerungen legen einen neuen Ansatz nahe. Statt zu versuchen, mit dem Gegensatz zwischen Reichtum und Armut in der Weise umzugehen, daß das Nichthelfen mit vorsätzlichem Töten verglichen wird, müssen wir von neuem erwägen, ob wir nicht doch eine Verpflichtung haben, denen zu helfen, deren Leben in Gefahr ist, und wenn ja, wie sich diese Verpflichtung auf die gegenwärtige Weltsituation anwenden läßt.

Die Verpflichtung zu helfen

Das Argument für eine Verpflichtung zu helfen

Der Weg von der Bibliothek meiner Universität zum Hörsaalgebäude der Geisteswissenschaften führt an einem flachen Zierteich vorbei. Angenommen, ich bemerke auf meinem Weg zur Vorlesung, daß ein kleines Kind hineingefallen ist und in Gefahr läuft zu ertrinken. Würde irgendwer bestreiten, daß ich hineinwaten und das Kind herausziehen sollte? Dies würde zwar bedeuten, daß ich mir die Kleidung beschmutze und meine Vorlesung entweder absagen oder verschieben muß, bis ich etwas Trockenes zum Anziehen finde; aber verglichen mit dem vermeidbaren Tod eines Kindes wäre das unbedeutend.

Ein plausibles Prinzip zur Stützung des Urteils, daß ich das Kind retten sollte, lautet folgendermaßen: Wenn es in unserer Macht steht, etwas Schreckliches zu verhindern, ohne daß dabei etwas von vergleichbarer moralischer Bedeutung geopfert wird, dann sollten wir dies tun. Dieses Prinzip scheint unumstritten zu sein. Es wird offensichtlich die Zustimmung der Konsequentialisten gewinnen; aber Nicht-Konsequentialisten sollten es ebenfalls akzeptieren, denn das Gebot, etwas Schlimmes zu verhindern, bezieht sich nur auf Situationen, in denen nichts von vergleichbarer Bedeutung auf dem Spiel steht. Daher kann das Prinzip nicht zu Handlungen von der Art führen, wie sie die Nicht-Konsequentialisten stark mißbilligen – ernste Verletzungen individueller Rechte, Ungerechtigkeit, nicht gehaltene Versprechen usw. Wenn Nicht-Konsequentialisten irgendeinen dieser Punkte in moralischer Hinsicht für vergleichbar halten mit der schlechten Sache, die es zu verhindern gilt, dann werden sie das Prinzip automatisch in den Fällen für unanwendbar halten, wo die schlechte Sache nur durch Verletzung von Rechten, Begehen von Ungerechtigkeit, Nichteinhalten von Versprechen oder was sonst auch immer auf dem Spiel steht, verhindert werden kann. Die meisten Nicht-Konsequentialisten sind der Ansicht, daß wir verhüten sollten, was schlecht ist, und fördern, was gut ist. Ihr Streit mit den Konsequentialisten geht darum, daß sie darauf beharren, dies sei nicht das einzige grundlegende ethische Prinzip: daß es *ein* ethisches Prinzip ist, wird von keiner plausiblen ethischen Theorie verneint.

Der Anschein, als sei das Prinzip unumstritten, daß wir Schlechtes verhüten sollten, wenn wir dazu nichts von vergleichbarer moralischer Bedeutung opfern müssen, trügt gleichwohl. Wenn es ernst genommen und wenn danach gehandelt würde, würden sich unser Leben und unsere Welt grundlegend verändern. Denn das Prinzip läßt sich nicht nur auf jene seltenen Situationen anwenden, wo ein Kind aus einem Teich zu retten ist, sondern auf die alltägliche Situation, wo wir denen helfen können, die in absoluter Armut leben. Hierbei unterstelle ich, daß absolute Armut mit Hunger und Unterernährung, mit Obdachlosigkeit, Analphabetismus, Krankheit, hoher Säuglingssterblichkeit und niedriger Lebenserwartung eine schlechte Sache ist. Und ich unterstelle ferner, daß es in der Macht der Reichen steht, diese absolute Armut zu verringern, ohne irgend etwas von vergleichbarer moralischer Bedeutung zu opfern. Wenn diese beiden Annahmen und das eben diskutierte Prinzip richtig sind, dann haben wir eine Verpflichtung, denen zu helfen, die in absoluter Armut leben, eine Pflicht, welche ebenso stark ist wie die, ein ertrinkendes Kind aus einem Teich zu retten. Nicht zu helfen wäre unrecht, ganz gleich, ob dies für sich genommen mit einer Tötung gleichbedeutend wäre oder nicht. Helfen ist nicht, wie man üblicher-

weise denkt, eine wohltätige Handlung, die zu tun lobens-
wert ist, die zu unterlassen aber nicht unrecht ist; es ist etwas, das jedermann tun soll.

Das ist das Argument für die Verpflichtung zu helfen. Formal dargestellt sähe es etwa folgendermaßen aus:

> Erste Prämisse: Wenn wir etwas Schlechtes verhüten
> können, ohne irgend etwas von vergleichbarer morali-
> scher Bedeutsamkeit zu opfern, sollten wir es tun.
> Zweite Prämisse: Absolute Armut ist schlecht.
> Dritte Prämisse: Es gibt ein bestimmtes Maß von absolu-
> ter Armut, das wir verhüten können, ohne irgend etwas
> von vergleichbarer moralischer Bedeutung zu opfern.
> Schlußfolgerung: Wir sollten ein bestimmtes Maß von
> absoluter Armut verhüten.

Die erste Prämisse ist die wesentliche moralische Prämisse,
auf der das Argument beruht, und ich habe zu zeigen versucht, daß es durchaus von Menschen akzeptiert werden
kann, die verschiedene ethische Positionen einnehmen.

Es ist unwahrscheinlich, daß die zweite Prämisse bestritten
wird. Absolute Armut ist, wie McNamara sagt, »jenseits jeder vernünftigen Definition von menschlicher Würde«, und
es wäre schwierig, einen plausiblen moralischen Standpunkt
zu finden, der sie nicht als etwas Schlechtes betrachten
würde.

Die dritte Prämisse ist stärker umstritten, obgleich sie vorsichtig formuliert ist. Sie behauptet lediglich, daß ein bestimmtes Maß von absoluter Armut verhütet werden kann,
ohne daß irgend etwas von vergleichbarer moralischer Bedeutung geopfert werden muß. Sie entgeht also dem Einwand, daß jede Hilfe, die ich leisten kann, nur »ein Tropfen
auf den heißen Stein« ist, denn wesentlich ist nicht, ob mein
persönlicher Beitrag irgendeinen nennenswerten Einfluß
auf die Weltarmut in ihrer Gesamtheit hat (natürlich hat er
das nicht), sondern ob er einige Fälle von Armut vermeiden
wird. Das ist alles, was das Argument zur Stützung seiner

Schlußfolgerung braucht, denn die zweite Prämisse besagt, daß jede absolute Armut schlecht ist, und nicht nur die vollständige Summe der absoluten Armut. Wenn wir, ohne irgend etwas von vergleichbarer moralischer Bedeutung zu opfern, auch nur einer Familie so weit helfen können, daß sie sich aus der absoluten Armut erhebt, dann ist die dritte Prämisse bestätigt.

Ich habe den Begriff der moralischen Bedeutung ungeprüft übernommen, um zu zeigen, daß das Argument nicht von irgendwelchen spezifischen Werten oder ethischen Prinzipien abhängt. Ich meine, daß die dritte Prämisse für die meisten in den Industriestaaten lebenden Menschen gilt, welche vertretbare Ansicht darüber, was moralisch relevant ist, man auch nimmt. Unser Reichtum bedeutet, daß wir Einkommen haben, über das wir verfügen können, ohne den lebensnotwendigen Bedarf aufzugeben, und daß wir dieses Einkommen dazu verwenden können, absolute Armut zu verringern. Wieviel genau aufzugeben wir uns für verpflichtet halten, wird davon abhängen, was wir angesichts der Armut, die wir verhüten könnten, als vergleichbar moralisch bedeutsam betrachten: modische Kleider, teure Restaurantbesuche, eine raffinierte Stereoanlage, Ferienreisen nach Übersee, ein (zweites?) Auto, eine größere Wohnung, Privatschulen für unsere Kinder usw. Für Utilitaristen kann kaum etwas davon so bedeutsam sein wie die Verringerung absoluter Armut; und wer kein Utilitarist ist, muß, wenn er das Prinzip der Universalisierbarkeit unterschreibt, auf jeden Fall akzeptieren, daß zumindest einige dieser Dinge eine weit geringere moralische Bedeutung haben als die absolute Armut, die mit dem Geld, das diese kosten, verhütet werden könnte. So scheint die dritte Prämisse nach jeder plausiblen ethischen Ansicht Gültigkeit zu haben – wenngleich das genaue Maß der Armut, das verhütet werden kann, bevor irgend etwas von moralischer Bedeutung geopfert wird, entsprechend der jeweils vertretenen ethischen Ansicht variieren wird.

Einwände gegen das Argument

Für die Unseren sorgen. Wer immer sich dafür einsetzt, die Entwicklungshilfe zu verstärken, wird dem Argument begegnet sein, daß wir zuerst für die sorgen sollten, die uns nahestehen, für unsere Familien und dann für die Armen in unserem eigenen Land, bevor wir an die Armut in weit entfernten Gegenden denken könnten.

Zweifellos ziehen wir es instinktiv vor, denen zu helfen, die uns nahestehen. Wenige könnten dabeistehen und zusehen, wie ein Kind ertrinkt; viele können eine Hungersnot in Afrika ignorieren. Aber die Frage ist nicht, was wir gewöhnlich tun, sondern was wir tun sollten, und es ist schwierig, irgendeine vernünftige moralische Rechtfertigung für die Ansicht zu finden, daß die Entfernung von oder die Zugehörigkeit zu einer Gemeinschaft für unsere Verpflichtungen entscheidend ins Gewicht fällt.

Man betrachte zum Beispiel ethnische Zugehörigkeiten. Sollten Europäer armen Europäern helfen, bevor sie armen Afrikanern helfen? Die meisten von uns würden ein solches Ansinnen von der Hand weisen, und unsere Erörterung des Prinzips der gleichen Interessenabwägung in Kapitel 2 hat gezeigt, warum wir dies tun sollten: die Bedürfnisse der Menschen nach Nahrung haben nichts mit ihrer Rasse zu tun, und falls Afrikaner der Nahrung mehr bedürfen als Europäer, wäre es eine Verletzung des Prinzips der gleichen Abwägung, Europäern den Vorzug zu geben.

Dieselbe Feststellung läßt sich auf Staatsangehörigkeit oder Nationalität anwenden. Jede wohlhabende Nation hat einige relativ arme Bürger, aber absolute Armut ist weitgehend auf die armen Nationen beschränkt. Jene, die auf den Straßen von Kalkutta oder in einem ausgedörrten Landstrich der Sahelzone leben, erfahren Armut, die im Westen unbekannt ist. Unter diesen Umständen wäre es falsch zu entscheiden, daß nur diejenigen, die das Glück haben, Bürger unserer eigenen Gemeinschaft zu sein, an unserem Überfluß teilhaben dürfen.

Wir empfinden Verpflichtungen der Verwandtschaft stärker als jene der Staatsbürgerschaft. Welche Eltern würden ihre letzte Reisschale weggeben, wenn ihre eigenen Kinder am Verhungern sind? So zu handeln erschiene unnatürlich, wider unsere Natur als biologisch entwickelte Wesen – aber es ist eine ganz andere Frage, ob es unrecht wäre. Auf jeden Fall sind wir nicht mit dieser Situation konfrontiert, sondern mit einer Situation, in der unsere Kinder wohlernährt, gut gekleidet, gut ausgebildet sind und nun neue Fahrräder, eine Stereoanlage oder ihr eigenes Auto möchten. Unter diesen Umständen sind jegliche besondere Verpflichtungen, die wir unseren Kindern gegenüber haben mögen, erfüllt, und die Bedürfnisse von Fremden stellen einen höheren Anspruch an uns dar.

Das Element der Wahrheit, das sich in der Ansicht findet, wir sollten zuerst für die Unseren sorgen, liegt in dem Vorteil eines anerkannten Systems der Verantwortlichkeiten. Wenn Familien und lokale Gemeinschaften für ihre eigenen armen Mitglieder sorgen, dann erreichen Bande der Zuneigung und persönliche Beziehungen Ziele, die ansonsten eine große unpersönliche Bürokratie erforderten. Daher wäre es absurd vorzuschlagen, daß wir alle uns von heute an für das Wohl eines jeden in der Welt im gleichen Maße verantwortlich fühlen sollten; aber das Argument für eine Verpflichtung zu helfen schlägt dies auch gar nicht vor. Es findet nur da Anwendung, wo einige in absoluter Armut leben und andere helfen können, ohne irgend etwas von vergleichbarer moralischer Bedeutung zu opfern. Die eigene Verwandtschaft in absolute Armut sinken zu lassen würde heißen, etwas von vergleichbarer moralischer Bedeutung zu opfern; und bevor dieser Punkt erreicht wäre, wäre der Zusammenbruch des Systems der Verantwortlichkeit gegenüber Familie und Gemeinschaft ein Faktor, der zugunsten eines kleinen Präferenzgrades für Familie und Gemeinschaft ins Gewicht fallen würde. Die beste-

henden Unterschiede in der Verteilung von Reichtum und
Eigentum überwiegen jedoch diesen kleinen Präferenzgrad
bei weitem.

Eigentumsrechte. Haben die Menschen ein Recht auf Pri-
vateigentum, ein Recht, das der Ansicht widerspräche, daß
sie eine Verpflichtung haben, etwas von ihrem Reichtum für
jene abzugeben, die in absoluter Armut leben? Einigen
Rechtstheorien zufolge (etwa der von Robert Nozick) mag
man, vorausgesetzt man hat sein Eigentum nicht mit ungerechten Mitteln wie Gewalt oder Betrug erworben, ein An-
recht auf enormen Reichtum geltend machen, während andere aus Armut sterben. Diese individualistische Rechtsvor-
stellung steht freilich im Gegensatz zu anderen Ansichten
wie der frühchristlichen Lehre, die sich in den Werken des
Thomas von Aquin findet, wonach »ein Mann, was immer
er im Überfluß hat, nach einem natürlichen Recht den Armen für ihren Unterhalt schuldet«, weil Eigentum zur Befriedigung von menschlichen Bedürfnissen da ist. Ein Sozia-
list würde natürlich Reichtum ebenfalls als etwas betrachten, das eher der Gemeinschaft als dem Individuum gehört,
während Utilitaristen, ob Sozialisten oder nicht, bereit wären, sich über Eigentumsrechte hinwegzusetzen, um größere Übel zu verhüten.
Setzt also das Argument für eine Verpflichtung, anderen zu
helfen, eine von diesen anderen Eigentumsrechtstheorien
voraus – statt einer individualistischen Theorie wie der von
Nozick? Nicht unbedingt. Eine Eigentumsrechtstheorie
kann auf unserem *Recht*, Reichtum zu behalten, insistieren,
ohne sich darüber auszusprechen, ob die Reichen den Armen etwas abgeben *sollten*. Nozick zum Beispiel lehnt
Zwangsmaßnahmen wie Steuern zur Einkommensumver-
teilung ab und behauptet, daß wir die Ziele, die wir als moralisch wünschenswert ansehen, auch durch freiwillige Mittel erreichen können. Nozick würde also die Behauptung
zurückweisen, daß reiche Leute eine »Verpflichtung« haben,

den Armen etwas zu geben, insofern dies impliziert, daß die
Armen ein Recht auf unsere Hilfe haben; aber er könnte akzeptieren, daß Geben etwas ist, das wir tun sollten, und daß
Nicht-Geben, obwohl man dazu ein Recht hat, unrecht
ist – denn die Respektierung der Rechte anderer ist nicht alles, was zu einem ethischen Leben gehört.

Das Argument für eine Verpflichtung zu helfen kann mit
nur geringfügigen Modifikationen selbst dann aufrechterhalten werden, wenn wir eine individualistische Rechtstheorie akzeptieren. Ich meine jedoch, daß wir eine solche Theorie auf keinen Fall akzeptieren sollten. Sie überläßt zu vieles
dem Zufall, um einen akzeptablen ethischen Standpunkt zu
bieten. So sind zum Beispiel jene, deren Vorfahren zufällig
einige Sandwüsten um den Persischen Golf bewohnten,
heute sagenhaft reich, weil sich unter diesem Sand Erdöl befindet; dagegen leben diejenigen, deren Vorfahren besseres
Land im Süden der Sahara besiedelten, wegen Dürre und
schlechter Ernten in absoluter Armut. Ist eine solche Verteilung, vom unparteiischen Standpunkt aus betrachtet, akzeptabel? Stellen wir uns vor, wir müßten unser Leben entweder als Bürger von Bahrein oder als Bürger des Tschad beginnen, wüßten jedoch nicht, welches der beiden Länder es
sein wird: würden wir das Prinzip akzeptieren, daß die Bürger von Bahrein keine Verpflichtung haben, den im Tschad
lebenden Menschen zu helfen?

Bevölkerung und die Ethik des »Aussortierens« (triage). Der
vielleicht schwerwiegendste Einwand gegen das Argument,
daß wir eine Verpflichtung haben zu helfen, lautet: Weil die
Hauptursache der absoluten Armut die Übervölkerung ist,
wird die Hilfe für diejenigen, die heute arm sind, nur dafür
sorgen, daß in Zukunft noch mehr Menschen geboren werden, die in Armut leben müssen.

In seiner extremsten Form wird dieser Einwand als
Hinweis dafür genommen, daß wir eine Politik des
»Aussortierens« betreiben sollten. *Triage* bezeichnete ur-

sprünglich ein medizinisches Verfahren, das in Kriegszeiten Anwendung fand. Es gab zu wenig Ärzte, um mit allen Verwundeten fertig zu werden. Die Verwundeten wurden in drei Kategorien eingeteilt: solche, die voraussichtlich ohne ärztliche Hilfe überleben würden; solche, die eventuell überleben würden, wenn sie Hilfe erhielten, andernfalls jedoch voraussichtlich nicht; und solche, die selbst mit ärztlicher Hilfe voraussichtlich nicht überleben würden. Nur denen der zweiten Kategorie wurde ärztliche Hilfe gewährt. Natürlich lag dem die Vorstellung zugrunde, begrenzte medizinische Mittel so effektiv wie möglich einzusetzen. Für diejenigen in der ersten Kategorie war eine medizinische Behandlung im strikten Sinne nicht notwendig; für die der dritten Kategorie war sie wahrscheinlich nutzlos. Es ist vorgeschlagen worden, daß wir dasselbe Verfahren für Länder anwenden sollten, je nach ihren Aussichten, ob sie sich werden selbst erhalten können oder nicht. Ländern, die bald ohne unsere Hilfe selber fähig sein würden, ihre Bevölkerung zu ernähren, würden wir nicht helfen; auch nicht Ländern, die selbst mit unserer Hilfe nicht fähig sein würden, ihre Bevölkerung auf ein Maß zu begrenzen, das sie ernähren können. Demnach würden wir nur den Ländern helfen, wo unsere Hilfe den Ausschlag für Erfolg oder Versagen bei der Schaffung eines Gleichgewichts zwischen Nahrung und Bevölkerung geben könnte.

Die Verfechter dieser Theorie scheuen sich begreiflicherweise, eine vollständige Liste der Länder anzugeben, die sie in die Kategorie »hoffnungslos« einreihen würden; aber Bangladesh wird oft als Beispiel genannt, ebenso einige Länder in der afrikanischen Sahelzone. Die Politik des Aussortierens zu übernehmen würde also bedeuten, die Hilfe für diese Länder einzustellen und zuzulassen, daß Hunger, Krankheit und Naturkatastrophen die Bevölkerung dieser Länder auf ein Niveau reduzieren werden, auf dem für alle angemessen gesorgt werden kann.

Zur Stützung dieser Auffassung hat Garrett Hardin eine

Metapher angeboten: Wir in den reichen Nationen sind wie die Insassen eines überfüllten Rettungsbootes, das in einem Meer voll ertrinkender Menschen treibt. Wenn wir die Ertrinkenden zu retten versuchen, indem wir sie an Bord bringen, wird unser Boot überladen sein, und wir werden alle ertrinken. Weil es besser ist, daß einige überleben als keiner, sollten wir die anderen ertrinken lassen. In der heutigen Welt hat nach Hardin die »Rettungsboot-Ethik« ihre Berechtigung. Die Reichen sollten die Armen verhungern lassen; andernfalls werden die Armen die Reichen mit sich hinabziehen.

Gegen diese Ansicht haben einige Autoren geltend gemacht, daß die Übervölkerung ein Mythos sei. Die Welt bringe genügend Nahrung hervor, um ihre Bevölkerung zu ernähren, und sie könne, nach einigen Schätzungen, zehnmal soviel ernähren. Die Menschen litten nicht deshalb Hunger, weil es zu viele gäbe, sondern wegen der ungerechten Landverteilung, der Manipulation der Wirtschaft der Dritten Welt durch die entwickelten Nationen, der Verschwendung von Nahrung im Westen usw.

Lassen wir die umstrittene Frage einmal beiseite, in welchem Ausmaß die Nahrungsproduktion eines Tages gesteigert werden könnte, so trifft zu, wie wir bereits gesehen haben, daß die Welt heute genügend hervorbringt, um ihre Bewohner zu ernähren – allein das, was an Tiere verfüttert wird, genügt, um den bestehenden Getreidemangel zu beheben. Dennoch kann das Bevölkerungswachstum natürlich nicht außer acht gelassen werden. Bangladesh könnte mit Hilfe einer Landreform und unter Verwendung besserer technischer Mittel seine gegenwärtige Bevölkerung von 115 Millionen ernähren; aber um das Jahr 2000 wird nach Schätzungen des Bevölkerungsamtes der Vereinten Nationen seine Bevölkerung 150 Millionen betragen. Die enorme Anstrengung, die für die Ernährung von zusätzlichen 35 Millionen Menschen notwendig ist, die innerhalb eines Jahrzehnts hinzukommen, würde erfordern, daß sich Bang-

ladesh mit höchster Geschwindigkeit entwickeln müßte, um
seinen Stand zu halten. Andere Länder mit niedrigen Einkommen befinden sich in ähnlichen Situationen. Es wird erwartet, daß die Bevölkerung Äthiopiens gegen Ende des
Jahrhunderts von 49 auf 66 Millionen ansteigen wird; So-
malias Bevölkerung von 7 auf 9 Millionen; die von Indien
von 853 auf 1041 Millionen, die von Zaire von 35 auf
49 Millionen.[2]

Was wird geschehen, wenn die Erdbevölkerung weiter an-
wächst? Sie kann dies nicht unbegrenzt tun. Sie wird durch
ein Sinken der Geburtenraten oder durch ein Ansteigen der
Todesraten gedrosselt werden. Diejenigen, die das Aussortieren befürworten, schlagen vor, wir sollten zulassen, daß
das Bevölkerungswachstum einiger Länder durch einen
Anstieg der Todesrate eingeschränkt wird – das heißt durch
steigende Unterernährung und daraus resultierende Krankheiten; durch weitverbreitete Hungersnöte; durch noch
höhere Säuglingssterblichkeit; durch Seuchen.

Die Folgen eines Aussortierens in diesem Ausmaß sind so
schrecklich, daß wir dazu neigen, es ohne weitere Diskussion abzulehnen. Wie könnten wir an unseren Fernsehgerä-
ten sitzen und zusehen, wie Millionen verhungern, ohne
daß wir etwas tun? Wäre dies nicht das Ende aller Begriffe
von menschlicher Gleichheit und der Achtung vor dem
menschlichen Leben? (Wer die Vorschläge zur Legalisierung
der Euthanasie, wie sie in Kapitel 7 diskutiert wurden, bekämpft, weil er meint, sie schwächten den Respekt vor dem
menschlichen Leben, täte besser daran, sich gegen die Vorstellung zu wenden, unser Entwicklungshilfeprogramm sei
zu beschneiden oder zu beenden; denn ein solcher Vor-

2 Fatalerweise hat sich die Situation in den zwölf Jahren seit der Erst-
erscheinung dieses Buches gegenüber den damaligen Vorhersagen offenbar noch verschlechtert. 1979 betrug die Bevölkerungszahl in Bangladesh 80 Millionen mit einer Pespektive von 146 Millionen im Jahr
2000; in Äthiopien waren es 29 Millionen, die Prognose lautete auf
54 Millionen; in Indien ging man von 620 Millionen aus und erwartete
958 Millionen.

schlag wäre für einen weit größeren Verlust an Menschenleben verantwortlich, sollte er in die Tat umgesetzt werden.)
Haben die Menschen nicht ein Recht auf unsere Hilfe, ungeachtet der Konsequenzen?
Jeder, der auf das Aussortieren nicht sofort mit Widerwillen
reagiert, dürfte zur Sorte der unangenehmen Mitmenschen
gehören. Doch sind erste Reaktionen, weil gefühlsbedingt,
nicht immer zuverlässige Führer. Die Verfechter des Aussortierens sind zu Recht um die langfristigen Folgen
unserer Handlungen besorgt. Sie sagen, daß, wer heute den
Armen und Hungernden hilft, dafür sorgt, daß es nur noch
mehr Arme und Hungernde in der Zukunft geben wird.
Wenn unsere Möglichkeiten zu helfen schließlich doch nicht
zu greifen vermögen – wie das unweigerlich eines Tages der
Fall sein wird –, dann wird das Leiden größer sein, als es
wäre, wenn wir heute aufhören würden zu helfen. Wenn
das stimmt, dann gibt es nichts, was wir tun können, um
absoluten Hunger und absolute Armut langfristig zu verhüten, und somit hätten wir keine Verpflichtung zu helfen.
Und es scheint auch nicht vernünftig anzunehmen, daß
Menschen unter diesen Umständen ein Recht auf unsere
Hilfe haben. Wenn wir ein solches Recht ungeachtet der
Konsequenzen dennoch akzeptieren, so heißt das in Har-
dins Metapher, daß wir fortfahren sollten, die Ertrinkenden
in unser Rettungsboot zu zerren, bis das Boot sinkt und wir
alle ertrinken.
Wenn das Aussortieren zurückgewiesen werden soll, muß
man es auf seinem eigenen Terrain angreifen, auf dem Feld
der konsequentialistischen Ethik. Hier ist es verwundbar.
Jede konsequentialistische Ethik muß der Wahrscheinlichkeit des Ergebnisses Rechnung tragen. Eine Handlung, die
mit Gewißheit einen bestimmten Vorteil erbringen wird, ist
einer anderen Handlung vorzuziehen, die möglicherweise
einen etwas größeren Vorteil, aber mit gleicher Wahrscheinlichkeit überhaupt keinen Vorteil bringen wird. Nur wenn
das größere Ausmaß des ungewissen Vorteils seine Unge-

wißheit überwiegt, sollten wir uns dafür entscheiden. Denkt man sich einen Vorteil quantitativ als Summe von Einheiten, so ist die eine Einheit, die ich mit Gewißheit bekomme, besser als fünf Einheiten, die ich mit einer Chance von 10% erlange; aber eine Chance von 50% zur Erlangung von drei Einheiten ist besser als die Gewißheit einer einzigen Einheit. Dasselbe Prinzip läßt sich bei der Vermeidung von Übeln anwenden.

Das Verfahren des Aussortierens bringt ein bestimmtes, äußerst schlimmes Übel mit sich: Bevölkerungskontrolle durch Hungersnot und Krankheit. Einige zehn Millionen würden langsam sterben, Hunderte Millionen in absoluter Armut weiterleben, dicht am Rande des Existenzminimums. Dieser Ansicht stellen die Verfechter des Dreier-Schemas ein mögliches, noch größeres Übel entgegen: denselben Vorgang massenhafter Hungersnot und Krankheit, der sich in sagen wir fünfzig Jahren abspielen wird, wenn die Erdbevölkerung vielleicht das Dreifache ihres gegenwärtigen Ausmaßes beträgt und die Zahl derer, die Hungers sterben oder in absoluter Armut ums Überleben kämpfen, entsprechend größer sein wird. Die Frage ist: Wie wahrscheinlich ist diese Voraussage, daß die Fortsetzung der gegenwärtigen Hilfe in der Zukunft zu noch größeren Katastrophen führen wird?

Voraussagen über das Bevölkerungswachstum sind bekanntermaßen unzuverlässig, und die Theorien über die Faktoren, die es beeinflussen, bleiben spekulativ. Eine Theorie, die mindestens ebenso plausibel ist wie jede andere, besagt, daß Länder, deren Lebensstandard steigt, einen »demographischen Übergang« durchmachen. Wenn die Menschen sehr arm sind und keinen Zugang zur modernen Medizin haben, ist ihre Fruchtbarkeit hoch, aber die Population wird durch die hohe Todesrate in Grenzen gehalten. Die Einführung von Gesundheitspflege, moderner medizinischer Technologie und anderer Verbesserungen reduziert die Sterberate, hat jedoch anfänglich wenig Wirkung auf die Geburtenrate. Also wächst die Bevölkerung schnell an. Einige arme Länder, besonders südlich der Sahara, sind heute in dieser Phase. Wenn der Lebensstandard allerdings weiterhin ansteigt, merken die Paare allmählich, daß sie, um dieselbe Zahl von Kindern, die bis zur Reifezeit überleben, zu erlangen wie früher, nicht so viele Kinder gebären müssen, wie es bei ihren Eltern der Fall war. Der Bedarf an Kindern, die für die wirtschaftliche Unterstützung im Alter sorgen, nimmt ab. Verbesserte Ausbildung sowie die Emanzipation und Berufsausübung der Frauen reduzieren ebenfalls die Geburtenrate, und so beginnt das Bevölkerungswachstum zu schrumpfen. Die meisten reichen Nationen haben dieses Stadium erreicht, und ihre Bevölkerung nimmt jeweils nur sehr langsam zu, wenn überhaupt.

Wenn diese Theorie richtig ist, dann gibt es eine Alternative zu den von den Vertretern des Aussortierens als unausweichlich akzeptierten Katastrophen. Wir können den armen Ländern helfen, den Lebensstandard der ärmsten unter ihren Bewohnern anzuheben. Wir können die Regierungen dieser Länder ermutigen, Maßnahmen zu Landreformen zu treffen, die Ausbildung zu verbessern und die Frauen von der Rolle, lediglich Kinder zu gebären, zu befreien. Wir können auch anderen Ländern dabei helfen, Empfängnisverhütung und Sterilisation in großem Umfang verfügbar zu machen. Die Chance, daß diese Maßnahmen das Einsetzen des demographischen Übergangs beschleunigen und das Bevölkerungswachstum auf eine kontrollierbare Stufe senken, ist durchaus gegeben. Nach Schätzungen der Vereinten Nationen brachte 1965 eine Frau in der Dritten Welt im Durchschnitt sechs Kinder zur Welt, und nur 8% verwendeten irgendwelche Verhütungsmittel. Bis 1991 war die durchschnittliche Zahl der Kinder auf etwas unter 4 gesunken, und über die Hälfte der Frauen in der Dritten Welt benutzte Verhütungsmittel. Bemerkenswert erfolgreich war die Ermunterung zur Anwendung von Verhütungsmitteln in Thailand, Indonesien, Mexiko, Kolumbien, Brasilien und

Bangladesh. In Anbetracht der Größe und Bedeutung des Problems waren die Ausgaben dafür in den Entwicklungsländern verhältnismäßig niedrig – etwa 3 Milliarden Dollar jährlich, wobei nur 20% dieser Summe von den Entwicklungsländern selbst aufgebracht wurden. So sind die Ausgaben auf diesem Gebiet offenbar höchst kosteneffektiv. Der Erfolg läßt sich natürlich nicht garantieren; aber die Anhaltspunkte dafür, daß sich durch verbesserte ökonomische Sicherheit und verbesserte Ausbildung sowie die Bereitstellung von Verhütungsmitteln in größerem Umfang das Bevölkerungswachstum reduzieren läßt, sind stark genug, um das Aussortieren vom ethischen Standpunkt aus abzulehnen. Wir können nicht Millionen an Hunger und Krankheit sterben lassen, wenn es eine vernünftige Wahrscheinlichkeit gibt, das Bevölkerungswachstum ohne solche Schrecken unter Kontrolle zu bringen.

Das Bevölkerungswachstum ist also kein Grund gegen die Entwicklungshilfe, obwohl es uns dazu veranlassen sollte, darüber nachzudenken, welche Hilfe am sinnvollsten ist. Statt Almosen in Form von Nahrungsmitteln zu geben, mag es besser sein, einen Beitrag zur Eindämmung des Bevölkerungswachstums zu leisten. Dies könnte in Form von landwirtschaftlicher Hilfe für die armen Bauern geschehen, durch Beihilfe zur Ausbildung oder durch die Versorgung mit empfängnisverhütenden Mitteln. Welche Art von Hilfe auch immer sich unter den besonderen Gegebenheiten als die wirksamste erweist, die Verpflichtung zu helfen wird in keinem Falle gemindert.

Eine unangenehme Frage bleibt noch offen. Was sollen wir im Falle eines armen und bereits übervölkerten Landes tun, das aus religiösen oder nationalistischen Gründen den Gebrauch von empfängnisverhütenden Mitteln einschränkt und sich weigert, sein Bevölkerungswachstum zu verlangsamen? Sollen wir ihm trotzdem Entwicklungshilfe anbieten? Oder sollen wir an unser Angebot die Bedingung knüpfen, daß wirksame Schritte zur Verringerung der Geburtenrate unternommen werden? Gegen letzteres würden einige einwenden, die Auferlegung von Bedingungen für unsere Hilfe stelle den Versuch dar, einer unabhängigen souveränen Regierung unsere Ideen aufzuwingen. So ist es – aber läßt sich dieser Druck nicht rechtfertigen? Wenn das Argument für die Verpflichtung zu helfen stichhaltig ist, dann haben wir auch die Verpflichtung, absolute Armut zu verringern; aber wir haben keine Verpflichtung, Opfer auf uns zu nehmen, die nach unserem besten Wissen langfristig keine Aussicht auf Verringerung der Armut bieten. Daher haben wir keine Verpflichtung, Ländern zu helfen, deren Regierungen eine Politik betreiben, die unsere Hilfe unwirksam werden läßt. Dies mag gegenüber den armen Bürgern dieser Länder sehr grausam klingen – denn sie haben möglicherweise keinen Einfluß auf die Politik der Regierung –, aber wir werden auf die Dauer mehr Menschen helfen, wenn wir unsere Mittel dort einsetzen, wo sie am meisten Wirkung haben. (Dieselben Prinzipien ließen sich übrigens auch auf Länder anwenden, die sich weigern, andere Schritte zu unternehmen, um unsere Hilfe wirksam werden zu lassen – etwa wenn sie nicht bereit sind, die Systeme des Grundbesitzes zu reformieren, welche die armen Pachtbauern unerträglich belasten.)

Sache der Regierung. Wir hören oft, daß die Entwicklungshilfe in Regierungsverantwortung liege und nicht privaten Wohltätigkeitsorganisationen überlassen werden sollte. Das private Spendenwesen jedoch, heißt es, gestattet der Regierung, sich ihren Verpflichtungen zu entziehen.
Weil wachsende staatliche Hilfe der sicherste Weg ist, eine bedeutende Steigerung der Gesamtsumme der Hilfeleistungen zu erreichen, plädiere ich dafür, daß die Regierungen der reichen Nationen viel mehr echte, bedingungslose Hilfe leisten sollten als bisher. Weniger als ein Sechstel Prozent vom Bruttosozialprodukt ist eine skandalös geringe Summe für eine so reiche Nation wie die Vereinigten Staaten. Selbst

das offizielle UN-Ziel von 0,7% liegt offensichtlich unter
dem, was die reichen Nationen geben können und sollten –
und doch ist es ein Ziel, das erst wenige erreicht haben.
Aber ist das ein Grund dagegen, daß jeder von uns privat
über freiwillige Organisationen so viel spendet, wie ihm
möglich ist? Wenn ja, dann nimmt man offenbar an, daß, je
mehr Menschen über private Wohltätigkeitsorganisationen
spenden, es desto weniger wahrscheinlich ist, daß die Regierung ihren Teil dazu leistet. Aber ist dies plausibel? Die
entgegengesetzte Ansicht ist vernünftiger: wenn niemand
freiwillig spendet, wird die Regierung zu der Annahme gelangen, daß ihre Bürger mit der Entwicklungshilfe nicht
einverstanden sind, und ihr Programm entsprechend kür-
zen. Wie dem auch sei – falls nicht die definitive Wahrscheinlichkeit besteht, daß wir durch die Verweigerung privater Spenden eine Zunahme staatlicher Hilfe erreichen, ist
die Weigerung zu spenden aus dem gleichen Grund falsch,
aus dem das Aussortieren falsch ist: es ist die Weigerung,
ein mit Gewißheit eintretendes Übel zu verhindern, um
eines sehr ungewissen Vorteils willen. Die Beweislast dafür,
wieweit eine Verweigerung privater Spenden die Regierung
veranlassen wird, mehr Entwicklungshilfe zu leisten, liegt
bei denen, die sich weigern zu spenden.
Damit ist nicht gesagt, daß private Spenden ausreichen.
Gewiß sollten wir für völlig neue Maßstäbe sowohl bei der
öffentlichen als auch bei der privaten Entwicklungshilfe
eintreten. Wir sollten uns auch um fairere Handelsverein-
barungen zwischen den reichen und den armen Ländern bemühen und darum, daß die Wirtschaft der armen Länder
nicht so sehr durch multinationale Gesellschaften beherrscht wird, denen es mehr um die Profite ihrer Aktio-
näre zu Hause geht als darum, daß die Armen des Landes
genügend zu essen haben. Vielleicht ist es sogar wichtiger,
die Interessen der Armen politisch zu vertreten, als ihnen
persönliche Spenden zukommen zu lassen – aber warum
nicht beides tun? Leider dient vielen die Ansicht, daß Ent-

wicklungshilfe Pflicht der Regierung sei, als Grund, selber
nicht zu spenden, aber nicht als Grund dafür, politisch in
der entsprechenden Richtung aktiv zu sein.

Zu hohe Anforderungen? Der letzte Einwand gegen das Argument, man sei zum Helfen verpflichtet, besagt, dadurch
würden die Anforderungen so hochgeschraubt, daß nur ein
Heiliger sie erfüllen könne. Dieser Einwand tritt in mindestens drei Versionen auf. Erstens: Da die menschliche Natur
so ist, wie sie ist, können wir so hohen Anforderungen
nicht gerecht werden, und da es absurd ist zu sagen, wir
sollten tun, was wir nicht tun können, müssen wir die Forderung, daß wir so viel spenden sollen, zurückweisen.
Zweitens: Selbst wenn wir so hohe Anforderungen erfüllen
könnten, wäre so zu handeln nicht erstrebenswert. Drittens:
So hohe Anforderungen zu stellen ist nicht wünschenswert,
weil man spürt, daß sie nur schwer erfüllbar sind, und dies
wiederum hält viele davon ab, überhaupt einen Versuch zu
unternehmen.
Diejenigen, die den Einwand in der ersten Version vorbringen, werden oftmals durch die Tatsache beeinflußt, daß wir
einem natürlichen Prozeß entstammen, bei dem die, die
ganz besonders die eigenen Interessen oder die ihrer Nachkommen und sonstigen Verwandten verfolgen, voraussichtlich mit mehr Nachkommen in zukünftigen Generationen
vertreten sein und schließlich all die, die sich altruistisch
verhalten, ganz und gar ersetzen werden. So behauptet der
Biologe Garrett Hardin – um seine »Rettungsboot-Ethik«
zu untermauern –, daß es Altruismus nur »in kleinem Maßstab, über kurze Zeit und innerhalb kleiner, eng zusam-
menhängender Gruppen« geben kann. Dagegen schreibt
Richard Dawkins in seinem provozierenden Buch *The
Selfish Gene*: »So gern wir etwas anderes glauben möchten:
allumfassende Liebe und Wohlergehen der Spezies als ganzer sind Vorstellungen, die evolutionär einfach keinen Sinn
machen.« Auf die starke Neigung der Menschen zur Partei-

lichkeit habe ich schon hingewiesen, als es um den Einwand ging, wir sollten erst einmal für uns selbst sorgen. Natürlich ist unser Wunsch, die eigenen Interessen und die der uns Nahestehenden zu fördern, größer als der, die Interessen von Fremden zu fördern. Das bedeutet, daß es dumm von uns wäre, weitgehende Übereinstimmung im Hinblick auf Anforderungen zu erwarten, die unparteiische Berücksichtigung voraussetzen, und aus diesem Grunde wäre es auch unangemessen und letztlich unmöglich, all die zu verurteilen, die solchen Anforderungen nicht genügen. Unparteiisches Handeln ist jedoch, wenn auch schwierig, so doch nicht unmöglich. Die allgemein zitierte Behauptung, Sollen impliziere Können, ist ein Grund für die Zurückweisung moralischer Urteile wie »Du hättest alle Menschen aus dem sinkenden Schiff retten sollen«, wenn doch in Wirklichkeit – hättest du nur eine Person mehr ins Rettungsboot aufgenommen – dieses unweigerlich gesunken wäre und du somit überhaupt niemanden gerettet hättest. In dieser Situation wäre es absurd zu sagen, du hättest tun sollen, was du einfach nicht tun konntest. Wenn wir jedoch Geld für Luxusartikel haben und andere am Verhungern sind, dann ist es klar, daß wir alle viel mehr spenden können, als es bisher geschieht, und wir können uns alle deshalb stärker dem unparteiischen Maßstab annähern, den wir in diesem Kapitel vorgeschlagen haben. Bei dieser Annäherung gibt es auch keine Grenze, die wir nicht überschreiten können. Aus diesem Grund kann man auch nicht sagen, der unparteiische Maßstab sei falsch, weil Sollen Können impliziert und wir nicht unparteiisch sein können.

Der Einwand in seiner zweiten Fassung ist in den vergangenen zehn Jahren von verschiedenen Philosophen vertreten worden, darunter von Susan Wolf in einem eindrucksvollen Aufsatz mit dem Titel »Moralisch Heilige«. Wolf behauptet, wenn wir alle die Art von moralischer Haltung, wie sie in diesem Kapitel vertreten wurde, einnähmen, müßten wir auf eine Menge von Dingen verzichten, die das Leben interessant machen: Oper, Feinschmecker-Küche, elegante Kleidung, professionelle Sportausübung, um nur einige zu nennen. Die Art von Leben, die moralisch von uns verlangt wird, bestünde in einem einseitigen Streben nach dem allumfassenden Guten, welches die breite Vielfalt von Interessen und Aktivitäten vermissen läßt, die – von einem weniger anspruchsvollen Standpunkt aus betrachtet – zu unserem Ideal eines für Menschen guten Lebens gehört. Dem ließe sich erwidern: Während das Leben in Reichtum und Vielfalt, das Wolf zum Ideal erhebt, die wünschenswerteste Lebensform für ein menschliches Wesen in einer Welt des Überflusses darstellen mag, ist es falsch anzunehmen, dies sei immer noch ein gutes Leben in einer Welt, in der der Erwerb von Luxusgütern für einen selbst bedeutet, daß man andauerndes, vermeidbares Leiden anderer hinnimmt. Ein Arzt, der sich Hunderten von verwundeten Opfern eines Zugunglücks gegenübersieht, kann es wohl kaum für vertretbar halten, fünfzig von ihnen zu behandeln und dann in die Oper zu gehen, weil der Opernbesuch zu einem abgerundeten menschlichen Leben dazugehört. Die vitalen Bedürfnisse anderer haben eindeutig Priorität. Vielleicht ähneln wir alle diesem Arzt darin, daß wir in einer Zeit leben, in der wir alle die Möglichkeit haben, eine Katastrophe lindern zu helfen.

Mit dieser zweiten Version des Einwands ist die Behauptung verknüpft, daß eine unparteiische Ethik der hier vertretenen Art ernsthafte persönliche Beziehungen auf der Basis von Liebe und Freundschaft unmöglich macht; diese Beziehungen sind nämlich ihrer Natur nach parteiisch. Wir stellen nun einmal die Interessen unserer Lieben, unserer Familie und unserer Freunde höher als die von Fremden. Würden wir dies nicht tun, würden diese Beziehungen dann überhaupt weiter bestehen? Als ich den Einwand, wir sollten zunächst für uns selbst sorgen, untersuchte, habe ich schon darauf hingewiesen, daß es innerhalb eines auf Unparteilichkeit gegründeten moralischen Rahmens durchaus

Raum gebe für einen gewissen Grad der Parteilichkeit gegenüber Verwandten, und dasselbe gilt auch für andere enge persönliche Beziehungen. Offensichtlich zählen für die meisten Menschen persönliche Beziehungen zu den Notwendigkeiten eines gelingenden Lebens, und sie aufzugeben würde heißen etwas von hoher moralischer Bedeutung zu opfern. Deshalb verlangt das von mir hier vertretene Prinzip kein solches Opfer.

Der Einwand in seiner dritten Version fragt: Ist es nicht vielleicht kontraproduktiv, von den Menschen zu verlangen, daß sie so viel aufgeben? Könnten sie nicht sagen: »Da ich sowieso nicht leisten kann, was moralisch von mir verlangt wird, lasse ich es ganz sein.« Wenn wir jedoch realistische Forderungen aufstellen, bemühen sich die Menschen vielleicht echt darum, sie zu erfüllen. Niedrige Anforderungen dürften demnach in der Praxis zu größeren Hilfeleistungen führen.

Es ist wichtig, den Status dieser dritten Version des Einwands deutlich zu erkennen. Ihre Richtigkeit als eine Voraussage über menschliches Verhalten ist durchaus vereinbar mit der Behauptung, daß wir verpflichtet sind, bis zu dem Punkt zu spenden, an dem wir, wenn wir mehr spenden würden, etwas von vergleichbarer moralischer Bedeutung opfern würden. Aus dem Einwand würde folgen, daß eine öffentliche Befürwortung dieses Maßstabs für Spenden nicht wünschenswert ist. Das würde bedeuten, daß wir, um das Maximum für eine Verringerung der absoluten Armut zu leisten, einen Maßstab propagieren sollten, der niedriger ist als der Betrag, der nach unserer Meinung wirklich gespendet werden sollte. Natürlich würden wir selbst – jedenfalls die unter uns, die die ursprüngliche Argumentation mit ihren höheren Anforderungen akzeptieren – wissen, daß wir mehr tun sollten, als wir öffentlich den Menschen nahelegen, und wir selbst würden vielleicht tatsächlich mehr spenden, als wir andere zu geben ermuntern. Darin liegt keine Inkonsequenz, weil wir sowohl in unserem privaten als auch in unserem öffentlichen Verhalten das zu tun versuchen, was absolute Armut am meisten verringert.

Für Konsequentialisten ist dieser offensichtliche Konflikt zwischen öffentlicher und privater Moral immer eine Möglichkeit und an sich kein Anzeichen dafür, daß das zugrunde liegende Prinzip falsch ist. Die Konsequenzen eines Prinzips sind eine Sache, die Konsequenzen seiner öffentlichen Propagierung eine andere. Eine Variante dieser Vorstellung wird bereits durch die Unterscheidung zwischen der intuitiven und der kritischen Ebene der Moral, wie ich sie in vorhergehenden Kapiteln benutzt habe, anerkannt. Wenn wir unter den Prinzipien, die wir für die intuitive Ebene der Moral geeignet halten, diejenigen verstehen, die allgemein befürwortet werden sollten, so sind es die Prinzipien, die, wenn sie befürwortet werden, die besten Folgen zeitigen werden. Bei der Entwicklungshilfe sind es die Prinzipien, die zu den höchsten Spendenraten der Wohlhabenden für die Armen führen.

Stimmt es nun aber, daß der in unserer Argumentation angesetzte Maßstab so hoch ist, daß er kontraproduktiv wirkt? Dafür gibt es keine genauen Anhaltspunkte, doch bin ich in Diskussionen mit Studenten und anderen zu der Meinung gelangt, daß es möglicherweise so ist. Andererseits sind die traditionellen Anforderungen – ein paar Münzen in eine Sammelbüchse zu werfen, wenn dir eine unter die Nase gehalten wird – offensichtlich viel zu niedrig. Welche Höhe sollten wir befürworten? Jede Zahlangabe muß willkürlich bleiben, aber vielleicht spräche manches für einen runden Anteil vom Einkommen, beispielsweise 10% – mehr als eine bloß symbolische Spende, aber dennoch nicht so hoch, daß nur Heilige dafür in Frage kommen. (Dieser Prozentsatz hat den zusätzlichen Vorteil, daß er an das alte Zehntel oder den Zehnten erinnert, das man in früheren Zeiten traditionellerweise der Kirche entrichtete, zu deren Aufgaben die Fürsorge für die Armen in ihrer Gemeinde gehörte. Vielleicht kann die Idee wiederbelebt und auf die Weltge-

meinschaft angewendet werden.) Manche Familien werden
natürlich 10% als eine beträchtliche finanzielle Belastung
empfinden. Andere dürften in der Lage sein, ohne Schwierigkeiten mehr zu spenden. Keine Quote sollte als starres
Minimum oder Maximum propagiert werden; aber es läßt
sich schon vertreten, daß diejenigen, die in Überflußgesell-
schaften über ein durchschnittliches oder überdurchschnitt-
liches Einkommen verfügen, sofern sie nicht eine ungewöhnlich große Zahl von abhängigen Familienangehörigen
oder andere spezielle Bedürfnisse haben, ein Zehntel ihres
Einkommens abgeben sollten, um die absolute Armut zu
verringern. Nach jedem vernünftigen ethischen Maßstab ist
dies das mindeste, was wir tun sollten, und wir tun unrecht,
wenn wir weniger tun.

9

Die drinnen und die draußen

Der Bunker

Es ist Februar 2002, und die Welt schätzt den Schaden ab, den der Atomkrieg im Nahen Osten gegen Ende des vorigen Jahres anrichtete. Weltweit ist jetzt und etwa für die nächsten acht Jahre der Meßwert der Radioaktivität so hoch, daß nur die Menschen, die in Atombunkern aushalten, sicher sein können, einigermaßen gesund zu überleben. Für die anderen, die ungefilterte Luft atmen und Speisen und Wasser mit hoher radioaktiver Belastung zu sich nehmen müssen, sind die Aussichten düster. Aller Wahrscheinlichkeit nach werden in den nächsten zwei Monaten 10 % an Strahlenkrankheiten sterben; von weiteren 30 % ist zu erwarten, daß sie sich innerhalb von fünf Jahren tödliche Krebserkrankungen zuziehen; und auch bei den übrigen wird die Krebsrate zehnmal höher als normal sein, während das Risiko von Mißbildungen bei ihren Kindern fünfzigmal größer ist als vor dem Krieg.

Natürlich gehören die zu den Glücklichen, die weitsichtig genug waren, sich in die Atombunker einzukaufen, welche Immobilienspekulanten angesichts der wachsenden internationalen Spannungen am Ende der neunziger Jahre gebaut hatten. Die meisten dieser Bunker wurden als unterirdische Dörfer konzipiert, und jedes verfügt über ausreichende Räumlichkeiten und Vorräte für die Bedürfnisse von 10 000 Menschen über einen Zeitraum von zwanzig Jahren. Die Dörfer werden mit vorab beschlossenen demokratischen Verfassungen selbstverwaltet. Auch haben sie ausgeklügelte Sicherheitssysteme, die es ihren Bewohnern ermöglichen, wen immer sie wollen, in den Bunker aufzunehmen, und sich gegen alle anderen abzuschotten.

Die Nachricht, daß es nicht nötig sein werde, sehr viel länger als acht Jahre in den Bunkern auszuharren, ist selbstverständlich von den Mitgliedern einer unter der Erde lebenden Gemeinschaft mit dem Namen »Hafen der Fairneß« freudig aufgenommen worden. Aber sie hat auch zu den ersten ernsten Spannungen zwischen ihnen geführt. Denn über dem Schacht, der zum »Hafen der Fairneß« hinabführt, halten sich Tausende auf, die sich in keinen der Bunker eingekauft haben. Diese Menschen kann man über Fernsehkameras am Eingang sehen und hören. Sie bitten um Aufnahme. Sie wissen, wenn man sie schnell in einen Bunker aufnimmt, werden sie den schlimmsten Auswirkungen der radioaktiven Strahlung, der sie ausgesetzt sind, entgehen. Zunächst, bevor bekannt war, wie lange es bis zur sicheren Rückkehr nach draußen dauern würde, erhielten diese Bitten so gut wie keine Unterstützung aus dem Bunker. Jetzt jedoch spricht viel mehr dafür, wenigstens einige aufzunehmen. Da die Vorräte nur acht Jahre reichen müssen, werden sie auch mehr als die doppelte Zahl der Menschen, die gegenwärtig in den Bunkern leben, ernähren können. Die Unterbringung der Leute bereitet kaum größere Probleme: »Hafen der Fairneß« wurde so angelegt, daß es als luxuriöses Refugium dienen kann, wenn es nicht für einen wirklichen Notfall gebraucht wird, und es verfügt über Tennisplätze, Swimmingpools und eine große Sporthalle. Wenn nun jeder zustimmen würde, sich durch Aerobic im eigenen Wohnzimmer fit zu halten, wäre es möglich, einfachen, aber angemessenen Schlafraum für all die zu schaffen, die mit den gestreckten Vorräten ernährt werden können.

Es fehlt denen draußen jetzt also nicht an Fürsprechern drinnen. Die radikalsten, die von ihren Gegnern als die »Herzensguten« bezeichnet werden, schlagen vor, daß der Bunker zusätzlich 10 000 Menschen aufnehmen solle – so viele, wie man darin nach vernünftigen Schätzungen bis zu einer sicheren Rückkehr nach draußen ernähren und unterbringen könne. Dies würde bedeuten, daß man allen Luxus beim Essen und bei den gemeinschaftlichen Einrichtungen aufgäbe; aber die Herzensguten verweisen darauf, daß das Los der Menschen draußen weit schlimmer sein werde.

Unter den Gegnern der Herzensguten sind manche, die nachdrücklich geltend machen, daß die draußen im allgemeinen ein Menschenschlag minderen Wertes seien, denn sie wären entweder nicht weitsichtig oder nicht reich genug gewesen, um in einen Bunker zu investieren; folglich würden sie, so die Behauptung, im Bunker soziale Probleme verursachen, da sie das Gesundheitswesen, die Sozialhilfe und das Bildungsangebot zusätzlich beanspruchten und zu einer steigenden Verbrechensrate und Jugendkriminalität beitrügen. Die Gegner einer Aufnahme von Außenstehenden finden auch Unterstützung bei einer kleinen Gruppe, die meint, es wäre ungerecht gegenüber denjenigen, die sich in den Bunker eingekauft hätten, wenn andere, ohne zu bezahlen, daraus Vorteil zögen. Diese Gegner einer Aufnahme Außenstehender können sich Gehör verschaffen, aber es sind nur wenige; ihre Zahl erhöht sich allerdings beträchtlich durch die vielen, die lediglich sagen, daß Tennis und Schwimmen ihnen wirklich Spaß mache und daß sie beides nicht aufgeben wollten.

Zwischen den Herzensguten und den Gegnern einer Aufnahme von Außenstehenden gibt es eine Zwischengruppe: diejenigen, die meinen, in einem außerordentlichen Akt von Wohlwollen und Mildtätigkeit sollten einige von draußen aufgenommen werden, aber nicht so viele, daß dies zu einer wesentlichen Veränderung der Lebensqualität im Bunker führe. Sie schlagen vor, ein Viertel der Tennisplätze in Schlafräume umzuwandeln und einen kleinen öffentlichen Platz, der ohnehin nur wenig genutzt werde, aufzugeben. Dadurch könnten weitere 500 Menschen untergebracht werden; eine vernünftige Zahl nach Meinung der selbsternannten »Gemäßigten«, groß genug, um die Betroffenheit des »Hafens« angesichts der Misere derjenigen zu zeigen, die weniger Glück haben als dessen eigene Mitglieder.

Ein Volksentscheid findet statt. Drei Vorschläge werden vorgelegt: 10 000 von draußen aufnehmen; 500 von draußen aufnehmen; niemanden von draußen aufnehmen. Für welchen würden Sie stimmen?

Die reale Welt

Wie die Auslandshilfe stellt die gegenwärtige Flüchtlingsproblematik eine ethische Frage bezüglich der Grenzen unserer moralischen Gemeinschaft – nicht, wie in den vorigen Kapiteln, aufgrund von Spezieszugehörigkeit, Entwicklungsstand oder geistigen Fähigkeiten, sondern aufgrund der nationalen Zugehörigkeit. Der großen Mehrheit der annähernd 15 Millionen Flüchtlinge in der heutigen Welt gewähren, zumindest zeitweise, die ärmeren und unterentwickelten Länder der Erde Zuflucht. Mehr als 12 Millionen Flüchtlinge halten sich in den unterentwickelten Ländern Afrikas, Asiens und Lateinamerikas auf. Welche Auswirkungen ein plötzlicher Zustrom von Millionen von Flüchtlingen auf ein armes Land hat, läßt sich an den Erfahrungen Pakistans in den achtziger Jahren abschätzen, als es 2,8 Millionen afghanischer Flüchtlinge aufnahm – welche vorwiegend im nordwestlichen Grenzgebiet lebten. Obwohl Pakistan tatsächlich einiges an Nahrungshilfe für seine Flüchtlinge vom Ausland bekam, waren die Folgen dieser siebenjährigen Bürde im Umkreis der Dörfer der Zufluchtsuchenden unschwer zu bemerken. Ganze Berghänge wurden bei der Brennholzbeschaffung für die Flüchtlinge abgeholzt.

Laut Artikel 14 der Menschenrechtserklärung der Vereinten Nationen von 1948 hat »jedermann das Recht, in anderen Ländern um die Gewährung von Asyl vor Verfolgung nachzusuchen«. Die Flüchtlingskommission der Vereinten Nationen wurde 1950 eingerichtet und der Bevollmächtigte mit dem Schutz betraut von: »allen Personen, die ihre Heimatländer aus begründeter Furcht vor Verfolgung wegen ihrer Rasse, Religion, Volkszugehörigkeit oder politischen Ansichten verlassen haben und nicht willens oder außerstande sind, sich unter den Schutz ihrer eigenen Regierung zu stellen«. Ursprünglich war diese Festlegung auf die vom Zweiten Weltkrieg ausgelösten Vertreibungen in Europa zugeschnitten. Es ist eine enge Bestimmung, die fordert, daß der Anspruch auf den Flüchtlingsstatus im Einzelfall untersucht werden müsse. Sie hat nicht vermocht, die seitherigen Völkerwanderungen in Zeiten von Krieg, Hunger oder Bürgerkriegswirren abzudecken.

Alles andere als großzügige Reaktionen auf Flüchtlinge werden gewöhnlich damit gerechtfertigt, daß man dem Opfer die Schuld gibt. Es ist an der Tagesordnung, »echte Flüchtlinge« von »Wirtschaftsflüchtlingen« zu unterscheiden und zu fordern, daß die letzteren keine Hilfe erhalten sollten. Diese Unterscheidung ist fragwürdig, da die meisten Flüchtlinge ihre Heimatländer unter großen Risiken und Gefahren für ihr Leben verlassen – in leckgeschlagenen Booten und von Piraten attackiert, überqueren sie Ozeane, oder sie legen weite Wege über befestigte Grenzen hinweg zurück, um endlich mittellos in Flüchtlingslagern anzukommen. Die Unterscheidung zwischen einem Menschen, der vor politischer Verfolgung, und einem Menschen, der aus einem durch anhaltende Dürre unbewohnbaren Land flieht, ist schwer zu rechtfertigen, wenn beide gleichermaßen einer Zufluchtsstätte bedürfen. Die Festlegung der Vereinten Nationen, nach welcher der letztere nicht als Flüchtling einzuordnen wäre, definiert das Problem hinweg.

Welche dauerhaften Lösungen für Flüchtlinge sind in der heutigen Welt möglich? Im wesentlichen besteht die Wahl zwischen freiwilliger Repatriierung, Eingliederung in das erste Zufluchtsland und Umsiedlung.

Wahrscheinlich wäre eine Heimkehr die beste und menschlichste Lösung für die Flüchtlinge. Aber leider ist für die meisten eine freiwillige Repatriierung unmöglich, weil sich die Fluchtursachen nicht durchgreifend verändert haben. Lokale Ansiedlungen, wo Flüchtlinge bleiben und sich eine neue Existenz in Nachbarländern aufbauen können, lassen sich oft auch nicht einrichten, da arme, wirtschaftlich schwache – und politisch instabile – Staaten nicht in der Lage sind, eine neue Bevölkerungsgruppe aufzunehmen, wenn schon die Einheimischen tagtäglich ums Überleben kämpfen müssen. Immerhin erweist sich diese Möglichkeit dort noch am geeignetsten, wo Völker und Stämme über nationale Grenzen hinweg verbunden sind.

Angesichts der Schwierigkeiten sowohl bei freiwilliger Repatriierung als auch bei Ansiedlung unweit der Heimat bleibt als letzter Ausweg nur die Umsiedlung in ein entfernteres Land. Aber weil die Zahl der umsiedlungsbedürftigen Flüchtlinge bislang beispiellose Dimensionen annimmt, haben die Industrieländer hauptsächlich mit Abschreckungsstrategien reagiert und ihre Tore so fest wie möglich verriegelt. Es sei eingeräumt, daß eine Umsiedlung niemals die Probleme lösen kann, die Menschen zur Flucht aus ihrer Heimat veranlassen. Und sie bietet auch an sich keine Lösung für das globale Flüchtlingsproblem. Lediglich für etwa 2% der Flüchtlinge auf der Erde ist eine Umsiedlung endgültig. Trotzdem bleibt der Weg einer Umsiedlung von erheblicher Bedeutung. Für eine beträchtliche Zahl von Menschen eröffnen sich dadurch deutlich bessere Lebenschancen, wenn auch nicht für einen großen Teil der Flüchtlinge insgesamt.

Die Umsiedlung in weiter entfernte Länder hat auch Einfluß auf die Politik jener Staaten, in welche die Zufluchtsuchenden zuerst fliehen. Wenn es für solche Staaten keine Hoffnung auf eine Umsiedlung der Flüchtlinge gibt, so wissen sie, daß die ihnen aufgelastete Bürde mit jedem ins Land kommenden Flüchtling schwerer wiegt. Und Staaten, die erste Zuflucht gewähren, gehören zu denen, die am wenigsten in der Lage sind, noch mehr Menschen zu ernähren. Ist der Weg einer Umsiedlung verstellt, so greifen die Länder, in welche die Zufluchtsuchenden zuerst kommen, auf Maßnahmen zurück, die potentielle Flüchtlinge vom Verlassen ihres Heimatlandes abhalten sollen. Zu diesen Maßnahmen gehört, daß man Menschen an der Grenze zurückweist, Aufnahmelager so unattraktiv wie möglich gestaltet und die Flüchtlinge schon beim Grenzübertritt ausgrenzt.

Eine Umsiedlung ist der einzige Ausweg für Menschen, denen in absehbarer Zukunft die Rückkehr in ihre Heimatländer verwehrt ist und die im ersten Zufluchtsland nur zeitweilig willkommen sind; mit anderen Worten also für Menschen, die nirgendwohin können. Millionen würden diesen Weg gehen, wenn es Staaten gäbe, die sie aufnehmen würden. Eine Umsiedlung kann bei diesen Flüchtlingen für Leben und Tod entscheidend sein. Mit Sicherheit aber ist es ihre einzige Hoffnung auf ein menschenwürdiges Leben.

Der »ex-gratia«-Ansatz

Bei der Diskussion des Flüchtlingsproblems ist die Auffassung weit verbreitet, daß es für uns keinerlei moralische und rechtliche Verpflichtung zur Aufnahme gibt; und wenn wir doch einige Flüchtlinge aufnehmen, so zeigt das, wie großzügig und menschlich wir sind. Diese Auffassung mag populär sein, aber ihr kommt keine selbstverständliche moralische Gültigkeit zu. In der Tat scheint sie mit anderen Betrachtungsweisen in Konflikt zu geraten, die, wenn man nach dem, was die Leute sagen, urteilen kann, zumindest ebenso weit verbreitet sind, einschließlich des Glaubens an die Gleichheit aller Menschen und der Zurückweisung von Prinzipien, wodurch Menschen aufgrund ihrer Rasse und nationalen Zugehörigkeit diskriminiert werden.

Alle hochentwickelten Nationen sichern das Wohlergehen ihrer Bürger in mannigfacher Weise ab – sie schützen ihre gesetzlichen Rechte, geben ihren Kindern eine Ausbildung, gewähren Sozialhilfe und Anspruch auf Gesundheitsfürsorge, entweder für alle oder für die unterhalb einer festgelegten Armutsgrenze Lebenden. Flüchtlinge kommen nur dann in den Genuß dieser Leistungen, wenn sie in das Land aufgenommen werden. Da man nun deren überwältigende Mehrheit nicht aufnimmt, bezieht sie auch keine dieser Leistungen. Aber ist diese unterschiedliche Behandlung von Staatsbürgern und Nicht-Staatsbürgern moralisch haltbar?

Nur sehr wenige Moralphilosophen haben sich des Flüchtlingsproblems angenommen, obgleich es eindeutig eines der großen ethischen Probleme unserer Zeit ist und schwerwiegende moralische Fragen bezüglich der Mitgliedschaft in unserer moralischen Gemeinschaft aufwirft. Man kann hier den Harvard-Philosophen John Rawls als Beispiel nehmen, dessen Buch *A Theory of Justice* (dt. *Eine Theorie der Gerechtigkeit*, 1975) seit seinem Erscheinen 1971 die meistdiskutierte Darstellung des Problems der Gerechtigkeit bietet. Das 500 Seiten starke Werk handelt ausschließlich von der Gerechtigkeit *innerhalb* einer Gesellschaft und klammert so alle schwierigen Fragen hinsichtlich der Grundsätze aus, welche die reichen Gesellschaften bei der Antwort auf die Forderungen ärmerer Nationen oder Außenstehender leiten sollten.

Einer der wenigen Philosophen, die sich mit diesem Problem befaßt haben, ist Michael Walzer, auch er Amerikaner. Seine *Spheres of Justice* (dt. *Sphären der Gerechtigkeit. Ein Plädoyer der Pluralität und der Gleichheit*, 1992) beginnen mit einem »Die Erteilung der Mitgliedschaft« überschriebenen Kapitel, in dem die Frage gestellt wird, wie wir Gemeinschaften bilden, in denen solche Erteilungen erfolgen. Darin geht es Walzer darum, ein Vorgehen, das der gegenwärtigen Flüchtlingspolitik vergleichbar ist, zu rechtfertigen. Das erste Problem, das Walzer erörtert, lautet: Haben Staaten das Recht, ihre Grenzen für potentielle Immigranten zu schließen? Walzer bejaht diese Frage, denn ohne eine solche Grenzschließung oder zumindest die Macht, die

Grenzen nach Wunsch zu schließen, können klar definierte Gemeinwesen nicht bestehen.

Unter der Voraussetzung, daß die Entscheidung, die Grenzen zu schließen, berechtigt ist, diskutiert Walzer dann die Art und Weise, wie sie getroffen werden sollte. Dabei vergleicht er die politische Gemeinschaft mit einem Klub und einer Familie. Klubs dienen ihm als Beispiel für den *ex-gratia*-Ansatz: »Einzelne Personen mögen in der Lage sein, gute Gründe dafür anzuführen, warum sie ausgewählt werden sollten, aber niemand von draußen hat das Recht, drinnen zu sein.« Doch nach Walzer greift diese Analogie zu kurz, denn ein wenig gleichen Staaten auch Familien. Sie sind moralisch verpflichtet, die Tore ihres Landes vielleicht nicht jedem, der Einlaß begehrt, zu öffnen, aber doch bestimmten Gruppen von Außenstehenden, die als nationale oder ethnische »Verwandte« angesehen werden. Walzer bedient sich der Familienanalogie derart, um für das Prinzip der Familienzusammenführung als Grundlage der Einwanderungspolitik zu plädieren.

Wo es jedoch um Flüchtlinge geht, ist dies nicht sehr hilfreich. Hat eine politische Gemeinschaft das Recht, verelendete, verfolgte und staatenlose Menschen einfach deshalb, weil sie Ausländer sind, auszuschließen? Nach Walzers Meinung ist ein Gemeinwesen an den Grundsatz gegenseitiger Hilfe gebunden, und er stellt zu Recht fest, daß dieses Prinzip weitreichendere Auswirkungen haben kann, wenn es für eine Gemeinschaft und nicht für einen einzelnen gilt, da einer Gemeinschaft so viele Hilfeleistungen möglich sind, die deren Mitglieder nur geringfügig belasten. Die Aufnahme eines Fremden in die eigene Familie könnten wir als einen Akt betrachten, der über die Forderung nach gegenseitiger Hilfe hinausgeht; aber die Aufnahme eines Fremden oder auch vieler Fremder in ein Gemeinwesen bedeutet eine weitaus kleinere Bürde.

Nach Walzers Ansicht kann eine Nation mit riesigem unbewohntem Territorium – er wählt das Beispiel Australien,

doch geht er dabei eher von angenommenen als von über-
prüften Wasser- und Bodenressourcen aus – nach dem Prinzip gegenseitiger Hilfe sehr wohl dazu verpflichtet sein,
Menschen aus den dicht besiedelten und von Hungersnot
heimgesuchten Gebieten Südostasiens ihre Tore zu öffnen.
Die australische Gesellschaft stünde dann vor der Wahl,
entweder ihre wie auch immer geartete Homogenität aufzugeben oder sich auf einen kleinen Teil ihres Siedlungsgebiets
zurückzuziehen und das übrige den Landbedürftigen zu
überlassen.

Obwohl Walzer keine allgemeine Verpflichtung reicher Nationen zum Einlaß von Flüchtlingen akzeptiert, hält er doch
am weitverbreiteten Asylprinzip fest. Jeder Flüchtling kann,
wenn er die rettenden Ufer eines anderen Staates erreicht,
aufgrund dieses Prinzips um Asyl nachsuchen, und es ist
unmöglich, daß man ihn in ein Land abschiebt, in dem er
vielleicht aus Gründen der Rasse, Religion, Nationalität
oder politischen Überzeugung verfolgt wird. Interessant ist,
daß dieser Grundsatz so weithin Unterstützung findet, die
Verpflichtung zur Aufnahme von Flüchtlingen hingegen
nicht. In dieser Unterscheidung finden sich möglicherweise
Grundsätze wieder, die in den vorhergehenden Kapiteln
dieses Buches diskutiert wurden. Hierbei spielt eindeutig
das Prinzip der Nähe eine Rolle – der Asylsuchende steht
uns ganz einfach physisch näher als die Menschen in anderen Ländern. Vielleicht erklärt sich unser nachhaltigeres
Eintreten für das Asylrecht aus dem Unterschied zwischen
einem Tun (der Abschiebung eines bei uns angekommenen
Flüchtlings) und einem Unterlassen (der Verweigerung der
Aufnahme eines Flüchtlings aus einem entfernten Lager).
Es könnte dabei auch der Unterschied eine Rolle spielen
zwischen einer Handlung, die wir gegenüber einer identifizierbaren Person begehen, und einer Handlung, von der wir
zwar wissen, daß sie auf irgend jemand andern die gleiche
Wirkung ausübt, bei der wir aber nie sagen können, wen sie
betrifft. Ein weiterer Grund ist wahrscheinlich die relativ

geringe Zahl von Menschen, die tatsächlich imstande sind, das Aufnahmeland zu erreichen und um Asyl nachzusuchen, im Gegensatz zu der weit größeren Zahl von Flüchtlingen, deren Existenz uns bewußt ist, obwohl sie weit entfernt von uns sind. Dies ist das im Zusammenhang der Auslandshilfe diskutierte »Tropfen-auf-den-heißen-Stein«-Argument. Vielleicht können wir für alle Asylsuchenden eine Lösung finden, aber ganz gleich wie viele Flüchtlinge wir hereinlassen, das Problem wird nicht verschwinden. Wie im Fall des analogen Argumentes gegen die Auslandshilfe wird hierbei übersehen, daß wir durch die Aufnahme von Flüchtlingen bestimmten Personen ein menschenwürdiges Leben ermöglichen und damit etwas Sinnvolles tun, unabhängig davon, wie viele andere Flüchtlinge es noch geben mag, denen wir nicht helfen können.

Gemäßigt liberale Regierungen, die bereit sind, zumindest auf einige humanitäre Regungen Rücksicht zu nehmen, handeln ziemlich genau nach Walzers Vorschlägen. Sie meinen, daß einem Gemeinwesen das Recht zur Entscheidung über die Aufnahme zusteht; zuerst werden Forderungen nach Familienzusammenführung erfüllt und dann solche von Menschen, die der ethnischen Gemeinschaft der Nation nicht angehören – vorausgesetzt der Staat besitzt überhaupt eine ethnische Identität. Die Aufnahme von Notleidenden ist ein *ex-gratia*-Akt. Gewöhnlich wird das Asylrecht respektiert, solange die Bewerberzahlen vergleichsweise niedrig bleiben. Flüchtlinge haben aber keinen wirklichen Anspruch auf Aufnahme, es sei denn, es gelingt ihnen, an ein Gefühl politischer Verbundenheit zu appellieren, und sie sind auf die Barmherzigkeit des Aufnahmestaates angewiesen. Im großen und ganzen stimmt all dies mit der Einwanderungspolitik westlicher Demokratien überein. In bezug auf Flüchtlinge ist der *ex-gratia*-Ansatz die derzeit vorherrschende Auffassung.

Der Fehlschluß des gegenwärtigen Ansatzes

Die heute vorherrschende Auffassung auf vagen und gewöhnlich undiskutierten Annahmen hinsichtlich des Rechts von Gemeinwesen, ihre Mitgliedschaft festzulegen. Ein Konsequentialist würde statt dessen die Meinung vertreten, daß die Einwanderungspolitik eindeutig von den Interessen sämtlicher Betroffenen auszugehen hat. Wo die Interessen verschiedener Gruppen miteinander in Konflikt treten, sollten wir alle in gleichem Maß berücksichtigen, was bedeuten würde, daß dringlichere und grundlegendere Interessen Vorrang vor weniger grundlegenden hätten. Wenn man nach dem Prinzip der gleichen Interessenabwägung verfährt, so ist der erste Schritt, diejenigen auszumachen, deren Interessen betroffen sind. Die erste und offenkundigste Gruppe sind die Flüchtlinge selbst. Um ihre dringlichsten und grundlegendsten Interessen geht es offenbar. Das Leben in einem Flüchtlingslager bietet höchstens Aussicht auf ein bloßes Weiterexistieren und bisweilen nicht einmal das. Ein Beobachter eines Lagers an der thailändisch-kambodschanischen Grenze im Jahre 1986, das damals 144 000 Menschen einen Zufluchtsort bot, faßt seinen Eindruck folgendermaßen zusammen:

> »Der Besuch eines Ausländers sorgt für einige Aufregung. Die Menschen umringen ihn und fragen eindringlich nach dem Stand ihres Umsiedlungsbegehrens oder äußern sich tief verzweifelt über dessen fortwährende Ablehnung durch die Auswahlkomitees für die verschiedenen Länder, die zur Aufnahme von Flüchtlingen bereit sind. [...] Die Menschen weinten, während sie redeten, und aus den Mienen der meisten sprach stumme Verzweiflung. [...] Am Tag der Reisverteilung drängen sich Tausende von Mädchen und Frauen in der Verteilungszone, um die Wochenrationen für ihre Familien zu erhalten. Vom Beobachtungsturm aus Bambus sieht man un-

ten auf dem Boden ein wogendes Meer von schwarzen
Haaren und Reissäcken, die für den Heimweg auf die
Köpfe gehievt werden. Ein stolzes, überwiegend Ackerbau treibendes Volk war gezwungen, von UN-Rationen
von Wasser, Dosenfisch und minderwertigem Reis abhängig zu sein, nur um zu überleben.
Den meisten dieser Menschen blieb die Hoffnung auf einen tiefgreifenden Wandel ihres Lebens in den nächsten
Jahren versagt. Doch ich konnte mich – zusammen mit
anderen von draußen – ins Auto setzen und aus dem Lager nach Taphraya oder Aran zurückfahren, Soda mit Eis
trinken, Reis oder Nudeln im Straßenrestaurant an der
Ecke essen und dem vorüberziehenden Leben zuschauen.
Diese kleinen Dinge des Lebens umgab nun eine Freiheit,
die mir niemals zuvor so wertvoll erschienen war.«

Gleichzeitig haben Flüchtlinge, die in einem neuen Land
Aufnahme finden, eine gute Chance, sich dort niederzulas-
sen und ein so zufriedenes und erfülltes Leben zu führen
wie die Mehrzahl von uns. Bisweilen ist das Interesse der
Flüchtlinge Aufnahme zu finden ebenso fundamental wie
das Interesse zu überleben. In anderen Fällen mag es nicht
um Leben oder Tod gehen, aber die Flucht prägt dennoch
nachhaltig das ganze Leben eines Menschen.
Die nächste ganz unmittelbar betroffene Gruppe sind die
Einwohner des Aufnahmelandes. Inwieweit sie betroffen
sind, hängt davon ab, wie viele Flüchtlinge eingelassen werden, wie gut sie sich in die Gemeinschaft einfügen, in welchem Zustand sich die Wirtschaft des Landes augenblicklich
befindet und so weiter. Einige Einheimische werden stärker
betroffen sein als andere: einige werden mit Flüchtlingen
um Arbeit konkurrieren müssen, andere nicht; einige werden in ihrer Wohngegend mit zahlreichen Flüchtlingen
leben, andere nicht; und diese Liste ließe sich endlos fort-
führen.
Wir sollten nicht von vornherein annehmen, daß es den

Einwohnern des Aufnahmelandes in der Folge schlechter
geht: die Aufnahme von Flüchtlingen in großem Maßstab
kann zu wirtschaftlichem Aufschwung führen, und viele
Einheimische können Geschäfte machen, indem sie deren
Bedarf decken. Andere genießen vielleicht die weltoffenere
Atmosphäre, welche die Neuankömmlinge aus fremden
Ländern schaffen: sie profitieren von der Eröffnung exoti-
scher Lebensmittelgeschäfte und Restaurants und langfristig vom Zugewinn neuer Ideen und Lebensweisen. Es ließe
sich wohl auch behaupten, daß Flüchtlinge in vielerlei Hinsicht die besten Einwanderer ausmachen. Sie können nirgendwohin und müssen sich gänzlich an ihr neues Land
binden, im Gegensatz zu jenen Einwanderern, denen eine
Rückkehr offensteht. Die Tatsache, daß sie überlebten und
der Not entkamen, zeugt von Durchhaltevermögen, Initiative und Kraftreserven, die jedem Aufnahmeland zugute
kommen würden. Zweifellos haben einige Flüchtlingsgrup-
pen, wie zum Beispiel jene aus Indochina, enorme unter-
nehmerische Kraft bei ihrer Umsiedlung in Länder wie
Australien und die Vereinigten Staaten bewiesen.

Einige andere *mögliche* und weit schwerer abschätzbare
Folgen müssen zumindest erwähnt werden. Zum Beispiel
das Argument, daß die Aufnahme einer großen Zahl von
Flüchtlingen aus den armen Ländern in die reichen den zukünftigen Flüchtlingszustrom einfach verstärken wird.
Wenn nämlich arme und übervölkerte Länder ihre über-
schüssigen Menschen in andere Staaten abschieben können,
wird der Anreiz geringer, die Armut ihrer Bevölkerung
mitsamt den Ursachen zu beseitigen und das Bevölkerungswachstum zu verlangsamen. Schlußendlich könnte das Leiden ebenso groß werden, wie wenn wir von vornherein
niemals Flüchtlinge eingelassen hätten.

Auch die Entscheidung, *kein* größeres Kontingent von
Flüchtlingen aufzunehmen, hat Folgen. Wirtschaftliche Stabilität und Weltfrieden sind an internationale Zusammenar-
beit gebunden, die auf einem Mindestmaß an gegenseitiger

Achtung und Vertrauen beruht; aber die an Ressourcen reichen und nicht übervölkerten Staaten der Welt können nicht darauf hoffen, die Achtung und das Vertrauen der ärmsten und bevölkerungsreichsten Länder zu gewinnen, wenn sie ihnen die Lösung des Flüchtlingsproblems weitgehend selbst überlassen.

Folglich haben wir von einem komplizierten Konflikt von Interessen – einige klar beschreibbar, einige bloße Mutmaßungen – auszugehen. Gleich starke Interessen sollen gleich stark gewichtet werden, aber wo liegt das Gleichgewicht? Man betrachte eine ziemlich wohlhabende Nation ohne hoffnungslose Übervölkerung wie Australien (ich nehme Australien als Beispiel für ein Land, mit dem ich vertraut bin; man könnte dafür mit nur geringfügigen Abänderungen auch andere reiche Nationen heranziehen). Anfang der neunziger Jahre läßt Australien ungefähr 12 000 Flüchtlinge jährlich ins Land, zu einer Zeit also, in der Millionen von Flüchtlingen in Lagern überall auf der Welt leben, von denen viele keinerlei Hoffnung auf eine Rückkehr in ihre frühere Heimat haben und eine Umsiedlung in ein Land wie Australien begehren. Man stelle sich nun vor, Australien entschlösse sich zur Verdopplung des bisherigen jährlichen Flüchtlingskontingents. Was sind die eindeutig absehbaren und was die möglichen Folgen einer solchen Entscheidung?

Die erste sicher voraussehbare Folge wäre die jährliche Umsiedlung von 12 000 weiteren Flüchtlingen aus den Lagern nach Australien, wo sie erwarten könnten, nach ein paar mühevollen Jahren am materiellen Wohlstand, an den Bürgerrechten und der politischen Stabilität des Landes teilzuhaben. Es ginge also 12 000 Menschen *sehr* viel besser.

Die zweite präzise beschreibbare Folge wären jährlich 12 000 Immigranten mehr für Australien, neu hinzukommende Einwanderer, die man nicht wegen ihrer beruflichen Qualifikation für die australische Wirtschaft ausgesucht hätte. Sie würden deshalb das soziale Netz zusätzlich bean-

spruchen. Einige alteingesessene Australier wären zudem
vielleicht fassungslos über Veränderungen in ihrem Wohn-
viertel durch den Zuzug einer Vielzahl von Menschen aus
einer ganz andersartigen Kultur. Die Tatsache, daß mehr
Flüchtlinge kämen, hätte auch gewisse Auswirkungen auf
Eingliederungshilfen wie z. B. das Angebot an Englischkur-
sen, die Bereitstellung von Unterkünften für die ersten Monate, die Arbeitsplatzvergabe und Umschulung. Aber die
Unterschiede wären sehr gering – schließlich hat Australien
ein Jahrzehnt zuvor annähernd 22 000 Flüchtlinge pro Jahr
aufgenommen. Aus dieser größeren Zuwanderung erwuchsen jedoch keine spürbaren Nachteile.
An dieser Stelle kommen wir, wenn wir die *definitiven* Folgen eines doppelten Flüchtlingskontingents hinsichtlich seines bedeutenden Einflusses auf die Interessen anderer betrachten, nicht weiter. Wir könnten uns fragen, ob erhöhte
Kontingente zum Aufleben von Rassismus in der Gesellschaft führen. Wir könnten die Auswirkungen auf die Umwelt in Australien erörtern. Wir könnten vermuten, daß ein
größeres Kontingent weitere Landsleute der Flüchtlinge
ihrerseits zur Flucht ermutigt, um ihre wirtschaftliche Lage
zu verbessern. Oder wir könnten unsere ganze Hoffnung
auf den einem Land wie Australien möglichen Beitrag zum
internationalen Goodwill setzen, auf seine Flüchtlingshilfe,
mit der es die Bürde ärmerer Nationen mindert. Doch sind
all diese Folgen kaum mehr als Mutmaßungen.
Man nehme die Umweltbelastung, die 12 000 weitere
Flüchtlinge verursachen. Es steht außer Zweifel, daß eine
größere Zahl von Menschen die Umwelt zusätzlich in Mitleidenschaft zieht. Dies bedeutet nur, daß das erhöhte
Flüchtlingskontingent zu einem von vielen Faktoren wird
neben solchen wie der natürlichen Rate des Bevölkerungswachstums, dem Bestreben der Regierung, den Export
durch Förderung von Industriezweigen, die Urwälder zu
Kleinholz verarbeiten, anzukurbeln; der Parzellierung des
Agrarlandes in touristische Regionen mit Ferienhäusern;

der wachsenden Beliebtheit von Fahrzeugen, die abseits der Straßen benutzt werden können; dem Ausbau von Skiorten in ökologisch labilen Bergzonen; der Verwendung von Einwegflaschen und anderer Behälter, die das Müllaufkommen vermehren – und diese Liste ließe sich endlos verlängern. Wenn unsere Gesellschaft es zuläßt, daß diese anderen Faktoren die Umwelt belasten, während wir uns auf notwendigen Umweltschutz als Grund für die gegenwärtigen Begrenzungen der Flüchtlingskontingente berufen, dann gewichten wir stillschweigend die Interessen von Flüchtlingen an einer Einwanderung nach Australien geringer als die Interessen australischer Bürger an Ferienhäusern, am Durch-die-Landschaft-Donnern mit Vierradantrieb, am Skifahren, am Wegwerfen ihrer Getränkeflaschen und -dosen, ohne sich über deren Wiederverwertung Gedanken zu machen. Sicherlich ist eine solche Gewichtung ein moralischer Skandal, eine so eklatante Verletzung des Prinzips der gleichen Interessenabwägung, daß ich hoffe, es genügte, sie darzustellen, um zu sehen, daß sie nicht zu verteidigen ist.

Noch problematischer sind die anderen Argumente. Niemand kann mit Sicherheit sagen, ob die Verdopplung des australischen Flüchtlingskontingents irgendwelchen Einfluß auf die Zahl potentieller Flüchtlinge in den jeweiligen Heimatländern hätte; genauso unmöglich ist es, die Folgen hinsichtlich der internationalen Beziehungen im voraus abzuschätzen. Wie bei der analogen Argumentation, welche die Auslandshilfe mit dem Bevölkerungswachstum in Zusammenhang bringt, wäre es falsch, sich in einer Situation, in der die Konsequenzen der beabsichtigten Kontingenterhöhung eindeutig positiv sind, gegen eine höhere Aufnahmequote auf der Grundlage bloßer Vermutungen zu entscheiden, insbesondere dann, wenn diese in verschiedene Richtungen weisen.

So spricht also manches dafür, daß Australien sein Flüchtlingskontingent verdoppelt. Aber die bisherige Argumentation basierte nicht auf der genauen Größe des gegenwärtigen australischen Flüchtlingskontingents. Nimmt man das Argument an, so scheint auch zu folgen, daß Australien nicht nur 12 000, sondern gleich 24 000 weitere Flüchtlinge jährlich ins Land läßt. Diese Schlußfolgerung scheint nun doch ein wenig zu weit zu gehen, denn sie ließe sich wiederum auf diese neue Anzahl beziehen: sollte Australien nicht doch 48 000 Flüchtlinge aufnehmen? Wir können die Kontingente der großen Industrieländer mehrmals verdoppeln, und die Flüchtlingslager auf dem Globus leeren sich dennoch nicht. In der Tat ist die Zahl der Flüchtlinge, die eine Umsiedlung in die hochentwickelten Länder wünschen, nicht festgelegt, und es gibt wahrscheinlich ein Körnchen Wahrheit in der Behauptung, daß bei einer Aufnahme aller heutigen Flüchtlinge nur noch mehr neue deren Platz in den Lagern einnähmen. Da das Interesse der Flüchtlinge an einer Umsiedlung in ein wohlhabenderes Land stets schwerer wiegen wird als die dagegenstehenden Interessen der Bürger jener Staaten, scheint das Prinzip der gleichen Interessenabwägung auf eine zukünftige Welt zu verweisen, in der alle Länder weiterhin Flüchtlinge so lange einlassen, bis sie sich auf ein und derselben Stufe der Armut und Übervölkerung befinden wie die Länder der Dritten Welt, aus der die Flüchtlinge zu fliehen versuchen.

Ist dies Grund genug, die ursprüngliche Argumentation zurückzuweisen? Führt ein konsequentes Festhalten an der ursprünglichen Argumentation zu unannehmbaren Konsequenzen, und muß deshalb ein Argumentationsfehler vorliegen, der uns zu einem solch widersinnigen Ergebnis führte? Mitnichten. Unsere Behauptung einer notwendigen Verdopplung des australischen Kontingents schließt keine Verdopplung und Wiederverdopplung ad infinitum ein. Ab einem bestimmten Vielfachen – vielleicht beim Vierfachen oder Vierundsechzigfachen des gegenwärtigen Kontingents – würden die Nachteile, über die sich heute nur spekulieren läßt, mit hoher Wahrscheinlichkeit oder so gut wie sicher eintreten.

Es käme ein Punkt, an dem die Aufnahmeländer beispielsweise allem die Umwelt gefährdenden Luxus abgeschworen
hätten, und dennoch belasteten die Grundbedürfnisse der
wachsenden Bevölkerung die empfindlichen Ökosysteme
derart, daß ihr weiteres Ansteigen nichtwiedergutzuma-
chende Schäden nach sich zöge. Oder die Toleranzgrenze
einer multikulturellen Gesellschaft könnte absinken, weil
sich Ressentiments bei den Bürgern des Aufnahmelandes
ansammelten, die nunmehr glauben, ihre Kinder fänden
keine Arbeitsplätze, weil die hart arbeitenden Neuankömmlinge sie ihnen streitig machten; und aus diesem Tole-
ranzverlust könnte sich eine ernsthafte Gefahr für das friedliche Leben und die Sicherheit aller früher aufgenommenen
Flüchtlinge und anderer Immigranten aus verschiedenen
Kulturen entwickeln. Wenn es dahin käme, hätte sich das
Gleichgewicht der Interessen zuungunsten eines größeren
Flüchtlingskontingents verschoben.
Bei den gegenwärtigen Flüchtlingskontingenten ließen sich
freilich ziemlich drastische Steigerungsraten verkraften, bevor irgendeine der oben erwähnten Folgen einträte; und
manch einem mag dies als eine so unannehmbare Schlußfolgerung erscheinen, daß sie genügt, um unsere Argumentation zurückzuweisen. Gewiß wird jeder, der von einem
halbwegs zu rechtfertigenden Status quo ausgeht, zu dieser
Auffassung neigen. Aber der Status quo ist das Ergebnis
einer Kombination aus nationaler Selbstsucht und politischem Eigennutz, und nicht das Resultat eines wohlüberlegten Versuchs, die moralischen Verpflichtungen der Industrieländer auf einer Erde mit 15 Millionen Flüchtlingen zu
bestimmen.
Für die hochentwickelten Länder wäre es ein leichtes, ihre
moralischen Verpflichtungen Flüchtlingen gegenüber besser
zu erfüllen als bisher geschehen. Es gibt keinen objektiven
Grund für die Annahme, daß eine Verdopplung des Kontingents ihnen in irgendeiner Form schaden würde. Eher
spricht heute vieles, nicht zuletzt die Erfahrung der Vergan-

genheit, dafür, daß sie und ihre jetzige Bevölkerung daraus wahrscheinlich Nutzen ziehen würden.

Doch die führenden Politiker werden aufschreien: Was moralisch ist, ist nicht das, was politisch annehmbar ist. Dies ist eine vorgeschobene Entschuldigung für unterlassenes Handeln. In vielen Bereichen der Politik versuchen Präsidenten und Premierminister ihre Wählerschaft nur allzugern von dem, was richtig ist, zu überzeugen – von der Notwendigkeit, den Gürtel enger zu schnallen, um Haushaltsdefizite auszugleichen, oder davon, Alkohol am Steuer zu vermeiden. Ebensogut könnten sie Schritt für Schritt die Flüchtlingsquoten erhöhen und die Auswirkungen wissenschaftlich exakt untersuchen lassen. Auf diese Weise würden sie ihren moralischen und geopolitischen Verpflichtungen nachkommen und dazu noch Vorteile für ihre eigenen Gesellschaften erzielen.

Bunker und Zufluchtsstätten

Wie hätten Sie beim Referendum im »Hafen der Fairneß« im Jahre 2002 abgestimmt? Ich meine, die meisten wären bereit gewesen, nicht nur ein Viertel, sondern alle Tennisplätze angesichts der größeren Not der Menschen draußen zu opfern. Aber wenn Sie unter den gegebenen Umständen mit den Herzensguten gestimmt hätten, dann fällt es schwer zu glauben, daß Sie mit der Schlußfolgerung, reiche Länder sollten weit mehr Flüchtlingen als heute ihre Tore öffnen, nicht einig gehen. Denn die Lage der Flüchtlinge ist kaum besser als die der von radioaktiver Strahlung bedrohten Menschen vor dem Bunker, und der Luxus, den wir unsererseits aufzugeben hätten, ist gewiß um nichts größer.

10
Die Umwelt

Ein Fluß stürzt durch bewaldete Schluchten und felsige Schlünde dem Meer zu. Die staatliche Wasserenergiekommission betrachtet das hinabschießende Wasser als ungenutzte Energie. Der Bau einer Talsperre in einer der Schluchten würde eintausend Arbeitskräfte über drei Jahre und zwanzig oder dreißig längerfristig beschäftigen. Der Damm würde genug Wasser stauen, um zu gewährleisten, daß der Staat seinen Energiebedarf während des nächsten Jahrzehnts kostengünstig abdecken könnte. Dies würde den Aufbau einer Industrie mit hohem Energiebedarf fördern und so zur Schaffung von Arbeitsplätzen und Wirtschaftswachstum zusätzlich beitragen.
Die zerklüftete Landschaft macht das Flußtal nur für recht ausdauernde Wanderer zugänglich, aber es ist nichtsdestoweniger eine beliebte Gegend für Touren durch unberührte Wildnis. Der Fluß selbst zieht die wagemutigeren Wildwasser-Floßfahrer an. Tief in den geschützten Tälern finden sich Bestände der seltenen Huonkiefer mit vielen über tausendjährigen Bäumen. In den Tälern und Schluchten haben zahlreiche Vögel und Tiere ihr Revier, darunter auch eine gefährdete Beutelmausart, die außerhalb des Tales selten anzutreffen ist. Es kommen wohl außerdem noch andere seltene Pflanzen und Tiere darin vor, was aber nicht feststeht, denn Wissenschaftler sollen die Region erst noch gündlich erforschen.

Soll man den Damm bauen? Dies ist ein gutes Beispiel für eine Situation, in der wir zwischen sehr verschiedenen Wertvorstellungen wählen müssen. Die Beschreibung folgt in groben Zügen einem Dammbauvorhaben am Franklin-

Fluß im Südwesten des australischen Inselstaates Tasmanien. (Das Ergebnis ist im nächsten Kapitel auf S. 368f. beschrieben). Jedoch wurden einige Details absichtlich verändert, und die oben gegebene Beschreibung sollte als hypothetischer Fall angesehen werden. Zahlreiche andere Beispiele hätten uns vor eine genauso schwierige Wahl zwischen Werten gestellt wie: die Abholzung der Urwälder, der Bau einer Papierfabrik, die Schadstoffe in Küstengewässer einleitet, oder die Inbetriebnahme eines neuen Bergwerks am Rande eines Nationalparks. Eine Reihe anderer Beispiele würde zwar verwandte, aber doch auch etwas andere Probleme aufwerfen wie: die Verwendung von Produkten, die zur Auflösung der Ozonschicht oder zum Treibhauseffekt beitragen, der Bau von weiteren Atomkraftwerken und so weiter. In diesem Kapitel geht es um die Analyse der Wertvorstellungen, die den Debatten über solche Entscheidungen zugrunde liegen, und das angeführte Beispiel kann für solche Debatten als Bezugspunkt dienen. Das Interesse gilt besonders solchen Werten, um dies es in Kontroversen über den Schutz unberührter Natur geht, weil hierbei die grundsätzlich verschiedenen Wertvorstellungen beider Seiten am klarsten zutage treten. Bei der Erörterung der Überflutung eines Flußtales stehen uns die Alternativen in aller Deutlichkeit vor Augen.

Ganz allgemein können wir feststellen, daß die Befürworter des Dammbaus den Wert von Arbeitsplätzen und eines größeren Pro-Kopf-Einkommens für den Staat höher einschätzen als den Schutz der unberührten Natur, der Pflanzen und Tiere (sowohl der häufig vorkommenden als auch der gefährdeten Gattungen) und die Möglichkeiten von Freizeitaktivitäten in der Natur. Vor einer Überprüfung der Wertvorstellungen von Befürwortern und Gegnern des Staudamms sollen jedoch die Ursprünge neuzeitlicher Naturauffassungen kurz untersucht werden.

Die westliche Tradition

In der abendländischen Naturauffassung sind die hebräischen Vorstellungen, wie man sie in den frühen Büchern der Bibel findet, mit der griechischen, insbesondere aristotelischen Philosophie zusammengewachsen. Im Gegensatz zu einigen anderen alten Traditionen, wie z. B. der Indiens, wiesen sowohl die hebräische als auch die griechische Tradition den Menschen den zentralen Platz im moralischen Universum zu; und tatsächlich nicht nur das Zentrum, sehr oft machten sie sie zur Gesamtheit der moralisch bedeutsamen Erscheinungen in der Welt.

Die biblische Schöpfungsgeschichte, die Genesis, veranschaulicht in aller Deutlichkeit die hebräische Sicht der Sonderstellung menschlicher Wesen im göttlichen Plan:

> »Dann sprach Gott: Laßt uns Menschen machen als unser Abbild, uns ähnlich. Sie sollen herrschen über die Fische des Meeres, über die Vögel des Himmels, über das Vieh, über die ganze Erde und über alle Kriechtiere auf dem Land.
> Gott schuf also den Menschen als sein Abbild; als Abbild Gottes schuf er ihn. Als Mann und Frau schuf er sie.
> Gott segnete sie, und Gott sprach zu ihnen: Seid fruchtbar, und vermehrt euch, bevölkert die Erde, unterwerft sie euch, und herrscht über die Fische des Meeres, über die Vögel des Himmels und über alle Tiere, die sich auf dem Land regen.«

Heute diskutieren Christen über die Bedeutung dieser »Herrschaft«, die der Mensch verliehen bekam; und jene, die sich als Hüter der Umwelt verstehen, behaupten, sie solle nicht als Freibrief für unseren Umgang mit anderen Lebewesen verstanden werden, sondern vielmehr als Sorgepflicht für sie im Namen des Herrn, womit wir vor Gott für die Art und Weise, wie wir sie behandeln, verantwortlich wären. Jedoch enthält der Bibeltext selbst nur wenig, was

eine solche Lesart rechtfertigen könnte; und eingedenk des
göttlichen Beispiels der Ertränkung fast aller Tiere der Erde
als Bestrafung menschlicher Bosheit nimmt es nicht wun-
der, daß die Menschen glauben mögen, man müsse sich wegen der Überflutung eines einzigen Flußtales keine Gedanken machen. Nach der Sintflut wiederholt sich der Herr-
schaftsauftrag in noch verhängnisvolleren Worten: »Furcht
und Schrecken vor euch soll sich auf alle Tiere der Erde legen, auf alle Vögel des Himmels, auf alles, was sich auf der
Erde regt, und auf alle Fische des Meeres; euch sind sie
übergeben.«

Was hier ausgesagt werden soll, ist klar: Handlungen, die
bei allem, was sich auf der Erde regt, Furcht und Schrecken
hervorrufen, sind nicht unangebracht; sie stehen genaugenommen in Einklang mit einem göttlichen Dekret.

Die einflußreichsten frühchristlichen Denker hatten keinerlei Zweifel über die Art und Weise, wie die Herrschaft des
Menschen zu verstehen sei. »Kümmern den Herrn Ochsen?« fragt Paulus bei einer Erörterung eines alttestamenta-
rischen Gebots, die Ochsen am Sabbath nicht einzuspan-
nen, aber es war dies nur mehr eine rhetorische Frage – für
ihn stand zweifellos fest, daß die Antwort negativ ausfallen
müsse und das Gebot im Sinne eines menschlichen Nutzens
zu erklären sei. Augustin folgt diesem Denkmuster: er verweist auf Texte des Neuen Testaments, worin Jesus einen
Feigenbaum verdorren und eine Herde Schweine ertrinken
läßt, und in seiner Auslegung sind diese bestürzenden Bege-
benheiten für uns Lehren, wonach es »der Gipfel des Aber-
glaubens ist, das Töten von Tieren und Vernichten von
Pflanzen zu unterlassen«.

Als sich das Christentum im römischen Imperium durch-
setzte, nahm es auch Elemente der altgriechischen Naturauffassung in sich auf. Der griechische Einfluß auf die
christliche Philosophie wurde durch den größten mittelalterlichen Scholastiker, Thomas von Aquin, festgeschrieben,
dessen Lebenswerk in der Vermittlung zwischen christlicher

Theologie und aristotelischem Gedankengut bestand. Aristoteles begriff die Natur als hierarchische Ordnung, in der weniger vernunftbegabte um der höherbegabten Wesen willen existieren:

»Pflanzen existieren um der Tiere willen, und die wilden Tiere um des Menschen willen – Haustiere sind ihm zu Nutzen, und er ernährt sich von ihnen, die wilden Tiere (oder jedenfalls die Mehrzahl davon) ißt er, und er fertigt aus ihnen andere für das Leben zweckmäßige Dinge wie Kleidung und verschiedene Werkzeuge. Da die Natur nichts Zweckloses oder Unnützes hervorbringt, so ist es unleugbar wahr, daß sie alle Tiere um des Menschen willen hervorbrachte.«

In seinem eigenen Hauptwerk, der *Summa Theologica*, folgte Thomas von Aquin dem Abschnitt bei Aristoteles beinahe wortwörtlich, und er fügte hinzu, diese Betrachtungsweise stimme mit dem göttlichen Gebot in der Genesis überein. In seinem Sündenkanon verzeichnet Thomas nur Sünden wider Gott, wider uns selbst oder wider unseren Nächsten. Sich gegen die nichtmenschlichen Tiere oder gegen die Natur zu versündigen ist unmöglich.

Dies war die Auffassung der Hauptvertreter christlichen Denkens zumindest während der ersten achtzehn Jahrhunderte. Gewiß gab es auch sanftere Gemüter wie Basilius von Caesarea, Johannes Chrysostomus und Franz von Assisi, doch in der Geschichte der Christenheit haben sie meist keinen weitreichenden Einfluß auf die herrschende Tradition ausgeübt. Deshalb lohnt sich die Hervorhebung der Grundzüge jener vorherrschenden westlichen Tradition, denn sie bieten sich zum Vergleich bei der Erörterung verschiedener Einstellungen zur natürlichen Umwelt an.

In der maßgebenden westlichen Tradition existiert die Natur nur um des menschlichen Nutzens willen. Gott verlieh dem Menschen die Herrschaft über die Natur, und Gott kümmert unser Umgang mit ihr nicht. Nur dem Menschen kommt auf dieser Welt moralische Bedeutung zu. Die Natur selbst besitzt keinen Wert an sich, und die Vernichtung von Pflanzen und Tieren kann keine Sünde sein, es sei denn, wir ziehen dadurch Menschen in Mitleidenschaft.

So unbarmherzig diese Tradition auch sein mag, sie schließt die Sorge um die Bewahrung der Natur nicht aus, solange diese sich mit dem menschlichen Wohlergehen verbinden läßt. Natürlich ist dies oft der Fall. Man könnte, voll und ganz im Rahmen der vorherrschenden westlichen Tradition, deshalb gegen die Atomkraft eintreten, weil der Kernbrennstoff, sei es in Bomben oder Atomkraftwerken, menschliches Leben so sehr gefährdet, daß man das Uran besser im Erdboden beläßt. Auf vergleichbare Weise könnten zahlreiche Argumente gegen die Umweltverschmutzung, die die Ozonschicht auflösenden Gase, die Verbrennung fossiler Brennstoffe und die Zerstörung der Wälder im Sinne einer Gefährdung der Gesundheit und des Wohlergehens des Menschen aufgefaßt werden, die entweder von Schadstoffen oder einer Klimaveränderung als Folge der Verwendung fossiler Brennstoffe und der Waldvernichtung ausgeht. Der Treibhauseffekt – um nur eine Gefahr für die Umwelt zu nennen – droht ein Ansteigen des Meeresspiegels zu verursachen, der zur Überschwemmung tiefliegender Küstenstriche führt. Davon betroffen sind auch das fruchtbare und dichtbesiedelte Nildelta in Ägypten und die 80 % der Landfläche von Bangladesh ausmachende bengalische Deltaregion, die bereits heftigen jahreszeitlich bedingten Stürmen mit verheerenden Überschwemmungen in der Folge ausgesetzt ist. Allein in diesen beiden Deltas sind die Wohnstätten und Lebensgrundlagen von 46 Millionen Menschen gefährdet. Ein Anstieg des Meeresspiegels könnte ebenfalls ganze Inselstaaten wie z. B. die nicht mehr als ein oder zwei Meter über Meereshöhe liegenden Malediven von der Landkarte verschwinden lassen. Es ist also offensichtlich, daß sogar im Rahmen einer anthropozentrischen Ethik der Schutz unserer Umwelt ein höchst bedeutsamer Wert ist.

Vom Standpunkt einer sich auf Ackerbau und Viehzucht gründenden Zivilisationsform erscheint die wilde Natur vielleicht als Brachland, als nutzloses Gebiet, das der Rodung bedarf, um es ertragreich und wertvoll zu machen. Es gab Zeiten, wo von Äckern umsäumte Dörfer wohl wie Oasen der Kultivierung inmitten von Urwald oder unwirtlichen Berghängen angemutet haben. Heute erscheint jedoch eine andere Metapher angemessener: die uns verbliebenen Überreste wahrhaft wilder Natur sind wie Inseln im Meer menschlicher Betriebsamkeit, das sie zu verschlingen droht. Die unberührte Natur erhält so einen Seltenheitswert, der zur Grundlage eines entschiedenen Eintretens für ihre Erhaltung wird, selbst mit den Begriffen einer anthropozentrischen Ethik. Dieser Gesichtspunkt wird noch überzeugender, wenn wir langfristig vorausdenken. Jetzt gilt es, diesen überaus wichtigen Aspekt von Werten, die der Umwelt zukommen, zu betrachten.

Zukünftige Generationen

Ein Urwald ist in den Jahrmillionen seit der Entstehung unseres Planeten gewachsen. Wird er gefällt, dann wächst vielleicht ein anderer Wald nach, aber die Kontinuität ist unterbrochen. Die Störung der natürlichen Lebenszyklen von Pflanzen und Tieren bedeutet, daß der Wald niemals so sein wird, wie er gewesen wäre, wenn man ihn nicht gefällt hätte. Die Gewinne aus der Waldabholzung – Arbeitsplätze, Profite für Unternehmen, Exporterträge und billigere Pappe und preiswerteres Verpackungspapier – sind kurzfristig. Selbst wenn man den Wald nicht abholzt, sondern ihn beim Bau eines Staudammes zur Stromerzeugung überflutet, zahlt sich dies höchstens für ein oder zwei Generationen aus: danach werden technologische Neuerungen solche Methoden der Energieerzeugung als überholt erscheinen lassen. Ist der Wald aber einmal gefällt oder in ei-

nem Stausee verschwunden, so ist die Verbindung mit der
Vergangenheit ein für allemal verloren. Jede uns auf diesem
Planeten nachfolgende Generation wird die Kosten dafür
tragen müssen. Genau aus diesem Grund sprechen Umweltschützer zu Recht von der Natur als einem »Welterbe«.
Wir haben es von unseren Vorfahren erhalten und müssen
es für unsere Nachkommen bewahren, wenn sie es überhaupt bekommen sollen.

Im Gegensatz zu vielen beständigeren traditionsorientierten
menschlichen Gesellschaften fällt es uns aufgrund unseres
modernen politischen und kulturellen Ethos schwer, dauerhafte Werte anzuerkennen. Es ist offenkundig, daß Politiker
selten weiter als bis zur nächsten Wahl denken; aber selbst
wenn sie dies tun, raten ihnen ihre Wirtschaftsberater, jeden
zukünftigen Wertzuwachs so weit unter dem Realwert anzusetzen, daß es leichtfällt, von der fernen Zukunft völlig
abzusehen. Wirtschaftswissenschaftler lernen, bei allen zukünftigen Gütern einen Wertabzug vorzunehmen. In anderen Worten, eine Million Dollar in zwanzig Jahren sind
heute keine Million Dollar wert, selbst wenn wir die Infla-
tion miteinrechnen. Ökonomen ziehen gewöhnlich vom
Nominalwert von einer Million einen gewissen Prozentsatz
ab, der im allgemeinen auf der Grundlage der tatsächlichen
langfristigen Zinssätze errechnet wird. Wirtschaftlich gesehen macht dies Sinn, denn wenn ich heute tausend Dollar
hätte, könnte ich sie investieren, so daß ihr Realwert in
zwanzig Jahren höher wäre. Aber das Diskontieren bedeutet, daß der Wertzuwachs in hundert Jahren angesichts heutiger Erträge vergleichsweise bescheiden bleibt; und Wert-
gewinne in tausend Jahren fallen fast gar nicht mehr ins Gewicht. Dabei spielen Zweifel darüber, ob dann überhaupt
noch Menschen oder andere empfindungsfähige Wesen diesen Planeten bevölkern, keine Rolle, sondern es zählt ausschließlich die Gesamtprofitrate aus dem heute investierten
Geld. Vertritt man jedoch den Standpunkt der unabschätz-
baren und zeitlosen Naturwerte, dann gibt uns das Diskon-

tieren von Werten die falsche Antwort. Es gibt Dinge, die wir uns mit Geld nicht zurückkaufen können, wenn sie einmal verloren sind. Die Rechtfertigung der Zerstörung eines uralten Waldes mit beträchtlichen Exporterträgen ist somit auch dann wider alle Vernunft, wenn wir diese Erträge investieren könnten und ihren Wert Jahr für Jahr steigern würden; denn ganz gleich wie groß deren Wertzuwachs ausfiele, es ließe sich damit niemals das Bindeglied mit der Vergangenheit zurückkaufen, das der Wald darstellt.

Diese Argumentation beweist nicht, daß es keine Rechtfertigung für das Fällen irgendwelcher Urwälder geben kann, aber sie beharrt doch darauf, daß jegliche derartige Rechtfertigung den Wert der Wälder für zukünftige Generationen in ferner wie in naher Zukunft voll und ganz berücksichtigen muß. Dieser Wert hängt offensichtlich mit der besonderen landschaftlichen oder biologischen Bedeutung des Waldes zusammen; aber weil der Anteil noch wirklich unberührter Natur auf der Erde im Schwinden begriffen ist, kommt jedem ihrer Teile Bedeutung zu, denn die Gelegenheiten zur Naturerfahrung werden immer seltener, und die Erhaltung einer angemessenen Auswahl der wichtigsten Formen unberührter Natur ist eher unwahrscheinlich.

Können wir sicher sein, daß zukünftige Generationen Wert auf unberührte Natur legen? Fühlen sie sich vielleicht in klimatisierten Einkaufszentren glücklicher, wo sie vor für uns unvorstellbar raffinierten Computerspielen sitzen? Mag sein. Aber es lassen sich verschiedene Gründe anführen, warum wir diese Möglichkeit nicht allzu ernst nehmen sollten. Zunächst einmal geht der Trend in die entgegengesetzte Richtung: niemals hat die Natur eine größere Wertschätzung als heute erfahren, ganz besonders bei den Nationen, die Armut und Hunger überwunden haben und nur noch über vergleichsweise wenig unberührte Natur verfügen. Man schätzt die Natur wegen ihrer unermeßlichen Schönheit, als Reservoir ihr noch zu entlockender naturwissenschaftlicher Kenntnisse, wegen der sich in ihr bietenden

Freizeitmöglichkeiten und weil viele Menschen einfach auf
das Wissen Wert legen, daß etwas Natürliches, das von der
modernen Zivilisation relativ unberührt ist, fortdauert.
Wenn zukünftige Generationen, wie wir alle hoffen, in der
Lage sein werden, die Bedürfnisse der meisten Menschen zu
befriedigen, dann können wir erwarten, daß auch sie in den
kommenden Jahrhunderten die Natur aus denselben Gründen wie wir schätzen werden.

Argumente, welche die Schönheit der Natur als Grund für
deren Bewahrung anführen, werden manchmal nicht ernst
genommen, weil sie »bloß ästhetisch« sind. Das ist falsch.
Wir unternehmen alles nur Mögliche, um die Kunstschätze
früherer Kulturen zu erhalten. Es fällt uns schwer, uns wirtschaftliche Profite als angemessene Gegenwerte z. B. für die
Vernichtung der Gemälde im Louvre vorzustellen. Aber
wie sollte man den ästhetischen Wert der Natur mit dem
der Gemälde im Louvre vergleichen können? Hier wird das
Urteil unvermeidlicherweise vielleicht doch subjektiv; ich
werde also von meinen eigenen Erfahrungen berichten. Ich
habe die Gemälde des Louvre und vieler anderer großer
Gemäldegalerien in Europa und in den USA gesehen. Ich
denke, ich besitze durchaus Sinn für die schönen Künste;
und doch habe ich in keinem einzigen Museum Erlebnisse
gehabt, die meine ästhetischen Sinne in dem Maße erfüllt
hätten, wie wenn ich in der Natur wandere und verweile,
um den Blick von einem Felsgipfel über einem bewaldeten
Tal schweifen zu lassen, oder wenn ich an einem Bach sitze,
der über moosbewachsene Steine inmitten hoher Baum-
farne, die im Schatten des Walddaches wachsen, hinabfließt.
Ich glaube, es geht mir nicht allein so; für viele Menschen ist
die Natur Quelle der tiefsten Gefühle ästhetischer Wertschätzung, die sich zu beinahe spiritueller Intensität steigern
kann.
Trotzdem könnte es zutreffen, daß Menschen in ein- oder
zweihundert Jahren diese Wertschätzung der Natur nicht

mehr teilen werden. Doch wenn die unberührte Natur Quelle solch tiefer Freude und Zufriedenheit sein kann, so würde das einen herben Verlust bedeuten. Überdies hängt es bis zu einem gewissen Grade von uns ab, ob zukünftige Generationen noch Wert auf unberührte Natur legen; zumindest ist es eine Entscheidung, die wir beeinflussen können. Durch die Erhaltung von Gebieten mit unberührter Natur bewahren wir Erfahrungsmöglichkeiten für kommende Generationen, und durch Bücher und Filme schaffen wir eine Kultur, die wir unseren Kindern und Kindeskindern überliefern können. Wenn wir glauben, ein Waldspaziergang mit offenen Sinnen für die Wertschätzung einer solchen Erfahrung sei eine weitaus lohnendere Weise, den Tag zu verbringen, als mit Computerspielen, oder wenn wir meinen, mit Rucksack, Proviant und Zelt eine einwöchige Wanderung durch unversehrte Umwelt zu machen sei für die Charakterentwicklung förderlicher als eine gleiche Zeitspanne vor dem Fernseher, dann sollten wir zukünftige Generationen in der Ausbildung eines Naturgefühls bestärken; wenn sie letztendlich doch Computerspiele vorziehen, dann werden wir versagt haben.

Schließlich bleibt festzustellen, daß die Erhaltung der unberührten Natur in ihrem heutigen Bestand den zukünftigen Generationen zumindest noch den Weg offen läßt, von ihren Computerspielen abzulassen und die Augen für eine nicht von Menschen geschaffene Welt zu öffnen. Wenn wir die Natur zerstören, dann entfällt diese Wahl für immer. Ebenso wie wir zu Recht große Summen für die Erhaltung von Städten wie Venedig aufwenden, obwohl es vielleicht denkbar ist, daß kommende Generationen sich nicht für solche architektonischen Kostbarkeiten interessieren, sollten wir die unberührte Natur bewahren, ja sogar dann, wenn späteren Generationen möglicherweise nur noch wenig daran liegt. So fügen wir den zukünftigen Generationen kein solches Unrecht zu, wie es uns durch frühere Generationen geschehen ist, deren gedankenloses Handeln uns der

Möglichkeit beraubt, Tiere wie den Dodo, Stellers Seekuh, den Beutelwolf oder den Tasmanischen Beutel-»Tiger« anzutreffen. Wir müssen dafür Sorge tragen, daß wir zukünftigen Generationen nicht gleichermaßen unersetzliche Verluste zufügen.

Auch hier verdienen Anstrengungen, den Treibhauseffekt einzudämmen, absoluten Vorrang. Denn wenn wir unter »unberührter Natur« den Teil unseres Planeten verstehen, der nicht von menschlichen Eingriffen betroffen ist, so ist es vielleicht schon zu spät: möglicherweise gibt es auf unserem Planeten nirgendwo mehr unberührte Natur. Bill McKibben behauptet, daß wir durch den Abbau der Ozonschicht und das Anwachsen des Kohlendioxydanteils in der Atmosphäre bereits die Veränderung herbeigeführt haben, die der Titel seines Buches, *The End of Nature* (dt. *Das Ende der Natur*, 1990), zusammenfaßt: »Durch die Wetterveränderung bewirken wir, daß jeder Ort der Erde vom Menschen geprägt und somit künstlich ist. Wir haben die Natur ihrer Selbstständigkeit beraubt, und das hat fatale Konsequenzen für ihre Bedeutung. Die Selbständigkeit der Natur ist ihre Bedeutung; ohne sie gibt es nichts mehr außer uns.«

Dies ist ein tief beunruhigender Gedanke. Jedoch entwickelt ihn McKibben nicht, um damit nahezulegen, daß wir unsere Bemühungen, die Entwicklung noch umzukehren, ebensogut aufgeben können. Es trifft zu, daß der Begriff »Natur« in einer seiner Bedeutungen am Ende ist. Wir sind über einen Wendepunkt in der Geschichte unseres Planeten hinausgelangt. McKibben behauptet: »Wir leben in einer post-natürlichen Welt.« Nichts kann dies ungeschehen machen; das Klima unseres Planeten wird von uns beeinflußt. Jedoch schätzen wir immer noch vieles an der Natur, und es kann immer noch gelingen, zu retten, was von ihr übriggeblieben ist.

Auf diese Art und Weise kann eine anthropozentrische Ethik die Grundlage für wirkungsvolle Argumente hinsichtlich dessen, was wir »Umweltwerte« nennen können, abgeben. Eine solche Ethik impliziert nicht, daß wirtschaftlichem Wachstum größere Bedeutung als der Bewahrung der unberührten Natur beizumessen ist; es ist im Gegenteil sehr wohl mit einer anthropozentrischen Ethik vereinbar, ein auf der Ausbeutung unersetzlicher Ressourcen beruhendes Wirtschaftswachstum als gewinnbringend für die heutige und wohl auch die nächsten ein oder zwei Generationen zu betrachten, doch das zu einem Preis, den jede nachfolgende Generation zu entrichten hat. Aber im Licht unserer Erörterung des Speziesismus in Kapitel 3 besehen sollte es auch klar sein, daß es falsch ist, wenn wir uns auf eine anthropozentrische Ethik beschränken. Wir müssen nun grundlegendere Einwände gegen diesen traditionellen westlichen Ansatz in bezug auf Umweltprobleme betrachten.

Gibt es einen Wert jenseits empfindungsfähiger Wesen?

Obgleich sich einige Diskussionen über wichtige Umweltfragen auch ausschließlich unter Berufung auf langfristige Interessen der menschlichen Spezies führen lassen, ist in jeder ernsthaften Erörterung von Umweltwerten die Frage eines Wertes an sich ein zentraler Streitpunkt. Wir haben bereits die Willkürlichkeit der Behauptung eingesehen, daß nur menschliche Wesen Wert an sich besitzen. Wenn wir bewußten menschlichen Erfahrungen Wert zuschreiben, dann läßt sich auch der Wert von Erfahrungen zumindest einiger nichtmenschlicher Wesen nicht leugnen. Wie weit gefaßt ist dieser innere Wert? Gilt er für alle empfindungsfähigen Wesen, aber einzig und allein für diese? Oder über die Grenze der Empfindungsfähigkeit hinaus?

Bei der Erörterung dieser Frage dürften ein paar Bemerkungen zum Begriff des »Wertes an sich« weiterhelfen. Etwas besitzt einen Wert an sich, wenn es *an sich* gut oder wünschenswert ist; der Kontrastbegriff ist der »instrumentelle Wert«, d. h. ein Wert als Mittel zu einem anderen Ziel oder Zweck. Unserem eigenen Glück wohnt beispielsweise ein Wert an sich inne, oder zumindest stellt es sich für die meisten von uns so dar, weil wir es um seinetwillen begehren. Andererseits besitzt Geld für uns nur instrumentellen Wert. Wir brauchen es wegen der damit käuflichen Dinge, aber wenn es uns auf eine verlassene Insel verschlagen würde, dann wäre es für uns unnütz. (Wohingegen auch auf einer Insel das Glück für uns genauso wichtig wie irgendwo anders wäre.)

Betrachten wir nochmals kurz das zu Beginn des Kapitels beschriebene Problem des Staudammes. Wollte man diese Entscheidung allein auf der Grundlage menschlicher Interessen treffen, so wären die wirtschaftlichen Vorteile des Dammes für die Bürger des Landes gegen die Einbußen der Wanderer, Wissenschaftler und anderer, die die Erhaltung des natürlichen Flußlaufes jetzt und in der Zukunft wertschätzen, abzuwägen. Wir haben bereits gesehen, daß bei dieser Rechnung eine unbestimmte Zahl zukünftiger Generationen zu berücksichtigen ist und deshalb das Verschwinden des ungezähmten Flusses weit kostspieliger wird als vielleicht in ersten Schätzungen vorhersehbar. Trotzdem gewinnen wir bei einer Erweiterung unserer Entscheidungsgrundlage über menschliche Interessen hinaus noch einiges dazu, was sich den wirtschaftlichen Vorteilen durch den Staudammbau entgegenhalten läßt. Zu veranschlagen sind nun die Interessen aller nichtmenschlichen Tiere mit einem Lebensraum im Überflutungsgebiet. Ein paar sind vielleicht imstande, in ein angemessenes Nachbarrevier auszuweichen, aber die Natur bietet keine Fülle leerer Nischen, die darauf warten, in Beschlag genommen zu werden; wenn es Reviere gibt, in denen in der Gegend heimische Tiere leben können, so sind sie höchstwahrscheinlich bereits besetzt. Folglich werden die meisten Tiere des überfluteten Gebiets sterben: sie werden entweder ertrinken oder verhungern.

Weder Ertrinken noch Verhungern sind schmerzlose Todes-
arten, und wir sollten dem dabei verursachten Leiden, wie
wir gesehen haben, nicht weniger Gewicht beimessen als
dem gleichen Ausmaß an Leiden, das menschliche Wesen
erfahren. Dadurch gewinnen Überlegungen gegen den
Dammbau erheblich an Gewicht.

Und wie steht es mit dem Tod der Tiere an sich, ganz abgesehen davon, daß sie beim Sterben leiden? Wie wir gesehen
haben, kann man, ohne sich einer willkürlichen Diskriminierung im Sinne des Speziesismus schuldig zu machen, den
Tod eines nichtmenschlichen, nichtpersonalen Tieres als
weniger gravierend als den Tod einer Person ansehen, da
Menschen zur Voraussicht und Vorausplanung auf eine
den nichtmenschlichen Lebewesen nicht mögliche Art und
Weise fähig sind. Diese Unterscheidung bezüglich der Ver-
ursachung des Todes einer Person oder eines nichtpersonalen Wesens bedeutet nicht, den Tod eines nichtpersonalen
Tieres als etwas Belangloses abzutun. Ganz im Gegenteil
berücksichtigen Utilitaristen den Verlust, den die Tiere
durch ihren Tod erleiden – den Verlust ihrer ganzen zukünftigen Existenz sowie der möglichen Erfahrungen in
ihrem zukünftigen Leben. Wenn aufgrund der Talüberflutung bei einem Staudammprojekt Tausende, vielleicht sogar
Millionen empfindungsfähiger Lebewesen getötet würden,
sollten diese vernichteten Existenzen in jede Gewinn- und
Verlustkalkulation hinsichtlich des Dammbaus voll einge-
rechnet werden. Für jene Utilitaristen, die dem in Kapitel 4
umfassend erörterten Standpunkt zustimmen, ist ferner bedeutsam, daß mit der Vernichtung der Habitate, in denen
die Tiere leben, durch den Dammbau ein Dauerschaden an-
gerichtet wird. Ohne den Dammbau werden die Tiere vermutlich noch Tausende von Jahren mit den ihnen eigenen
Erfahrungen von Freud und Leid im Tal weiterleben. Man
könnte bezweifeln, ob das Leben von Tieren in einer natürlichen Umwelt ein Mehr an Freude als an Leid oder mehr
Befriedigung als Frustration von Präferenzen bedeutet. An

diesem Punkt wird die Idee der Vorteilsabwägung fast absurd; aber dies bedeutet nicht, daß wir uns in Entscheidungsprozessen über den Verlust zukünftiger Tierleben einfach hinwegsetzen können.

Das mag jedoch noch nicht alles sein. Sollten wir nicht nur dem Leiden und Sterben individueller Tiere Bedeutung beimessen, sondern auch der Tatsache, daß gegebenenfalls ganze Arten verschwinden? Wie steht es mit dem Verlust jahrtausendealter Bäume? Wieviel Gewicht sollten wir – wenn überhaupt – der Erhaltung der Tiere, der Arten, der Bäume und des Ökosystems des Tals beimessen, unabhängig von menschlichen Interessen an ihrer Erhaltung, mögen sie nun die Wirtschaft, die Freizeit oder die Wissenschaft betreffen?

Hier gibt es eine grundlegende moralische Meinungsverschiedenheit: eine Meinungsverschiedenheit darüber, welche Arten von Lebewesen in unseren moralischen Überlegungen berücksichtigt werden sollten. Werfen wir nun einen Blick auf das, was zugunsten einer Erweiterung der Ethik über empfindungsfähige Wesen hinaus vorgebracht wurde.

Die Ehrfurcht vor dem Leben

Die in diesem Buch vertretene moralische Position erweitert die Ethik der vorherrschenden westlichen Tradition. Diese erweiterte Ethik bezieht alle empfindungsfähigen Lebewesen in die moralische Berücksichtigung ein, grenzt aber andere lebende Dinge davon aus. Die Überflutung des uralten Waldes, das mögliche Verschwinden einer ganzen Spezies, die Vernichtung mehrerer komplexer Ökosysteme, das Stauen des wilden Flusses selbst und das Verschwinden jener Felsschluchten spielen nur insoweit als Faktoren eine Rolle, als sie sich nachteilig auf empfindungsfähige Lebewesen auswirken. Besteht die Möglichkeit eines radikaleren Bruches mit der traditionellen Position? Kann man für ei-

nige oder alle diese Aspekte der Talüberflutung einen Wert
an sich aufzeigen, so daß man sie unabhängig von ihren
Auswirkungen auf Menschen und nichtmenschliche empfindungsfähige Lebewesen berücksichtigen muß?

Es ist ein schwieriges Unterfangen, die Ethik auf plausible
Art und Weise über empfindungsfähige Wesen hinaus zu
erweitern. Eine auf den Interessen empfindungsfähiger Lebewesen begründete Moral steht dagegen auf vertrautem
Grund und Boden. Empfindungsfähige Lebewesen haben
Bedürfnisse und Wünsche. Die Frage »Was fühlt eine Beu-
telratte, wenn sie ertrinkt?« macht zumindest noch Sinn,
selbst wenn es uns unmöglich ist, eine präzisere Antwort zu
geben als »Es muß schrecklich sein«. Um empfindungsfähige Lebewesen betreffende Entscheidungen zu fällen, können wir versuchen, eine Addition der Auswirkungen verschiedener Handlungen auf alle fühlenden Lebewesen vorzunehmen, die durch uns offenstehende Handlungsmög-
lichkeiten betroffen sind. Wir gewinnen dadurch zumindest
eine ungefähre Orientierung für richtiges Handeln. Indessen gibt es *nichts*, das sich damit vergleichen ließe, wie es ist,
ein Baum zu sein, der abstirbt, weil seine Wurzeln unter
Wasser stehen. Wo finden wir Wert, wenn wir die Interessen empfindungsfähiger Lebewesen als Wertquelle hinter
uns lassen? Was ist gut oder schlecht für nichtempfindungs-
fähige Lebewesen, und warum ist dies von Bedeutung?

Man könnte die Ansicht vertreten, daß sich unschwer eine
Antwort findet, solange wir uns an Lebendiges halten. Wir
wissen, was gut und was schlecht für unsere Gartenpflanzen
ist: Wasser, Sonnenlicht und Kompost sind gut; extreme
Hitze oder Kälte sind schlecht. Dasselbe gilt für Pflanzen in
jedem Wald oder jedem Stück unberührter Natur, und
warum also könnte man ihr Gedeihen nicht als gut an sich
betrachten, unabhängig von dessen Nutzen für empfindungsfähige Lebewesen?

Ein Problem hierbei ist, daß wir ohne bewußte Interessen,
an denen wir uns orientieren könnten, über keine Möglich-

keit zur Abschätzung des jeweiligen Gewichts verfügen, das dem Gedeihen verschiedener Lebensformen beizumessen ist. Ist die Erhaltung einer zweitausend Jahre alten Huonkiefer höher zu bewerten als die eines Grasbüschels? Die meisten Leute werden dies bejahen, aber ein solches Urteil scheint mehr mit unserer Achtung vor Alter, Größe und Schönheit des Baumes oder mit der Zeitspanne, die nötig wäre, um ihn zu ersetzen, zu tun zu haben als mit unserer Wahrnehmung eines Wertes an sich im Gedeihen eines alten Baumes, der einem jungen Grasbüschel nicht zukommt.

Wenn wir von dem Aspekt der Empfindungsfähigkeit abrücken, läßt sich die Grenze zwischen belebten und unbelebten Dingen der Natur schwerer verteidigen. Wäre es tatsächlich schlimmer, einen alten Baum zu fällen als einen wunderschönen Stalaktiten zu zerstören, dessen Wachstum sogar noch länger gedauert hat? Auf welcher Basis könnte ein solches Urteil gefällt werden? Wahrscheinlich verfaßte Albert Schweitzer das bekannteste Plädoyer für eine alles Lebendige umgreifende Ethik. Sein Satz von der »Ehrfurcht vor dem Leben« wird oft zitiert; seine Argumente für eine solche Position sind weniger bekannt. Es folgt eine der wenigen Textstellen, worin er seine Ethik rechtfertigte:

»Wahre Philosophie muß von der unmittelbarsten und umfassendsten Tatsache des Bewußtseins ausgehen. Diese lautet: ›Ich bin Leben, das leben will, inmitten von Leben, das leben will.‹ [...]

Wie in meinem Willen zum Leben Sehnsucht ist nach dem Weiterleben und nach der geheimnisvollen Gehobenheit des Willens zum Leben, die man Lust nennt, und Angst vor der Vernichtung und der geheimnisvollen Beeinträchtigung des Willens zum Leben, die man Schmerz nennt: also auch in dem Willen zum Leben um mich herum, ob er sich mir gegenüber äußern kann oder ob er stumm bleibt.

Ethik besteht also darin, daß ich die Nötigung erlebe, allem Willen zum Leben die gleiche Ehrfurcht vor dem

Leben entgegenzubringen wie dem eigenen. Damit ist das denknotwendige Grundprinzip des Sittlichen gegeben. Gut ist, Leben erhalten und Leben fördern; böse ist, Leben vernichten und Leben hemmen.
[. . .]
Wahrhaft ethisch ist der Mensch nur, wenn er der Nötigung gehorcht, allem Leben, dem er beistehen kann, zu helfen, und sich scheut, irgend etwas Lebendigem Schaden zu tun. Er fragt nicht, inwiefern dieses oder jenes Leben als wertvoll Anteilnahme verdient, und auch nicht, ob und inwieweit es noch empfindungsfähig ist. Das Leben als solches ist ihm heilig. Er reißt kein Blatt vom Baume ab, bricht keine Blume und hat acht, daß er kein Insekt zertritt. Wenn er im Sommer nachts bei der Lampe arbeitet, hält er lieber das Fenster geschlossen und atmet dumpfe Luft, als daß er Insekt um Insekt mit versengten Flügeln auf seinen Tisch fallen sieht.«

Eine vergleichbare Ansicht hat unlängst der zeitgenössische amerikanische Philosoph Paul Taylor vertreten. In seinem Buch *Respect for Nature* behauptet Taylor, daß alles Lebendige »seinen eigenen Zweck auf eigene Art und Weise verfolgt«. Diese Einsicht versetzt uns in die Lage, alles Lebendige »wie uns selbst« zu betrachten, und deshalb »sind wir bereit, seine Existenz als genauso wertvoll wie unsere eigene zu begreifen«.
Es bleibt unklar, wie wir Schweitzers Standpunkt zu verstehen haben. Insbesondere verwirrt der Hinweis auf den Eiskristall, denn ein Eiskristall ist überhaupt nichts Lebendiges.[1] Wenn wir jedoch davon einmal absehen, so besteht das Problem bei der Verteidigung der moralischen Auffassung

---

1 Die Erwähnung des Eiskristalls, die Anlaß gibt zu Singers kritischer Bemerkung, fehlt in den deutschen Ausgaben an der entsprechenden Stelle. Der Kristall wird jedoch in *Kultur und Ethik*, Kap. XVII: »Der neue Weg«, als Beispiel für das dem Willen zum Leben zugeschriebene Streben nach Vollkommenheit erwähnt (vgl. A. Schweitzer, *Gesammelte Werke*, Bd. 2, München o. J., S. 346). [Anm. d. Red.]

sowohl bei Schweitzer als auch bei Taylor darin, daß sie Sprache metaphorisch gebrauchen und in der Folge so argumentieren, als ob das Gesagte buchstäblich wahr wäre. Wir sprechen wohl oft davon, daß Pflanzen Wasser oder Licht zum Überleben »suchen«, und diese Denkgewohnheit bezüglich Pflanzen macht die Rede von ihrem »Lebenswillen« und ihrem »Verfolgen« eigener Zwecke leichter annehmbar. Aber beim Nachdenken über die Tatsache der Abwesenheit von Bewußtsein und intentionalem Verhalten bei Pflanzen wird die grundlegende Metaphorik dieser Sprache deutlich; mit gleichem Recht ließe sich behaupten, ein Fluß verfolge seinen eigenen Zweck und strebe dem Meer zu, und es sei der »Zweck« einer ferngesteuerten Rakete, sich selbst zusammen mit ihrem Ziel zu sprengen. Schweitzers Versuch, uns zu einer alles Lebendige achtenden Ethik zu bewegen, führt insofern in die Irre, als er sich auf »Sehnsucht«, »Gehobenheit«, »Lust« und »Angst« beruft. Pflanzen haben keine solchen Erlebnisse.

Darüber hinaus ist im Falle von Pflanzen, Flüssen und ferngesteuerten Raketen eine rein physikalische Erklärung des Geschehens möglich; und da hier kein Bewußtsein existiert, gibt es für uns keinen zwingenden Grund, warum wir Wachstum und Absterben von lebenden Dingen bestimmende physikalische Vorgänge mehr respektieren sollten als solche, die leblose Dinge bestimmen. Unter dieser Voraussetzung bleibt es zumindest unklar, warum wir größere Achtung vor einem Baum als vor einem Stalaktiten oder größere Achtung vor einem einzelligen Organismus als vor einem Berg empfinden sollten.

Die Tiefenökologie

Vor mehr als vierzig Jahren schrieb der amerikanische Ökologe Aldo Leopold über das Bedürfnis nach einer »neuen Ethik«, einer »Ethik, die sich mit dem Verhältnis des Menschen zum Land sowie den Tieren und den darauf wachsenden Pflanzen befaßt«. Die von ihm propagierte »Land-Ethik« würde »die Grenzen der Lebensgemeinschaft um den Boden, das Wasser, die Pflanzen und Tiere oder, zusammengefaßt, das Land«, erweitern. Die wachsende Besorgnis um die Ökologie zu Anfang der siebziger Jahre ließ das Interesse an dieser Betrachtungsweise wiederaufleben. Der norwegische Philosoph Arne Naess schrieb einen knappen, aber einflußreichen Aufsatz, worin er zwischen »oberflächlichen« und »tiefen« Elementen in der Ökologiebewegung unterschied. Oberflächliches ökologisches Denken war auf den traditionellen moralischen Rahmen beschränkt; wer auf diese Art und Weise philosophierte, war darauf bedacht, eine Verschmutzung unserer Wasserreserven zu vermeiden, damit wir unschädliches Trinkwasser bekommen, und darauf, die unberührte Natur zu bewahren, damit die Menschen weiterhin mit Genuß in ihr wandern könnten. Die Tiefenökologen wollten andererseits die Biosphäre um ihrer selbst willen unversehrt erhalten, ungeachtet des daraus erwachsenden Nutzens für die Menschen. In der Folge haben einige andere Autoren versucht, eine Art »tiefer« Umwelttheorie zu entwickeln.

Während die Ehrfurcht vor dem Leben lehrende Ethik auf einzelne lebende Organismen abhebt, neigen Vorschläge zu einer Tiefenökologie dazu, etwas Größeres als Wertgegenstand anzunehmen: die Spezies, die ökologischen Systeme, sogar die Biosphäre als Ganzes. Leopold umriß das Fundament seiner neuen Land-Ethik so: »Etwas ist richtig, wenn es dazu tendiert, die Integrität, Stabilität und Schönheit der Lebensgemeinschaft zu erhalten. Es ist falsch, wenn es zu anderem tendiert.« In einer 1984 veröffentlichten Abhandlung formulierten Arne Naess und George Sessions, ein der tiefenökologischen Bewegung zuzurechnender amerikanischer Philosoph, einige Grundsätze für eine tiefenökologische Ethik und stellten die folgenden voran:

1. Das Wohlergehen und Gedeihen menschlichen und nichtmenschlichen Lebens auf der Erde sind an sich wertvoll (Synonyme: Wert an sich, inhärenter Wert). Diese Werte bestehen unabhängig von der Nützlichkeit der nichtmenschlichen Welt für menschliche Zwecke.
2. Reichtum und Vielfalt der Lebensformen machen diese Werte bewußt und sind auch Werte an sich.
3. Die Menschen haben kein Recht, diesen Reichtum und diese Vielfalt zu dezimieren, außer zur Befriedigung *lebenswichtiger* Bedürfnisse.

Obgleich diese Prinzipien sich nur auf das Lebendige beziehen, sagen Naess und Sessions im gleichen Aufsatz, die Tiefenökologie gebrauche den Begriff »Biosphäre« in einem umfassenderen Sinn, um auch Lebloses wie Flüsse (Wasserscheiden), Landschaften und Ökosysteme einzubeziehen. Zwei Australier, Richard Sylvan und Val Plumwood, die einen tiefenökologischen Ansatz in der Umweltethik verfolgen, erweitern ihre Ethik ebenfalls über das Lebendige hinaus und schließen darin die Verpflichtung ein, »das Wohlergehen von natürlichen Dingen und Systemen nicht ohne guten Grund zu gefährden«.

Im vorangehenden Abschnitt habe ich Paul Taylors Feststellung zitiert, die auf unsere Bereitschaft abzielt, nicht nur alles Lebendige zu achten, sondern dem Leben alles Lebendigen denselben Wert wie unserem eigenen beizumessen. Dieses Thema verbindet die Tiefenökologen, und sie erweitern es oft über das Lebendige hinaus. In *Deep Ecology* plädieren Bill Devall und George Sessions für ein System des »biozentrischen Egalitarismus«:

»Die Intuition der biozentrischen Gleichheit ist, daß alle Dinge der Biosphäre gleiches Recht haben zu leben und zu gedeihen sowie zu individuellen Formen der Entfaltung und Selbstverwirklichung innerhalb der umfassenderen Selbstverwirklichung zu gelangen. Diese grund-

legende Intuition besagt, daß alle Organismen und Entitäten der Ökosphäre als Teile des zusammenhängenden
Ganzen in ihrem Wert an sich gleich sind.«

Wenn die biozentrische Gleichheit, wie dieses Zitat nahezulegen scheint, auf einer »grundlegenden Intuition« beruht,
so gerät sie in Konflikt mit einigen sehr starken Intuitionen,
welche in die entgegengesetzte Richtung weisen – z. B. mit
der Intuition, daß das Recht normaler erwachsener Menschen, »zu leben und zu gedeihen«, höher bewertet werden
sollte als das von Hefepilzen, und das Recht von Gorillas
höher als das von Gräsern. Wenn es andererseits der springende Punkt ist, daß Menschen, Gorillas, Hefepilze und
Gräser alle Teil eines zusammenhängenden Ganzen sind,
dann bleibt immer noch die Frage, wie dadurch ihr gleicher
Wert an sich begründet wird. Ist der Grund dafür die jedem
lebenden Ding in einem Ökosystem eigene Aufgabe, von
der das Überleben aller anderer abhängt? Es ist aber erstens
festzustellen, daß selbst wenn dies einen Wert an sich von
Mikroorganismen und Pflanzen *als Ganzem* bewiese, damit
überhaupt nichts über den Wert einzelner Mikroorganismen oder Pflanzen gesagt wäre, da kein einzelnes Wesen für
das Überleben des Ökosystems als Ganzem notwendig ist.
Zweitens deutet die Tatsache, daß alle Organismen Teil
eines zusammenhängenden Ganzen sind, nicht darauf hin,
daß ihnen allen ein Wert *an sich* zukommt, ganz zu schweigen von einem gleichen intrinsischen Wert. Sie besitzen vielleicht nur deshalb einen Wert, weil sie für die Existenz des
Ganzen benötigt werden, und das Ganze besitzt vielleicht
nur Wert, weil es die Existenz von Wesen mit Bewußtsein
fördert.
Die tiefenökologische Ethik gibt folglich keine überzeugenden Antworten auf Fragen nach dem Wert des Lebens individueller Lebewesen. Allerdings wird damit vielleicht eine
falsche Frage gestellt. Denn ebenso wie die wissenschaftliche Ökologie in der Hauptsache Systeme und keine ein-

zelnen Organismen untersucht, so könnte die ökologische
Ethik an Plausibilität gewinnen, wenn sie auf höherer Stufe,
eventuell der Stufe von Spezies und Ökosystemen, Anwendung fände. Hinter vielen Ansätzen, Werte aus einer ökologischen Ethik auf dieser Ebene abzuleiten, steht eine Form
des Holismus – eine Auffassung, daß die Spezies oder das
Ökosystem nicht einfach eine Ansammlung von Einzelwe-
sen darstellen, sondern tatsächlich ein eigenständiges Wesen. Diesen Holismus zeigt Lawrence Johnson in *A Morally
Deep World* auf. Es ist durchaus in Johnsons Absicht, von
den Interessen einer Spezies zu sprechen, und zwar in einem Sinn, der sich von der Summe der Interessen jedes Mitglieds der Spezies unterscheidet, und zu behaupten, die Interessen einer Spezies oder eines Ökosystems sollten neben
individuellen Interessen in unsere moralischen Erwägungen
Eingang finden. In *The Ecological Self* vertritt Freya Mathews den Standpunkt, daß jedes »sich selbst verwirkli-
chende System« einen Wert an sich besitzt, da es versucht,
sich selbst zu versorgen und zu erhalten. Während lebendige Organismen Musterbeispiele für sich selbst verwirkli-
chende Systeme sind, schließt Freya Mathews ebenso wie
Lawrence Johnson eine Spezies und ein Ökosystem als holi-
stische Entität oder als ein Selbst mit eigener Form der Verwirklichung darin ein. Sie schließt sogar das ganze globale
Ökosystem ein und folgt James Lovelock, wenn sie darauf
unter dem Namen der griechischen Erdengöttin Gaia Bezug
nimmt. Von dieser Grundlage ausgehend plädiert sie für
ihre eigene Variante des biozentrischen Egalitarismus.
Selbstverständlich ist es eine wahrhaft philosophische Frage
zu entscheiden, ob eine Spezies oder ein Ökosystem als eine
Art Individuum mit Interessen oder einem sich verwirk-
lichenden »Selbst« betrachtet werden können; und sogar
wenn dies gelingt, wird sich die tiefenökologische Ethik
Problemen gegenübersehen, die jenen ähnlich sind, welche
wir bei der Betrachtung der Idee der Ehrfurcht vor dem Leben aufgezeigt haben. Denn es besteht nicht nur die Not-

wendigkeit, daß man Bäumen, Spezies und Ökosystemen Interessen im eigentlichen Sinne zuschreibt, sondern daß diese Interessen von moralischer Bedeutung sind. Wenn man sie als »Selbst« ansehen will, dann muß man zeigen, daß dem Überleben und der Verwirklichung dieser Art von Selbst ein moralischer Wert unabhängig von dem Wert zukommt, der ihm beizumessen ist, weil es für den Erhalt bewußten Lebens wichtig ist.

Bei der Diskussion der ethischen Lehre von der Ehrfurcht vor dem Leben haben wir gesehen, daß eine Möglichkeit festzustellen, ob einem Interesse moralische Bedeutung zukommt, sich mit der Frage eröffnet, wie das betroffene Wesen empfindet, wenn jenes Interesse keine Befriedigung findet. Dieselbe Frage läßt sich hinsichtlich der Selbstverwirklichung stellen: wie empfindet *das Selbst*, wenn es nicht zur Verwirklichung findet? Solche Fragen führen zu verständlichen Antworten bei empfindungsfähigen Wesen, aber nicht bei Bäumen, Spezies oder Ökosystemen. Die Tatsache, daß, wie James Lovelock in *Gaia: A New Look at Life on Earth* (dt. *Gaia – Die Erde ist ein Lebewesen*, 1992) darlegt, die Biosphäre auf Ereignisse in einer Art und Weise reagieren kann, die einem sich selbsterhaltenden System gleicht, zeigt nicht an sich, daß die Biosphäre bewußt wünscht, sich selbst zu erhalten. Dem globalen Ökosystem den Namen einer griechischen Göttin zu geben, mag eine schöne Idee sein, indessen ist es für uns wohl nicht die beste Hilfe zu klarer Erkenntnis seiner Beschaffenheit. Genauso gibt es – in kleinerem Maßstab – keinen Anhaltspunkt dafür, wie ein Ökosystem die Überflutung durch einen Dammbau empfindet, denn es existiert keine solche Empfindung. In dieser Hinsicht kommen Bäume, Ökosysteme und Spezies eher Felsen als empfindungsfähigen Wesen gleich; folglich bietet die Grenzziehung zwischen empfindungsfähigen und empfindungslosen Lebewesen insoweit eine tragfähigere Grundlage für eine im moralischen Sinne wesentliche Grenze als die zwischen Lebendigem und Un-

belebtem oder zwischen holistischen und allen anderen
möglicherweise als nichtholistisch zu betrachtenden Entitäten. (Was diese anderen Entitäten auch immer sein mögen:
selbst ein einzelnes Atom erweist sich bei angemessener Betrachtung als komplexes System, welches nach Selbsterhal-
tung »strebt«.)
Trotz dieser Zurückweisung der moralischen Grundlage der
tiefenökologischen Ethik spricht vieles für die Bewahrung
der unberührten Natur. Es folgt lediglich daraus, daß eine
Art von Argument – das Argument vom Wert an sich von
Pflanzen, Spezies oder Ökosystemen – bestenfalls fragwürdig bleibt. Wenn man es auf kein anderes und solideres
Fundament stellen kann, sollten wir uns an Argumente halten, die sich auf die Interessen von menschlichen und nichtmenschlichen empfindungsfähigen Wesen jetzt und in der
Zukunft beschränken. Diese Argumente genügen vollkommen, um zu zeigen, daß zumindest in einer Gesellschaft, in
der niemand die Natur zerstören muß, um Nahrung zum
Überleben oder Material zum Schutz gegen die Elemente zu
erlangen, der Wert der Erhaltung der verbleibenden wichtigen Gebiete unberührter Natur die wirtschaftlichen Werte,
die durch ihre Zerstörung erlangt werden, bei weitem übersteigt.

Die Entwicklung einer Umweltethik

Langfristig werden die von der Ethik bestimmter Gesellschaften für gut befundenen moralischen Tugenden und die
akzeptierten moralischen Verbote stets die für ihren Fortbe-
stand notwendigen Lebens- und Arbeitsbedingungen widerspiegeln. Diese Feststellung kommt einer Tautologie
nahe, denn wenn die Ethik einer Gesellschaft wirklich nicht
das für ihr Fortbestehen Nötige berücksichtigte, würde sie
aufhören zu existieren. Viele unserer heutzutage akzeptierten ethischen Normen lassen sich mit einer derartigen

Überlegung erklären. Einige sind universal, und man kann annehmen, daß sie der Gemeinschaft unter praktisch allen menschlichen Lebensbedingungen Vorteil bringen. Offensichtlich würde eine Gesellschaft, die ihren Mitgliedern gestattet, sich ungestraft gegenseitig umzubringen, nicht lange bestehen. Umgekehrt würden die Elterntugend der Kinderfürsorge und Tugenden wie Ehrlichkeit oder Gruppenloyalität eine stabile und dauerhafte Gemeinschaft fördern. In anderen Verboten spiegeln sich wohl besondere Lebensbedingungen wider: das bei Eskimos übliche Verhalten, nicht mehr zur Selbstversorgung befähigte betagte Eltern zu töten, wird oft als Beispiel für eine notwendige Antwort auf ein Leben in einem überaus widrigen Klima angeführt. Zweifellos räumten dabei langsam voranschreitende klimatische Veränderungen oder die Abwanderung in andere Regionen den ethischen Systemen Zeit zur notwendigen Anpassung ein.

Heute sind wir mit einer neuen Bedrohung unseres Überlebens konfrontiert. Die sprunghafte Vermehrung der Menschen ist, verbunden mit den Nebenwirkungen des Wirtschaftswachstums, in gleichem Maße wie die alten Bedrohungen in der Lage, unsere Gesellschaft auszulöschen – und ebenso jede andere Gesellschaft. Bislang liegt keine Ethik vor, die sich mit dieser Bedrohung befaßt. Einige ethische Grundsätze, über die wir in der Tat verfügen, sagen genau das Gegenteil von dem, was wir benötigen. Das Problem besteht, wie wir bereits gesehen haben, in der langsamen Veränderung moralischer Prinzipien und in der knappen verbleibenden Zeit zur Entwicklung einer neuen Umweltethik. Eine derartige Ethik würde jede der Umwelt Schaden zufügende Handlung für moralisch bedenklich halten und Handlungen, die unnötigerweise schädlich sind, für völlig falsch. In diesem Sinne ist meine Bemerkung in Kapitel 1 ernst zu nehmen, daß die vom Autofahren aufgeworfenen Moralprobleme gravierender sind als die des Sexualverhaltens. Eine Umweltethik begreift Schonung und Wiederverwertung von Ressourcen als Tugenden und Verschwendungssucht und unnötigen Verbrauch als Laster. Um nur ein Beispiel zu geben: In der Sicht einer Umweltethik bleiben die Entscheidungen, die unsere Freizeitgestaltung betreffen, moralisch nicht neutral. Momentan erachten wir die Wahl zwischen Autorennsport und Radfahren, zwischen Wasserski und Windsurfen lediglich als Geschmacksfrage. Indessen besteht ein gewichtiger Unterschied: Autorennsport und Wasserskilaufen machen den Verbrauch fossiler Brennstoffe und die Freisetzung von Kohlendioxyd in die Atmosphäre unumgänglich. Im Gegensatz zum Radfahren und Windsurfen. Sobald wir einmal die Notwendigkeit der Bewahrung unserer Umwelt ernst nehmen, werden Automobilsport und Wasserskilaufen als Formen der Unterhaltung ebensowenig akzeptiert werden wie heute die Bärenhatz.

Eine wahrhaft umweltgerechte Ethik ist in groben Umrissen unschwer auszumachen. Das Allergrundsätzlichste einer solchen Ethik bildet die Entwicklung der Rücksichtnahme auf die Interessen aller empfindungsfähigen Wesen einschließlich der nachfolgenden Generationen bis in ferne Zukunft. Damit verbunden ist eine ästhetische Wertschätzung unberührter Gegenden und unversehrter Natur. Auf einer spezielleren, das Leben von Groß- und Kleinstadtbewohnern betreffenden Ebene rät sie von Großfamilien ab. (Hier tritt sie einigen bestehenden moralischen Auffassungen, die noch Relikte eines Zeitalters mit nur spärlicher Erdbesiedlung sind, entschieden entgegen; sie wirkt auch als Gegengewicht zur Implikation der »totalen« Version des Utilitarismus, die in Kapitel 4 erörtert wurde.) Eine Umweltethik weist die Ideale einer materialistischen Gesellschaft zurück, die Erfolg an der Zahl der Konsumgüter mißt, die man anhäufen kann. Statt dessen beurteilt sie Erfolg mit Begriffen wie Entwicklung eigener Fähigkeiten und Erlangen wirklicher Erfüllung und Befriedigung. Sie unterstützt Genügsamkeit, insofern sie unerläßlich ist für den Rückgang der Umweltverschmutzung auf ein Minimum und die Sicherstellung der Wiederverwendung alles Wiederverwendbaren. Achtloses Wegwerfen von wiederverwertbarem Material betrachtet sie als eine Art Vandalismus oder als Diebstahl am gemeinsamen Eigentum der Weltressourcen. Somit sind die verschiedenen Leitfäden und Bücher für »grüne Konsumenten«, die sich mit den Dingen befassen, die wir tun können, um unseren Planeten zu retten, – durch Wiederverwertung von Gebrauchsgütern und durch Kauf der umweltfreundlichsten Produkte, die verfügbar sind –, Teil einer notwendigen neuen Ethik. Selbst sie erweisen sich vielleicht nur als Zwischenlösung, als Sprungbrett zu einer Ethik, welche die bloße Idee des Konsums unnötiger Produkte in Frage stellt. Windsurfen ist vielleicht besser als Wasserskilaufen, wenn wir jedoch weiterhin neue Surfbretter kaufen, um mit den neuesten Trends beim Brett- und Segeldesign mitzuhalten, dann fällt der Unterschied kaum noch ins Gewicht.

Wir müssen unsere Vorstellung von Verschwendung überdenken. In einer unter Druck geratenen Welt läßt sich dieser Begriff nicht auf Limousinen mit Chauffeur und Dom-Perignon-Champagner einengen. Nutzholz aus einem Regenwald ist Verschwendung, weil der langfristige Wert des Regenwaldes bei weitem den Nutzen aus dem Holz übersteigt. Produkte aus Einwegpapier sind Verschwendung, weil uralte Hartholzwälder zu Kleinholz verarbeitet und an Papierunternehmen verkauft werden. »Mal mit dem Auto durch die Gegend fahren« bedeutet verschwenderischen Verbrauch von zum Treibhauseffekt beitragenden fossilen Brennstoffen. Als während des Zweiten Weltkriegs Benzin knapp war, stand auf Plakaten die Frage »Müssen Sie wirklich verreisen?« Der Aufruf zu nationaler Solidarität gegen eine unmittelbar vor Augen stehende Gefahr war überaus wirksam. Die Bedrohung unserer Umwelt ist weniger unmittelbar und augenscheinlich, doch die Notwendigkeit, unnötige Reisen und andere Arten unnötigen Konsums einzuschränken, erweist sich als ebenso groß.

Was das Essen anlangt, so wird nicht bei Kaviar oder Trüffeln am meisten verschwendet, sondern bei Rind- und Schweinefleisch sowie Geflügel. Ungefähr 38% der weltweiten Getreideernte und darüber hinaus Unmengen von Sojabohnen verfüttert man heute an Tiere. Es leben dreimal so viele Haustiere wie Menschen auf diesem Planeten. Allein das Gesamtgewicht der 1,28 Milliarden Rinder auf der Erde übersteigt das der Menschen. Während wir mit finsterem Blick auf die Geburtenzahlen in ärmeren Teilen der Welt schauen, ignorieren wir die von uns selbst erzeugte Überpopulation der Tiere in der Landwirtschaft. Die gewaltige Getreideverschwendung durch die intensive Tierhaltung wurde bereits in den Kapiteln 3 und 8 dieses Buches erwähnt. Indessen zeigt sich darin nur ein Teil des Schadens, der durch Tiere entsteht, die wir planvoll züchten. Die energieintensiven Methoden der Tierfabriken in den Industrieländern sind für den Verbrauch riesiger Mengen fossiler Brennstoffe verantwortlich. Chemische Düngemittel für den Anbau von Futterpflanzen für Rinder in Mastboxen sowie in Ställen gehaltene Schweine und Hühner produzieren Stickstoffoxyd, ebenfalls ein Treibhausgas. Und dann verschwinden die Wälder. Überall werden menschliche und nichtmenschliche Waldbewohner vertrieben. Seit 1960 wurden 25% der Wälder Zentralamerikas für die Rinderhaltung gerodet. Sobald er einmal gerodet ist, hält der unfruchtbare Boden ein paar Jahre Abweidung aus; dann müssen die Viehzüchter weiterziehen. Buschwerk wächst nun auf den aufgegebenen Weiden, doch der Wald kommt nicht wieder zurück. Nach der Rodung für das Weiden der Rinder steigen Milliarden Tonnen Kohlendioxyd in die Atmosphäre hoch. Schließlich soll der weltweite Rinderbestand etwa 20% des in die Atmosphäre freigesetzten Methans erzeugen, und Methan hält fünfundzwanzigmal mehr Wärme aus der Sonnenstrahlung zurück als Kohlendioxyd. Aus dem Dung der Tierfabriken entsteht ebenfalls Methan, da er sich, anders als bei natürlich gedüngten Feldern, nicht im Beisein von Sauerstoff zersetzt. Aus alldem ergeben sich, zusätzlich zu den Darlegungen in Kapitel 3, zwingende Gründe für eine weitgehend pflanzliche Ernährung.

Die Hervorhebung von Genügsamkeit und einfachem Leben bedeutet nicht, daß die Umweltethik genußfeindlich wäre, sondern daß die Genüsse, die sie wertschätzt, nicht von einer aufwendigen Lebensweise kommen. Statt dessen kommen sie von liebevollen persönlichen und sexuellen Beziehungen, von der Nähe zu Kindern und Freunden, von Gesprächen, Sport und Freizeitaktivitäten, die mit unserer Umwelt harmonieren, anstatt sie in Mitleidenschaft zu ziehen, von Nahrung, die nicht auf der Ausbeutung empfindungsfähiger Lebewesen basiert und die nicht die Welt kostet, von kreativer Aktivität und Arbeit aller Art und (mit angemessener Sorgsamkeit, damit nicht gerade das, was für uns wertvoll ist, zerstört wird) Wertschätzung der unberührten Plätze der Welt, in der wir leben.

11
Zwecke und Mittel

Wir haben eine Reihe von moralischen Problemen untersucht und dabei gesehen, daß viele anerkannte Praktiken
ernsthaften Einwänden ausgesetzt sind. Was sollen wir nun
damit anfangen? Auch das ist ein moralisches Problem. Wir
wollen vier reale Fälle betrachten.

Oskar Schindler war ein deutscher Industrieller, der
während des Zweiten Weltkriegs eine Fabrik in der Nähe
von Krakau leitete. Zu einer Zeit, als die polnischen Juden
in die Todeslager geschickt wurden, stellte er eine Arbei-
tertruppe von jüdischen Insassen der Konzentrationslager
und aus dem Getto zusammen, die um einiges größer
war, als sie in seiner Fabrik benötigt wurde. Durch verschiedene illegale Methoden, darunter Bestechung von SS-Mit-
gliedern und anderen Funktionären, gelang es ihm, diese
Menschen zu schützen. Mit seinem eigenen Geld kaufte er
Nahrungsmittel auf dem Schwarzmarkt, um die unzurei-
chenden amtlich genehmigten Rationen für seine Arbeiter
aufzubessern. Auf diese Weise rettete er etwa 1200 Menschen das Leben.

Im Jahr 1984 leitete Dr. Thomas Gennarelli ein auf die Erforschung von Kopfverletzungen spezialisiertes Labor an
der University of Pennsylvania in Philadelphia. Mitglieder
der im Untergrund tätigen Animal Liberation Front erfuh-
ren, daß Gennarelli Affen Kopfverletzungen beibrachte,
ohne daß diese bei den Versuchen ordnungsgemäß betäubt
wurden. Die Organisation wußte auch, daß Gennarelli und
seine Mitarbeiter die Versuche mit einer Videokamera auf-
zeichneten, um zu dokumentieren, was während und nach
der Zufügung von Kopfverletzungen passierte. Die Animal

Liberation Front bemühte sich um weitere Informationen auf offiziellem Wege, jedoch erfolglos. Im Mai 1984 brachen Mitglieder der Organisation eines Nachts in das Labor ein und fanden 34 Videobänder. Bevor sie das Labor mit den Videobändern verließen, zerstörten sie die Apparaturen. Auf den Bändern war eindeutig zu sehen, wie die Affen, bei vollem Bewußtsein, sich dagegen wehrten, auf dem Operationstisch gefesselt zu werden, wo man ihnen die Kopfverletzungen beibrachte; auch das höhnische Lachen der Experimentatoren über die verängstigten Tiere war festgehalten. Die Veröffentlichung der zusammengeschnittenen Videobänder erregte allgemein Empörung. Trotzdem mußte noch ein weiteres Jahr mit Protesten vergehen, die ihren Höhepunkt mit einem Sit-in in der für Gennarellis Versuche zuständigen Regierungsbehörde erreichten, bevor der amerikanische Gesundheitsminister die Einstellung der Versuche verfügte.

1986 betrat Joan Andrews eine Klinik, in der Schwangerschaftsabbrüche vorgenommen werden, in Pensacola (Florida) und beschädigte ein Absauggerät, mit dem Abtreibungen vorgenommen werden. Sie lehnte es ab, sich vor Gericht vertreten zu lassen, mit der Begründung, daß »die in Wahrheit Betroffenen, die noch nicht geborenen Kinder, auch keinen Vertreter hätten und ohne den ihnen zustehenden Prozeß getötet würden«. Andrews unterstützte Operation Rescue, eine amerikanische Organisation, die ihren Namen und ihre Handlungsvollmacht von der biblischen Forderung herleitet »die zu retten, welche dem Tod verfallen sind, und jene zurückzuhalten, die zur Schlachtbank taumeln«. Operation Rescue nimmt zivilen Ungehorsam in Anspruch, um Kliniken, in denen Schwangerschaftsabbrüche vorgenommen werden, zu schließen, wodurch nach ihrer Ansicht »das Leben ungeborener Babys gerettet wird, die die Rescuer zu verteidigen moralisch verpflichtet sind«. Mitglieder dieser Organisation blockieren Kliniktüren und

hindern Ärzte sowie Schwangere, die einen Schwangerschaftsabbruch wollen, am Betreten des Krankenhauses.
Sie versuchen, durch »Straßen-Beratungen« über das Wesen
der Abtreibung Schwangere vom Besuch der Klinik abzu-
bringen. Gary Leber, einer der Operation-Rescue-Leiter,
hat behauptet, daß allein zwischen 1987 und 1989 als unmittelbare Folge solcher »Rettungsmissionen« mindestens
421 Frauen ihren Entschluß zu einem Schwangerschaftsabbruch revidierten und daß deren Kinder, die sonst getötet
worden wären, heute am Leben sind.

1976 fuhr Bob Brown, damals ein junger praktischer Arzt,
den Franklin-Fluß im Südwesten Tasmaniens auf einem
Floß hinunter. Die wilde Schönheit des Flusses und die
Stille der unberührten Wälder ringsum beeindruckten ihn
tief. Dann aber, an einer Biegung im unteren Teil des Flusses, traf er auf Angestellte der Hydro-Electric Commission,
die die Möglichkeiten für den Bau eines Staudamms an dieser Stelle prüften. Brown gab seine Arztpraxis auf und
gründete die Tasmanian Wilderness Society mit dem Ziel,
die verbliebenen Wildnisgebiete des Bundesstaates zu
schützen. Trotz lebhafter Proteste empfahl die Hydro-Electric Commission den Dammbau, und nach einigem Zögern
entschied die Landesregierung mit Unterstützung aus Wirt-
schaftskreisen und Gewerkschaften, die Sache voranzutrei-
ben. Die Tasmanian Wilderness Society organisierte eine
friedliche Blockade der Straße, die zu dem zukünftigen
Staudamm gebaut wurde. 1982 wurde Brown mit vielen andern festgenommen und wegen unbefugten Betretens des
Grund und Bodens der Hydro-Electric Commission zu
vier Tagen Haft verurteilt. Doch die Blockade erregte Aufsehen im ganzen Land, und obwohl die australische Bundesregierung nicht unmittelbar für den Staudamm verantwortlich war, wurde dieser ein Thema bei den damals anste-
henden Parlamentswahlen. Die australische Labor Party,
vor den Wahlen in der Opposition, setzte sich für verfas-

sungsmäßige Mittel zur Verhinderung weiterer Arbeiten an dem Staudamm ein. Die Labor Party gewann die Wahl, übernahm die Regierungsverantwortung und verabschiedete ein Gesetz, das das Staudammprojekt stoppte. Gegen den Antrag der Regierung von Tasmanien wurde das Gesetz von einer hauchdünnen Mehrheit des Obersten Gerichtshofes von Australien bestätigt, mit der Begründung, der Südwesten Tasmaniens sei ein Welterbe-Gebiet und die Bundesregierung habe den verfassungsmäßigen Auftrag, den internationalen Vertrag über die World Heritage Commission einzuhalten. Heute fließt der Franklin-Fluß immer noch unbehindert dahin.

Haben wir eine vorrangige Verpflichtung, dem Gesetz zu gehorchen? Oskar Schindler, die Mitglieder der Animal Liberation Front, die Gennarellis Videobänder an sich brachten, Joan Andrews von Operation Rescue, Bob Brown und die sich mit ihm in Südwest-Tasmanien den Planierraupen entgegenstellten – sie alle brachen das Gesetz. Haben sie alle unrecht gehandelt?
Die Frage läßt sich nicht damit erledigen, daß man sich auf die banale Formel »Der Zweck heiligt niemals die Mittel« beruft. Für alle, außer für die striktesten Anhänger einer Regelmoral, heiligt der Zweck zuweilen die Mittel. Die meisten halten Lügen, alle Umstände als gleich vorausgesetzt, für unrecht, sind aber dennoch der Meinung, daß man lügen darf, wenn dadurch unnötiger Anstoß oder Ärger vermieden werden kann – wenn dir zum Beispiel ein wohlmeinender Verwandter eine scheußliche Vase zum Geburtstag schenkt und fragt, ob sie dir wirklich gefällt. Wenn schon dieser verhältnismäßig triviale Zweck Lügen rechtfertigen kann, dann ist es um so offensichtlicher, daß manche wichtigen Zwecke – einen Mord zu verhindern oder Tiere vor großen Leiden zu bewahren – das Lügen rechtfertigen können. Daher läßt sich gegen das Prinzip, der Zweck könne nicht die Mittel heiligen, leicht verstoßen. Die schwierige

370 Zwecke und Mittel

Frage ist nicht, ob der Zweck jemals die Mittel rechtfertigen kann, sondern welche Mittel sich durch welchen Zweck rechtfertigen lassen.

Individuelles Gewissen und das Gesetz

Viele Menschen sind gegen Staudämme an wilden Flüssen, gegen die Ausbeutung von Tieren, gegen Abtreibung, ohne das Gesetz zu brechen, um diese Aktivitäten zu stoppen. Zweifellos begehen einige Mitglieder konventionellerer Umweltschutz-, Tierbefreiungs- und Abtreibungsgegner-Organisationen keine unrechtmäßigen Handlungen, weil sie nicht bestraft oder eingesperrt werden wollen; andere dagegen wären sehr wohl bereit, die Konsequenzen illegaler Handlungen auf sich zu nehmen. Sie scheuen nur deshalb davor zurück, weil sie die moralische Autorität des Gesetzes respektieren und ihr gehorchen.

Wer hat recht in dieser moralischen Meinungsverschiedenheit? Haben wir irgendeine moralische Verpflichtung zum Gesetzesgehorsam, wenn das Gesetz Dinge schützt und gutheißt, die wir für ganz und gar unrecht halten? Eine eindeutige Antwort auf diese Frage gab im 19. Jahrhundert der amerikanische Radikale Henry Thoreau. In seinem Essay *On Civil Disobedience*, in dem dieser heute geläufige Ausdruck wohl erstmals verwendet wurde, schrieb er:

»Darf der Bürger jemals für einen kurzen Augenblick oder zu einem winzigen Teil, sein Gewissen an den Gesetzgeber abgeben? Wozu hätte denn dann jeder Mensch ein Gewissen? Ich finde, wir sollten erst Menschen sein, und danach Untertanen. Es scheint mir nicht wünschenswert, einen Respekt vor dem Gesetz in demselben Maße zu pflegen wie vor dem Recht. Die einzige Verpflichtung, die ich rechtmäßig eingehen darf, ist die, jederzeit das zu tun, was mir recht erscheint.«

Der amerikanische Philosoph Robert Paul Wolff hat sich in ähnlicher Weise geäußert:

»Das bestimmende Merkmal des Staates ist seine Autorität, sein Recht zu herrschen. Die erste Pflicht des Menschen besteht in der Autonomie, der Weigerung, sich beherrschen zu lassen. Es sieht demnach so aus, daß der Konflikt zwischen der Autonomie des Individuums und der vermeintlichen Autorität des Staates unauflöslich ist. Sofern der Mensch seiner Verpflichtung nachkommt, sich selbst zum Urheber seiner Entscheidungen zu machen, wird er dem Anspruch des Staates auf Autorität ihm gegenüber Widerstand leisten.«

Thoreau und Wolff lösen den Konflikt zwischen Individuum und Gesellschaft zugunsten des Individuums. Wir sollten so handeln, wie es uns unser Gewissen diktiert, wie wir autonom entscheiden, daß wir handeln sollten: nicht wie das Gesetz es vorschreibt. Alles andere wäre eine Absage an unsere moralische Entscheidungsfähigkeit.

So formuliert, erscheint die Streitfrage simpel und die Thoreau-Wolffsche Antwort offensichtlich richtig. Demnach wären Oskar Schindler, die Animal Liberation Front, Joan Andrews und Bob Brown absolut im Recht, das zu tun, was sie für richtig hielten, nicht was der Staat als Gesetz vorschrieb. Aber ist die Sache so einfach? In einem Sinne ist es unbestreitbar, daß wir, wie Thoreau sagt, das tun sollen, was wir für richtig halten; oder, wie Wolff es darstellt, daß wir uns selbst zum Urheber unserer Entscheidungen machen sollen. Haben wir die Wahl zwischen dem, was wir für richtig halten, und dem, was wir für falsch halten, sollten wir natürlich das tun, was wir für richtig halten. Das stimmt zwar, bietet aber keine große Hilfe. Was wir wissen müßten, ist nicht, ob wir das tun sollen, wofür wir uns als richtig entscheiden, sondern wie wir entscheiden sollen, was richtig ist.

Erinnern wir uns der unterschiedlichen Ansichten zwischen den Mitgliedern der Animal Liberation Front (ALF) und den gesetzestreueren Mitgliedern der britischen Royal Society for the Prevention of Cruelty to Animals (RSPCA): ALF-Mitglieder finden es unrecht, daß Tieren Schmerz zugefügt wird, sofern dies nicht durch außerordentliche Umstände gerechtfertigt ist. Und wenn der beste Weg, dem Einhalt zu gebieten, über den Gesetzesbruch führt, dann ist der Gesetzesbruch ihrer Meinung nach richtig. RSPCA-Mitglieder – wollen wir einmal annehmen – finden es ebenfalls normalerweise unrecht, daß Tieren Schmerz zugefügt wird, aber sie finden es auch unrecht, das Gesetz zu brechen, und sie glauben, daß die Unrechtmäßigkeit des Gesetzesbruchs nicht durch den Zweck, zu verhindern, daß Tieren ungerechtfertigt Schmerz zugefügt wird, aufgewogen wird. Angenommen, Menschen, die es ablehnen, Tieren Schmerz zuzufügen, sind sich noch nicht schlüssig, ob sie sich den militanten Gesetzesbrechern oder den konventionelleren Tierschützergruppen anschließen sollen. Wie kann der Hinweis, sie sollten tun, was sie richtig finden, sie sollten Urheber ihrer eigenen Entscheidung sein, ihre Unschlüssigkeit beseitigen? Es geht um die Unsicherheit, was zu tun richtig ist, nicht um die Unsicherheit, ob man tun muß, wofür man sich als richtig entschieden hat.

Dieser Punkt kann durch Gerede wie »Man müsse seinem Gewissen folgen« – ohne Rücksicht darauf, was das Gesetz vorschreibt – verdunkelt werden. Manche meinen damit lediglich, man solle das tun, was man bei entsprechendem Nachdenken für richtig hält – und das kann, wie im Falle unseres hypothetischen RSPCA-Mitglieds, davon abhängen, was das Gesetz befiehlt. Andere meinen mit »Gewissen« nicht etwas, das vom kritisch reflektierenden Urteil abhängt, sondern eine Art innerer Stimme, die uns sagt, daß etwas unrecht ist, und die das möglicherweise auch dann noch immer weiter behauptet, wenn wir nach sorgfältiger Abwägung aller moralisch relevanten Überlegungen zu der Entscheidung gelangt sind, daß unsere Handlung nicht unrecht sei. Legt man diese Bedeutung von Gewissen zugrunde, so kann eine unverheiratete Frau, die mit der festen römisch-katholischen Überzeugung aufgewachsen ist, außerehelicher Sex sei immer unrecht, ihre Religion aufgeben und zu der Ansicht gelangen, es gebe keine vernünftige Grundlage für die Beschränkung von Sex auf die Ehe – und doch weiterhin Schuldgefühle haben, wenn sie Sexualverkehr hat. Sie mag diese Schuldgefühle als ihr »Gewissen« bezeichnen, aber wenn dem so ist, soll sie ihm folgen?

Der Satz, wir sollten unserem Gewissen folgen, ist nicht zu bestreiten, aber auch nicht hilfreich, wenn »dem Gewissen folgen« heißt, das zu tun, was man nach reiflicher Überlegung für richtig hält. Wenn »dem Gewissen folgen« heißt, das zu tun, was einem die »innere Stimme« zu tun gebietet, dann heißt dem eigenen Gewissen folgen allerdings, seiner Verantwortlichkeit als rational Handelnder abzuschwören, die Berücksichtigung aller relevanten Faktoren zu vernachlässigen und nicht gemäß der besten Beurteilung des in der Situation Richtigen oder Falschen zu handeln. Die »innere Stimme« ist wahrscheinlich eher ein Produkt von Erziehung und Ausbildung als eine Quelle genuiner moralischer Einsicht.

Vermutlich möchten weder Thoreau noch Wolff vorschlagen, wir sollten immer unserem Gewissen im Sinne der »inneren Stimme« folgen. Wenn ihre Ansichten überhaupt plausibel sein sollen, dann müssen sie meinen, daß wir unserem Urteil darüber, was wir zu tun haben, folgen sollten. Das Äußerste, was sich in diesem Fall zugunsten ihrer Empfehlungen sagen läßt, ist: Sie erinnern uns daran, daß Entscheidungen über Gesetzesgehorsam moralische Entscheidungen sind, die das Gesetz selbst nicht für uns treffen kann. Wir sollten nicht gedankenlos voraussetzen, daß, wenn das Gesetz etwa verbietet, Videobänder aus Labors zu stehlen, es immer unrecht ist, das zu tun – ebensowenig wie es kein Unrecht ist, Juden vor den Nazis zu verstecken, selbst wenn es gegen das Gesetz ist. Gesetz und Ethik sind zwei verschiedene Dinge. Andererseits bedeutet das nicht, daß das Gesetz kein moralisches Gewicht hat. Es bedeutet nicht, daß irgendeine Handlung, die richtig gewesen wäre, wenn sie legal gewesen wäre, richtig sein muß, obwohl sie tatsächlich illegal ist. Daß eine Handlung illegal ist, *kann* moralisch ebenso wie rechtlich bedeutsam sein. Ob es wirklich moralisch bedeutsam ist, das ist eine andere Frage.

Gesetz und Ordnung

Wenn wir eine Handlungsweise ernsthaft für unrecht halten und wenn wir den Mut und die Kraft haben, diese Handlungsweise durch Gesetzesbruch zu verhindern, wie könnte dann die Illegalität dieser Aktion einen moralischen Grund dagegen darstellen? Um eine so spezifische Frage wie diese zu beantworten, müssen wir zunächst eine viel allgemeinere Frage stellen: Warum gibt es überhaupt Gesetze?

Menschliche Wesen sind von Natur aus auf Gemeinschaft hin ausgerichtet, aber nicht so sehr, daß wir uns nicht gegen das Risiko schützen müßten, von unseren Mitmenschen angegriffen oder getötet zu werden. Wir können das versuchen, indem wir Schutzorganisationen bilden, um Angriffe zu verhindern und die Angreifer zu bestrafen; aber das Ergebnis wäre nicht berechenbar, und das Ganze könnte sich zu einem Bandenkrieg auswachsen. Daher ist es wünschenswert, »ein feststehendes, unveränderliches und allgemein bekanntes Gesetz« zu haben – wie es John Locke vor langer Zeit ausdrückte –, das von befugten Richtern ausgelegt wird und mit genügend Macht ausgestattet ist, um die richterlichen Entscheidungen durchzusetzen.

Würden sich die Menschen freiwillig der Angriffe auf andere oder sonstiger feindseliger Handlungen gegen ein harmonisches und glückliches Zusammenleben enthalten, so könnten wir ohne Richter und Sanktionen auskommen. Wir bräuchten wohl einige gesetzesähnliche Konventionen wie etwa darüber, auf welcher Straßenseite gefahren werden soll. Selbst ein anarchistisches Utopia besäße einige vereinbarte Regeln für das Zusammenleben. So hätten wir immer noch etwas, das einem Gesetz gleichkommt. In Wirklichkeit enthält sich nun nicht jeder freiwillig solcher Verhaltensweisen wie etwa Angriffen, die andere nicht tolerieren können. Auch ist es nicht nur die Gefahr individueller Handlungen wie etwa Angriffe, die Gesetze erforderlich machen. In jeder Gesellschaft gibt es Streit darüber, wieviel Wasser die Bauern aus dem Fluß ableiten dürfen, um ihre Saaten zu bewässern; über den Landbesitz oder die Aufsicht über die Erziehung; über die Kontrolle der Luftverschmutzung und die Höhe der Steuern. Irgendein festgelegtes Entscheidungsverfahren ist notwendig, um solche Streitigkeiten ökonomisch und rasch zu schlichten, andernfalls würden die streitenden Parteien wahrscheinlich zur Gewalt greifen. Fast jedes etablierte Entscheidungsverfahren ist besser als das Mittel der Gewalt, denn wenn es zur Gewaltanwendung kommt, bleibt es nicht aus, daß Menschen verletzt werden. Darüber hinaus führen die meisten Entscheidungsverfahren zu mindestens ebenso vorteilhaften und gerechten Ergebnissen wie ein gewaltsames Vorgehen.

Somit sind Gesetze und ein etabliertes Entscheidungsverfahren, das sie hervorbringt, eine gute Sache. Damit entsteht *ein* wichtiger Grund für den Gesetzesgehorsam. Indem ich dem Gesetz gehorche, trage ich zu dem Respekt bei, der dem etablierten Entscheidungsverfahren und den Gesetzen entgegengebracht wird. Durch Ungehorsam statuiere ich für andere ein Exempel, das sie ebenfalls zum Ungehorsam verleiten kann. Der Effekt kann sich vervielfachen und zum Niedergang von Gesetz und Ordnung führen – im Extremfall zum Bürgerkrieg.

Ein zweiter Grund für den Gesetzesgehorsam folgt unmittelbar aus diesem ersten. Soll das Gesetz wirksam sein –

außerhalb der anarchistischen Utopie –, dann muß es
irgendeinen Apparat geben, um Gesetzesbrecher zu entdek-
ken und zu bestrafen. Die Aufrechterhaltung und Funk-
tionsfähigkeit dieses Apparats kostet Geld, das die Gesellschaft aufbringen muß. Wenn ich das Gesetz breche, muß
die Gesellschaft die Ausgaben für seine Durchsetzung aufbringen.

Diese beiden Gründe für den Gesetzesgehorsam sind weder
allgemein anwendbar noch zwingend. Sie sind zum Beispiel
nicht auf Verstöße gegen das Gesetz anwendbar, die geheim
bleiben. Wenn ich spät in der Nacht auf leeren Straßen bei
Rotlicht die Kreuzung überquere, dann wird durch mein
Verhalten niemand zum Ungehorsam angestiftet, und niemand muß das Gesetz dagegen durchsetzen. Aber das ist
nicht die Art von Illegalität, die uns interessiert.

Wo sie anwendbar sind, sind diese beiden Gründe für
Gesetzesgehorsam nicht zwingend, weil es Zeiten gibt, in
denen die Gründe gegen die Befolgung eines besonderen
Gesetzes wichtiger sind als das Risiko, andere zum
Ungehorsam anzustiften oder der Gesellschaft die Kosten
der Gesetzesdurchsetzung aufzuerlegen. Das sind zwar
echte Gründe für den Gehorsam, und wenn es keine
Gründe für Ungehorsam gibt, genügen sie, um die Frage
zugunsten des Gehorsams zu entscheiden; aber wenn es
einander widerstreitende Gründe gibt, müssen wir jeden
Fall daraufhin für sich betrachten, ob die Gründe für den
Ungehorsam gewichtiger sind als eben diese Gründe für
den Gehorsam. Wenn zum Beispiel illegale Handlungen der
einzige Weg wären, eine riesige Zahl von schmerzhaften Experimenten an Tieren zu verhindern, bedeutende Gebiete
unberührter Natur zu retten oder um Regierungen dazu zu
drängen, ihre Auslandshilfe zu verstärken, dann würde die
Wichtigkeit der Zwecke es rechtfertigen, ein gewisses Risiko, zu einem allgemeinen Niedergang des Gesetzesgehor-
sams beizutragen, einzugehen.

Demokratie

An dieser Stelle werden einige sagen: Der Unterschied zwischen Oskar Schindlers Heroismus und den nicht zu verteidigenden illegalen Handlungen von ALF, Operation Rescue sowie den Gegnern des Franklin-Staudamms besteht darin, daß es für Schindler im nationalsozialistischen Deutschland keine legalen Mittel gab, um eine Veränderung herbeizuführen. In einer Demokratie gibt es dagegen legale Mittel, um Mißbräuche abzustellen. Die Existenz legaler Verfahren für Gesetzesänderungen macht die Anwendung illegaler Mittel unzulässig.

Es trifft zu, daß in parlamentarischen Demokratien legale Verfahren existieren, die von Reformwilligen benutzt werden können; aber das zeigt an sich noch nicht, daß die Verwendung illegaler Mittel unrecht ist. Legale Wege kann es zwar geben, aber die Aussicht, mit ihrer Hilfe in absehbarer Zukunft Änderungen herbeizuführen, dürfte oftmals sehr gering sein. Während die Fortschritte auf diesen legalen Wegen langsam und oft schmerzhaft sind oder vielleicht überhaupt ausbleiben, schreitet das Unrecht, das man unterbinden will, immer weiter voran. Vor dem erfolgreichen Kampf um die Rettung des Franklin-Flusses hatte es eine andere politische Kampagne gegen einen ebenfalls von der Hydro-Electric Commission vorgeschlagenen Staudamm gegeben. Dieser wurde bekämpft, weil er den in einem Nationalpark gelegenen, unberührten Hochgebirgssee Lake Peddar überfluten würde. Jene Protestaktion, die sich konventionellerer politischer Mittel bediente, hatte keinen Erfolg, und der Lake Peddar verschwand unter den Wassern des Staudamms. In Dr. Gennarellis Labor waren jahrelang Versuche durchgeführt worden, bevor die Animal Liberation Front dort einbrach. Ohne die Beweise durch die gestohlenen Videobänder wäre es wahrscheinlich noch heute in Betrieb. In ähnlicher Weise wurde Operation Rescue erst gegründet, nachdem es in vierzehn Jahren herkömmlichen politischen

Handelns nicht gelungen war, die permissive Gesetzeslage in bezug auf Abtreibung zu revidieren, die in den USA bestand, seit der Oberste Gerichtshof 1973 restriktive Abtreibungsgesetze für verfassungswidrig erklärt hatte. Gary Leber von Operation Rescue meinte, daß während dieser Zeit »25 Millionen Amerikaner ›legal‹ getötet wurden«. Aus dieser Sicht wird deutlich, daß das Vorhandensein legaler Änderungsmöglichkeiten das moralische Dilemma nicht löst. Eine weit entfernte Möglichkeit legaler Veränderung ist nicht eben ein starker Grund gegen die Anwendung vermutlich erfolgreicherer Mittel. Aus der bloßen Existenz legaler Wege folgt höchstens – weil wir nicht wissen können, ob sie sich als erfolgreich erweisen, bevor wir sie ausprobiert haben – ein Grund dafür, illegale Aktionen zu verschieben, bis legale Mittel ausprobiert worden und gescheitert sind.

Hier können die Hüter der demokratischen Gesetze es anders versuchen: Wenn legale Mittel nicht zur Verwirklichung einer Reform führen, so zeigt das, daß die vorgeschlagene Reform nicht die Zustimmung der Mehrheit der Wähler hat; und der Versuch, die Reform mit illegalen Mitteln gegen die Wünsche der Mehrheit in Kraft zu setzen, wäre eine Verletzung des zentralen Prinzips der Demokratie, des Majoritätsprinzips.

Die Militanten können sich gegen dieses Argument aus zwei Gründen wenden, aus einem faktischen und einem philosophischen. Die Tatsachenbehauptung in der Argumentation der Demokraten besteht darin, daß eine Reform, die nicht legal in Kraft gesetzt werden kann, der Zustimmung der Mehrzahl der Wähler entbehrt. Dies würde vielleicht für eine direkte Demokratie zutreffen, in der die gesamte Wählerschaft über jede Frage abstimmt; aber es trifft gewiß nicht immer auf die modernen repräsentativen Demokratien zu. Es gibt keine Methode, die sicher feststellt, daß in allen sich ergebenden Fragen eine Mehrzahl von Repräsentanten dieselbe Position einnimmt wie die Mehrzahl ihrer Wähler. Man kann vernünftigerweise darauf vertrauen, daß die Mehrzahl der Amerikaner, die Ausschnitte aus Gennarellis Videobändern im Fernsehen gesehen haben, die Versuche abgelehnt hätten. Aber so werden nun einmal in der Demokratie Entscheidungen nicht getroffen. Wenn die Wähler zwischen Repräsentanten – oder zwischen politischen Parteien – ihre Wahl treffen, so geben sie einem »Paket«, das als ganzes angeboten wird, den Vorzug vor einem anderen. Es geschieht oft, daß sie, um für bestimmte von ihnen bevorzugte politische Maßnahmen zu stimmen, andere Maßnahmen zusätzlich in Kauf nehmen müssen, von denen sie nicht eben begeistert sind. Es kann auch vorkommen, daß Maßnahmen, die die Wähler befürworten, von keiner der großen Parteien angeboten werden. Im Falle des Schwangerschaftsabbruchs in den USA wurde die zentrale Entscheidung nicht von der Mehrzahl der Wähler, sondern vom Obersten Gericht getroffen. Sie kann nicht von einer einfachen Mehrheit der Wähler zu Fall gebracht werden, sondern nur vom Gerichtshof selbst oder durch ein kompliziertes Verfahren zur Verfassungsänderung, das von einer Minderheit der Wählerschaft umgestoßen werden kann.

Was aber, wenn eine Mehrheit das Unrecht billigte, das die Militanten beenden möchten? Wäre es dann unrecht, illegale Mittel einzusetzen? Hier stoßen wir auf die dem demokratischen Argument für den Gehorsam zugrunde liegende philosophische Forderung, daß Mehrheitsbeschlüsse zu akzeptieren sind.

Man sollte das Majoritätsprinzip nicht überbewerten. Kein vernünftiger Demokrat wird behaupten, daß die Mehrheit immer recht hat. Wenn 49% der Bevölkerung unrecht haben können, so können es auch 51% sein. Mag die Mehrheit die Ansichten der Animal Liberation Front oder von Operation Rescue unterstützen oder nicht, die Frage, ob diese Ansichten moralisch vernünftig sind, wird so nicht gelöst. Vielleicht bedeutet die Tatsache, daß diese Gruppen in der Minderheit sind – falls das zutrifft –, daß sie ihre Mittel neu überdenken sollten. Hätten sie eine Mehrheit hinter sich, dann könnten sie beanspruchen, ihrerseits nach demokratischen Prinzipien zu handeln, wenn sie illegale Mittel benutzen, um Fehler in der demokratischen Maschinerie zu beheben. Ohne diese Mehrheit spricht die demokratische Tradition mit ihrem ganzen Gewicht gegen sie, und sie sind es, die als Despoten erscheinen, die die Mehrheit zu zwingen versuchen, etwas gegen ihren Willen zu akzeptieren. Aber wieviel moralisches Gewicht sollen demokratische Prinzipien haben?

Thoreau ließ sich, wie zu erwarten, von Mehrheitsbeschlüssen nicht beeindrucken. »Alle Wahlen«, schrieb er, »sind eine Art Spiel, wie Dame oder Backgammon, mit einem leichten moralischen Beigeschmack, ein Spiel um Recht oder Unrecht, um moralische Fragen.« In gewissem Sinne hatte Thoreau recht. Wenn wir die Lehre, daß die Mehrheit immer recht hat, verwerfen – und das müssen wir –, dann heißt moralische Fragen der Abstimmung unterwerfen so viel wie darauf setzen, daß das, was wir für richtig halten, mit mehr Stimmen aus der Wahl hervorgeht als das, was wir für falsch halten; und das ist ein Glücksspiel, bei dem wir oft verlieren.

Dennoch sollten wir auch vom Wählen nicht allzu gering denken, ebensowenig wie vom Spiel. Cowboys, die sich darauf einigen, Ehrenhändel durch ein Pokerspiel zu entscheiden, handeln besser als andere, die solche Probleme weiterhin nach bewährter Westernmanier lösen. Eine Gesellschaft, die ihre Kontroversen mit Wahlkugeln entscheidet, fährt besser als eine, die Gewehrkugeln benutzt. In gewisser Hinsicht ist das ein Punkt, dem wir unter dem Stichwort »Gesetz und Ordnung« schon oft begegnet sind. Er läßt sich auf jede Gesellschaft mit einem etablierten, friedlichen Schlichtungsverfahren anwenden; aber in einer Demokratie besteht da ein feiner Unterschied, der den Ergebnissen des Entscheidungsverfahrens zusätzliches Gewicht gibt. Ein Schlichtungsverfahren, in dem niemand letztlich größere Macht hat als irgendein anderer, bietet eine Methode, die sich allen als ein fairer Kompromiß zwischen konkurrierenden Machtansprüchen empfehlen läßt. Jede andere Methode muß einigen mehr Macht geben als den anderen, und damit fordert sie die Opposition derjenigen heraus, die weniger haben. Dies trifft zumindest für das egalitäre Zeitalter zu, in dem wir leben. In einer feudalen Gesellschaft, in der die Menschen ihren Herren- oder Vasallenstatus als natürlich und angemessen anerkennen, bleiben die Feudalherren unangefochten, und es bedarf keines Kompromisses (ich denke an ein ideales Feudalsystem, so wie ich an eine ideale Demokratie denke). Diese Zeiten scheinen allerdings für immer vorbei zu sein. Der Zusammenbruch der traditionellen Autorität hat einen Bedarf für den politischen Kompromiß erzeugt. Unter den möglichen Kompromissen ist allein der für alle akzeptabel, der darin besteht, jedem eine Stimme zu geben. In Abwesenheit irgendeines vereinbarten Verfahrens, bei dem eine andere Machtverteilung entschieden wird, bietet jenes, das jedem eine Stimme gibt, im Prinzip die sicherste mögliche Grundlage für ein friedliches Verfahren, um Streitigkeiten zu schlichten.

Die Ablehnung des Mehrheitsprinzips ist daher die Ablehnung der bestmöglichen Basis für eine friedliche Ordnung der Gesellschaft in einem egalitären Zeitalter. Was sollte man denn sonst ins Auge fassen? Etwa Privilegien nach Verdiensten, mit Extrastimmen für die Intelligenteren oder besser Ausgebildeten, wie es John Stuart Mill einst vorschlug? Aber könnten wir uns darauf einigen, wem Extrastimmen zukämen? Einem wohlmeinenden Despoten? Viele würden das akzeptieren – falls sie den Despoten wählen könnten. In der Praxis hat das Abweichen vom Mehrheitsprinzip wahrscheinlich ein anderes Ergebnis: die Herrschaft derjenigen, die über die größte Streitmacht verfügen.

Somit hat das Mehrheitsprinzip ein substantielles moralisches Gewicht. Ungehorsam ist in einer Diktatur wie der im

nationalsozialistischen Deutschland leichter zu rechtfertigen als in einer Demokratie nach dem Muster der Vereinigten Staaten, Europas, Indiens, Japans oder Australiens von
heute. In einer Demokratie sollten wir es uns lange überlegen, bevor wir irgend etwas tun, das auf einen Versuch hinausläuft, der Mehrheit Zwang anzutun; denn solche Versuche implizieren die Zurückweisung des Mehrheitsprinzips,
und es gibt zu ihm keine akzeptable Alternative. Es kann
natürlich Fälle eines so entsetzlichen Mehrheitsentscheids
geben, daß Zwang gerechtfertigt ist – auf welche Gefahr hin
auch immer. Die Pflicht, einem echten Mehrheitsbeschluß
zu gehorchen, ist nicht absolut. Wir erweisen dem Prinzip
unseren Respekt nicht durch blinden Gehorsam gegenüber
der Mehrheit, sondern dadurch, daß wir uns nur unter
extremen Umständen als zum Ungehorsam berechtigt betrachten.

Ungehorsam, ziviler oder anderer Art

Fassen wir unsere Schlußfolgerungen über den Gebrauch
illegaler Mittel für lobenswerte Zwecke zusammen, so
kommen wir zu folgenden Resultaten: (1) Es gibt Gründe
dafür, daß wir normalerweise den Urteilsspruch eines etablierten, friedlichen Schlichtungsverfahrens akzeptieren
sollten; (2) diese Gründe haben besonders dann Gewicht,
wenn das Entscheidungsverfahren demokratisch ist und das
Urteil wirklich die Ansicht der Mehrheit repräsentiert; aber
(3) es gibt immer noch Situationen, in denen sich der Gebrauch illegaler Mittel rechtfertigen läßt.
Wir haben gesehen, daß es zwei verschiedene Möglichkeiten
gibt, die Anwendung illegaler Mittel in einer Gesellschaft
zu rechtfertigen, die demokratisch ist (wenn auch unvoll-
kommen, so wie das für die vorhandenen Demokratien
mehr oder weniger zutrifft). Die erste lautet: Die Entscheidung, der man sich widersetzt, ist kein echter Ausdruck der

Meinung der Mehrheit. Die zweite besagt: Obwohl die Entscheidung ein echter Ausdruck der Volksmeinung ist, stellt diese Meinung ein so großes Unrecht dar, daß Handlungen gegen die Mehrheit gerechtfertigt sind.

Es ist der Ungehorsam aus dem ersten Grund, der am ehesten den Namen »ziviler Ungehorsam« verdient. Hier kann die Anwendung illegaler Mittel als eine Erweiterung der Anwendung legaler Mittel zur Sicherung einer echten demokratischen Entscheidung betrachtet werden. Die Erweiterung kann notwendig sein, weil die normalen Kanäle zur Durchsetzung von Reformen nicht richtig funktionieren. Bei einigen Problemen lassen sich die Parlamentarier allzusehr durch geschickt vertretene und gut bezahlte Spezialinteressen beeinflussen. Bei anderen Themen ist sich die Öffentlichkeit dessen, was vorgeht, nicht bewußt. Vielleicht erfordert der Mißbrauch nur administrative und gar keine gesetzlichen Änderungen, und die Verwaltungsbürokraten lehnen es ab, damit behelligt zu werden. Vielleicht werden die legitimen Interessen einer Minderheit von voreingenommenen Beamten mißachtet. In allen diesen Fällen sind die Formen des zivilen Ungehorsams, wie sie heute allgemein verbreitet sind – passiver Widerstand, Märsche oder Sit-ins –, angebracht. Die Blockade der Straße zu dem geplanten Franklin-Staudamm war in diesem Sinn ein klassischer Fall von zivilem Ungehorsam.

In diesen Situationen ist Ungehorsam gegenüber dem Gesetz nicht ein Versuch, der Mehrheit Zwang anzutun, sondern die Mehrheit zu informieren; oder die Parlamentarier zu überzeugen, daß eine große Zahl der Wähler in dieser Sache sehr engagiert ist; oder die Aufmerksamkeit landesweit auf ein Problem zu lenken, das zuvor den Bürokraten überlassen war; oder zur erneuten Prüfung einer zu hastig gefällten Entscheidung aufzurufen. Ziviler Ungehorsam ist ein geeignetes Mittel zu solchen Zwecken, wenn legale Mittel versagt haben, weil er, obwohl illegal, nicht die Mehrheit bedroht oder ihr Zwang anzutun versucht (obwohl er üblicherweise schon ein paar zusätzliche Kosten mit sich bringt, etwa wenn Gesetzesübertretungen geahndet werden). Indem sie sich der Macht der Gesetze nicht widersetzen, keine Gewalt anwenden und die gesetzliche Strafe für ihre Handlungen akzeptieren, machen die »ungehorsamen Bürger« den Ernst ihres Protestes und ihren Respekt vor dem Rechtsstaat und den Grundprinzipien der Demokratie offenkundig.

So verstanden ist der zivile Ungehorsam nicht schwer zu rechtfertigen. Die Rechtfertigung muß nicht so stark sein, um sich über die Pflicht, einer demokratischen Entscheidung zu gehorchen, hinwegzusetzen; denn der Ungehorsam ist eher ein Versuch, den demokratischen Entscheidungsprozeß zu fördern, als ihn zu lähmen. Ungehorsam dieser Art könnte zum Beispiel durch das Ziel gerechtfertigt werden, publik zu machen, welch unersetzlicher Verlust an unberührter Natur durch den Bau eines Staudamms entsteht und wie Tiere in Labors und Tierfabriken behandelt werden, die nur wenige je zu Gesicht bekommen.

Die Anwendung illegaler Mittel zur Verhütung von Handlungen, die unbestreitbar mit der Ansicht der Mehrheit übereinstimmen, ist schwerer, aber nicht unmöglich zu rechtfertigen. Wir mögen es für unwahrscheinlich halten, daß eine Politik des Völkermords im Stil der Nazis jemals von einem Mehrheitsvotum gebilligt werden könnte, aber wenn es doch geschähe, hieße es den Respekt vor dem Mehrheitsprinzip ad absurdum treiben, wenn man den Entscheid der Mehrheit für sich als verbindlich betrachten würde. Um uns Übeln von solcher Größe zu widersetzen, sind wir praktisch zur Anwendung jedes Mittels berechtigt, das Wirkung verspricht.

Völkermord ist ein extremes Beispiel. Wenn man einräumt, daß er die Anwendung illegaler Mittel selbst gegen eine Mehrheit rechtfertigt, so bedeutet das im Hinblick auf das praktische politische Handeln sehr wenig. Doch läßt man auch nur eine Ausnahme hinsichtlich der Pflicht, demokratische Beschlüsse zu befolgen, zu, so wirft man weitere Fragen auf: Wo ist die Trennlinie zwischen Greueln wie Völkermord, bei denen diese Verpflichtung eindeutig zu verneinen ist, und weniger schwerwiegenden Fällen, bei denen die Pflicht weiter besteht? Und wer soll entscheiden, ob ein Fall diesseits oder jenseits dieser imaginären Linie anzusiedeln ist? Gary Leber von Operation Rescue schreibt, daß in den USA seit 1973 »von uns bereits viermal so viele Menschen vernichtet wurden wie von Hitler«. Ronnie Lee, einer der englischen Gründer der Animal Liberation Front, verwendet ebenfalls die Nazi-Metapher im Hinblick auf das, was wir Tieren antun: »Obwohl wir nur eine Spezies unter vielen auf der Erde sind, haben wir ein *Reich* errichtet, das die anderen nichtmenschlichen Lebewesen vollständig beherrscht, ja sie versklavt.« Es ist also nicht überraschend, daß diese Aktivisten ihren Ungehorsam für wohlbegründet halten. Aber haben sie das Recht, diese Entscheidung selbst zu treffen? Wenn nicht, wer soll dann entscheiden, wann ein Problem so schwerwiegend ist, daß auch in einer Demokratie die Verpflichtung, dem Gesetz zu gehorchen, außer Kraft gesetzt werden muß?

Die einzige Antwort kann nur lauten: Wir müssen für uns selbst entscheiden, auf welcher Seite der Trennlinie die speziellen Fälle angesiedelt sind. Es gibt keine andere Entscheidungsmöglichkeit, weil durch die Methode der Gesellschaft, eine Streitfrage zu regeln, die Entscheidung bereits getroffen worden ist. Die Mehrheit kann nicht Richter in eigener Sache sein. Wenn wir den Mehrheitsentscheid für falsch halten, dann müssen wir uns selbst darüber klarwerden, wie schwerwiegend falsch er ist.

Dies bedeutet nicht, daß jede Entscheidung, die wir in solchen Fällen treffen, subjektiv oder willkürlich ist. In diesem Buch habe ich Argumente für die Behandlung verschiedener Themen geliefert. Wenden wir diese Argumente auf die vier zu Beginn dieses Kapitels skizzierten Fälle an, so ergeben sich spezifische Schlußfolgerungen. Die rassistische Politik der Nazis, die zur Ermordung von Juden führte, war offenkundig eine Ungeheuerlichkeit, und Oskar Schindler war absolut im Recht, alles zu tun, was er konnte, um wenigstens einige Juden davor zu bewahren, Opfer dieser Politik zu werden. (Betrachtet man die persönlichen Risiken, die er auf sich nahm, so ist sein Verhalten als heroisch zu bezeichnen.) Auf der Grundlage der in Kapitel 3 vorgebrachten Argumente waren Gennarellis Affen-Versuche unrecht, weil dabei empfindungsfähige Lebewesen als bloße Werkzeuge zu Forschungszwecken behandelt wurden. Solche Versuche zu stoppen ist ein wünschenswertes Ziel, und wenn die einzige Möglichkeit, es zu erreichen, darin bestand, in Gennarellis Labor einzubrechen und die Videobänder zu stehlen, dann scheint für mich das Vorgehen gerechtfertigt gewesen zu sein. In ähnlicher Weise – aus Gründen, die in Kapitel 10 erörtert wurden – konnte der Vorschlag einer Überflutung des Franklin-Tales offenbar nur auf Bewertungen beruhen, die sowohl wegen ihrer kurzsichtigen Perspektive als auch wegen ihres Anthropozentrismus nicht zu rechtfertigen sind. Ziviler Ungehorsam war ein geeignetes Mittel, um auf die Bedeutung jener Werte hinzuweisen, die von den Befürwortern des Staudamms übersehen worden waren.

Gleichzeitig haben sich die Argumente, deren sich Operation Rescue bediente, in Kapitel 6 als nicht stichhaltig erwiesen. Der menschliche Fötus hat nicht denselben Anspruch auf Schutz wie ältere menschliche Wesen, und so sind die, die Abtreibung für moralisch gleichbedeutend mit Mord halten, im Unrecht. Auf dieser Grundlage ist die Kampagne von Operation Rescue, gegen Abtreibung zivilen Ungehorsam zu praktizieren, nicht zu rechtfertigen. Es ist jedoch wichtig, sich klarzumachen, daß der Fehler bei Operation Rescue in der moralischen Argumentation über Abtreibung, nicht in derjenigen über zivilen Ungehorsam liegt. Wäre Abtreibung wirklich moralisch gleichbedeutend mit Mord, dann sollten wir durchaus die Türen zu den Kliniken, die Schwangerschaftsabbrüche durchführen, blockieren.

All das macht natürlich das Leben schwierig. Es ist unwahrscheinlich, daß Mitglieder von Operation Rescue durch die Argumente dieses Buches überzeugt werden. Ihr Beharren auf der Richtigkeit von Bibelzitaten läßt nicht gerade erwarten, daß sie gegenüber moralischer Argumentation auf nicht-religiöser Grundlage aufgeschlossen sind. Deshalb ist es auch nicht leicht, sie davon zu überzeugen, daß ihr ziviler Ungehorsam nicht gerechtfertigt ist. Wir mögen das bedauern, es ist jedoch nicht zu ändern. Es gibt keine einfache moralische Regel, die uns befähigt zu erklären, wann Ungehorsam gerechtfertigt ist und wann nicht, ohne daß über Recht und Unrecht des Zieles des Ungehorsams entschieden wird.

Wenn wir davon überzeugt sind, daß wir versuchen, ein wirklich gravierendes moralisches Unrecht zu unterbinden, haben wir auch noch andere moralische Fragen an uns zu richten. Wir müssen die Größe des Unrechts, dem wir Einhalt zu gebieten versuchen, gegen die Möglichkeit eines drastischen Niedergangs der Achtung vor Gesetz und Demokratie abwägen. Auch ist die Wahrscheinlichkeit zu berücksichtigen, daß unsere Handlungen ihr Ziel verfehlen und eine Reaktion provozieren, die die Chance auf einen Erfolg mit anderen Mitteln verringert. (Terroristische Anschläge gegen ein tyrannisches Regime zum Beispiel liefern der Regierung einen idealen Vorwand, um ihre gemäßigteren politischen Gegner einzusperren; gewaltsame Angriffe gegen Experimentatoren ermöglichen dem Forschungs-Establishment, alle Kritiker von Tierversuchen als Terroristen zu brandmarken.)

Ein Ergebnis des konsequentialistischen Ansatzes bei diesem Problem, das auf den ersten Blick befremden mag, ist folgendes: Je tiefer die Haltung des Gehorsams gegenüber demokratischen Regeln bei den Bürgern verwurzelt ist, desto eher läßt sich Ungehorsam vertreten. Es liegt hier allerdings kein Paradox vor, sondern vielmehr ein weiteres Beispiel für die Binsenwahrheit, daß man zarte Pflänzchen besonders pflegen muß, während ausgewachsene Bäume eine härtere Behandlung vertragen. So könnte sich Ungehorsam angesichts eines gegebenen Problems zwar in Großbritannien oder in den Vereinigten Staaten rechtfertigen lassen, nicht jedoch in Kambodscha oder in Rußland zu einer Zeit, in der diese Länder ein demokratisches Regierungssystem zu etablieren versuchen.

Diese Probleme können nicht allgemein abgehandelt werden. Jeder Fall ist anders. Wenn die zu behebenden Übel weder besonders grauenhaft (wie Völkermord) noch relativ harmlos (wie der Entwurf einer neuen Nationalflagge) sind, so werden bei vernünftigen Menschen die Meinungen über die Rechtmäßigkeit des Versuchs, die Ausführung einer demokratisch gewonnenen Entscheidung zu durchkreuzen, auseinandergehen. Wo illegale Mittel in dieser Absicht angewendet werden, wird ein wichtiger Schritt getan; denn dann hört Ungehorsam auf, »ziviler Ungehorsam« zu sein, wenn mit diesem Begriff gemeint ist, daß Ungehorsam durch einen Appell an die Prinzipien gerechtfertigt wird, die die Gesellschaft selbst als den ordnungsgemäßen Weg zur Regelung ihrer Angelegenheiten akzeptiert. Es mag dabei immer noch das beste sein, wenn ein solcher Ungehorsam »zivil« in dem anderen Sinne des Wortes ist, nämlich gegensätzlich zu Gewaltanwendung oder Methoden des Terrorismus.

Gewalt

Wie wir gesehen haben, läßt sich der zivile Ungehorsam, beabsichtigt als ein Mittel, öffentliche Aufmerksamkeit zu erregen oder die Mehrheit zu einer erneuten Überprüfung zu veranlassen, viel leichter rechtfertigen als ein Ungehorsam, der der Mehrheit Zwang anzutun beabsichtigt. Gewalt ist offensichtlich noch schwerer zu rechtfertigen. Einige behaupten sogar, daß sich die Anwendung von Gewalt, insbesondere Gewalt gegen Menschen, niemals rechtfertigen lasse, wie gut auch immer der Zweck sein möge.

Opposition gegen die Anwendung von Gewalt kann auf einer absoluten Regel beruhen oder auf einer Einschätzung ihrer Konsequenzen. Pazifisten betrachten Gewaltanwendung gewöhnlich als absolut unrecht, ungeachtet ihrer Konsequenzen. Dies setzt, wie andere »Egal-was«-Verbote, die Gültigkeit der Unterscheidung zwischen Handlungen und Unterlassungen voraus. Ohne diese Unterscheidung wären Pazifisten, die sich weigern, Gewalt anzuwenden, wenn es das einzige Mittel ist, um größere Gewalt zu verhüten, verantwortlich für die größere Gewalt, die zu verhüten sie unterlassen.

Angenommen, wir haben die Gelegenheit, einen Tyrannen umzubringen, der systematisch seine Gegner und jeden, der ihm nicht behagt, ermordet. Wir wissen, daß der Tyrann, wenn er stirbt, durch einen populären Oppositionsführer, gegenwärtig noch im Exil, ersetzt wird, der den Rechtsstaat wiederherstellen wird. Wenn wir sagen, Gewalt sei immer unrecht, und uns weigern, das Attentat auszuführen, müssen wir dann nicht eine gewisse Verantwortung für die künftigen Morde des Tyrannen übernehmen?

Wenn der Einwand gegen die Unterscheidung von Tun und Unterlassen aus Kapitel 7 gilt, dann müssen diejenigen, die keine Gewalt anwenden, um größere Gewalt zu verhüten, die Verantwortung für die Gewalt übernehmen, die sie hätten verhindern können. Die Ablehnung der Unterscheidung zwischen Tun und Unterlassen markiert demnach einen entscheidenden Punkt in der Gewaltdiskussion, denn sie öffnet das Tor für ein plausibles Argument für die Verteidigung der Gewalt.

Marxisten haben dieses Argument oft gebraucht, um Attacken gegen ihre Lehre von der Notwendigkeit einer gewaltsamen Revolution zu entkräften. In seiner klassischen Anklageschrift gegen die sozialen Auswirkungen des Kapitalismus im 19. Jahrhundert, *Die Lage der arbeitenden Klasse in England*, schrieb Engels:

> »Wenn ein einzelner einem anderen körperlichen Schaden tut, und zwar solchen Schaden, der dem Beschädigten den Tod zuzieht, so nennen wir das Totschlag; wenn der Täter im voraus wußte, daß der Schaden tödlich sein würde, so nennen wir seine Tat einen Mord. Wenn aber die Gesellschaft Hunderte von Proletariern in eine solche Lage versetzt, daß sie notwendig einem vorzeitigen, unnatürlichen Tode verfallen, einem Tode, der ebenso gewaltsam ist wie der Tod durchs Schwert oder die Kugel; wenn sie Tausenden die nötigen Lebensbedingungen entzieht, sie in Verhältnisse stellt, in welchen sie nicht leben können; wenn sie sie durch den starken Arm des Gesetzes zwingt, in diesen Verhältnissen zu bleiben, bis der Tod eintritt, der die Folge dieser Verhältnisse sein muß; wenn sie weiß, nur zu gut weiß, daß diese Tausende solchen Bedingungen zum Opfer fallen müssen, und doch diese Bedingungen bestehen läßt – so ist das ebensosehr Mord wie die Tat des einzelnen, nur versteckter, heimtückischer Mord, ein Mord, gegen den sich niemand wehren kann, der kein Mord zu sein scheint, weil man den Mörder nicht sieht, weil alle und doch wieder niemand dieser Mörder ist, weil der Tod des Schlachtopfers wie ein natürlicher aussieht und weil er weniger eine Begehungssünde als eine Unterlassungssünde ist. Aber er bleibt Mord.«

Man könnte Engels' Verwendung des Begriffs »Mord« kritisieren. Der Einwand würde dem Argument gleichen, das wir in Kapitel 8 diskutiert haben, ob nämlich die Unterlassung, den Verhungernden zu helfen, uns zu Mördern macht. Wir haben gesehen, daß die Unterscheidung zwischen Tun und Unterlassen keine Bedeutung an sich hat; aber hinsichtlich der Motivation und der Angemessenheit des Tadels sind die meisten Fälle, in denen unterlassen wird,

Tod zu verhüten, nicht mit Mord gleichbedeutend. Dasselbe gilt auch für die Fälle, die Engels beschreibt. Engels versucht, der »Gesellschaft« die Schuld in die Schuhe zu schieben, aber »Gesellschaft« ist keine Person oder ein moralisch Handelnder und kann nicht in derselben Weise verantwortlich gemacht werden wie ein Individuum.

Doch das ist Wortklauberei. Ob »Mord« der richtige Ausdruck ist oder nicht, ob wir bereit sind, den Tod schlecht ernährter Arbeiter in ungesunden, schlecht gesicherten Fabriken als »gewaltsam« zu beschreiben oder nicht, Engels' grundlegender Punkt wird davon nicht berührt. Dieser vielfache Tod ist ein Unrecht in derselben Größenordnung wie der Tod Hunderter von Menschen bei einem terroristischen Bombenanschlag. Es wäre einseitig zu sagen, gewaltsame Revolutionen seien immer absolut unrecht, ohne die Übel in Betracht zu ziehen, die die Revolutionäre zu verhindern versuchen. Wären gewaltsame Mittel der einzige Weg, Verhältnisse wie die von Engels beschriebenen zu ändern, so wären diejenigen, die sich gegen die Anwendung gewaltsamer Mittel wehren, verantwortlich für das Fortbestehen dieser Verhältnisse.

Einige der Praktiken, die wir in diesem Buch erörtert haben, sind gewaltsam, entweder direkt oder durch Unterlassung. Im Falle von nichtmenschlichen Lebewesen kann unsere Handlungsweise oft nur als gewaltsam bezeichnet werden. Wer den Fötus für ein moralisches Subjekt hält, wird offensichtlich Abtreibung als einen gewaltsamen Akt gegen dieses Subjekt betrachten. Wie aber steht es – im Falle von Menschen bei oder nach der Geburt – mit der vermeidbaren Situation, daß einige Länder eine achtmal höhere Säuglingssterblichkeit als andere haben und daß eine Person, die in dem einen Land geboren ist, erwarten kann, 20 Jahre länger zu leben als jemand, der in einem anderen Land geboren ist? Ist das Gewalt? Wiederum tut die Bezeichnung nichts zur Sache. Was die Wirkung anlangt, ist es genauso schrecklich wie Gewalt.

Eine absolute Verurteilung der Gewalt steht und fällt mit der Unterscheidung zwischen Tun und Unterlassen. Darum fällt sie. Es gibt allerdings gewichtige konsequentialistische Einwände gegen die Anwendung von Gewalt. Wir haben für unsere Diskussion vorausgesetzt, daß Gewalt das einzige Mittel wäre, die Verhältnisse zum Besseren zu wenden. Absolutisten haben kein Interesse daran, diese Voraussetzung zu bestreiten, weil sie Gewalt verwerfen, ganz gleich ob die Voraussetzung wahr oder falsch ist. Konsequentialisten müssen fragen, ob Gewalt jemals das einzige Mittel zur Erreichung eines wichtigen Ziels sein kann, oder wenn nicht das einzige, so doch das schnellste Mittel. Sie müssen auch nach den langfristigen Wirkungen fragen, wenn Änderungen mit gewaltsamen Mitteln angestrebt werden.

Könnte man aus konsequentialistischen Gründen eine Verurteilung der Gewalt vertreten, die, wenn nicht im Prinzip, so doch in der Praxis ebenso umfassend ist wie die der absoluten Pazifisten? Man kann das versuchen, indem man den Verhärtungseffekt der Gewaltanwendung hervorhebt, nach dem ein Mord, ganz gleich wie »notwendig« oder »gerechtfertigt« er scheinen mag, den Widerstand gegen das Verüben weiterer Morde verringert. Ist es wahrscheinlich, daß Menschen, die sich an Gewalttätigkeit gewöhnt haben, fähig sein werden, eine bessere Gesellschaft zu schaffen? Das ist eine Frage, für die historische Zeugnisse bedeutsam werden. Der Weg, den die russische Revolution genommen hat, muß den Glauben erschüttern, daß ein brennender Wunsch nach sozialer Gerechtigkeit gegen die korrumpierenden Wirkungen der Gewalt immun macht. Es gibt zugegebenermaßen andere Beispiele, die sich umgekehrt lesen lassen, aber es bedürfte einer beträchtlichen Anzahl von Beispielen, um das Vermächtnis Lenins und Stalins aufzuwiegen.

Die konsequentialistischen Pazifisten können ein weiteres Argument verwenden – jenes Argument, das ich bereits gegen den Vorschlag vorgebracht habe, wir sollten nichts gegen das Verhungern unternehmen, damit sich die Bevölkerung der ärmsten Nationen so weit reduziert, daß sie sich selbst ernähren kann. Ebenso wie diese Art von Politik nimmt die Gewalt gewisse Verluste unter Berufung auf künftige Vorteile als gerechtfertigt in Kauf. Aber die künftigen Vorteile sind niemals gewiß, und selbst in den wenigen Fällen, wo Gewalt zu wünschenswerten Zielen führt, können wir nur selten sicher sein, ob die Ziele nicht ebenso schnell durch gewaltlose Mittel hätten erreicht werden können. Was wurde zum Beispiel durch die Tausende von Toten und Verletzten erreicht, die in zehn Jahren durch IRA-Bombenanschläge in Nordirland verursacht wurden? Nur Gegenterror durch protestantische Extremisten. Oder man denke an den sinnlosen Tod und das Leid, das die Baader-Meinhof-Gruppe in Deutschland oder die Roten Brigaden in Italien verursachten. Was hat die palästinensische Befreiungsorganisation anderes erreicht als ein Israel, das kompromißloser und skrupelloser ist als das Israel, gegen das sie einst zu kämpfen begann? Man mag mit den Zielen sympathisieren, für die manche dieser Gruppen kämpfen, aber die Mittel, derer sie sich bedienen, versprechen nicht den Sieg ihrer Ziele. Die Anwendung dieser Mittel zeigt, daß den Betreffenden die Interessen ihrer Opfer völlig gleichgültig sind. Diese konsequentialistischen Gründe ergeben zusammengenommen ein schlüssiges Argument gegen das Mittel der Gewaltanwendung, besonders wenn sich die Gewalt, wie beim Terrorismus oft der Fall, unterschiedslos gegen normale Bürger des Gemeinwesens richtet. Praktisch gesehen scheint sich diese Art von Gewalt überhaupt niemals rechtfertigen zu lassen.

Es gibt dagegen andere Arten von Gewalt, die sich nicht so überzeugend ausschließen lassen, wie etwa der Mordanschlag auf einen mordgierigen Tyrannen. Vorausgesetzt, die mörderische Politik ist Ausdruck der Persönlichkeit des Tyrannen und nicht Bestandteil der Institutionen, denen er gebietet, so ist die Gewalt hier streng begrenzt; der Zweck ist die Beendigung weit größerer Gewalt; der Erfolg einer ein-

zelnen gewaltsamen Handlung dürfte sehr wahrscheinlich
sein, und es gibt möglicherweise keinen anderen Weg, um
der Herrschaft des Tyrannen ein Ende zu setzen. Für einen
Konsequentialisten wäre es unplausibel zu behaupten, daß
auch unter diesen Umständen die Ausübung von Gewalt
einen korrumpierenden Effekt habe oder daß aus dem
politischen Mord mehr Gewalt anstatt weniger erwachsen
werde.

Gewalt kann auf andere Weise begrenzt werden. Die Fälle,
die wir erörtert haben, zeigen Gewalt gegen Menschen. Es
sind die üblichen Beispiele, die einem in Diskussionen über
Gewalt in den Sinn kommen, aber es gibt auch noch andere
Arten von Gewalt. Mitglieder der Animal Liberation Front
haben Labors, Käfige und andere Ausrüstungsgegenstände
zerstört, mit denen Tiere eingesperrt, verletzt oder getötet
wurden, aber sie vermeiden Gewalt gegen jedes Lebewesen,
sei es menschlich oder nichtmenschlich. (Andere Organisationen, die ebenfalls behaupten, sich für Tiere einzusetzen,
haben jedoch zumindest zwei Menschen bei Explosionen
getötet. Diese Aktionen sind von allen bekannten Tierbe-
freiungsorganisationen, einschließlich der Animal Liberation Front, verurteilt worden.) Earth First!, eine radikale
amerikanische Umweltorganisation, tritt für »Öko[sabo]-
tage« ein – geheime Anschläge, um für die Umwelt schäd-
liche Vorgänge zu stoppen oder zu verlangsamen. In dem
von Dave Foreman und Bill Haywood herausgegebenen
Buch *Ecodefence: A Field Guide to Monkeywrenching* werden Methoden zur Abschaltung von Computern, Zerstörung von Maschinen und Blockierung von Kanalisa-
tionssystemen beschrieben:

> »Sabotage ist ein gewaltloser Widerstand gegen die Zer-
> störung der Vielfalt und Unberührtheit der Natur. Sie
> zielt nicht auf die Schädigung menschlicher Wesen oder
> anderer Lebensformen. Sie zielt auf leblose Maschinen
> und Apparate. [...] Saboteure sind sich der Bedeutung

ihres Tuns sehr wohl bewußt. Sie unternehmen einen so schwerwiegenden Schritt nach reiflicher Überlegung. [...] Sie wissen darum, daß sie mit der moralischsten aller Handlungen befaßt sind: dem Schutz des Lebens, der Verteidigung der Erde.«

Eine umstrittenere Methode besteht darin, in Wäldern, die abgeholzt werden sollen, bei einigen Bäumen Eisennägel einzuschlagen, was das Sägen des Holzes sehr gefährlich macht. Die Arbeiter im Sägewerk wissen niemals, ob sie beim Sägen auf einen solchen Nagel treffen, was zur Folge hätte, daß das Sägeblatt in Stücke bricht und die scharfen Eisensplitter in der Gegend herumfliegen. Öko-Aktivisten, die dieses »Spiking« propagieren, sagen, sie unterrichteten die Holzverarbeitungsbetriebe davon, daß Bäume in einem bestimmten Gebiet derart »behandelt« sind; sollten die Wälder dennoch weiter abgeholzt werden, so seien die Betriebsleiter, die die Entscheidung treffen, für mögliche Verletzungen verantwortlich. Aber es sind die Arbeiter, die verletzt werden, nicht die Betriebsleiter. Können die Aktivisten wirklich ihre Verantwortung in dieser Weise abschütteln? Weniger radikale Umweltschützer lehnen solche Methoden ab.

Beschädigung von fremdem Eigentum ist keine so schwerwiegende Angelegenheit wie Verletzen oder Töten, und sie mag daher durch Gründe gerechtfertigt sein, die nichts rechtfertigen würden, was empfindungsfähigen Wesen schadet. Dies bedeutet nicht, daß Gewalt gegen Eigentum nicht ernst zu nehmen wäre. Eigentum bedeutet einigen Menschen sehr viel, und es bedürfte gewichtiger Gründe, um seine Zerstörung zu rechtfertigen. Aber solche Gründe kann es geben. Diese Rechtfertigung muß durchaus nicht etwas so Epochemachendes wie die Umgestaltung der Gesellschaft sein. Es kann – wie im Fall des Übergriffs auf Gennarellis Labor – das spezifische und kurzfristige Ziel sein, eine Anzahl von Tieren vor schmerzhaften Experimenten zu bewahren, die lediglich aus Gründen der speziesistischen Voreingenommenheit der Gesellschaft durchgeführt werden. Ob sich eine solche Handlung vom konsequentialistischen Standpunkt aus wirklich rechtfertigen ließe, hängt wiederum von den Einzelheiten der betreffenden Situation ab. Wer keine Fachkenntnisse hat, kann sich in der Frage, welchen Wert ein Experiment hat oder mit wieviel Leiden es verbunden ist, leicht irren. Und wird die Zerstörung von Forschungseinrichtungen und die Befreiung vieler Tiere nicht zur Folge haben, daß mehr Einrichtungen angeschafft und mehr Tiere gezüchtet werden? Was geschieht mit den freigelassenen Tieren? Werden illegale Handlungen dazu führen, daß die Regierung Schritten zur Reformierung des Gesetzes über Tierversuche mit dem Argument begegnet, es dürfe nicht der Anschein geweckt werden, sie ließe Gewalt zu? All diese Fragen müßten befriedigend beantwortet werden, bevor man sich etwa entschlösse, ein Labor zu zerstören. Ein entsprechender Komplex von Fragen muß auch beantwortet werden, bevor man rechtfertigen kann, daß ein Raupenfahrzeug beschädigt wird, das zur Abholzung eines alten Waldes eingesetzt wird.

Gewalt läßt sich nicht leicht rechtfertigen, selbst wenn es sich nur um Gewalt gegen Eigentum handelt und nicht gegen empfindungsfähige Wesen oder um Gewalt gegen einen Tyrannen und nicht um unterschiedslose Gewalt gegen die allgemeine Öffentlichkeit. Dennoch sind die Unterschiede zwischen den verschiedenen Arten von Gewalt wichtig, weil wir die eine Art von Gewalt – etwa den Terrorismus – nur dann praktisch absolut verurteilen können, wenn wir diese Unterschiede beachten. Die Unterschiede werden jedoch verwischt, wenn man alles verurteilt, was unter die allgemeine Überschrift »Gewalt« fällt.

12
Warum moralisch handeln?

Bisher haben wir in diesem Buch erörtert, wie wir in verschiedenen praktischen Angelegenheiten moralisch handeln sollten und welcher Mittel wir uns zur Erlangung unserer ethischen Ziele bedienen dürfen. Die Art unserer Schlußfolgerungen – die Anforderungen, die sich daraus für uns ergeben – wirft eine weitere, viel grundlegendere Frage auf: Warum sollen wir überhaupt moralisch handeln?

Nehmen wir etwa unsere Schlußfolgerungen hinsichtlich der Verwendung von Tieren zu Nahrungszwecken oder der Hilfe, die die Reichen den Armen gewähren sollten. Einige Leser mögen diese Schlüsse akzeptieren, Vegetarier werden und alles tun, was ihnen möglich ist, um die absolute Armut zu verringern. Andere werden unsere Schlüsse ablehnen, indem sie behaupten, daß es kein Unrecht sei, Tiere zu essen, und daß sie keine moralische Verpflichtung hätten, etwas für die Verringerung der absoluten Armut zu tun. Es gibt jedoch wahrscheinlich auch eine dritte Gruppe. Zu ihr gehören jene Leser, die zwar an unseren ethischen Argumenten nichts auszusetzen haben, an ihrer Ernährung oder ihren Beiträgen zur Entwicklungshilfe jedoch nichts ändern. Einige aus dieser dritten Gruppe sind wahrscheinlich einfach willensschwach, aber andere erwarten möglicherweise noch eine Antwort auf eine weitere praktische Frage. Wenn die Schlußfolgerungen der Ethik so viel von uns verlangen, sollen wir uns dann, so mögen sie fragen, überhaupt um Ethik kümmern?

Die Frage verstehen

»Warum soll ich moralisch handeln?« ist eine Frage, die von allen bisher besprochenen verschieden ist. Bei Fragen wie: »Warum soll ich Menschen verschiedener Rassen gleich behandeln?« oder: »Warum läßt sich die Abtreibung rechtfertigen?« wird nach ethischen Gründen für ein bestimmtes Handeln gesucht. Es sind Fragen, die innerhalb der Ethik gestellt werden. Sie setzen den ethischen Standpunkt voraus. »Warum soll ich moralisch handeln?« liegt jedoch auf einer anderen Ebene. Es ist keine Frage innerhalb der Ethik, sondern eine Frage zur Ethik überhaupt.

»Warum soll ich moralisch handeln?« ist also eine Frage nach etwas, das normalerweise vorausgesetzt wird. Solche Fragen sind verwirrend. Einige Philosophen haben diese besondere Frage so verwirrend gefunden, daß sie sie als logisch falsch verworfen haben, als einen Versuch, etwas zu fragen, das eigentlich nicht gefragt werden kann.

Ein Grund für diese Ablehnung ist die Behauptung, daß unsere ethischen Prinzipien definitionsgemäß die Prinzipien sind, die wir für vorrangig wichtig halten. Dies bedeutet, daß, welche Prinzipien auch immer für eine besondere Person vorrangig sind, dies notwendigerweise ihre ethischen Prinzipien sind und daß eine Person, die es als ein ethisches Prinzip akzeptiert, von ihrem Reichtum abzugeben, um den Armen zu helfen, sich definitionsgemäß wirklich entschieden haben muß, von ihrem Reichtum abzugeben. Hat nach dieser Definition von Ethik eine Person einmal eine ethische Entscheidung getroffen, so kann keine weitere praktische Frage entstehen. Daher ist die Frage »Warum soll ich moralisch handeln?« sinnlos.

Man mag es für einen guten Grund halten, die Definition von Ethik als das »Vorrangige« deshalb zu akzeptieren, weil wir damit eine Frage als sinnlos abtun können, die uns andernfalls Kopfzerbrechen bereiten würde. Die Annahme dieser Definition löst jedoch keine realen Probleme, denn sie führt zu entsprechend größeren Schwierigkeiten, wenn es darum geht, irgendeine ethische Schlußfolgerung zu erreichen. Nehmen wir nur jene, daß die Reichen den Armen helfen sollen. Wir waren in Kapitel 8 nur deshalb in der

Lage, dafür zu argumentieren, weil wir gemäß den Ergebnissen der ersten beiden Kapitel annahmen, daß die Universalisierbarkeit ethischer Urteile von uns verlangt, über ein
Denken hinauszugehen, das bloß unseren eigenen Interessen gilt, und daß sie uns dazu führt, einen Standpunkt einzunehmen, von dem aus wir die Interessen aller, die von unseren Handlungen betroffen sind, in gleicher Weise berücksichtigen müssen. Wir können nicht der Ansicht sein, daß
ethische Urteile universalisierbar sein müssen, und *gleichzeitig* die ethischen Prinzipien einer Person als beliebige
Prinzipien definieren, die diese Person für vorrangig wichtig hält – denn was würde geschehen, wenn ich irgendein
nicht-universalisierbares Prinzip wie »Ich sollte alles tun,
was *mir* nützt« als vorrangig wichtig auffaßte? Wenn wir
ethische Prinzipien als beliebige Prinzipien definieren, die
man für vorrangig hält, dann kann irgend etwas ganz Beliebiges als ethisches Prinzip gelten; denn man könnte irgendein beliebiges Prinzip für vorrangig wichtig halten. Das, was
wir gewinnen, wenn wir die Frage »Warum soll ich moralisch handeln?« auf diese Weise abtun, verlieren wir also
gleich wieder, indem wir das Argument der Universalisierbarkeit ethischer Urteile – oder auch jedes andere Merkmal
der Ethik – nicht mehr anwenden können, um für spezielle
Schlußfolgerungen über das moralisch Richtige zu argumentieren. Ethik so zu verstehen, daß sie in gewissem
Sinne notwendig einen universalen Standpunkt einschließt,
scheint mir ein natürlicher und weniger verwirrender Weg,
diese Probleme zu diskutieren.
Andere Philosophen haben die Frage »Warum soll ich moralisch handeln?« aus einem anderen Grund abgelehnt. Sie
meinen sie aus dem gleichen Grund zurückweisen zu müssen wie etwa die Frage »Warum soll ich vernünftig sein?«,
die wie die Frage »Warum soll ich moralisch handeln?« etwas in Frage stellt, das normalerweise vorausgesetzt wird.
Die Frage »Warum soll ich vernünftig sein?« ist aber nun

wirklich logisch falsch, weil wir mit ihrer Beantwortung Gründe für das Vernünftigsein angeben würden. Wir würden also bei unserem Versuch, Rationalität zu rechtfertigen, Rationalität voraussetzen. Die sich daraus ergebende Rechtfertigung der Rationalität wäre zirkulär – was bedeutet, daß Rationalität nicht etwa einer notwendigen Rechtfertigung entbehrt, sondern daß sie keiner Rechtfertigung bedarf, weil sie vernünftigerweise nicht in Frage gestellt werden kann, ohne daß sie bereits vorausgesetzt wird.

Gleicht die Frage »Warum soll ich moralisch handeln?« der Frage »Warum soll ich vernünftig sein?« darin, daß sie genau den Standpunkt voraussetzt, den sie in Frage stellt? Das wäre der Fall, wenn wir das »Sollen« als ein moralisches »Sollen« interpretieren würden. Dann würde die Frage nach moralischen Gründen für moralisches Handeln fragen. Dies wäre absurd. Haben wir erst einmal entschieden, daß eine Handlung moralisch verpflichtend ist, dann ist keine weitere moralische Frage zu stellen. Es ist überflüssig zu fragen, weshalb ich die Handlung, moralischerweise, ausführen soll, die ich moralischerweise ausführen soll.

Man braucht die Frage jedoch nicht als Forderung nach einer ethischen Rechtfertigung der Ethik zu interpretieren. »Sollen« muß nicht »moralisch sollen« bedeuten. Es könnte einfach eine Frage nach den Gründen für eine Handlung sein, ohne daß die Art der gewünschten Gründe spezifiziert würde. Manchmal möchten wir eine sehr allgemeine praktische Frage stellen, ohne einen spezifischen Standpunkt einnehmen zu wollen. Sind wir mit einer schwierigen Entscheidung konfrontiert, so fragen wir einen guten Freund um Rat. Moralisch betrachtet, sagt er, sollten wir A tun, aber B wäre mehr in unserem Interesse, während der gesellschaftliche Anstand C fordert und D wirkliches Stilgefühl verrät. Diese Antwort mag uns nicht befriedigen. Wir möchten gern wissen, welchen von diesen Standpunkten wir einnehmen sollen. Wenn es möglich ist, eine solche Frage zu stellen, so müssen wir sie von einer neutralen Position zwischen all diesen Standpunkten aus stellen, ohne Verpflichtung gegenüber einem dieser Standpunkte.

»Warum soll ich moralisch handeln?« ist eine solche Art von Frage. Wenn es nicht möglich ist, praktische Fragen zu stellen, ohne einen Standpunkt vorauszusetzen, dann sind wir nicht in der Lage, irgend etwas Vernünftiges über die allerletzten praktischen Entscheidungen zu sagen. Ob man aufgrund von Abwägung der Moral, des Eigeninteresses, der Etikette oder der Ästhetik handeln soll, wäre eine Entscheidung »jenseits der Vernunft« – im Sinne einer willkürlichen Entscheidung. Bevor wir vor dieser Schlußfolgerung kapitulieren, sollten wir wenigstens versuchen, die Frage so zu interpretieren, daß wir uns durch die bloße Frage nicht auf irgendeinen besonderen Standpunkt festlegen.

Wir können die Frage nun präziser formulieren. Es ist eine Frage nach dem ethischen Standpunkt, gestellt von einer Position außerhalb der Ethik. Aber was ist »der ethische Standpunkt«? Als ein auszeichnendes Merkmal der Ethik habe ich vorgeschlagen, daß ethische Urteile universalisierbar sind. Ethik verlangt von uns, über unseren eigenen persönlichen Standpunkt hinauszugehen und zu einer Position zu gelangen wie die des unparteiischen Beobachters, der einen universalen Standpunkt einnimmt.

Diese Vorstellung von Ethik vorausgesetzt, ist »Warum soll ich moralisch handeln?« eine Frage, die jemand mit gutem Grund stellen kann, der wissen möchte, ob er nur nach Grundsätzen handeln soll, die von diesem universalen Standpunkt aus akzeptabel wären. Es ist schließlich möglich, zu handeln – und einige Menschen handeln so –, ohne an irgend etwas anderes außer an die eigenen Interessen zu denken. Die Frage fragt nach Gründen dafür, weshalb man über diese persönliche Handlungsgrundlage hinausgehen und nur nach Prinzipien handeln sollte, die man bereit wäre, zu allgemeingültigen Vorschriften zu machen.

Vernunft und Ethik

Es gibt eine Tradition des philosophischen Denkens, die zu
beweisen versucht, daß vernünftig handeln gleich ethisch
handeln ist. Das Argument wird heute meist auf Kant zurückgeführt und findet sich hauptsächlich in den Schriften
von modernen Kantianern, obwohl es schon bei den antiken Stoikern anzutreffen ist. Die Form, in der das Argument vorgetragen wird, variiert, aber seine Grundstruktur
sieht etwa folgendermaßen aus:

(1) Eine gewisse Forderung nach Universalisierbarkeit
oder Unparteilichkeit gehört wesentlich zur Ethik.

(2) Vernunft ist universal oder objektiv gültig. Falls beispielsweise aus den Prämissen »Alle Menschen sind
sterblich« und »Sokrates ist ein Mensch« folgt, daß
Sokrates sterblich ist, dann muß dieser Schluß universal folgen. Er kann nicht gültig für mich und un-
gültig für dich sein. Dies ist eine allgemeine Feststellung über die Vernunft, sei sie nun theoretisch oder
praktisch.

Daher:

(3) Nur ein Urteil, das die in (1) beschriebene Forderung
als eine notwendige Bedingung eines ethischen Urteils erfüllt, wird ein objektives rationales Urteil gemäß (2) sein. Denn ich kann von irgendeinem anderen
rational Handelnden nicht erwarten, daß er für sich
ein Urteil als gültig akzeptiert, das ich nicht akzeptieren würde, wenn ich an seiner Stelle wäre, und wenn
von zwei rational Handelnden nicht jeder die Urteile
des anderen akzeptieren kann, dann kann es sich aus
dem in (2) gegebenen Grund nicht um rationale Urteile handeln. Wenn ich jedoch sagen kann, daß ich
das von mir gefällte Urteil auch dann akzeptieren
würde, wenn ich in der Lage eines anderen wäre und

ein anderer in meiner, so heißt das nichts anderes, als daß mein Urteil ein solches ist, das ich von einem universalen Standpunkt aus zur Vorschrift machen kann. Ethik und Vernunft verlangen, daß wir uns über unseren eigenen spezifischen Standpunkt erheben und eine Perspektive einnehmen, aus der betrachtet unsere persönliche Identität – die Rolle, die wir zufällig innehaben – unwichtig ist. Daher verlangt die Vernunft von uns, daß wir nach universalisierbaren Urteilen und in diesem Maße ethisch handeln.

Ist dieses Argument schlüssig? Ich habe bereits darauf hingewiesen, daß ich den ersten Punkt – Ethik impliziert Universalisierbarkeit – akzeptiere. Der zweite Punkt scheint ebenfalls unbestreitbar. Vernunft muß universal sein. Ergibt sich somit die Schlußfolgerung? Hier steckt der Fehler im Argument. Die Schlußfolgerung scheint sich direkt aus den Prämissen zu ergeben; aber das impliziert eine Verschiebung von der begrenzten Bedeutung, wonach zutrifft, daß ein rationales Urteil universal gültig sein muß, hin zu einer stärkeren Bedeutung von »universal gültig«, die gleichbedeutend ist mit Universalisierbarkeit. Der Unterschied zwischen diesen beiden Bedeutungen läßt sich deutlich machen, wenn man einen nicht-universalisierbaren Imperativ betrachtet, etwa den rein egoistischen »Laß jeden tun, was in *meinem* Interesse liegt«. Dieser unterscheidet sich von dem Imperativ des universalisierbaren Egoismus – »Laß jeden tun, was in *seinem eigenen* Interesse liegt« –, weil er einen nicht-eliminierbaren Bezug auf eine einzelne Person enthält. Somit kann er kein ethischer Imperativ sein. Fehlt ihm aber auch die erforderliche Universalität, sofern er eine rationale Handlungsgrundlage bilden soll? Sicher nicht. Jeder rational Handelnde könnte akzeptieren, daß sich die rein egoistische Tätigkeit anderer rational Handelnder rational rechtfertigen läßt. Reiner Egoismus könnte von jedermann rational übernommen werden.

Wir wollen dies näher betrachten. Zugegebenermaßen wird ein rein egoistisch rational Handelnder – nennen wir ihn Jack – das praktische Urteil einer anderen rein egoistisch Handelnden – nennen wir sie Jill – in einem bestimmten Sinne nicht akzeptieren. Angenommen, Jills Interessen unterscheiden sich von denen Jacks, so kann Jill rational handeln, indem sie von Jack fordert, A zu tun, während Jack ebenfalls rational handelt, indem er entscheidet, A nicht zu tun.

Diese Diskrepanz ist jedoch vereinbar mit allen rational Handelnden, die den reinen Egoismus akzeptieren. Obgleich sie den reinen Egoismus akzeptieren, führt er sie in verschiedene Richtungen, weil sie von verschiedenen Punkten ausgehen. Wenn Jack rein egoistisch verfährt, fördert er damit seine Interessen, und wenn Jill rein egoistisch verfährt, dann fördert sie damit ihre Interessen. Wenn wir andererseits – und in diesem Sinne könnte der reine Egoismus von allen rational Handelnden als gültig akzeptiert werden – Jill befragen wollten (vertraulich und mit dem Versprechen, Jack nichts zu erzählen), was ihres Erachtens Jack vernünftigerweise tun solle, so müßte sie, falls sie aufrichtig wäre, antworten, daß Jack vernünftigerweise eher das tun müßte, was in seinem eigenen Interesse, als das, was in ihrem Interesse liegt.

Wenn also rein egoistisch rational Handelnde den Handlungen des anderen ablehnend gegenüberstehen, dann weist das nicht auf mangelnde Übereinstimmung hinsichtlich der Rationalität des reinen Egoismus hin. Reiner Egoismus kann, obwohl kein universalisierbares Prinzip, von allen rational Handelnden als eine rationale Handlungsgrundlage akzeptiert werden. Die Bedeutung, in der rationale Urteile universell akzeptierbar sein müssen, ist schwächer als die Bedeutung, in der es ethische Urteile sein müssen. Daß eine Handlung mir mehr nützen wird als jemand anderem, könnte ein triftiger Grund dafür sein, sie auszuführen, ein moralischer Grund wäre es jedoch nicht.

Eine Konsequenz dieser Schlußfolgerung lautet, daß rational Handelnde versuchen können, einander gegenseitig zu hindern, das zu tun, wozu der andere zugegebenermaßen berechtigt ist. Leider liegt darin kein Paradox. Zwei Geschäftsleute, die bei einem wichtigen Verkauf konkurrieren, erkennen ihr Verhalten gegenseitig als rational an, obwohl jeder bestrebt ist, dem anderen einen Strich durch die Rechnung zu machen. Dasselbe trifft auf zwei Soldaten zu, die sich in der Schlacht begegnen, oder auf zwei Fußballspieler, die um den Ball kämpfen.

Dementsprechend scheitert dieser Versuch zu zeigen, daß eine Verbindung zwischen Vernunft und Ethik besteht. Es mag andere Möglichkeiten geben, diese Verbindung herzustellen, aber es läßt sich kaum eine erkennen, die in höherem Maße Erfolg verspricht. Das Haupthindernis, das es zu überwinden gilt, ist die Natur der praktischen Vernunft. Vor langer Zeit hat David Hume geltend gemacht, daß Vernunft im Handeln sich lediglich auf Mittel und nicht auf Zwecke bezieht. Die Zwecke müssen durch das gegeben sein, was wir wollen und wünschen. Hume hat die Implikationen dieser Ansicht unnachgiebig herausgearbeitet:

> »Es widerspricht nicht der Vernunft, wenn ich lieber die Zerstörung der ganzen Welt will, als eine Schramme an meinem Finger. Es widerspricht nicht der Vernunft, wenn ich meinen vollständigen Ruin auf mich nehme, um das kleinste Unbehagen eines Indianers oder einer mir gänzlich unbekannten Person zu verhindern. Es widerspricht ebensowenig der Vernunft, wenn ich das, was ich für mich als das geringere Gut erkenne, dem vorziehe, was für mich das größere Gut wäre, und für das erstere glühendere Neigung empfinde als für das letztere.«

Humes Ansicht über die praktische Vernunft, mag sie noch so extrem sein, hat der Kritik bemerkenswert gut standgehalten. Seine zentrale Behauptung – daß wir im praktischen Denken von etwas Gewolltem ausgehen – läßt sich kaum widerlegen; doch muß sie zurückgewiesen werden, wenn es mit irgendeinem Argument gelingen soll zu zeigen, daß es für alle von uns vernünftig ist, moralisch zu handeln, ungeachtet dessen, was wir wollen.

Es bedarf auch mehr als einer Widerlegung Humes, um die rationale Notwendigkeit moralischen Handelns zu zeigen. In *The Possibility of Altruism* hat Thomas Nagel eindringlich auf folgendes hingewiesen: Wenn man seine eigenen künftigen Wünsche bei seinen praktischen Erwägungen nicht in Betracht zöge – und zwar ohne Rücksicht darauf, ob man zum jetzigen Zeitpunkt die Befriedigung dieser künftigen Wünsche wünscht oder nicht –, dann würde das darauf hindeuten, daß es einen nicht gelingt, sich als Person zu sehen, die in der Zeit existiert, in der die Gegenwart lediglich ein Zeitabschnitt unter anderen im Leben ist. Somit ist es meine Vorstellung, die ich von mir selbst als Person habe, die es für mich vernünftig erscheinen läßt, meine langfristigen Interessen zu berücksichtigen. Dies bleibt selbst dann wahr, wenn ich »eine glühendere Neigung« für etwas habe, das, zieht man alles in Betracht, ich als etwas erkenne, das nicht wirklich in meinem Interesse liegt.

Ob es Nagels Argument gelingt, die Vernünftigkeit der Klugheit zu bestätigen, ist die eine Frage; eine völlig andere ist es, ob ein ähnliches Argument zugunsten einer Form von Altruismus verwendet werden kann, der sich auf die Berücksichtigung der Wünsche *anderer* gründet. Nagel versucht es mit diesem analogen Argument. Die Rolle, die durch »die Gegenwart lediglich als einen Zeitabschnitt unter anderen zu betrachten« besetzt wird, wird in dem Argument für den Altruismus durch »sich selbst lediglich als eine Person unter anderen zu betrachten« eingenommen. Während es aber für die meisten von uns äußerst schwierig wäre, uns nicht mehr als in der Zeit existierend zu begreifen, wobei die Gegenwart lediglich ein Zeitabschnitt unter anderen ist, in denen wir leben werden, ist die Art und Weise, wie wir uns als eine Person unter anderen sehen, etwas völlig anderes. Henry Sidgwicks diesbezügliche Beobachtung scheint mir genau zutreffend:

>»Es würde dem gesunden Menschenverstand zuwiderlaufen zu bestreiten, daß die Unterscheidung zwischen einem Individuum und einem andern real und grundlegend ist, und daß ›ich‹ folglich mit der Qualität meines Daseins als Individuum in einem fundamental wichtigen Sinne befaßt bin, in dem ich mit der Qualität des Daseins anderer Individuen nicht befaßt bin: und sofern dies zutrifft, sehe ich nicht, wie man beweisen kann, daß diese Unterscheidung nicht als etwas zu verstehen ist, das für ein Individuum zur Bestimmung des letzten Zweckes rationalen Handelns grundlegend ist.«

Es ist also nicht nur Humes Sicht der praktischen Vernunft, die den Versuchen zu zeigen, daß rational handeln gleich moralisch handeln ist, im Wege steht; vielleicht gelingt es uns sogar, diese Schranke zu überwinden, doch nur, um unseren Weg durch die allgemein akzeptierte Unterscheidung zwischen Selbst und Anderen blockiert zu finden. Zusammengenommen sind dies schon gewaltige Hindernisse, und ich kenne keinen Weg, um sie zu überwinden.

Ethik und Eigeninteresse

Wenn praktisches Denken mit etwas Gewolltem beginnt, dann würde der Aufweis, daß moralisch zu handeln vernünftig ist, den Aufweis implizieren, daß wir, indem wir moralisch handeln, etwas erlangen, das wir wollen. Wenn wir, eher in Übereinstimmung mit Sidgwick als mit Hume, der Ansicht sind, daß es vernünftig ist, ohne Rücksicht auf das, was wir zum gegenwärtigen Zeitpunkt zufällig wollen, in unserem langfristigen Interesse zu handeln, dann könnten wir mit dem Aufweis, daß es in unserem langfristigen Interesse ist, moralisch zu handeln, zeigen, daß es vernünftig ist, moralisch zu handeln. Es wurden viele Versuche unternommen, in diese Richtung zu argumentieren, seitdem Platon im *Staat* Sokrates behaupten ließ, daß tugendhaft zu sein heißt, die verschiedenen Elemente der Persönlichkeit auf harmonische Weise im Einklang zu halten, und daß dies für das Glück notwendig sei. Wir wollen dieses Argument kurz betrachten, aber zunächst ist es nötig, einen Einwand gegen diese ganze Erörterung der Frage »Warum soll ich moralisch handeln?« zu prüfen.

Oft wird gesagt, die Verteidigung der Moral durch einen Appell an das Eigeninteresse verrate ein Mißverständnis dessen, worum es sich bei der Ethik überhaupt handelt. F. H. Bradley hat das beredt dargelegt:

> »Welche Antwort können wir geben, wenn uns die Frage ›Warum soll ich moralisch sein?‹ im Sinne von ›Welchen Vorteil wird es mir verschaffen?‹ gestellt wird? Hier werden wir gut daran tun, alle Lobpreisungen über die Freuden der Tugend zu vermeiden. Wir mögen zwar glauben, daß sie alle Freuden des Lasters übersteigt, aber es wäre gut, sich daran zu erinnern, daß wir einen moralischen Standpunkt aufgeben, daß wir die Tugend erniedrigen und prostituieren, wenn wir sie gegenüber denen, die sie nicht um ihrer selbst willen lieben, um ihrer Freuden willen empfehlen.«

Mit anderen Worten: wir können Menschen niemals dazu bringen, moralisch zu handeln, indem wir ihnen Gründe des Eigeninteresses liefern, denn wenn sie akzeptieren, was wir sagen, und nach den angegebenen Gründen handeln, werden sie dabei lediglich aus Eigeninteresse, nicht aber moralisch handeln.

Auf diesen Einwand ließe sich entgegnen, daß die Substanz der tatsächlich vollzogenen Handlungen wichtiger ist als das Motiv. Menschen mögen Geld zur Linderung des Hungers spenden, weil sie sich bei ihren Freunden ein höheres Ansehen versprechen, oder sie mögen denselben Betrag entrichten, weil sie es für ihre Pflicht halten. Diejenigen, die vor dem Verhungern bewahrt werden, haben in beiden Fällen den gleichen Nutzen davon.

Das stimmt zwar, ist allerdings noch ziemlich undifferenziert. Eine angemessene Berücksichtigung des Wesens und der Funktion der Ethik kann dazu beitragen, die Sache zu differenzieren. Ethik ist, wenn auch nicht bewußt geschaffen, ein Produkt des sozialen Lebens, das die Funktion hat, Werte zu fördern, die den Mitgliedern der Gesellschaft gemeinsam sind. Ethische Urteile leisten dies, indem sie Handlungen, die sich in Übereinstimmung mit diesen Werten befinden, loben und fördern. Ethische Urteile befassen sich mit Motiven, weil dies ein gutes Anzeichen dafür ist, ob eine Handlung die Tendenz hat, Gutes oder Schlechtes zu befördern, aber auch weil hier Lob und Tadel sich als wirksam erweisen können, wenn es darum geht, die Tendenz der Handlungen einer Person zu ändern. Pflichtbewußtsein (das heißt handeln, um das zu tun, was richtig ist) ist vom Standpunkt der Gemeinschaft aus betrachtet ein besonders nützliches Motiv. Pflichtbewußte Menschen werden, wenn sie die Werte ihrer Gesellschaft akzeptieren (und würden die meisten Menschen diese Werte nicht akzeptieren, wären diese Werte nicht die Werte der Gesellschaft), immer dazu neigen, die Werte zu fördern, die die Gesellschaft hochhält. Sie mögen keine großzügigen oder mitfühlenden Neigungen haben, aber wenn sie es für ihre Pflicht halten, Hungersnot zu lindern, dann werden sie so handeln. Überdies kann man sich darauf verlassen, daß diejenigen, die von dem Wunsch beseelt werden, das zu tun, was richtig ist, unter allen Umständen so handeln, wie sie es für richtig finden, während andere, die aus irgendeinem anderen Antrieb – wie Eigeninteresse – handeln, nur dann tun werden, was sie für richtig halten, wenn sie glauben, daß es auch in ihrem Interesse liegt. Pflichtbewußtsein ist also ein vielseitiger Lückenfüller, dazu verwendbar, die Menschen zu allem, was wertgeschätzt wird, zu motivieren, selbst wenn die natürlichen Tugenden, die normalerweise mit Handlungen assoziiert werden, welche im Einklang mit jenen Werten stehen (wie Großzügigkeit, Mitgefühl, Aufrichtigkeit, Toleranz, Bescheidenheit), nicht vorhanden sind. (Dies bedarf einer gewissen Einschränkung: eine pflichtbewußte Mutter kann ebenso gut für ihre Kinder sorgen wie eine Mutter, die ihre Kinder liebt, aber sie kann sie nicht lieben, weil es richtig ist, so zu handeln. Pflichtbewußtsein ist zuweilen ein dürftiger Ersatz für die Sache selbst.)

Nach dieser Auffassung von Ethik sind es aber immer noch die Ergebnisse und nicht die Motive, auf die es wirklich ankommt. Pflichtbewußtsein ist wegen seiner Konsequenzen wertvoll. Doch im Unterschied etwa zum Wohlwollen kann Pflichtbewußtsein lediglich um seiner selbst willen gelobt und gefördert werden. Eine gewissenhafte Handlung für ihre Konsequenzen loben hieße nicht das Pflichtbewußtsein loben, sondern etwas völlig anderes. Wenn wir an Mitgefühl oder Eigeninteresse als Motiv für Pflichterfüllung appellieren, dann ermutigen wir die Menschen nicht, ihre Pflicht um ihrer selbst willen zu tun. Soll Pflichtbewußtsein ermutigt werden, so muß es um seiner selbst willen für gut gehalten werden.

Anders liegt der Fall, wenn eine Handlung aus einem Motiv vollzogen wird, das Menschen ohne Rücksicht auf Lob und Ermutigung befolgen. Dann ist die Verwendung des moralischen Vokabulars ungeeignet. Normalerweise sagen wir nicht, man solle das tun, was immer einem die größte Lust verschafft, oder es sei unsere Pflicht, das zu tun, denn die meisten Leute sind hinreichend motiviert, dies ohnehin zu tun. Während wir also gute Handlungen loben, die man ausführt, um das Richtige zu tun, versagen wir unser Lob, wenn wir glauben, eine Handlung sei aus einem Motiv wie Eigeninteresse vollzogen worden.

Diese Betonung der Motivation und des moralischen Wertes von Handlungen um des rechten Tuns willen ist heute in unseren Ethikbegriff eingebettet, und zwar so sehr, daß die

Handlung ihres moralischen Wertes entäußert wird, wenn Erwägungen des Eigeninteresses für das rechte Tun angestellt werden.

Ich meine, daß unser Ethikbegriff in dem Maße irreführend geworden ist, wie lediglich der Handlung um des rechten Tuns willen ein moralischer Wert zugesprochen wird, ohne daß weitere Motive eine Rolle spielen. Es ist verständlich und vom Standpunkt der Gesellschaft aus vielleicht sogar wünschenswert, daß diese Einstellung vorherrscht. Diejenigen, die diese Auffassung von Ethik akzeptieren und von ihr dazu gebracht werden, das zu tun, was richtig ist, weil es richtig ist, ohne nach weiteren Gründen zu fragen, werden dennoch Opfer einer Art von Hochstapelei – obwohl diese natürlich nicht bewußt vorgenommen wird.

Daß sich diese Auffassung von Ethik nicht rechtfertigen läßt, deutete sich bereits oben in diesem Kapitel an; denn das Argument für eine rationale Rechtfertigung der Ethik erwies sich als nicht stichhaltig. In der Geschichte der westlichen Philosophie hat niemand stärker als Kant gefordert, daß unser normales sittliches Bewußtsein nur dann moralischen Wert hat, wenn die Pflicht um der Pflicht willen getan wird. Doch Kant selbst hat erkannt, daß dieser allgemein akzeptierte Ethikbegriff ohne eine rationale Rechtfertigung ein »bloßes Hirngespinst« wäre. Und dies ist tatsächlich der Fall. Wenn wir – wie wir es mit allgemeinen Worten getan haben – die Kantische Rechtfertigung der Rationalität der Ethik ablehnen, aber den Kantischen Ethikbegriff beizubehalten versuchen, dann hängt die Ethik in der Luft. Sie wird zu einem geschlossenen System, das sich nicht in Frage stellen läßt, weil seine erste Prämisse – daß nur das Handeln um des rechten Tuns willen einen moralischen Wert hat – die einzig verbleibende mögliche Rechtfertigung für das Akzeptieren eben dieser Prämisse ausschaltet. Moral ist bei dieser Betrachtungsweise kein vernünftigerer Zweck als jede andere sich angeblich selbst rechtfertigende Praxis wie der gesellschaftliche Anstand oder jene Art von religiösem

Glauben, dessen nur diejenigen teilhaftig werden, die zunächst einmal alle skeptischen Zweifel beiseite schieben.

Im Hinblick auf das Ganze der Ethik sollten wir diesen Kantischen Begriff der Ethik aufgeben. Dies bedeutet jedoch nicht, daß wir nie das tun sollen, was wir einfach deshalb für richtig halten, weil wir es ohne weitere Gründe für richtig halten. Hier müssen wir auf die von Hare eingeführte Unterscheidung zwischen intuitivem und kritischem Denken zurückkommen. Wenn wir von unseren alltäglichen moralischen Entscheidungen Abstand nehmen und fragen, warum wir moralisch handeln sollen, dann sollten wir nach Gründen im weitesten Sinne suchen und nicht zulassen, daß uns Kantische Vorgaben davon abhalten, auch Gründe des Eigeninteresses an einem ethischen Leben zu erwägen. Wenn unsere Suche erfolgreich ist, kann sie uns freilich Gründe liefern, die uns in die Lage versetzen, den ethischen Standpunkt als ein etabliertes Verfahren, als eine Lebensweise zu betrachten. Bei unseren täglich ablaufenden Entscheidungsprozessen würden wir dann nicht fragen, ob jede einzelne richtige Handlung in unserem Interesse liegt. Statt dessen tun wir es, weil wir uns selbst als ethische Person betrachten. Von extremen Situationen abgesehen würden wir immer annehmen, daß es in unserem Interesse ist, zu tun, was richtig ist, und hätten wir einmal entschieden, was das Richtige sei, würden wir darangehen und es tun, ohne über weitere Gründe für das richtige Tun nachzudenken. In jedem Falle die letzten Gründe für das richtige Tun zu erwägen würde unser Leben unerträglich komplizieren; es wäre auch nicht ratsam, weil wir in besonderen Situationen zu sehr durch starke, aber vorübergehende Wünsche und Neigungen beeinflußt sein und so Entscheidungen fällen könnten, die wir später bereuen würden.

So könnte eine Rechtfertigung der Ethik in Begriffen des Eigeninteresses funktionieren, ohne ihre eigene Absicht zu vereiteln, und wir können uns jetzt fragen, ob es eine solche Rechtfertigung gibt. Einschüchternd ist die Liste derer, die im Gefolge Platons eine solche Rechtfertigung anbieten: Aristoteles, Thomas von Aquin, Spinoza, Butler, Hegel, selbst Bradley – trotz seiner kritischen Bemerkungen gegen die Prostituierung der Tugend. Wie Platon haben diese Philosophen weitreichende Behauptungen in bezug auf die menschliche Natur und die Bedingungen, unter denen menschliche Wesen glücklich sein können, aufgestellt. Einige waren in der Lage, auf die Überzeugung zurückzugreifen, daß in einem Leben nach unserem leiblichen Tod Tugend belohnt und Laster bestraft wird. Die Philosophen können dieses Argument nicht vorbringen, wenn sie heutzutage überzeugen wollen; sie können auch nicht aufgrund ihrer eigenen allgemeinen Erfahrungen mit ihren Mitmenschen verallgemeinernde psychologische Theorien übernehmen, wie das die Philosophen einst zu tun pflegten, als die Psychologie noch ein Zweig der Philosophie war.

Man mag der Ansicht sein, daß Philosophen, da sie keine empirischen Wissenschaftler sind, die Diskussionen über die Verbindung zwischen ethischem Handeln und einer erfüllten, glücklichen Lebensführung den Psychologen, Soziologen oder anderen geeigneten Experten überlassen sollten. Die Frage wird jedoch nicht von irgendeiner anderen einzelnen Disziplin allein behandelt werden können, und ihre Bedeutung für die praktische Ethik ist Grund genug, daß wir sie untersuchen.

Welche Fakten über die menschliche Natur könnten uns davon überzeugen, daß Ethik und Eigeninteresse zusammenfallen? Die eine Theorie besagt, wir alle hegen Neigungen des Wohlwollens oder des Mitgefühls, die uns um das Wohl der anderen besorgt sein lassen. Eine andere Theorie bezieht sich auf ein natürliches Gewissen, das Schuldgefühle entstehen läßt, wenn wir das tun, wovon wir wissen, daß es unrecht ist. Aber wie stark sind diese Neigungen des Wohlwollens oder diese Schuldgefühle? Ist es möglich, sie zu unterdrücken? Falls ja, könnte dann nicht der sicherste Weg zum Glück in einer Welt, in der menschliche und andere nichtmenschliche Lebewesen in großer Zahl leiden, über die Unterdrückung des eigenen Gewissens und des Mitgefühls für andere führen?

Um diesem Einwand zu begegnen, müssen diejenigen, die Moral und Glück verknüpfen möchten, behaupten, daß wir nicht glücklich sein können, wenn diese Elemente unserer Natur unterdrückt werden. Sie könnten argumentieren, daß Wohlwollen und Mitgefühl mit der Fähigkeit, an Freundschafts- und Liebesbeziehungen teilzuhaben, verbunden sind und daß es ohne solche Beziehungen kein wirkliches Glück geben kann. Aus demselben Grund ist es notwendig, zumindest einige ethische Maßstäbe ernst zu nehmen und offen und aufrichtig zu sein, indem man nach ihnen lebt; denn ein Leben der Täuschung und Unaufrichtigkeit ist ein verdeckt geführtes Leben, in dem ständig die Möglichkeit der Enthüllung lauert. Echte Anerkennung ethischer Maßstäbe bedeutet wahrscheinlich, daß wir gewisse Schuldgefühle empfinden – oder zumindest daß wir nicht so mit uns zufrieden sind, wie wir es sonst wären –, wenn wir diesen Maßstäben nicht gerecht werden.

Diese Behauptungen über die Verbindung von Charakter und Glücksaussichten sind nicht mehr als Hypothesen. Versuche, sie durch detaillierte Untersuchungen zu bestätigen, sind spärlich und unzulänglich. Der amerikanische Psychologe A. H. Maslow meinte, die Menschen hätten ein Bedürfnis nach Selbstverwirklichung, was eine Entwicklung hin zu Mut, Freundlichkeit, Wissen, Liebe, Aufrichtigkeit und Selbstlosigkeit impliziert. Wenn wir dieses Bedürfnis erfüllen, fühlen wir uns heiter, froh, voller Schwung, zuweilen euphorisch und insgesamt glücklich. Wenn wir gegen unser Bedürfnis nach Selbstverwirklichung handeln, empfinden wir Angst, Verzweiflung, Langeweile, Scham, Leere und sind im allgemeinen unfähig, uns zu freuen. Es wäre schön, wenn sich herausstellen würde, daß Maslow recht hat, leider stützten sich Maslows Daten, die seine Theorie untermauern sollten, auf sehr begrenzte Untersuchungen bei ausgewählten Personen und können bestenfalls als anregend betrachtet werden.

Die Natur des Menschen ist so vielfältig, daß zu bezweifeln ist, ob eine Verallgemeinerung bezüglich der Art des Charakters, der zum Glück führt, jemals für alle Menschen gelten kann. Wie steht es zum Beispiel mit denen, die wir als »Psychopathen« bezeichnen? Die Psychiater verwenden diesen Begriff zur Bezeichnung einer Person, die asozial, impulsiv, egozentrisch und gefühlsarm ist, keine Reue, Scham oder Schuldgefühle kennt und offensichtlich unfähig ist, tiefe und dauerhafte persönliche Beziehungen aufzubauen. Psychopathen sind mit Sicherheit anormal; aber ob man sie als psychisch krank bezeichnen soll, ist eine andere Frage. Zumindest oberflächlich betrachtet *leiden* sie nicht an ihrem Zustand, und es ist nicht klar, ob es in ihrem Interesse liegt, daß sie »geheilt« werden. Hervey Cleckley, der Verfasser einer klassischen Studie zur Psychopathie mit dem Titel *The Mask of Sanity*, merkt an, daß er seit der ersten Veröffentlichung seines Buches zahllose Briefe von Leuten erhalten habe, die verzweifelt Hilfe suchen – aber sie stammen von Eltern, Ehepartnern und Verwandten von Psychopathen, fast nie von Psychopathen selbst. Dies ist nicht überraschend, denn während die Psychopathen asozial sind und ihnen das Wohlergehen der anderen gleichgültig ist, scheinen sie sich doch ihres Lebens zu freuen. Psychopathen sind oft charmante, intelligente Leute, ohne Selbsttäuschung oder andere Anzeichen irrationalen Denkens. Befragt man sie, so sagen sie etwa folgendes: »Mir ist 'ne Menge passiert, und es wird mir noch mehr passieren. Aber ich genieße das Leben und freue mich auf jeden Tag. Ich lache gern, und ich hab' auch reichlich zu lachen gehabt. Ich bin im Innersten ein Clown – aber ein glücklicher. Ich nehme immer das Schlechte und das Gute, je nachdem wie's kommt.« Es gibt keine wirksame Therapie für Psychopathen, was sich dadurch erklären läßt, daß sie an ihrem Verhalten nichts Unrechtes finden, ja daß es ihnen oft, zumindest kurzfristig, äußerst lohnend vorkommt. Natürlich bringen es ihre impulsive Natur und der Mangel an Scham- oder Schuldgefühl mit sich, daß manche von ihnen im Gefängnis landen, obgleich kaum auszumachen ist, wie viele nicht dort landen, weil die, die dem Gefängnis entgehen, mit größerer Wahrscheinlichkeit auch dem Kontakt mit Psychiatern entgehen. Untersuchungen haben gezeigt, daß eine überraschend große Zahl von Psychopathen in der Lage ist, trotz grob antisozialem Verhalten dem Gefängnis zu entgehen, vermutlich wegen ihrer bekannten Fähigkeit, andere davon zu überzeugen, daß sie wahrhaft reuige Sünder seien und daß es nie wieder vorkommen werde, daß sie eine weitere Chance verdienten usw.

Die Existenz von Psychopathen spricht gegen die Behauptung, Wohlwollen, Mitgefühl und Schuldgefühle seien in jedem Menschen vorhanden. Sie scheint auch gegen Versuche zu sprechen, das Glück mit dem Besitz dieser Neigungen zu verknüpfen. Aber bevor wir diese letztere Schlußfolgerung akzeptieren, sollten wir uns fragen, ob wir die Einschätzung des eigenen Glücks durch die Psychopathen akzeptieren müssen. Es handelt sich bei ihnen doch um notorisch überzeugende Lügner. Ja, selbst wenn sie die Wahrheit sagen, so wie sie sie sehen – sind sie befähigt zu sagen, daß sie wirklich glücklich sind, wenn sie doch andererseits offenbar unfähig sind, die Gefühlszustände zu erleben, die für das Glück und die Erfüllung normalerer Leute eine so große Rolle spielen? Ein Psychopath könnte zugegebenermaßen dasselbe Argument gegen uns verwenden: wie können wir sagen, daß wir wirklich glücklich sind, wenn wir die Erregung und das Freiheitsgefühl nicht erlebt haben, die aus vollkommener Verantwortungslosigkeit entspringen? Weil wir uns nicht in die subjektive Welt der Psychopathen versetzen können, und auch sie nicht in unsere, ist die Sache nicht leicht zu entscheiden.

Cleckley meint, daß das Verhalten der Psychopathen als eine Antwort auf die Sinnlosigkeit ihres Lebens erklärt werden kann. Es ist bezeichnend für sie, daß sie erst eine Zeitlang ganz normal arbeiten, und dann, wenn sie durch ihre Fähigkeiten und ihren Charme den Gipfel des Erfolgs erklommen haben, sich irgendein geringfügiges und leicht zu entdeckendes Vergehen zuschulden kommen lassen. Ein ähnliches Verhaltensmuster begegnet in ihren persönlichen Beziehungen. (Hier findet die Auffassung von Thomas Nagel eine Stütze, wonach Unklugheit nur dann rational ist, wenn es einem nicht gelingt, sich selbst als eine in der Zeit existierende Person zu verstehen, wobei die Gegenwart lediglich ein Zeitabschnitt unter anderen ist, die man durchleben wird. Psychopathen leben sicherlich weitgehend in der Gegenwart und haben keinen zusammenhängenden Lebensplan.)

Cleckley erklärt dieses unberechenbare und für uns unangemessen motivierte Verhalten, indem er das Leben des Psychopathen mit dem von Kindern vergleicht, die während einer Aufführung von *King Lear* zum Stillsitzen gezwungen sind. Kinder sind unter diesen Umständen unruhig und benehmen sich schlecht, weil sie das Stück nicht wie Erwachsene genießen können. Sie tun etwas, um sich die Langeweile zu verkürzen. Ähnlich langweilen sich die Psychopathen, meint Cleckley, weil sie aufgrund ihrer Gefühlsarmut kein Interesse haben oder keine Befriedigung gewinnen können an dem, was für andere die wichtigsten Dinge im Leben sind: Liebe, Familie, Erfolg im Geschäftsleben oder im Beruf usw. Diese Dinge interessieren sie nicht. Ihr unberechenbares und antisoziales Verhalten ist ein Versuch, sich in dem, was sonst eine gräßlich langweilige Existenz wäre, Erleichterung zu verschaffen. Diese Behauptungen sind spekulativ, und Cleckley gibt zu, daß sie sich wahrscheinlich nicht wissenschaftlich belegen lassen. Sie verweisen allerdings auf einen Aspekt im Leben der Psychopathen, der das im übrigen verlockende Wesen einer freischwebenden Existenz in Zweifel zieht. Die meisten nachdenklichen Menschen möchten, daß ihr Leben dann und wann so etwas wie Sinn bekommt. Nur wenige von uns könnten absichtlich eine Lebensweise wählen, die wir als völlig sinnlos betrachten würden. Aus eben diesem Grund würden die meisten von uns nicht das Leben eines Psychopathen wählen, und mag es noch so angenehm sein.

Es liegt jedoch etwas Paradoxes in der Kritik an der Sinnlosigkeit des Psychopathenlebens. Müssen wir nicht damit fertig werden, daß das Leben, sofern ein religiöser Glaube fehlt, in der Tat sinnlos ist, nicht nur für den Psychopathen, sondern für uns alle? Und wenn dem so ist, weshalb sollten wir nicht – falls es in unserer Macht stünde, unsere Persönlichkeit zu wählen – das Leben eines Psychopathen wählen? Aber stimmt es denn, daß ein Leben ohne Religion sinnlos ist? Unsere Beschäftigung mit den Gründen für moralisches Handeln hat uns schließlich zu dem geführt, was oft als die letzte philosophische Frage angesehen wird.

Hat das Leben einen Sinn?

In welchem Sinn bedeutet die Ablehnung eines Glaubens an einen Gott die Ablehnung der Auffassung, daß das Leben einen Sinn hat? Wäre diese Welt von einem göttlichen Wesen mit einem besonderen Ziel geschaffen worden, dann könnte man sagen, sie habe zumindest für dieses göttliche Wesen einen Sinn. Wenn wir wissen könnten, welches der Zweck des göttlichen Wesens bei unserer Erschaffung war, dann wüßten wir auch, was der Sinn unseres Lebens für unseren Schöpfer war. Wenn wir dann den Zweck unseres Schöpfers akzeptieren würden (obwohl es noch der Klärung bedürfte, weshalb wir dies tun sollten), könnten wir behaupten, den Sinn des Lebens zu kennen.

Wenn wir den Glauben an Gott ablehnen, müssen wir die Vorstellung aufgeben, das Leben auf diesem Planeten habe irgendeinen vorherbestimmten Sinn. Das Leben *als ganzes* hat keinen Sinn. Das Leben begann, wie wir aus den besten verfügbaren Theorien erfahren, mit einer zufälligen Kombination von Molekülen; es entwickelte sich sodann durch willkürliche Mutationen und natürliche Selektion. All dies trug sich einfach zu, ohne irgendeinen übergeordneten Zweck. Da es nun zur Existenz von Wesen führte, die bestimmte Zustände anderer vorziehen, so mögen einzelne Leben tatsächlich sinnvoll sein. In diesem Sinne können Atheisten dem Leben eine Bedeutung abgewinnen.

Wir wollen zum Vergleich des Lebens eines Psychopathen mit dem einer normaleren Person zurückkehren. Weshalb sollte das Leben des Psychopathen nicht sinnvoll sein? Wie wir gesehen haben, sind Psychopathen extrem egozentrisch: weder andere Menschen noch Erfolg in dieser Welt noch sonst etwas anderes hat für sie wirklich Bedeutung. Aber warum reicht ihre eigene Freude am Leben nicht aus, um ihrem Leben Sinn zu verleihen?

Die meisten von uns wären nicht in der Lage, glücklich zu sein, wenn sie mit voller Absicht darangingen, sich allein zu vergnügen, ohne sich um jemand andern oder sonst etwas zu kümmern. Die Vergnügungen, die wir uns damit verschaffen würden, erschienen uns bald leer und schal. Wir suchen einen Sinn für unser Leben jenseits unserer Vergnügungen und finden darin Erfüllung und Glück, daß wir tun, was wir für sinnvoll halten. Falls unser Leben keinen anderen Sinn hat als unser eigenes Glück, werden wir wahrscheinlich bemerken, daß uns, sobald wir erlangt haben, was wir zum Glücklichsein zu brauchen meinen, das Glück selbst immer wieder entwischt.

Daß diejenigen, die um des Glücks willen nach Glück streben, es oft verfehlen, während andere es bei der Beschäftigung mit gänzlich anderen Zielen finden, das hat man als das »Paradox des Hedonismus« bezeichnet. Es ist natürlich kein logisches Paradox, sondern eine Behauptung darüber, wie wir glücklich werden. Wie anderen Verallgemeinerungen zu diesem Thema fehlt auch ihm die empirische Bestätigung. Doch es paßt zu unseren Alltagsbeobachtungen und

steht im Einklang mit unserer Natur als entwickelte, zielbewußte Wesen. Menschliche Wesen überleben und reproduzieren sich durch zielbewußte Handlungen. Wir erlangen
Glück und Erfüllung, indem wir auf unsere Ziele hin arbeiten und sie erreichen. Evolutionär gesprochen, könnten wir
sagen, daß das Glück als innere Belohnung für unsere Leistungen fungiert. Subjektiv betrachtet bedeutet für uns das
Erreichen des Ziels (oder Fortschritte zu ihm hin) einen
Grund, glücklich zu sein. Unser eigenes Glück ist daher ein
Nebenprodukt des Strebens nach etwas anderem und nicht
dadurch zu erlangen, daß wir unseren Blick allein auf das
Glück richten.

Das Leben des Psychopathen läßt sich nun – verglichen mit
einem normalen Leben – auf eine andere Weise als sinnlos
verstehen. Es ist sinnlos, weil sein Blick nach innen auf die
Vergnügungen des gegenwärtigen Augenblicks gerichtet ist,
und nicht nach außen auf etwas Langfristigeres oder Weiter-
reichendes. Das Leben normaler Menschen hat Sinn, weil
es auf ein umfassendes Ziel hin gelebt wird.

All dies ist spekulativ. Man kann es akzeptieren, soweit es
mit eigener Beobachtung oder Introspektion übereinstimmt. Mein nächster – und letzter – Punkt ist noch speku-
lativer. Er besagt, daß einen dauerhaften Sinn in unserem
Leben zu finden nicht genügt, um über den Psychopathen
hinauszugelangen, der keine langfristigen Verpflichtungen
oder Lebenspläne hat; wir müssen auch über klügere Egoisten hinausgelangen, die langfristige Lebenspläne haben,
welche aber nur ihre eigenen Interessen betreffen. Die klu-
gen Egoisten mögen in ihrem Leben eine Zeitlang Sinn finden, denn sie haben das Ziel, ihre eigenen Interessen zu fördern; aber worauf läuft das am Ende hinaus? Wenn alles erreicht ist, was in unserem Interesse liegt, lehnen wir uns
dann zurück und sind glücklich? Könnten wir auf diese
Weise glücklich sein? Oder würden wir entscheiden, daß
unser Ziel noch nicht ganz erreicht ist, daß es noch anderes
gibt, was wir brauchen, bevor wir uns zurücklehnen und al-

les genießen könnten? Die meisten materiell erfolgreichen Egoisten schlagen den letzteren Weg ein und umgehen so das notwendige Eingeständnis, daß sie in ständigen Ferien kein Glück finden. Leute, die hart gearbeitet haben, um sich etwas aufzubauen, und die sich selbst sagen, sie würden das nur so lange tun, bis sie genug hätten, um angenehm zu leben, arbeiten lange weiter, auch nachdem sie ihr ursprüngliches Ziel hinter sich gelassen haben. Ihre materiellen »Bedürfnisse« erweitern sich gerade schnell genug, um ihrem Einkommen immer ein kleines Stück voraus zu sein.

In den achtziger Jahren, der »Dekade der Gier«, hat es eine Menge von Beispielen für die Unersättlichkeit des Wohlstandsstrebens gegeben. 1985 war Dennis Levine der erfolgreichste Bankier an der Wall Street mit dem am schnellsten wachsenden und am häufigsten genannten Wall-Street-Unternehmen Drexel Burnham Lambert. Doch Levine war nicht zufrieden:

> »Als ich 20 000 Dollar im Jahr verdiente, dachte ich, *ich kann 100 000 Dollar verdienen*. Als ich 100 000 im Jahr verdiente, dachte ich, *ich kann 200 000 verdienen*. Als ich eine Million verdiente, dachte ich, *ich kann drei Millionen verdienen*. Es war immer einer auf der Leiter über mir, und ich mußte mich einfach ständig fragen: Ist der wirklich doppelt so gut, wie ich bin?«

Levine entschloß sich, die Sache selbst in die Hand zu nehmen, und vereinbarte mit Freunden in anderen Wall-Street-Firmen, vertrauliche Informationen auszutauschen, die ihnen durch den Erwerb von Anteilen an Gesellschaften, die als Übernahmeobjekte galten, Gewinne brachten. Auf diese Weise verdiente Levine weitere 11 Millionen Dollar zusätzlich zu seinen Gehältern und Prämien. Er führte auch schließlich seinen eigenen Ruin herbei und verbrachte einige Zeit im Gefängnis. Darum aber geht es hier nicht. Zweifellos gibt es eine Reihe von Leuten, die mit Insider-Informationen Millionen machen und nicht erwischt wer-

den. Weit weniger gewiß ist jedoch, ob sie dadurch, daß sie
mehr Geld haben, auch wirklich Zufriedenheit und Erfüllung finden.

Nun beginnen wir zu verstehen, wo die Ethik für ein sinnvolles Leben wichtig wird. Halten wir nach einem Zweck
Ausschau, der umfassender ist als unsere Interessen, nach
etwas, das uns unser Leben als etwas sehen läßt, das eine
Bedeutung besitzt, die jenseits der engen Grenzen unserer
eigenen Bewußtseinszustände liegt, dann besteht eine nahe-
liegende Lösung darin, den ethischen Standpunkt einzunehmen. Wie wir gesehen haben, verlangt der ethische Standpunkt von uns, über unseren persönlichen Standpunkt
hinausgehend den eines unparteiischen Beobachters einzunehmen. Die ethische Betrachtungsweise der Dinge verhilft
uns dazu, unsere Nabelschau zu überwinden und uns mit
dem denkbar objektivsten Standpunkt zu identifizieren –
mit »dem Standpunkt des Universums«, wie Sidgwick es
nennt.

Der Standpunkt des Universums ist ein erhabener Standpunkt. In der dünnen Luft, die ihn umgibt, mögen wir uns
dazu hinreißen lassen, mit Kant von einem moralischen
Standpunkt zu sprechen, der alle, die ihre eigene begrenzte
Natur mit ihm vergleichen, »unweigerlich« demütigt. So
weit will ich nicht gehen. Weiter oben, als es um die Widerlegung von Thomas Nagels Argument für die Rationalität
des Altruismus ging, habe ich gesagt, daß es keineswegs unvernünftig ist, wenn man sich um die Qualität seiner eigenen Existenz in einer Weise kümmert, die die Qualität der
Existenz anderer Individuen nicht berücksichtigt. Ohne
darauf zurückzukommen, meine ich jetzt, daß die Rationalität in dem weiten Sinne, der Selbstbewußtsein und Reflexion über das Wesen und den Zweck unserer eigenen Existenz einschließt, uns zu umfassenderen Interessen als der
Qualität unserer eigenen Existenz drängen kann, aber dieser
Prozeß ist kein notwendiger, und diejenigen, die nicht
daran teilnehmen – oder daran teilnehmen, ihm aber nicht

bis zum ethischen Standpunkt folgen –, sind nicht unvernünftig oder im Irrtum. Psychopathen mögen nach allem, was ich weiß, einfach unfähig sein, in der Sorge um andere so viel Glück zu erfahren, wie es ihnen durch antisoziales Verhalten zuteil wird. Andere Menschen sehen im Briefmarkensammeln eine völlig angemessene Möglichkeit, ihrem Leben einen Sinn zu geben. Daran ist nichts Unvernünftiges; wiederum andere aber entwachsen dem Briefmarkensammeln, sobald sie sich ihrer Situation in der Welt bewußt werden und über ihre Ziele mehr nachdenken. Dieser dritten Gruppe bietet der ethische Standpunkt einen Sinn und Zweck im Leben, dem man nicht entwächst.

(Zumindest kann man dem ethischen Standpunkt nicht entwachsen, bevor man nicht alle ethischen Aufgaben erfüllt hat. Falls diese Utopie jemals erreicht würde, könnte man unsere zielbewußte Natur durchaus unzufrieden zurücklassen, ganz so wie es der Egoist sein mag, wenn er alles hat, was er braucht, um glücklich zu sein. Daran ist nichts paradox, denn wir sollten nicht erwarten, daß die Evolution uns im voraus mit der Fähigkeit ausgestattet hat, eine Situation zu genießen, die nie zuvor eingetreten ist. Auch wird das in naher Zukunft kein praktisches Problem werden.)

Auf die Frage »Warum moralisch handeln?« läßt sich keine Antwort geben, die jedem überwältigende Gründe für moralisches Handeln liefert. Moralisch nicht vertretbares Verhalten ist nicht immer unvernünftig. Wir werden wahrscheinlich immer die Sanktionen des Gesetzes und des gesellschaftlichen Druckes brauchen, um zusätzliche Gründe gegen ernsthafte Verletzungen ethischer Anforderungen vorzubringen. Diejenigen andererseits, die nachdenklich genug sind, um die in diesem Kapitel erörterte Frage zu stellen, werden am ehesten die Gründe anerkennen, die sich für das Einnehmen des ethischen Standpunkts anführen lassen.

Anhang

Wie man in Deutschland mundtot gemacht wird[1]

Einige Szenen aus dem akademischen Leben in Deutschland und Österreich heute:

Im Wintersemester 1989/90 bot Dr. Hartmut Kliemt, Professor für Philosophie an der Universität Duisburg, ein Seminar an, für das mein Buch *Praktische Ethik* die grundlegende Kurslektüre für die Studenten war. Nach seinem ersten Erscheinen in England 1979 ist es in zahlreichen Philosophischen Seminaren in Nordamerika, Großbritannien und Australien gelesen und ins Deutsche, Italienische, Spanische und Schwedische übersetzt worden.[2] Bis Kliemt seine Lehrveranstaltung ankündigte, hatte es niemals mehr als lebhafte Diskussionen ausgelöst. Das Seminar war jedoch organisierten und wiederholten Störungen durch Protestierende ausgesetzt, welche die Verwendung des Buches deshalb ablehnten, weil in einem der zehn Kapitel die aktive Euthanasie für schwerbehinderte Neugeborene befürwortet werde. Als sich nach einigen Wochen kein Nachlassen der Störungen abzeichnete, sah sich Kliemt zum Abbruch des Seminars gezwungen.

Die Europäische Gesellschaft für die Philosophie der Medizin und der Gesundheitsfürsorge ist eine wissenschaftliche Vereinigung, die eben das tut, was man von einer Organisation mit diesem Namen erwartet: sie fördert die wissenschaftliche Beschäftigung mit der Philosophie der Medizin und Gesundheitsfürsorge. Im Juni 1990 sollte ihre vierte Jahrestagung in Bochum stattfinden. Als Tagungsthema hatte

---

1 Dieser Aufsatz erschien am 15. August 1991 in der *New York Review of Books*.
2 Deutsche Übersetzung 1984; spanische Übersetzung 1984; italienische Übersetzung 1989; schwedische Übersetzung 1990.

man »Konsensbildung und Moralurteile in der Gesundheitsfürsorge« gewählt. In den Tagen vor dem Kongreß wurden in Bochum und anderswo in Deutschland vom »Anti-Euthanasie-Forum« Schriften verbreitet, in denen es hieß, unter dem Deckmantel der Toleranz und dem Ruf nach Demokratie und Liberalismus würden Vernichtungsstrategien diskutiert. Aus diesem Grund wolle das Forum versuchen, das Stattfinden des Bochumer Kongresses zu verhindern. Am 5. Juni, kurz vor ihrer Anreise zur Tagung, erhielten die Tagungsteilnehmer einen Brief des Sekretärs der Gesellschaft mit der Mitteilung, sie würde nach Maastricht in Holland verlegt, da die deutschen Organisatoren (zwei Professoren am Zentrum für Medizinische Ethik an der Ruhr-Universität Bochum) sich »Anti-Bio-Ethik-Agitation, Drohungen und Einschüchterungen« gegenübersähen und »die Sicherheit der Teilnehmer nicht garantieren« könnten.

Im Oktober 1990 wurde Dr. Helga Kuhse, Senior Research Fellow am Zentrum für Human Bioethics der Monash-Universität in Australien und Autorin von *The Sanctity-of-Life Doctrine in Medicine: A Critique*, Oxford: Oxford University Press / Clarendon Press, 1987, zu einer Vorlesung am Institut für Anatomie der Universität Wien eingeladen. Eine Gruppe, die sich selbst »Forum der Gruppen für Verkrüppelte und Behinderte« nannte, kündigte an, sie würde gegen die Vorlesung protestieren, und stellte dazu fest, daß die wissenschaftliche Freiheit ethische Grenzen habe und daß die Gruppe von der Medizinischen Fakultät die Erklärung erwarte, daß menschliches Leben »unantastbar« sei. Die Vorlesung wurde daraufhin von der Medizinischen Fakultät abgesagt. Der Dekan der Fakultät meinte gegenüber der Presse zur Person Helga Kuhses: »Wir haben überhaupt nicht gewußt, wer das ist.«[3]

Das Philosophische Institut der Universität Hamburg beschloß mit dem Einverständnis der Fakultätsmitglieder und

---

3 Zit. in: *Der Standard* (Wien), 10. Oktober 1990.

eines Studentenvertreters einen Professor für Angewandte Ethik zu berufen. Die Bewerberliste war auf sechs Kandidaten geschru.npft. An diesem Punkt des Auswahlverfahrens von Professoren ist es in Deutschland Usus, jeden Bewerber zu einem Vortrag einzuladen. Die Vorträge wurden angekündigt, fanden aber nicht statt. Studenten und Protestierende von außerhalb der Universität erhoben Einwände gegen die Einrichtung eines Lehrstuhls für Angewandte Ethik, weil dieses Fach die Frage aufwerfe, ob menschliches Leben in bestimmten Fällen lebenswert sei. Die Demonstranten blockierten die Eingänge zu den Hörsälen und bliesen auf Trillerpfeifen, um jeglichen Vorlesungsversuch der Redner zu übertönen. Die Universität ließ die Vorlesungen absagen. Ein paar Wochen später erfolgte die Ankündigung einer neuen Kandidatenliste. Zwei Philosophen, die sich mit dem Gebiet der angewandten Ethik befaßten, waren darauf nicht mehr berücksichtigt; man hatte sie durch Philosophen ersetzt, die sich verhältnismäßig wenig mit angewandter Ethik beschäftigt haben; einer von ihnen ist beispielsweise am bekanntesten für seine Arbeit über Ästhetik. Unter denen, die von der kurzen Liste gestrichen wurden, war Dr. Anton Leist, Autor von *Eine Frage des Lebens: Ethik der Abtreibung und Künstlichen Befruchtung*, Frankfurt a. M.: Campus, 1990, eines Buches, das ethische Argumente zur Verteidigung des Rechts auf Schwangerschaftsabbruch anbietet, und zudem Mitherausgeber von *Analyse & Kritik*, einer der wenigen deutschen Zeitschriften, die vom Stil angelsächsischer Länder geprägte philosophische Beiträge veröffentlicht. Es entbehrt nicht der Ironie, daß kurz zuvor eine Spezialausgabe der Zeitschrift vom 12. Dezember 1990 der *Praktischen Ethik* und der Frage der wissenschaftlichen Freiheit in Deutschland gewidmet war.

Im Februar 1991 sollte eine Round-table-Diskussion in Frankfurt a. M. stattfinden, die von den Referaten Erwachsenenbildung der Protestantischen und Katholischen Kirche gemeinsam veranstaltet wurde. Das Thema war »Sterbehilfe« und zu den Teilnehmern gehörte auch der angesehene Rechtswissenschaftler Professor Norbert Hoerster, der in seinen Veröffentlichungen für das Prinzip der Euthanasie eintritt. Als die Veranstaltung gerade beginnen sollte, beschuldigte eine Zuhörergruppe die Organisatoren mit dem Vorwurf, daß sie ein Forum für einen »Faschisten« und »Befürworter moderner Massenvernichtung« abhielten. Sie verteilten Flugblätter mit der Überschrift »Keine Diskussion über Leben und Tod«. Die Veranstaltung mußte abgebrochen werden.

Das alljährlich im österreichischen Kirchberg stattfindende Internationale Wittgenstein-Symposium gilt als eine der wichtigsten philosophischen Tagungen in Europa. Das 15. Internationale Wittgenstein-Symposium sollte im August 1991 zum Thema »Angewandte Ethik« abgehalten werden. Mitglieder des Instituts für Philosophie der Universität Salzburg bereiteten das Programm vor. Unter den eingeladenen Rednern waren Professor Georg Meggle, Universität Saarbrücken, Professor R. M. Hare, früher Professor für Moralphilosophie in Oxford und nun Professor für Philosophie an der Universität Gainesville in Florida, und ich. Als die Namen der Eingeladenen publik wurden, erhielt der Präsident der Österreichischen Ludwig-Wittgenstein-Gesellschaft, Dr. Adolf Hübner, Drohungen, daß das Symposium gestört würde, wenn die Einladungen an Professor Meggle und mich nicht zurückgezogen würden. In anderen öffentlichen Diskussionen mit Gegnern des Programms machte man die Boykott-Drohung für weitere eingeladene Professoren geltend: für R. M. Hare, Hartmut Kliemt, Norbert Hoerster und Professor Dieter Birnbacher von der Philosophischen Fakultät der Gesamthochschule Essen. [4]

4 Während man zum Widerstand gegen das Wittgenstein-Symposium aufrief, beschrieb eine spezielle »Euthanasie-Ausgabe« der österreichischen Zeitschrift *Erziehung heute* (Innsbruck 1991), S. 37, sämtliche Philosophen mit Worten, die auf eine feindselige Voreinstellung abzielten.

Dr. Hübner ist kein Philosoph; er ist pensionierter Agrar-veterinär und 'er las deshalb die *Praktische Ethik* erst, als sich der Proteststurm erhob. Nach der Lektüre kam er je-doch zu dem Schluß, daß die Proteste – wie er in einer österreichischen Tageszeitung schrieb – voll und ganz ge-rechtfertigt seien.[5] In einem langen Brief an den Vorstand der Österreichischen Wittgenstein-Gesellschaft legte er dar, daß sich das Österreichische Wittgenstein-Symposium und die Wittgenstein-Gesellschaft aufgrund der Einladungen an Philosophen, die die Ansicht vertreten, daß Ethik in der Art und Weise einer objektiven kritischen Wissenschaft begrün-det und betrieben werden könne, in einer existentiellen Krise befänden.[6]

Der Verweis auf die objektive kritische Wissenschaft ist er-staunlich, da insbesondere R. M. Hare ein Leben lang auf dem Unterschied insistiert hat zwischen ethischen Urteilen und Aussagen, auf die Begriffe wie objektive Wahrheit oder Falschheit üblicherweise angewandt werden.

Einigen Berichten zufolge drohten Gruppen von Sympo-siums-Gegnern mit Ausstellungsaktionen zum Thema »Kirchberg unter den Nazis«, wenn die Einladungen nicht zurückgenommen würden. Diese Drohung machte der-artigen Eindruck, daß Kirchbergs Gastwirte angeblich ver-lauten ließen, sie würden sich während des Symposiums weigern, Philosophen zu bedienen.[7] Es ist dem Organisa-tionskomitee hoch anzurechnen, daß es sich gegen Hübners Vorschlag stellte, die Einladungen an jene Philosophen zu-rückzuziehen, gegen die sich die Proteste richteten. Statt dessen empfahl es die Absage des gesamten Symposiums, weil Dr. Hübners öffentlicher Eingriff in die Debatte einen

---

5 Vgl. Adolf Hübner, »Euthanasie-Diskussion im Geiste Ludwig Witt-gensteins?«, in: *Der Standard*, 21. Mai 1991.

6 Vgl. A. Hübner, »Die krisenhafte Situation der Österreichischen Lud-wig-Wittgenstein-Gesellschaft, ausgelöst durch die Einladungspraxis zum Thema ›Angewandte Ethik‹« (unveröff. Typoskript).

7 Vgl. Martin Stürzinger, »Ein Tötungshelfer mit faschistischem Gedan-kengut?«, in: *Die Weltwoche* (Zürich), 23. Mai 1991, S. 83.

störungsfreien Ablauf desselben unwahrscheinlich gemacht
hatte. Diese Empfehlung nahm das Komitee der Österreichischen Wittgenstein-Gesellschaft gegen den Willen Hübners an. 1991 gab es kein Wittgenstein-Symposium.

Wer glaubt, es gäbe überall in Westeuropa einen festen Konsens, der Gedanken- und Diskussionsfreiheit im allgemeinen und wissenschaftliche Freiheit im besonderen unterstützt, der empfindet diese Szenen als Schock. Wie es dazu
kam, ist jedoch unschwer zu erklären. Die ganze Geschichte
beginnt mit Ereignissen, an denen ich unmittelbar beteiligt
war. Sie nimmt ihren Anfang mit einer Einladung zu einem
Vortrag im Juni 1989 auf dem europäischen Symposium
über Bio-Technologie, Ethik und geistige Behinderung, das
die Lebenshilfe, die wichtigste Organisation in Deutschland
für Eltern geistig behinderter Kinder, und das Bischof-Bekkers-Institut, eine vergleichbare holländische Organisation,
gemeinsam veranstalteten. Das Symposium sollte in Marburg unter der Schirmherrschaft des Internationalen Bundes
der Gesellschaften für Geistig Behinderte Personen und
der Internationalen Vereinigung für die Wissenschaftliche
Erforschung Geistiger Behinderung stattfinden. Das Programm las sich eindrucksvoll; nach einer Eröffnungsrede der
deutschen Familienministerin waren Konferenzvorträge von
führenden Genetikern, Bio-Ethikern, Theologen und Juristen im Gesundheitswesen aus den Vereinigten Staaten, Ka-
nada, den Niederlanden, England, Frankreich und natürlich
auch aus Deutschland angesagt. Ich nahm die Einladung an;
und da ich ohnehin in Deutschland sein würde, gab ich auch
Christoph Anstötz, Professor für Sonderpädagogik an der
Universität Dortmund, eine Zusage für eine Vorlesung über
das Thema »Haben schwerstbehinderte Neugeborene ein
Recht auf Leben?«, die einige Tage später angesetzt war.
In diesen Vorlesungen beabsichtigte ich, eine Auffassung zu
vertreten, die ich in mehreren früheren Publikationen dargelegt habe: daß nämlich die Eltern schwerstbehinderter

Neugeborener zusammen mit einem Arzt über das Leben oder den Tod ihres Kindes entscheidungsbefugt sein sollten. Falls die Eltern und ihr medizinischer Berater darin übereinstimmten, daß das Leben des Neugeborenen so elend oder ohne minimale Befriedigungen sein würde, daß es unmenschlich oder vergeblich wäre, das Leben zu verlängern, dann sollte es erlaubt sein, einen raschen und schmerzlosen Tod herbeizuführen. Eine solche Entscheidung könnte vernünftigerweise dann getroffen werden, wenn das Neugeborene zum Beispiel mit Anenzephalie, d. h. ohne Gehirn, zur Welt käme (Neugeborene mit einer solchen Mißbildung haben keine Aussicht, jemals Bewußtsein zu erlangen); oder mit einem schweren Chromosomendefekt wie beispielsweise Trisomie 18, welche mit Anomalien des Nervensystems, innerer Organe und äußerer Merkmale einhergeht, wobei der Tod stets innerhalb weniger Monate oder allerspätestens in zwei Jahren eintritt; oder in sehr schweren Fällen von Spina bifida, wo ein freigelegtes Rückenmark zur Lähmung von der Hüfte abwärts, zu Inkontinenz von Blase und Darm, Wasserbildung im Gehirn und oft zu geistiger Behinderung führt. (Würde man diese Leiden in Untersuchungen vor der Geburt diagnostizieren, zögen viele Mütter einen Schwangerschaftsabbruch vor, und ihre Entscheidung würde weithin Verständnis finden.)

Eltern sind vielleicht nicht immer dazu imstande, eine unbefangene Entscheidung für die Zukunft ihres neugeborenen Kindes zu treffen, und ihre Entscheidungen sind womöglich nicht zu rechtfertigen. In einigen Fällen – möglicherweise beim Down-Syndrom – steht für das Kind ein Leben ohne Leiden in Aussicht, doch es würde sehr viel mehr Pflege und Aufmerksamkeit über einen längeren Zeitraum als ein normales Kind benötigen. Manche Elternpaare, die sich nicht zur notwendigen Pflege in der Lage sehen würden oder die meinen, eine solche sei ihrer bereits bestehenden Familie abträglich, könnten sich gegen die Erhaltung des neugeborenen Lebens entscheiden. Es könnte allerdings andere Ehepaare geben, die dazu bereit wären, dem Kind ein angemessenes Zuhause zu bieten; oder dem Gemeinwesen wäre es gegebenenfalls möglich, die Verantwortung für die medizinische Versorgung zu übernehmen und zu garantieren, daß das Kind einigermaßen gute Bedingungen für ein befriedigendes Leben und die Entwicklung seiner Anlagen vorfindet. Die Eltern können unter diesen Umständen – vorausgesetzt also, daß das Kind kein unveränderlich elendes Leben hat und sie nicht gezwungen werden, es großzuziehen – nicht mehr darauf bestehen, daß ihnen die wichtigste Rolle in Entscheidungen über Leben und Tod ihres Kindes zusteht.[8]

Diese Position gerät natürlich in Konflikt mit der traditionellen Lehre von der Heiligkeit menschlichen Lebens; aber es ergeben sich allseits bekannte Schwierigkeiten bei Versuchen, diese Doktrin in säkularen Begriffen ohne ihre traditionelle religiöse Untermauerung zu vertreten. (Warum sollte beispielsweise, wenn nicht darum, weil die Menschen nach dem Bild Gottes geschaffen wurden, die Grenze des unantastbaren Lebens mit der Grenze unserer Spezies zusammenfallen?) Unter Philosophen und Bio-Ethikern ist die Auffassung, die ich vortragen wollte, keineswegs außergewöhnlich. Wenn sie auch nicht gerade orthodoxe Lehrmeinung ist, so wird sie, oder zumindest Vergleichbares, weithin vertreten, und zwar von einigen der angesehensten Gelehrten sowohl im Bereich der Bio-Ethik als auch der angewandten Ethik.[9]

8 Eine kurze Darstellung meiner Gründe für diese Position findet sich in Kapitel 7 der *Praktischen Ethik*, eine ausführlichere in: Helga Kuhse / Peter Singer, *Should the Baby Live?*, Oxford: Oxford University Press, 1985. Vgl. auch P. Singer / H. Kuhse, »The Future of Baby Doe«, in: *The New York Review*, 1. März 1984, S. 17–22.

9 Hier eine Auswahl; viele andere könnten zusätzlich aufgeführt werden: H. Tristam Engelhardt Jr., *The Foundations of Bioethics*, Oxford: Oxford University Press, 1986; R. G. Frey, *Rights, Killing and Suffering*, Oxford: Blackwell, 1983; Jonathan Glover, *Causing Deaths and Saving Lives*, Harmondsworth: Penguin, 1977; John Harris, *The Value of Life*,

Nur ein oder zwei Tage vor dem Abreisetermin nach Deutschland zog man meine Einladung zum Vortrag auf der Marburger Tagung unvermittelt zurück. Als Begründung wurde mir mitgeteilt, daß ich durch die Annahme der Vorlesungseinladung der Universität Dortmund den Gegnern meiner Ansichten die Behauptung ermöglicht hätte, die Lebenshilfe stelle mir die Mittel zur Verfügung, damit ich meine Auffassungen von Euthanasie in Deutschland verbreiten könne. Im Ausladungsschreiben traf man eine Unterscheidung zwischen der Diskussion meiner Ansichten »hinter geschlossenen Türen im Kreise kritischer Wissenschaftler, die Sie überzeugen wollen, daß Ihre Meinung gegen die Menschenrechte verstößt«, und meinem Eintreten für diese Position »in der Öffentlichkeit«. Ein Postscriptum fügte hinzu, daß mehrere Behinderten-Organisationen Protestdemonstrationen in Marburg und Dortmund gegen mich und gegen die Lebenshilfe, weil sie mich eingeladen hatte, planten. (Zwar überwogen die Behinderten-Organisationen unter den Protestierenden, doch wurden diese Gruppen von verschiedenen Koalitionen gegen die Gentechnologie und Reproduktionstechnologie genauso wie von linken Vereinigungen nachhaltig unterstützt und bestärkt, denen es offensichtlich nicht um das Problem der Euthanasie ging. So schloß sich beispielsweise das »Anti-Atom-Büro« den Protesten an, obgleich es vermutlich über meine ablehnende Haltung zur Urangewinnung und zur Atomkraft weder Bescheid wußte noch sich darum scherte.)

Bald war in der Tagespresse über die Proteste zu lesen. *Der*

London: Routledge & Kegan Paul, 1985; James Rachels, *The End of Life*, Oxford: Oxford University Press, 1986; ders., *Created from Animals*, Oxford: Oxford University Press, 1991; Michael Tooley, *Abortion and Infanticide*, Oxford: Oxford University Press, 1983; und das Buch von H. Kuhse, auf das ich bereits Bezug genommen habe, *The Sanctity-of-Life Doctrine in Medicine: A Critique* (dt. *Die »Heiligkeit des Lebens« in der Medizin. Eine philosophische Kritik*, übers. von Thomas Fehige, Erlangen: Harald Fischer, 1993).

Spiegel veröffentlichte einen vehementen Angriff gegen mich, verfaßt von Franz Christoph, dem Wortführer einer sich selbst zur »Krüppel-Bewegung« ernannten, militanten Organisation behinderter Menschen.[10] Als Bildmaterial waren dem Artikel Photographien der Transporte der »Euthanasie-Opfer« im Dritten Reich und Hitlers »Euthanasie-Befehl« beigefügt. Er vermittelte den Lesern keinerlei Vorstellung der ethischen Grundlage, von der aus ich Euthanasie befürworte, und zitierte Sprecher der Behinderten-Gruppen, die augenscheinlich glaubten, ich zweifelte ihr Lebensrecht an. Ich schrieb eine kurze Antwort, in der ich darlegte, daß ich nicht für die Euthanasie bei Menschen wie ihnen, sondern für die bei schwerbehinderten Neugeborenen einträte und daß es ein entscheidender Punkt meines Plädoyers für die Euthanasie sei, daß diese Säuglinge sich niemals haben bewußt werden können, daß sie Lebewesen mit Vergangenheit und Zukunft seien. Folglich könnten meine Auffassungen für jemanden mit dem Willen zum Weiterleben oder auch der Einsicht, daß sein oder ihr Leben gefährdet sein könnte, keine Bedrohung darstellen. Mit einigem Verzug erhielt ich einen Brief vom *Spiegel*, in dem man mir mitteilte, Platzgründe hätten das Magazin an der Veröffentlichung meiner Antwort gehindert. Wenig später fand *Der Spiegel* allerdings Platz für eine weitere, überaus kritische Darstellung meiner Auffasssung der Euthanasie zusammen mit einem vierseitigen Interview mit einem meiner schärfsten Gegner – und, einmal mehr, dasselbe Photo von den Nazi-Transportfahrzeugen.[11]

Wenn die *Lebenshilfe* geglaubt hatte, sie könne ihre Kritiker durch Rücknahme meiner Vorlesungseinladung nach Marburg besänftigen, so hatte sie den Sturm unterschätzt, der sich erhoben hatte. Die Protestteilnehmer setzten ihren

10 Vgl. Franz Christoph, »(K)ein Diskurs über ›lebensunwertes Leben‹«, in: *Der Spiegel*, 5. Juni 1989.
11 Vgl. die Aufsätze »Bizarre Verquickung« und »Wenn Mitleid tödlich wird«, in: *Der Spiegel*, 21. August 1989, S. 171–176.

Widerstand fort gegen das, was sie nun den »Euthanasie-Kongreß« nannten. Kurz bevor das Symposium eröffnet werden sollte, sagten die Lebenshilfe und das Bischof-Bekkers-Institut die ganze Veranstaltung ab. Kurz darauf beschloß auch der Fachbereich Sonderpädagogik der Universität Dortmund, meine Vorlesung nicht stattfinden zu lassen.

Aber damit waren meine Erfahrungen in Deutschland in jenem Sommer noch nicht beendet. Georg Meggle, Professor für Philosophie an der Universität Saarbrücken, lud mich zur Vorlesung an seiner Hochschule ein, um zu zeigen, daß eine vernünftige Diskussion der mit der Euthanasie verbundenen ethischen Problematik in Deutschland möglich sei. Ich hoffte, bei dieser Gelegenheit darlegen zu können, daß ich jede Bemühung verstünde und unterstützte, ein Wiederaufleben nationalsozialistischen Gedankengutes zu verhindern, und meine Ansichten zur Euthanasie rein gar nichts mit den Taten der Nazis gemein hätten. Im Gegensatz zur Nazi-Ideologie, derzufolge der Staat entscheiden sollte, wer es wert sei zu leben, käme es bei meiner Auffassung darauf an, staatliche Befugnisse zu beschneiden und es den Eltern zu überlassen, die letzte Entscheidung über Leben oder Tod zu treffen, sowohl für sich als auch, nach ärztlicher Beratung, für ihr Neugeborenes. Wer argumentiere, die Entscheidung, daß ein menschliches Leben sich nicht zu leben lohne, sei immer falsch, müsse konsequenterweise auch den Einsatz der gesamten modernen medizinischen Technik zur äußersten Verlängerung des Lebens eines jeden Neugeborenen fordern, gleichgültig, wie hoffnungslos sich die Aussichten des Säuglings vielleicht ausnähmen und gleichgültig, wieviel Leiden sein Leben mit sich bringe. Dies erscheine aber bestimmt zu grausam, als daß es eine humane Person vertreten könne.
Solche naheliegenden Argumente vorzubringen erwies sich schwieriger als erwartet. Als ich mich in Saarbrücken

zum Vortrag erhob, setzten ein Trillerpfeifen-Konzert und das Geschrei eines kleinen Teils der Zuhörerschaft ein, der es auf Verhinderung meines Vortrags angelegt hatte. Professor Meggle gab den Demonstranten Gelegenheit zu begründen, warum ich ihrer Meinung nach nicht reden sollte. Dabei zeigte sich allerdings ihr gründliches Mißverständnis meines Standpunkts. Viele glaubten offensichtlich, ich stünde politisch weit rechts. Jemand gab zu bedenken, daß mir die Erfahrung der Deutschen mit dem Nationalsozialismus fehle; jedoch waren er und andere Zuhörer betroffen, als ich ihnen sagte, ich sei Kind österreichisch-jüdischer Flüchtlinge und drei meiner Großeltern seien in Konzentrationslagern der Nazis umgekommen. Einige schienen zu glauben, ich sei gegen alle Verbesserungsmaßnahmen bezüglich der gesellschaftlichen Situation Behinderter, doch obwohl ich zwar meine, daß ein Leben unter Umständen von Beginn an so sehr ruiniert sein kann, daß es besser nicht verlängert werden sollte, glaube ich gleichwohl, daß, sobald man einem Leben eine Entwicklungsmöglichkeit gewährt hat, in jedem Falle alles getan werden sollte, dieses Leben so befriedigend und reich wie nur möglich zu gestalten. Dies sollte die bestmögliche, den Bedürfnissen des Kindes angepaßte Ausbildung einschließen, damit sich die besonderen Fähigkeiten der behinderten Person optimal entfalten können.

Ein anderer spontaner Kommentar offenbarte noch größere Unwissenheit, was meinen Standpunkt anlangt. Einer der Demonstranten zitierte eine Textstelle, in der ich die Auffassungsgabe von geistig behinderten Menschen und nichtmenschlichen Lebewesen vergleiche. Durch die Art und Weise, wie er das Zitat aus dem Zusammenhang riß, so als ob es allein schon zu meiner Verurteilung genügen würde, wurde mir klar, daß er glaubte, ich würde der Ansicht sein, man solle behinderte Menschen so behandeln, wie wir heutzutage mit nichtmenschlichen Lebewesen umgehen. Er hatte keine Vorstellung davon, daß meine Ansichten über unseren Umgang mit Tieren ganz und gar von den in westlichen Gesellschaften gängigen abweichen. Als ich zur Antwort gab, daß für mich der Vergleich eines Menschen mit einem nichtmenschlichen Lebewesen nicht bedeute, dem Menschen mit weniger, sondern dem Tier mit mehr Rücksichtnahme zu begegnen, fragte dieser Zuhörer, warum ich mein Talent nicht lieber darauf verwendete, über die moralische Problematik unseres Umgangs mit Tieren als über die Euthanasie zu schreiben. Selbstverständlich war meine Erwiderung, daß ich dies getan hätte und eben wegen meiner Ansichten über das Leiden von Tieren in kommerziellen Tierfabriken, ihren Gebrauch in der medizinischen und psychologischen Forschung und die Notwendigkeit einer Befreiung der Tiere in angelsächsischen Ländern am bekanntesten sei; aber es wurde mir klar, daß ein großer Teil der Zuhörer einfach nicht glauben wollte, ich könne irgendwo aus anderen Gründen als wegen meines Eintretens für Euthanasie bekannt sein.[12]

Dadurch, daß diese Mißverständnisse geäußert werden konnten, ergab sich jedenfalls zumindest die Gelegenheit zur Entgegnung. Noch ein anderer Zuhörer kam aufs Podium und erkärte, er stimme mit mir darin überein, daß der Einsatz von medizinischer Intensiv-Behandlung zur Verlängerung eines jeden Lebens unnötig wäre, aber ein neugeborenes Kind sterben zu lassen sei etwas anderes, als aktive Maßnahmen zu treffen, das Leben desselben zu beenden. Dies führte zu weiterer Diskussion, und es ergab sich

---

12 Mein Buch *Animal Liberation*, New York: Random House, 1975; 2. rev. Aufl., New York: New York Review / Random House, 1990, ist in Deutschland unter dem Titel *Befreiung der Tiere*, übers. von Elke VomScheidt, München: F. Hirthammer, 1982, veröffentlicht worden, aber es ist weitgehend unbekannt geblieben. Doch enthält die *Praktische Ethik* zwei umfassende Kapitel zu meinen Ansichten über Tiere; folglich zeigte die Reaktion der Protestteilnehmer, daß die meisten das Buch, auf das sie ihre ablehnende Haltung zu meiner Einladung gründeten, nicht gelesen hatten.

schlußendlich eine lange und nicht völlig vergebliche Debatte. Wenigstens gingen einige Teilnehmer besser informiert nach Hause, als sie gekommen waren.[13]

Die Ereignisse des Sommers 1989 hallen immer noch in der geistigen Auseinandersetzung in Deutschland nach. Zu den positiven Aspekten gehört, daß jene, die die Kontroverse über die Euthanasie im Keime ersticken wollten, alsbald herausfanden, daß, wie so oft, aus dem Versuch, Gedanken zu unterdrücken, lediglich die noch weitere Verbreitung derselben sicher folgt. Die führende liberale Wochenzeitung Deutschlands, *Die Zeit*, veröffentlichte zwei Beiträge mit ausgewogener Darstellung der Argumente für die Euthanasie und erörterte auch das Tabu, das in Deutschland eine offene Diskussion des Themas verhindert hatte. Wegen dieses Exempels für unerschrockenen Journalismus wurde *Die Zeit* gleichfalls ein Ziel der Proteste, als nämlich Franz Christoph, der Wortführer der »Krüppel-Bewegung«, sich mit seinem Rollstuhl an die Tür des Redaktionsgebäudes kettete. Die Herausgeber der *Zeit* luden Christoph daraufhin ein, mit den Zeitungsherausgebern und ein bis zwei anderen Teilnehmern darüber zu diskutieren, ob es richtig sei, daß die Zeitung das Thema Euthanasie aufgreife. Christoph ging darauf ein, das Gespräch wurde mitgeschnitten, und das Transkript in einem weiteren ausführlichen Artikel veröffentlicht. Wie abzusehen war, schlug die Unterhaltung darüber, ob über Euthanasie diskutiert werden dürfe, wie in Saarbrücken sehr bald in eine Debatte über die Euthanasie selbst um.

Fortan griff sowohl das deutsche als auch das österreichische Fernsehen die Euthanasie-Kontroverse auf. Mit dem

---

13 Deshalb wies einer der Protestteilnehmer in seinem Bericht über die Ereignisse in einer Studentenzeitung unverblümt darauf hin, es sei ein taktischer Fehler, sich auf eine Diskussion mit mir einzulassen. Vgl. Holger Dorff, »Singer in Saarbrücken«, in: *Unirevue* (Wintersemester 1989/90) S. 47.

Resultat, daß anstelle von ein paar hundert Vorlesungszu-
hörern in Marburg und Dortmund Millionen über meine
Ansichten lasen oder sie durch das Fernsehen vermittelt bekamen. Das *Deutsche Ärzteblatt* – die maßgebliche medizinische Zeitschrift in Deutschland – veröffentlichte einen Artikel von Helga Kuhse mit dem Titel »Warum Fragen der
Euthanasie auch in Deutschland unvermeidlich sind«, der
eine ausführliche Debatte in den folgenden Ausgaben auslö-
ste.[14] Heute ist in philosophischen Kreisen die Diskussion
der angewandten Ethik im allgemeinen und der Euthanasie
im besonderen sehr viel lebendiger als vor 1989 – was sich
an der von mir bereits erwähnten Sonderausgabe von *Analyse & Kritik* zeigt. In Zeitschriften für Sonderpädagogik
werden übrigens ethische Fragen nun sehr viel öfter erörtert
als noch vor zwei Jahren.
Die Proteste ließen auch die sinkenden Verkaufszahlen der
deutschen Ausgabe der *Praktischen Ethik* wieder ansteigen.
Von diesem Buch wurden nach dem Juni 1989 innerhalb eines Jahres mehr Exemplare verkauft als in all den fünf Jahren zuvor, in denen es in Deutschland erhältlich gewesen
war. Zudem beeilt sich heute jeder Teilnehmer an der deutschen Diskussion, ein Buch über Euthanasie zu veröffentlichen. Mit Ausnahme der beiden Bücher von Anstötz und
Leist, die genuine ethische Argumente anführen, sind die
bislang vorgelegten von gewissem Interesse für Leute, die
untersuchen möchten, wie Deutsche denken, die gegen freie
Meinungsäußerung sind, aber auch für sonst gar nichts.[15]

---

14 H. Kuhse, »Warum Fragen der Euthanasie auch in Deutschland unvermeidlich sind«, in: *Deutsches Ärzteblatt*, 19. April 1990, S. 1243–49.
   Leserbriefe und eine Antwort von H. Kuhse sind in den Ausgaben
   vom 13. September 1990, S. 2696–704, und vom 20. September 1990,
   S. 2792–96, zu finden.
15 Zu diesem Thema wurden zwischen Januar 1990 und Juni 1991 u. a.
   veröffentlicht: C. Anstötz, *Ethik und Behinderung*, Berlin: Edition
   Marhold, 1990; T. Bastian (Hrsg.), *Denken, Schreiben, Töten*, Stuttgart: Hirzel, 1990; T. Bruns / U. Panselin / U. Sierck, *Tödliche Ethik*,
   Hamburg: Verlag Libertäre Assoziation, 1990; F. Christoph, *Tödlicher*

Diese Bücher scheinen weitgehend nach folgendem Schema verfaßt worden zu sein:

(1) Man zitiere ein paar Stellen aus der *Praktischen Ethik*, die so zu wählen sind, daß die Aussage des Buchs entstellt wird.

(2) Man drücke sein Entsetzen darüber aus, daß irgend jemand solche Behauptungen aufstellen kann.

(3) Man bedenke die Vorstellung, daß dies als Philosophie angesehen werden könnte, mit einer höhnischen Bemerkung.

(4) Man stelle einen Zusammenhang her zwischen den Zitaten und dem Gedankengut und den Taten der Nazis.

Doch ist es ebenso wichtig, einen negativen Ansatz des Schemas zu beachten:

(5) Man enthalte sich der Diskussion folgender gefährlicher Fragen: Ist menschliches Leben bis zum äußersten zu erhalten? Und wenn man das verneint, wie sind dann Entscheidungen über einen Behandlungsabbruch in Fällen, in denen der Patient jetzt und niemals zuvor imstande war, seine Wahl zu äußern, ohne eine Bewertung der Lebensqualität des Patienten zu treffen? Inwiefern ist die Unterscheidung zwischen einer Herbeiführung des Todes des Patienten durch Abbruch der lebensverlängernden Maßnahmen und einer Herbeiführung durch aktives Eingreifen moralisch bedeutsam? Warum ist die Befürwortung der Euthanasie bei schwerbehinderten Säuglingen um so

Zeitgeist, Köln: Kiepenheuer & Witsch, 1990; E. Klee, *Durch Zyankali erlöst*, Frankfurt: Fischer, 1990; A. Leist (Hrsg.), *Um Leben und Tod*, Frankfurt: Suhrkamp, 1990; und O. Tolmein, *Geschätztes Leben*, Hamburg: Konkret Literatur Verlag, 1990. Das wohl beste Buch über die derzeitige Debatte in Deutschland ist *Zur Debatte über Euthanasie*, hrsg. von R. Hegselmann und R. Merkel, Frankfurt: Suhrkamp, 1991.

viel schlimmer als die Befürwortung des Schwangerschaftsabbruchs auf Verlangen, daß ein und dieselben
Leute sich dem Recht widersetzen, das erste auch nur
zu erörtern, während sie selbst für letzteres eintreten?

Was die jüngsten Publikationen anlangt, so besteht die Ironie natürlich darin, daß selbst jene mit einem überaus kritischen Verhältnis zu meinem eigenen Standpunkt durch die
Veröffentlichung ihrer Bücher und Artikel ein der Diskussion des Themas förderliches Klima schaffen. Selbst
Franz Christoph hat nun sein eigenes Buch zum Thema
veröffentlicht, obwohl er sich mit seinem Rollstuhl ans Ver-
lagsgebäude der *Zeit* gekettet hatte, weil diese über meine
Ansichten zur Euthanasie berichtete. Auf den ersten Seiten
beteuert er eindringlich, sein Buch sei kein Beitrag *zur* Euthanasie-Debatte, sondern ein Buch *gegen* diese Diskussion;
aber es versteht sich doch von selbst, daß man kein Buch
darüber veröffentlichen kann, ob eine Auseinandersetzung
über die Frage der Euthanasie stattfinden solle oder nicht,
ohne seine Leser und Rezensenten zum Nachdenken über
das strittige Euthanasie-Problem selbst zu veranlassen.[16]

Doch unglücklicherweise überwiegen wahrscheinlich die
negativen Gesichtspunkte bei diesen Ereignissen. Am be-
drohlichsten sind die zu Beginn dieses Essays beschriebenen
Vorfälle und die durch sie hervorgerufene Atmosphäre der
Drangsalierung und Einschüchterung. Wer immer ein Semi-

---

16 Vgl. etwa die Art und Weise, in der Rudi Tarneden, Rezensent einer
Behinderten-Vereinigung, der Christophs Position sehr nahesteht, im
Fortgang seiner Besprechung von Franz Christophs *Tödlicher Zeitgeist* (vgl. Anm. 15) nicht umhin kann, Fragen aufzuwerfen wie: »Gibt
es nicht tatsächlich Grenzsituationen menschlichen Leidens, Grenzen
des Erträglichen? Mache ich mich schon der Menschenverachtung
schuldig [›Menschenverachtung‹ ist ein in Deutschland oft verwende-
ter Begriff für das, was man mir anlastet; Anm. d. Verf.], wenn ich versuche, diese überhaupt zur Kenntnis zu nehmen?« (R. Tarneden, »Wo
alles richtig ist, kann es auch keine Schuld mehr geben«, in: *Zeitschrift
für Heilpädagogik* 42, 1991, Heft 4, S. 246).

nar zur *Praktischen Ethik* anbietet, riskiert nunmehr die
gleichen Proteste und persönlichen Angriffe wie Professor
Kliemt in Duisburg. Ein Berliner Philosoph erzählte mir
unlängst, daß ein Seminarangebot in angewandter Ethik in
dieser Stadt unmöglich sei – ob es nun auf mein Buch Bezug
nehme oder nicht –, weil ein solcher Kurs zwangsläufig abgebrochen werden müsse.

Unheilvoll an dieser Atmosphäre ist eine gewisse Selbstzen-
sur von deutschen Verlegern. Es hat sich als ungemein
schwierig erwiesen, einen Verleger zu finden für eine deutsche Ausgabe von *Should the Baby Live?*, die auf den neuesten Stand gebrachte und umfassendere Darstellung meines
Standpunkts (und dem meiner Mitautorin Helga Kuhse)
hinsichtlich der Behandlung von schwerbehinderten Neugeborenen.[17]

Für in Deutschland an Forschung und Lehre in Bio-Ethik
oder angewandter Ethik Interessierte sind die Folgen noch
einschneidender. Weil er mich zur Vorlesung an der Universität Dortmund eingeladen hatte, geriet Professor Christoph Anstötz ins Kreuzfeuer einer feindseligen Kampagne,
die auf die Suspendierung von seiner Lehrbefugnis abzielte.
Man brachte Petitionen in Umlauf und schrieb Briefe an
den Minister für Wissenschaft und Forschung des Landes
Nordrhein-Westfalen. Diese Briefe waren sowohl von Leh-
renden als auch von Studenten des Fachbereichs Sonderpädagogik unterzeichnet. Obwohl Professor Anstötz einen
Lehrstuhl innehat und seine Entlassung kaum möglich
wäre, maß die Landesregierung den Beschwerden so viel
Bedeutung bei, daß sie ihn bat, dazu Stellung zu nehmen,
warum er mich eingeladen habe und wie sich mein ethischer
Standpunkt in seinen Arbeiten über Sonderpädagogik nie-
derschlüge.

Vom Rektor der Universität Dortmund erging während

17 Die deutsche Ausgabe ist 1993 unter dem Titel *Muß dieses Kind am
   Leben bleiben? Das Problem schwerstgeschädigter Neugeborener*,
   übers. von Jutta Schust, im Erlanger Verlag Harald Fischer erschienen.

dieser ganzen Kampagne keine Stellungnahme. Die obersten Universitätsbeamten machten keinerlei Anstalten, ihre Betroffenheit darüber auszudrücken, daß Protestandrohungen die Absage einer Vorlesung an der Universität erzwungen hatten; genausowenig standen sie einem ihrer Professoren bei, als er in die Schußlinie geriet, weil er einen Kollegen zur Vorlesung an der Universität eingeladen hatte. Für die Haltung der deutschen Professorenschaft war dies bezeichnend. Aus ihren Reihen kam kein nennenswerter Widerstand im Namen der akademischen Freiheit. Von einigen wenigen Ausnahmen abgesehen, reihten sich die Kollegen von Anstötz im Bereich Sonderpädagogik entweder in die Kampagne gegen ihn ein oder schwiegen. Einige Philosophen unterschrieben Solidaritätserklärungen für das Prinzip der freien Meinungsäußerung, und die *taz* veröffentlichte in ihrer Ausgabe vom 10. Januar 1990 eine davon. Auf Veranlassung von Professor Meggle unterzeichneten 180 Mitglieder der Allgemeinen Gesellschaft für Philosophie in Deutschland eine ähnliche Verlautbarung, doch wurde die Veröffentlichung der Unterschriftenliste trotz eines gegenteiligen Versprechens versäumt. Die Erklärung deutscher Philosophen wurde dann aber 1991 veröffentlicht im Anhang des von Rainer Hegselmann und Reinhard Merkel herausgegebenen Buches (s. Anm. 15).

All dies ist kein gutes Omen für eine vernünftige Diskussion neuer ethischer Streitfragen in Deutschland und Österreich. Als Antwort auf die Einsicht in die notwendige ethische Auseinandersetzung über die zahlreichen neuen Probleme, die sich durch Fortschritte in der Medizin und der Biologie ergeben, haben sich Forschung und Lehre der Bio-Ethik außerhalb der deutschsprachigen Länder rasch entfaltet. Anderen Problemfeldern der angewandten Ethik, wie z. B. dem Status der Tiere, Fragen globaler Gerechtigkeit und der Verteilung von Ressourcen, der Umweltethik und Wirtschaftsethik, gilt gleichfalls große Aufmerksamkeit. In Deutschland und Österreich hingegen ist nun wahrhaft

Mut vonnöten, um angewandte Ethik zu betreiben, und sogar noch mehr Mut, etwas zu veröffentlichen, das diejenigen, die die Debatte stoppen wollen, womöglich feindselig begutachten. Universitätslehrer ohne feste Anstellung müssen nicht bloß Angriffe auf ihre Person befürchten, sondern auch verminderte Chancen für eine akademische Karriere. Die Hamburger Ereignisse verdüstern die Aussichten, daß in diesen Bereichen Stellen an Universitäten geschaffen werden. Fehlen diese aber, werden es Doktoranden vermeiden, über Fragen der angewandten Ethik zu arbeiten. Denn es ist sinnlos, Sachgebiete zu studieren, die keine Aussicht auf Anstellung bieten. Es besteht sogar die Gefahr, daß man einen Rückschlag für die analytische Philosophie insgesamt in Kauf nimmt, um weitere Kontroversen zu vermeiden.

Natürlich ist die Vergangenheitsbewältigung für die Deutschen immer noch mühevoll, und die deutsche Geschichte ist so geartet, daß sie rationales Verstehen fast übersteigt. Es gibt jedoch teilweise einen besonders ausgeprägten Fanatismus innerhalb der deutschen Euthanasie-Debatte, der über die gewöhnliche Abkehr vom Nationalsozialismus hinausgeht und indes der Geisteshaltung zu ähneln beginnt, die den Nationalsozialismus ermöglichte. Um zu begreifen, wie diese funktioniert, lassen wir einmal die Euthanasie beiseite und betrachten ein Thema, das für die Deutschen damit eng verwandt und ebenso tabu ist: das Problem der Eugenik. Wegen der eugenischen Praxis unter den Nazis ist alles, was sich auf irgendeine Art und Weise mit der Gentechnologie berührt, mit Assoziationen an die Nazis behaftet. Unter Beschuß kommt die pränatale Diagnostik in Verbindung mit selektivem Schwangerschaftsabbruch bei einem Fötus mit Down-Syndrom, Spina bifida oder anderen Schädigungen, und Kritik übt man sogar an genetischer Beratung, welche eine Zeugung von Kindern mit genetischen Defekten vermeiden soll. Sie hat auch das deutsche Parlament dazu veranlaßt, einstimmig ein Gesetz zum Verbot aller nichttherapeutischen Experimente mit menschlichen Embryos zu verabschieden. Im Gegensatz dazu verabschiedete das britische Parlament unlängst mit überwältigenden Mehrheiten im Unter- und Oberhaus ein Gesetz zur Freigabe nichttherapeutischer Versuche an Embryos bis zu vierzehn Tage nach der Befruchtung.

Das Groteske an dieser Situation ist, daß diese Gegnerschaft nicht wie in angelsächsischen Ländern vom rechten Flügel der Konservativen und von religiösen Gruppierungen, sondern von der Linken ausgeht. Da Frauengruppen sich beim Widerstand gegen alles, was die Eugenik auch nur im geringsten tangiert, besonders hervortun und ebenso in der Bewegung für das Recht auf Schwangerschaftsabbruch in vorderster Front stehen, erzeugt das Thema der pränatalen Diagnostik ein nicht zu übersehendes Problem in feministischen Kreisen Deutschlands. Dabei scheint als Lösung akzeptiert zu sein, daß eine Frau das Recht auf Schwangerschaftsabbruch hat, allerdings nicht auf einen solchen, der auf präziser Information über die Lebensaussichten des Fötus im Mutterleib beruht.[18]

---

18 Deutsche Feministinnen, die F. Christophs Buch (vgl. Anm. 15) lesen, überdenken vielleicht ihre Unterstützung seines Standpunkts; läßt er doch keinen Zweifel daran, daß er gegen ein Entscheidungsrecht für Frauen bei einem Schwangerschaftsabbruch eintritt. Vgl. dort etwa S. 13: »Abtreibungsentscheidungen sind immer Entscheidungen über Lebenswertigkeiten: Das Kind paßt nicht in die momentane Lebensplanung der Frau. Oder: Die soziale Situation ist unbefriedigend. Oder: Die Frau hält nur ein gesundes Kind für tragbar. Ob man will oder nicht: Mit dem letzten Beispiel stabilisiert die abtreibungswillige Frau objektiv negatives gesellschaftliches Wertedenken gegenüber Behinderten.« Aber es findet sich noch mehr in diese Richtung Weisendes, durchweg in einem Stil, der sich für Zitate in Pamphleten der Abtreibungsgegner trefflich eignen würde.

Zumindest ist dies ehrlicher als die Ausweichmanöver von Oliver Tolmein, der im Vorwort von *Geschätztes Leben* (vgl. Anm. 15) feststellt, daß die Bedeutung der feministischen Idee der Selbstbestimmung im Kontext der pränatalen Diagnostik und des Schwangerschaftsabbruchs zu erörtern ihn »weit« über die Grenzen seines Themas hinausführen würde (vgl. S. 9). Das mutet merkwürdig an, denn der springende

Die logische Grundlage für diese Ansicht stimmt zumindest mit der, die gegen die Euthanasie spricht, überein: es ist die Idee, daß niemand jemals beurteilen solle, ob ein Leben sich weniger zu leben lohne als ein anderes. Eine Zustimmung zur pränatalen Diagnostik und zum Schwangerschaftsabbruch in bestimmten Fällen oder sogar die Entscheidung für eine genetische Beratung zur Vermeidung der Zeugung von Kindern mit extremen genetischen Defekten gilt als Urteil, welches besagt, daß manche Menschenleben weniger lebenswert sind als andere. Dagegen wehren sich die militanteren Behindertengruppen; dies erwecke den Eindruck, so behaupten sie, daß man ihnen ihr Dasein hätte verwehren sollen, und ziehe so ihr Lebensrecht in Zweifel.

Selbstverständlich liegt hier ein Fehlschluß vor. Zu behaupten, daß wir mit gutem Recht Schritte ergreifen dürfen, die sicherstellen, daß die von uns in die Welt gesetzten Kinder nicht mit furchtbaren Schwierigkeiten konfrontiert sind, die sie daran hindern, ein annähernd menschenwürdiges Leben zu führen, ist etwas ganz anderes, als einer lebenden Person, die weiterleben möchte, genau das zu verweigern. Wenn man andererseits darauf verweist, daß wir immer dann, wenn wir verhindern wollen, ein schwerstbehindertes Kind zu bekommen, unrechtmäßigerweise ein Leben für schlechter halten als ein anderes, so können wir dem entgegnen, daß derartige Urteile sowohl notwendig als auch angemessen sind. Etwas anderes zu sagen hieße, daß wir auch ein gebrochenes Bein nicht richten lassen sollten, weil wir damit das Leben von Menschen mit verkrüppelten Beinen als eines erachten, das sich weniger zu leben lohnt als unser eige-

Punkt bei seiner gehässigen Attacke gegen alle Befürworter der Euthanasie (eine Attacke, die auf der allerersten Buchseite u. a. die Meinung beinhaltet, daß Seminare über das Problem gestört werden müßten) besteht in der Behauptung, daß die Befürworter der Euthanasie sich dazu bekennen müßten, manche menschliche Leben als nicht lebenswert zu bewerten.

nes.[19] Daß Leute einer solch irrigen Meinung Glauben schenken, ist schlimm genug; wahrhaft erschreckend ist jedoch, daß sie derart fanatisch daran festhalten und jeden Versuch einer Diskussion darüber gewaltsam zu unterdrükken bereit sind.

Wenn dies beim Versuch, über Methoden wie genetische Beratung und pränatale Diagnostik zu diskutieren, geschieht, die heutzutage in den meisten fortgeschrittenen Ländern breite Akzeptanz finden, dann kann man sich unschwer vorstellen, daß der Schatten des Nationalsozialismus jegliche vernünftige Erörterung von allem, was mit der Euthanasie zu tun hat, verhindert. Es nützt wenig, darauf zu verweisen, daß das, was die Nazis »Euthanasie« nannten, nicht aus Mitleid oder Anteilnahme gegenüber denen, die getötet werden sollten, geschah, sondern schlichtweg Mord an Menschen war, deren Leben sich aus der rassistischen Sicht des deutschen *Volkes* als lebensunwert darstellte. Doch solche Unterscheidungen sind zu subtil für die, die überzeugt sind, allein zu wissen, was ein Wiederaufleben naziähnlicher Barbarei verhindern wird.

Was kann man tun? Im Mai 1991 hatte ich in Zürich eines meiner bis dahin unangenehmsten Erlebnisse bei dieser unseligen Geschichte; aber es zeigte sich dabei zugleich der Hoffnungsschimmer für eine Besserung.

Ich war vom Zoologischen Institut der Universität Zürich eingeladen, eine Vorlesung über die »Rechte von Tieren« zu halten. Für den nächsten Tag hatte die Philosophische Fakultät 25 Philosophen, Theologen, Erziehungswissenschaftler aus der Sonderpädagogik, Zoologen und andere Universitätslehrer zu einem Kolloquium geladen; hier sollten Implikationen für Menschen und für Tiere diskutiert werden, die sich aus einer Ethik ergeben, welche die Ansicht bestreitet, daß die Grenze unserer Spezies eine moralische Grenze

19 R. M. Hare führt in einem in der *Zeit* vom 11. August 1989 veröffentlichten Brief ein ähnliches Argument an.

markiere, der eine große Bedeutung an sich zukomme, und daß nichtmenschliche Lebewesen keine Rechte besäßen.

Zur Vorlesung über die Rechte der Tiere kam es nicht. Als sie beginnen sollte, inszenierte eine Gruppe Behinderter in Rollstühlen, die man zum ebenerdigen Bereich des Hörsaals nach vorne gelassen hatte, einen kurzen Protest mit der Aussage, daß es für sie belanglos sei, ob ich über das Thema der Rechte für Tiere referiere oder nicht, und daß sie gegen die Tatsache Einspruch erheben würden, daß die Universität Zürich einen allbekannten Vertreter der Euthanasie zur Diskussion ethischer Fragen einlade, die auch Behinderte beträfen. Als der Protest zu Ende war und ich mich zur Vorlesung erhob, begann ein Teil der Zuhörerschaft – vielleicht ein Viertel oder ein Drittel – zu skandieren: »Singer raus! Singer raus!« Als ich diesen Sprechchor, auf deutsch, von Menschen hörte, denen es derart an jeglicher Achtung für die Tradition der vernünftigen Auseinandersetzung mangelte, daß sie nicht einmal eine Antwort meinerseits auf ihre Vorwürfe gegen mich duldeten, überwältigte mich das Gefühl, daß es in der Niedergangzeit der Weimarer Republik bei Argumentationsversuchen gegen den aufkommenden Nationalsozialismus ähnlich zugegangen sein müsse. Der Unterschied war nur, daß man nicht »Singer raus«, sondern »Juden raus« skandiert hätte. Ein Overhead-Projektor war noch eingeschaltet, und ich begann darauf zu schreiben und diese mir so eindringlich vor Augen stehende Parallele aufzuzeigen. In diesem Moment trat einer der Protestteilnehmer von hinten auf mich zu, riß mir die Brille herunter, warf sie auf den Boden und zerbrach sie.

Mein Gastgeber besaß die Besonnenheit, die Vorlesung abzubrechen; es blieb gar keine andere Wahl. Aber dieser bedrückende Vorfall setzte auch ein gutes Zeichen; offenkundig waren die anfänglich protestierenden Behinderten über das darauffolgende Geschehen bestürzt. Ein paar versicherten, ein Vorlesungsabbruch hätte nicht in ihrer Absicht gestanden; es seien vielmehr Fragen für die Vortragsdebatte vorbereitet worden. Auch während der Sprechchöre suchten einige die Diskussion mit mir; worauf mehrere der nichtbehinderten Demonstranten (vermutlich eingedenk der Art und Weise, wie sich in Saarbrücken aus anfänglicher Feindseligkeit eine Diskussion ergeben hatte) ihnen nachdrücklich bedeuteten, die Diskussion mit mir zu unterlassen. Doch die Behinderten hatten ganz offenkundig keine Möglichkeit, die Sprechchöre zu unterbinden.

Wie bereits festgestellt, bedrohen meine Auffassungen keineswegs jemanden, der sich auch nur im geringsten der Tatsache bewußt ist oder jemals war, daß er oder sie ein zukünftiges Leben hat, das bedroht werden könnte. Aber es gibt Leute mit politischem Interesse daran, das Bekanntwerden dieser grundlegenden Tatsache zu verhindern. Sie spielen mit den Ängsten der Behinderten, um sie als politische Front für andere Zwecke zu benutzen. In Zürich taten sich beispielsweise die Autonomen, eine Gruppierung mit anarchistischem Habitus, die aber jegliches Interesse an anarchistischer Theorie verachtet, unter den nichtbehinderten »Singer raus«-Rufern ganz besonders hervor. Für diese politischen Gruppierungen von Nichtbehinderten ist es Selbstzweck geworden, Singer am Reden zu hindern, ganz gleichgültig welches Thema ansteht, ein Mittel, die Getreuen zu versammeln und zum Schlag gegen das ganze System auszuholen, in dem die rationale Auseinandersetzung stattfindet. Die Behinderten haben dabei nichts zu gewinnen und viel zu verlieren, wenn sie sich für die Zwecke solcher nihilistischen Gruppen einspannen lassen. Wenn sie sich der Einsicht nicht verschließen, daß ihren Interessen besser dadurch gedient ist, daß sie mit jenen, deren Meinungen sie ablehnen, offen diskutieren, dann ist das möglicherweise der Anfang eines Prozesses, in dessen Verlauf sowohl Bio-Ethiker als auch Behinderte auf die eigentlichen Anliegen der anderen Seite eingehen und einen eher konstruktiven als destruktiven Dialog aufnehmen.

Solch ein Dialog wäre nur ein Anfang. Es wird sehr viel
mehr Zeit brauchen, den der Bio-Ethik und der angewandten Ethik in Deutschland zugefügten Schaden wiedergutzu-
machen. Es besteht tatsächlich die Gefahr, daß die Atmosphäre der Einschüchterung und Intoleranz, die vom Eu-
thanasie-Streit auf die Bio-Ethik insgesamt übergegriffen
hat, und nach den Hamburger Ereignissen auf die ganze angewandte Ethik, weiter ausufert. Es ist wesentlich, daß die
Minderheit, die den freien akademischen Austausch aktiv
bekämpft, isoliert wird. Auch in dieser Hinsicht bleibt zu
wünschen, daß die Züricher Ereignisse anderen deutschsprachigen Ländern zum Beispiel gereichen. In scharfem
Gegensatz zum Schweigen des Dortmunder Universitäts-
Rektors oder der törichten Behauptung des Dekans der Medizinischen Fakultät der Universität Wien, daß die Fakultät
nicht gewußt habe, wer Dr. Kuhse sei, veröffentlichte Professor H. H. Schmid, Rektor der Universität Zürich, eine
Erklärung, mit der er die Empörung der Hochschule über
diese schwere Verletzung der akademischen Redefreiheit
zum Ausdruck brachte.[20] Die Professoren des Zoologischen
Instituts und der Dekan der Naturwissenschaftlichen Fakultät haben die Sprengung der Vorlesung ebenfalls ganz
unzweideutig verurteilt, und die großen deutschsprachigen
Zeitungen in Zürich erstatteten sachlich Bericht über die
Vorfälle und meinen Standpunkt.[21]
Unterdessen haben Deutsche und Österreicher sowohl
in der akademischen Auseinandersetzung als auch in der
Presse bedauerlicherweise das Engagement vermissen las-

---

20 Vgl. H. H. Schmid, »Zur Sprengung einer Vortragsveranstaltung an
    der Universität«, in: *Uni-Pressedienst* (Universität Zürich), 31. Mai
    1991.
21 Vgl. etwa die Aufsätze »Mit Trillerpfeifen gegen einen Philosophen«
    und »Diese Probleme kann und soll man besprechen«, in: *Tagesan-
    zeiger,* 29. Mai 1991; »Niedergeschrien«, in: *Neue Zürcher Zeitung,*
    27. Mai 1991; und (trotz der abschätzigen Schlagzeile) »Ein Tötungs-
    helfer mit faschistischem Gedankengut?«, in: *Die Weltwoche,* 23. Mai
    1991.

sen, das in der Voltaire zugeschriebenen, berühmten Äußerung zum Ausdruck kommt: »Ich mißbillige, was Sie sagen,
aber ich werde bis zum Tode Ihr Recht verteidigen, es zu sagen.« Bislang ist noch niemand aufgefordert worden, sein
Leben für die Verteidigung meines Rechts aufs Spiel zu setzen, in Deutschland über die Euthanasie zu diskutieren,
aber es erscheint unerläßlich, daß noch viel mehr Leute ein
wenig Feindseligkeit von einer Minderheit riskieren, die
eine Debatte über zentrale ethische Fragen zum Schweigen
zu bringen versucht.

Anmerkungen, Nachweise und weiterführende Literatur

Vorwort

Das Zitat bezüglich des Vergleichs zwischen Menschen und Tieren stammt aus *Ethische Grundaussagen* vom Vorstand des Bundesverbands Lebenshilfe für geistig Behinderte e. V., veröffentlicht in der Verbandszeitschrift *Geistige Behinderung* 29 (1990) Nr. 4, S. 256ff.

Kapitel 1

Die Themen, die im ersten Abschnitt diskutiert werden – Relativismus, Subjektivismus und die angebliche Abhängigkeit der Ethik von der Religion – werden in verschiedenen Büchern behandelt. R. B. Brandts *Ethical Theory*, Englewood Cliffs (N. J.) 1959, ist gründlicher als die meisten. Vgl. auch die in P. Singer (Hrsg.), *A Companion to Ethics*, Oxford 1991, abgedruckten Aufsätze von David Wong, James Rachels und Jonathan Berg zu diesen Themen. Platons Argument gegen die Definition von »gut« als »was die Götter billigen« steht in seinem *Euthyphron*. Engels' Behandlung der marxistischen Auffassung von Moral und sein Hinweis auf eine »wirklich menschliche Moral« findet sich in Kap. 9 von *Herrn Eugen Dührings Umwälzung der Wissenschaft* (Karl Marx / Friedrich Engels, *Werke*, Bd. 20, Berlin [Ost] 1972, S. 86ff.). Für eine Erörterung von Marxens Kritik der Moral siehe Allen Wood, »Marx against Morality«, in: P. Singer (Hrsg.), *A Companion to Ethics*. Die umfassendste Darlegung von C. L. Stevensons emotivistischer Theorie findet sich in *Ethics and Language*, New Haven 1944. R. M. Hares Grundposition ist nachzulesen in *The Language of Morals*, Oxford 1952 (dt. *Die Sprache der Moral*, übers. von P. von Morstein, Frankfurt a. M. 1972), *Freedom and Reason*, Oxford 1963 (dt. *Freiheit und Vernunft*, übers. von G. Meggle, Frankfurt a. M. 1983), und in *Moral Thinking*, Oxford 1981. Für eine zusammenfassende Darstellung siehe Hares Essay »Universal Prescriptivism«, in: P. Singer (Hrsg.), *A Companion to Ethics*. J. L. Mackies *Ethics: Inventing Right and Wrong*, Harmondsworth 1977 (dt. *Ethik. Die Erfindung des moralisch Richtigen und Falschen*, übers. von R. Ginters, Stuttgart 1981, Universal-Bibliothek Nr. 7680), verteidigt eine Version des Subjektivismus.

Die wichtigeren Formulierungen des Universalisierbarkeits-Prinzips, auf das im zweiten Abschnitt Bezug genommen wird, finden sich in: I. Kant, *Grundlegung zur Metaphysik der Sitten*, Abschn. 2; R. M. Hare, *Freedom and Reason*, und *Moral Thinking*; R. Firth, »Ethical Absolutism and the Ideal Observer«, in: *Philosophy and Phenomenological Research* 12 (1951/52); J. J. C. Smart / B. Williams, *Utilitarianism, For and Against*, Cambridge 1973 (dt. *Kritik des Utilitarismus*, übers. von Wolfgang R. Köhler, Frankfurt a. M. 1979); John Rawls, *A Theory of Justice*, Oxford 1972 (dt. *Eine Theorie der Gerechtigkeit*, übers. von H. Vetter, Frankfurt a. M. 1975); J.-P. Sartre, *L'Existentialisme est un Humanisme* (1946); Jürgen Habermas, *Legitimationsprobleme im Spätkapitalismus*, Frankfurt a. M. 1973, Tl. 3, Kap. 2-4.

Das tentative Argument für einen Utilitarismus auf der Grundlage von Interessen oder Präferenzen verdankt Hare am meisten, obwohl es nicht so weit geht wie die Argumentation in *Moral Thinking*.

Kapitel 2

Rawls' Argument, daß sich Gleichheit auf die natürlichen Merkmale menschlicher Wesen gründen lasse, findet sich in Abschn. 77 von *A Theory of Justice*.

Die Hauptargumente für eine Verbindung zwischen IQ und Rasse sind nachzulesen in: A. R. Jensen, *Genetics and Education*, London 1972, und *Educability and Group Differences*, London 1973, sowie in H. J. Eysencks *Race, Intelligence and Education*, London 1971. Eine Vielfalt von Einwänden sind gesammelt in: K. Richardson / D. Spears (Hrsg.), *Race, Culture, and Intelligence*, Harmondsworth 1972. Siehe auch N. J. Block / G. Dworkin, *The IQ Controversy*, New York 1976. Die Bemerkung über die Unerheblichkeit der Intelligenz für die Rechtsproblematik stammt aus einem Brief Thomas Jeffersons an Henri Gregoire vom 25. Februar 1809.

Eine nüchterne und ausführliche Untersuchung der Debatte über das Wesen und den Ursprung psychologischer Unterschiede zwischen den Geschlechtern findet sich in: E. Maccoby / C. Jacklin, *The Psychology* of Sex *Differences*, Stanford 1974. Corinne Hutt bringt in *Males and Females*, Harmondsworth 1972, Argumente vor für eine biologische Grundlage der Unterschiede zwischen den Geschlechtern. Steven Goldbergs *The Inevitability of Patriarchy*, New York 1973, ist eine Polemik gegen feministische Positionen wie die in Kate Milletts *Sexual Politics*, New York 1971, oder in Juliet

Mitchells *Women's Estate*, Harmondsworth 1971. Eine andere Auffassung wird von A. H. Eagly in *Sex Differences in Social Behavior: A Social Role Interpretation*, Hillsdale (N. J.) 1987, dargelegt. Für eine neuere Bestätigung des Vorhandenseins geschlechtsspezifischer Unterschiede siehe Eleanor E. Maccoby, »Gender and Relationships: A Developmental Account«, in: *American Psychologist*, 1990, S. 513–520; für eine populäre Darstellung Christine Gorman, »Sizing Up the Sexes«, in: *Time*, 20. Januar 1992, S. 30-37.

Für eine typische Verteidigung der Chancengleichheit als der einzigen Form von Gleichheit, die sich rechtfertigen läßt, siehe Daniel Bell, »A ›Just‹ Equality«, in: *Dialogue* (Washington, D. C.) 8 (1975) Nr. 2. Das Zitat auf S. 66 ist Jeffrey Gray, »Why Should Society Reward Intelligence?«, in: *The Times*, 8. September 1972, entnommen. Für eine genaue Darstellung der Dilemmata, die sich aus der Chancengleichheit ergeben, siehe J. Fishkin, *Justice, Equal Opportunity and the Family*, New Haven 1983.

Der Musterprozeß über umgekehrte Diskriminierung in den Vereinigten Staaten, *Regents of the University of California gegen Alan Bakke*, wurde am 5. Juli 1978 vom Obersten Gerichtshof der USA entschieden. M. Cohen, Th. Nagel und Th. Scanlon haben in dem von ihnen herausgegebenen Sammelband *Equality and Preferential Treatment*, Princeton 1976, einige für dieses Thema wichtige Aufsätze gesammelt. Vgl. auch Bernard Boxill, »Equality, Discrimination and Preferential Treatment«, in: P. Singer (Hrsg.), *A Companion to Ethics*, und B. Boxill, *Blacks and Social Justice*, Totowa (N. J.) 1983.

Kapitel 3

Meine Ansichten über Tiere erschienen zuerst in *The New York Review of Books*, 5. April 1973, unter dem Titel »Animal Liberation«. Der Aufsatz war eine Rezension von R. und S. Godlovitch / J. Harris (Hrsg.), *Animals, Men and Morals*, London 1972. Eine ausführlichere Darstellung wurde unter dem Titel *Animal Liberation* (dt. *Befreiung der Tiere*, übers. von Elke VomScheidt, München: F. Hirthammer, 1982), 2. Aufl., New York 1990, veröffentlicht. Richard Ryder schildert in *Animal Revolution*, Oxford 1989, die wechselvolle Geschichte der verschiedenen Einstellungen zum Speziesismus.

Weitere Arbeiten, die für eine drastische Revision unserer gegenwärtigen Einstellung gegenüber Tieren eintreten, sind u. a.: Stephen

Clark, *The Moral Status of Animals*, Oxford 1977, und Tom Regan, *The Case for Animal Rights*, Berkeley 1983. *Animal Rights and Human Obligations*, hrsg. von T. Regan und P. Singer, 2. Aufl., Englewood Cliffs (N. J.) 1989, ist eine Sammlung von alten und neuen Essays, die sowohl dafür als auch dagegen plädieren, daß die Tiere Rechte erhalten oder die Menschen Pflichten gegenüber Tieren haben. Bei P. Singer (Hrsg.), *In Defence of Animals*, Oxford 1985, handelt es sich um eine Sammlung von Aufsätzen, die sowohl von Aktivisten als auch von Theoretikern der Tierbefreiungsbewegung verfaßt wurden. Steve Sapontzis, *Morals, Reason and Animals*, Philadelphia 1987, ist eine detaillierte und einfühlsame philosophische Analyse der Argumente bezüglich der Tierbefreiung, während R. G. Frey, *Rights, Killing and Suffering*, Oxford 1983, und Michael Leahy, *Against Liberation*, London 1991, aus philosophischer Sicht Kritik am Tierbefreiungsstandpunkt üben. Mary Midgley, *Animals and Whey They Matter*, Harmondsworth 1983, ist eine lesbare und oftmals scharfsinnige Darstellung dieser Fragen. James Rachels, *Created from Animals*, Oxford 1990, stellt die moralischen Implikationen der darwinistischen Revolution in unserem Denken im Hinblick auf unsere Stellung unter den Tieren heraus. Lori Gruens »Animals«, in: P. Singer (Hrsg.), *A Companion to Ethics*, untersucht die vorherrschenden neueren Ansätze zu der Thematik.

Benthams Verteidigung der Tiere, die im Abschnitt »Rassismus und Speziesismus« zitiert wird, stammt aus seiner *Introduction to the Principles of Morals and Legislation*, Kap. 18, Abschn. 1, Anm.

Eine ausführlichere Beschreibung der Bedingungen moderner Tierhaltung findet sich in *Animal Liberation*, Kap. 3, und in: James Mason / Peter Singer, *Animal Factories*, 2. Aufl., New York 1990. Auch Kap. 2 von *Animal Liberation* enthält eine umfassendere Erörterung der Verwendung von Tieren zu Forschungszwecken, als es in diesem Buch möglich ist; vgl. aber auch Richard Ryder, *Victims of Science*, 2. Aufl., Fontwell (Sussex) 1983. Einzelheiten über den am Institut für Radiobiologie der US-Streitkräfte durchgeführten Versuch mit Rhesusaffen sind veröffentlicht in: Carol Frantz, »Effects of Mixed Neutron-gamma Total-body Irradiation on Physical Activity Performance of Rhesus Monkeys«, in: *Radiation Research* 101 (1985) S. 434-441. Die im Unterabschnitt »Tierversuche« erwähnten Experimente mit hungernden Ratten an der Universität Princeton und die von H. F. Harlow mit isolierten Affen wurden ursprünglich veröffentlicht in: *Journal of Comparative and Physiological Psychology* 78 (1972) S. 202ff.; *Proceedings of the National Academy of Science*

54 (1965) S. 90ff.; und in: *Engineering and Science* 33 (1970) Nr. 6, S. 8ff. Zur Fortsetzung von Harlows Arbeit siehe *Animal Liberation*, 2. Aufl., S. 34f.

Was die Einwände betrifft, so wird die Behauptung, daß Tiere kein Schmerzempfinden haben, üblicherweise mit Descartes in Zusammenhang gebracht. Doch Descartes' Ansicht ist weniger klar (und weniger in sich stimmig), als die meisten angenommen haben. Siehe John Cottingham, »A Brute to the Brutes?: Descartes' Treatment of Animals«, in: *Philosophy* 53 (1978) S. 551ff. In *The Unheeded Cry*, Oxford 1989, gibt Bernard Rollin eine kritische Darstellung von Ideologien der neueren Zeit, die das Vorhandensein von Schmerzempfindungen bei Tieren bestritten haben.

Die Quelle für die Anekdote über Benjamin Franklin ist seine *Autobiography*, New York 1950, S. 41. Derselbe Einwand wurde von John Benson, »Duty and the Beast«, in: *Philosophy* 53 (1978) S. 545 bis 547, ernsthafter in Erwägung gezogen.

Jane Goodalls Beobachtungen an Schimpansen werden engagiert vorgetragen in *In the Shadow of Man*, Boston 1971, und in *Through a Window*, London 1990; eine wissenschaftlichere Darstellung gibt die Verfasserin in *The Chimpanzees of Gombe*, Cambridge (Mass.) 1986. Für weitere Informationen über die Fähigkeiten von großen Menschenaffen siehe Paola Cavalieri / Peter Singer (Hrsg.), *The Great Ape Project, Equality beyond Humanity*, London 1993 (dt. *Menschenrechte für die großen Menschenaffen*, in Vorb.). Jan Narveson prägte den Begriff »Argument von den Grenzfällen«; vgl. »Animal Rights«, in: *Canadian Journal of Philosophy* 7 (1977). Von den Einwänden gegen dieses im Unterabschnitt »Unterschiede zwischen Menschen und Tieren« erörterte Argument stammt der erste von Stanley Benn, »Egalitarianism and Equal Consideration of Interests«, in: J. Pennock / J. Chapman (Hrsg.), *Nomos IX: Equality*, New York 1967, S. 62ff.; der zweite von John Benson, »Duty and the Beast«, in: *Philosophy* 53 (1978) (das Zitat »eines Rezensenten von *Animal Liberation*« ist S. 536 dieses Aufsatzes entnommen). Ähnliche Argumente werden gegeben von Bonnie Steinbock, »Speciesism and the Idea of Equality«, in: Philosophy 53 (1978) S. 255f., sowie mit größerer Ausführlichkeit von Leslie Pickering Francis und Richard Norman, »Some Animals Are More Equal than Others«, in: *Philosophy* 53 (1978) S. 518-527. Der dritte Einwand findet sich bei Philip Devine, »The Moral Basis of Vegetarianism«, in: *Philosophy* 53 (1978) S. 496-498.

Das Zitat aus Platons *Staat* im Abschnitt »Ethik und Gegenseitigkeit« ist Buch II, 358e–359b, übers. von K. Vretska, Stuttgart 1982 (Universal-Bibliothek Nr. 8205) entnommen. Spätere Darlegungen einer ähnlichen Ansicht enthalten: John Rawls, *A Theory of Justice*, J. L. Mackie, *Ethics*, Kap. 5, und David Gauthier, *Morals by Agreement*, Oxford 1986. Sie schließen Tiere aus dem Zentrum der Ethik aus, wenngleich sie die Wirkung dieses Ausschlusses auf manche Weise abschwächen (vgl. etwa *A Theory of Justice*, S. 512, und *Ethics*, S. 193–195). Narveson untersucht auch den ethischen Begriff der Gegenseitigkeit in »Animal Rights«. Meine Erörterung der lockereren Auffassung von Gegenseitigkeit greift auf Edward Johnson, *Species and Morality*, Diss. Princeton University 1976 / Ann Arbor (Mich.): University Microfilms International, 1981, S. 145, zurück.

Kapitel 4

Andrew Stinsons medizinische Behandlung beschreiben Robert und Peggy Stinson in *The Long Dying of Baby Andrew*, Boston 1983.
Joseph Fletchers Aufsatz »Indicators of Humanhood: A Tentative Profile of Man« erschien in: *The Hastings Center Report* 2 (1972) Nr. 5. John Lockes Definition von »Person« ist seinem *Essay Concerning Human Understanding*, Buch II, Kap. 9, § 29, entnommen. Aristoteles' Ansichten über Infantizid finden sich in seiner *Politik*, Buch VII, 1335b; die von Platon finden sich in seinem *Staat*, Buch V, 460c. Die Behauptung, daß unsere gegenwärtigen Einstellungen zum Infantizid weitgehend unter dem Einfluß des Christentums auf unser Denken stehen, wird durch historisches Material zum Infantizid gestützt, das unten in den Anmerkungen zu Kap. 6 zitiert wird. (Siehe vor allem den Aufsatz von W. L. Langer, S. 353–355.) Zu Thomas von Aquins Äußerung, daß das Töten eines menschlichen Wesens sich gegen Gott richtet, wie das Töten eines Sklaven gegen dessen Herrn gerichtet ist, siehe *Summa Theologica* II,2, quaest. 64, art. 5.
Hare erläutert und verteidigt seine Auffassung von den zwei Ebenen des moralischen Denkens in *Moral Thinking*, Oxford 1981.
Michael Tooleys »Abortion and Infanticide« wurde zuerst in *Philosophy and Public Affairs* 2 (1972) veröffentlicht. Die zitierte Stelle stammt aus einer revidierten Fassung in: J. Feinberg (Hrsg.), *The Problem of Abortion*, Belmont 1973, S. 60. Sein Buch *Abortion and Infanticide* erschien 1983 in Oxford.
Zur weiteren Erörterung des Respekts vor der Autonomie als eines Einwands gegen das Töten siehe Jonathan Glover, *Causing Death*

and Saving Lives, Harmondsworth 1977, Kap. 5, und H. J. McCloskey, »The Right to Life«, in: *Mind* 84 (1975).
Meine Erörterung der »totalen« und der »Vorherige-Existenz«-Version des Utilitarismus verdankt vieles Derek Parfit. Ursprünglich habe ich die »Vorherige-Existenz«-Ansicht in »A Utilitarian Population Principle«, in: M. Bayles (Hrsg.), *Ethics and Population*, Cambridge (Mass.) 1976, zu verteidigen gesucht, aber Parfits Erwiderung »On Doing the Best for Our Children« im selben Band hat mich dazu veranlaßt, meine Meinung zu ändern. Parfits *Reasons and Persons*, Oxford 1984, ist Pflichtlektüre für alle, die sich mit diesem Thema gründlich befassen wollen. Siehe auch seine Kurzdarstellung zu einigen der angesprochenen Probleme in »Overpopulation and the Quality of Life«, in: P. Singer (Hrsg.), *Applied Ethics*, Oxford 1986. Parfit verwendet den Begriff »Person-betreffend«, wo ich »vorherige Existenz« verwende. Der Grund für diese Abweichung liegt darin, daß die Betrachtungsweise sich nicht speziell auf Personen als von anderen empfindungsfähigen Lebewesen verschieden bezieht.
Es scheint, daß Henry Sidgwick, *The Methods of Ethics*, London 1907, S. 414-416, als erster den Unterschied zwischen den beiden Versionen des Utilitarismus bemerkt hat. Spätere Erörterungen zusätzlich zu den zitierten enthalten: J. Narveson, »Moral Problems of Population«, in: *The Monist* 57 (1973); T. G. Roupas, »The Value of Life«, in: *Philosophy and Public Affairs* 7 (1978); und R. I. Sikora, »Is It Wrong to Prevent the Existence of Future Generations«, in: B. Barry / R. Sikora (Hrsg.), *Obligations to Future Generations*, Philadelphia 1978.
Mills berühmtes Zitat, in dem er Sokrates und den Narren vergleicht, erschien in seinem Buch *Utilitarianism*, London 1960 (^{1}1863), S. 8f.

Kapitel 5

Der Durchbruch, mit dem es gelang, in sprachlichen Kontakt zu einer anderen Spezies zu treten, wurde zuerst durch A. und B. Gardner, »Teaching Sign Language to a Chimpanzee«, in: *Science* 165 (1969) S. 664-672, verkündet. Seither hat sich die Literatur rasch vervielfacht. Die Informationen bezüglich der Verwendung von Sprache bei Schimpansen, Gorillas und Orang-Utans in dem Abschnitt »Kann ein nichtmenschliches Tier eine Person sein?« sind den Aufsätzen von Roger und Deborah Fouts, Francine Patterson und

Wendy Gordon sowie von H. Lyn Miles in: Paola Cavalieri / Peter Singer (Hrsg.), *The Great Ape Project, Equality beyond Humanity*, London 1993 (dt. *Menschenrechte für die großen Menschenaffen*, in Vorb.), entnommen. Erik Eckholm, »Language Acquisition in Nonhuman Primates«, in: T. Regan / P. Singer (Hrsg.), *Animal Rights and Human Obligations*, 2. Aufl., Englewood Cliffs (N. J.) 1989, bietet eine populäre Kurzdarstellung.

Das Zitat im selben Abschnitt stammt aus Stuart Hampshire, *Thought and Action*, London 1959, S. 98f. Verwandte Ansichten vertreten etwa Anthony Kenny in *Will, Freedom and Power*, Oxford 1975; Donald Davidson, »Thought and Talk«, in: S. Guttenplan (Hrsg.), *Mind and Language*, Oxford 1975; und Michael Leahy, *Against Liberation*, London 1991.

Julias Fähigkeit zur Problemlösung wurde von J. Döhl und B. Rensch unter Beweis gestellt; eine Schilderung der Arbeit beider findet sich in: Jane Goodall, *The Chimpanzee of Gombe*, S. 31. Frans de Waal berichtet in *Chimpanzee Politics*, New York 1983, von seinen Beobachtungen an Schimpansen. Goodalls Beschreibung der wohlüberlegten Art und Weise, wie Figan seine Banane ergattert, ist *In the Shadow of Man*, S. 107, entnommen. Robert Mitchell gibt in »Humans, Nonhumans and Personhood«, in: Paola Cavalieri / P. Singer (Hrsg.), *The Great Ape Project, Equality beyond Humanity*, eine Einschätzung des Beweismaterials dafür, daß Affen Selbstbewußtsein haben. Die anekdotenhafte Aussage bezüglich des Vorhandenseins eines Zeitsinns bei einem Blindenhund stammt aus: Sheila Hocken, *Emma and I*, London 1978, S. 63; und die Geschichte bezüglich der verwilderten Katzen ist dem Kapitel über Intelligenz bei Muriel Beadle, *The Cat: History, Biology and Behaviour*, London 1977, entnommen. Die beiden letztgenannten Quellen verdanke ich Mary Midgley, *Animals and Why They Matter*, Harmondsworth 1983, S. 58.

Goodalls Schätzung, wie viele Schimpansen statistisch für den einen sterben, der lebend bei uns ankommt, findet sich auf S. 257 von *In the Shadow of Man*. Siehe auch Geza Telekis Bericht über den Handel mit Schimpansen in: Paola Cavalieri / P. Singer (Hrsg.), *The Great Ape Project, Equality beyond Humanity*.

Leslie Stephens Behauptung, daß man mit dem Verzehr von Speck den Schweinen etwas Gutes tut, stammt aus seinem Buch *Social Rights and Duties*, London 1896, und wird von Henry Salt im dem Aufsatz »The Logic of the Larder« zitiert, der in Salts *The Humanities of Diet*, Manchester 1914, erschien und in der 1. Auflage von

T. Regan / P. Singer (Hrsg.), *Animal Rights and Human Obligations*, Englewood Cliffs (N. J.) 1976, wiederabgedruckt wurde. Salts Erwiderung steht im selben Aufsatz. Meine eigene frühere Erörterung dieses Problems findet sich in Kap. 6 der 1. Auflage von *Animal Liberation*, New York 1975. Zu dem Beispiel von den beiden Frauen siehe Derek Parfit, »Rights, Interests and Possible People«, in: S. Gorovitz [u. a.] (Hrsg.), *Moral Problems in Medicine*, Englewood Cliffs (N. J.) 1976; eine Variante, dargestellt unter dem Aspekt einer Wahl zwischen zwei verschiedenen medizinischen Behandlungsplänen, findet sich in: D. Parfit, *Reasons and Persons*, Oxford 1984, S. 367. James Rachels' Unterscheidung von biologischem und biographischem Leben stammt aus *The End of Life*, Oxford 1987. Harts Erörterung dieses Themas in seiner Rezension der ersten Auflage des vorliegenden Buches wurde unter dem Titel »Death and Utility« in *The New York Review of Books*, 15. Mai 1980, veröffentlicht. Meine erste Reaktion darauf erschien in Form eines Briefs am 14. August 1980 im selben Magazin. Die Metapher vom Leben als einer Reise habe ich in »Life's Uncertain Voyage«, in: P. Pettit / R. Sylvan / J. Norman (Hrsg.), *Metaphysics and Morality: Essays in Honour of J. J. C. Smart*, Oxford 1987, entwickelt.

Kapitel 6

Die wichtigsten Abschnitte der Entscheidung des Obersten Gerichtshofes der USA in Sachen *Roe gegen Wade* sind wiederabgedruckt in: J. Feinberg (Hrsg.), *The Problem of Abortion*. Die Behauptung von Robert Edwards, daß es möglich sein wird, Embryonen siebzehn Tage nach der Befruchtung Stammzellen zu entnehmen, findet sich in seinem Aufsatz »The case for studying human embryos and their constituent tissues *in vitro*«, in: R. G. Edwards / J. M. Purdy (Hrsg.), *Human Conception in Vitro*, London 1982. Der Regierungsausschuß, auf den im Unterabschnitt »Nicht Sache des Gesetzes?« Bezug genommen wird – der Wolfenden-Ausschuß –, hat den *Report of the Committee on Homosexual Offences and Prostitution*, London 1957, herausgegeben. Das Zitat findet sich auf S. 24. J. S. Mills »sehr einfaches Prinzip« wird im Einleitungskapitel von *On Liberty*, 3. Aufl., London 1864, aufgestellt. Edwin Schurs *Crimes Without Victims* wurde 1965 in Englewood Cliffs (N. J.) veröffentlicht. Judith Jarvis Thomsons »A Defense of Abortion« erschien in: *Philosophy and Public Affairs* 1 (1971), und ist in: P. Singer (Hrsg.), *Applied Ethics*, wiederabgedruckt worden.

Paul Ramsey verwendet die genetische Einzigartigkeit des Fötus als ein Argument gegen Schwangerschaftsabbruch in »The Morality of Abortion«, in: D. H. Labby (Hrsg.), *Life or Death: Ethics and Options*, London 1968, wiederabgedr. in: J. Rachels (Hrsg.), *Moral Problems*, 2. Aufl., New York 1975, S. 40.

Zu den wissenschaftlichen, ethischen und juristischen Aspekten der Embryonen-Versuche siehe P. Singer / H. Kuhse / S. Buckle / K. Dawson / P. Kasimba (Hrsg.), *Embryo Experimentation*, Cambridge 1990. Die Überlegungen, die ich bezüglich der Identität des sich teilenden Embryos angestellt habe, verdanke ich Helga Kuhse. Mit ihr zusammen habe ich den im vorgenannten Band enthaltenen Aufsatz »Individuals, Humans and Persons: The Issue of Moral Status« verfaßt. Beide sind wir dem bemerkenswerten Buch des römisch-katholischen Theologen Norman Ford *When Did I Begin?*, Cambridge 1988, zu Dank verpflichtet. Es stellt die Auffassung in Frage, daß das menschliche Individuum mit der Empfängnis beginnt. Das im Zusammenhang mit dem IVF-Verfahren geäußerte Argument von der Potentialität wurde zuerst in P. Singer / K. Dawson, »IVF Technology and the Argument from Potential«, in: *Philosophy and Public Affairs* 17 (1988), veröffentlicht und ist in *Embryo Experimentation* wiederabgedruckt. Stephen Buckle wählt in »Arguing from Potential«, in: *Bioethics* 2 (1988), wiederabgedr. in: *Embryo Experimentation*, einen anderen Ansatz. Das Zitat von John Noonan im Abschnitt »Der Status des Labor-Embryos« stammt aus seinem Aufsatz »An Almost Absolute Value in History«, in: J. Noonan (Hrsg.), *The Morality of Abortion*, Cambridge (Mass.) 1970, S. 56f. Für das feministische Argument bezüglich der IVF siehe die beiden Aufsätze von Beth Gaze / Karen Dawson, »Who Is the Subject of Research«, und Mary Anne Warren, »Is IVF Research a Threat to Women's Autonomy?«, in *Embryo Experimentation*.

Über die Verwendung von Föten in der Forschung und die Möglichkeiten ihrer Verwendung zu klinischen Zwecken siehe Karen Dawson, »Overview of Fetal Tissue Transplantation«, in: Lynn Gillam (Hrsg.), *The Fetus as Tissue Donor: Use or Abuse*, Clayton (Vict.) 1990. Meine Darstellung der Entwicklung des Empfindungsvermögens bei Föten macht sich die Forschungsergebnisse Susan Taiwas am Centre for Human Bioethics der Monash-Universität zu eigen. Sie sind unter dem Titel »When Is the Capacity for Sentience Acquired during Human Fetal Development?«, in: *Journal of Maternal-Fetal Medicine* 1 (1992) veröffentlicht. Eine frühere Expertenansicht liegt vom Beratungsausschuß der Britischen Regierung zur Fötalforschung unter dem Vorsitz von Sir John Peel vor, veröffentlicht als *The Use of Fetuses and Fetal Materials for Research*, London 1972. Vgl. auch Clifford Grobstein, *Science and the Unborn*, New York 1988.

Benthams beschwichtigender Kommentar zum Infantizid, der im Abschnitt »Schwangerschaftsabbruch und Infantizid« zitiert wird, stammt aus seiner *Theory of Legislation*, S. 264, und wird von E. Westermarck, *The Origin and Development of Moral Ideas*, Bd. 1, London 1924, S. 413, Anm., angeführt. Im letzten Teil von *Abortion and Infanticide* diskutiert Michael Tooley das zur Verfügung stehende Beweismaterial über die beim Säugling stattfindende Entwicklung des Vermögens, sich als kontinuierliches Selbst zu begreifen.

Für historisches Material zur Verbreitung des Infantizids siehe Maria Piers, *Infanticide*, New York 1978, und W. L. Langer, »Infanticide: A Historical Survey«, in: *History of Childhood Quarterly* 1 (1974). Eine ältere, aber immer noch wertvolle Übersicht bietet Edward Westermarck, *The Origin and Development of Moral Ideas*, Bd. 1, S. 394–413. Eine interessante Studie über die Anwendung des Infantizids als eine Form von Familienplanung ist: Thomas Smith, *Nakahara: Family Farming and Population in a Japanese Village, 1717–1830*, Palo Alto (Cal.) 1977. Auf Stellen bei Platon und Aristoteles wurde in den Anmerkungen zu Kap. 4 verwiesen. Für Seneca siehe *De Ira* I,15, zit. in: Westermarck, *The Origin and Development of Moral Ideas*, Bd. 1, S. 419. Marvin Kohl (Hrsg.), *Infanticide and the Value of Life*, Buffalo (N. Y.) 1978, ist eine Sammlung von Beiträgen über Infantizid. Ein überzeugendes Argument für eine öffentliche Vorgehensweise, bei der die Geburt als Trennlinie fungiert, findet sich bei Norbert Hoerster, »Kindstötung und das Lebensrecht von Personen«, in: *Analyse & Kritik* 12 (1990) S. 226–244.

Weitere Aufsätze über Abtreibung sind gesammelt in: J. Feinberg (Hrsg.), *The Problem of Abortion*, und in: Robert Perkins (Hrsg.), *Abortion, Pro and Con*, Cambridge (Mass.) 1974. Aufsätze, die eine gewisse Verwandtschaft zu der von mir eingenommenen Position zeigen, sind etwa: R. M. Hare, »Abortion and the Golden Rule«, in: *Philosophy and Public Affairs* 4 (1975), und Mary Anne Warren, »The Moral and Legal Status of Abortion«, in: *The Monist* 57 (1973). Don Marquis legt in »Why Abortion Is Immoral«, in: *Journal of Philosophy* 86 (1989), noch einmal den konservativen Standpunkt dar; vgl. aber auch Alistair Norcross, »Killing, Abortion and

Contraception: A Reply to Marquis«, in: *Journal of Philosophy* 87
(1990). Eine nützliche Zusammenfassung der Problematik des
Schwangerschaftsabbruchs bietet Mary Anne Warrens »Abortion«,
in: P. Singer (Hrsg.), *A Companion to Ethics*.

Kapitel 7

Derek Humphrys Bericht vom Tod seiner Frau, *Jean's Way*, wurde
1978 in London veröffentlicht. Zum Tod von Janet Adkins vgl. die
New York Times vom 14. Dezember 1990; für Jack Kevorkians Ei-
gendarstellung siehe J. Kevorkian, *Prescription: Medicide*, Buffalo
(N. Y.) 1991. Zu den Einzelheiten des Zygmaniak-Falles vgl. Paige
Mitchell, *Act of Love*, New York 1976, oder die *New York Times*
vom 1., 3. und 6. November 1973. Der Bericht darüber, wie Louis
Repouilles seinen Sohn tötete, erschien in der *New York Times* vom
13. Oktober 1939 und wird von Yale Kamisar, »Some Non-religious
Views against Proposed Mercy Killing Legislation«, in: *Minnesota
Law Review* 42 (1958) S. 1021, zitiert. Die Einzelheiten des Linares-
Falles sind der *New York Times* vom 27. April 1989 und dem
Hastings Center Report, Juli/August 1989, entnommen.
Robert Reid, *My Children, My Children*, San Diego / New York
1977, ist eine gute Einführung in das Wesen einiger Geburtsfehler,
einschließlich Spina bifida und Hämophilie. Zu Belegen für hohe
Scheidungsraten und schwerwiegende Eheprobleme bei Eltern von
Spina-bifida-Kindern siehe dort S. 127. Für weitere detaillierte In-
formationen und Hinweise zur Gesamtproblematik von Entschei-
dungen über Leben und Tod bei Säuglingen vgl. auch Helga Kuhse/
Peter Singer, *Should the Baby Live?*, Oxford 1985 (dt. *Muß dieses
Kind am Leben bleiben?*, Erlangen 1993).
Die Anzahl der Patienten, die sich ständig im Koma befinden, und
die Zeitdauer dieses Zustands werden in »USA: Right to Live, or
Right to Die?«, in: *Lancet* 337 (12. Januar 1991), genannt.
Zur Euthanasie in den Niederlanden siehe J. K. Gevers, »Legal
Developments Concerning Active Euthanasia on Request in the
Netherlands«, in: *Bioethics* 1 (1987). Die Zahl der jährlichen Fälle
wird in »Dutch Doctors Call for Legal Euthanasia«, in: *New Scien-
tist*, 12. Oktober 1991, S. 17, mitgeteilt. Paul J. van der Maas [u. a.],
»Euthanasia and Other Medical Decisions Concerning the End of
Life«, in: *Lancet* 338 (14. September 1991) S. 669–674, nennt auf
S. 673 die Zahl von 1900 auf Euthanasie zurückzuführenden Todes-
fälle pro Jahr; dies beschränkt sich jedoch auf die Angaben von allge-

mein praktizierenden Medizinern. Das Zitat im Abschnitt »Rechtfertigung freiwilliger Euthanasie« bezüglich der von den Patienten gewünschten Zusicherung findet sich auf S. 673 des vorgenannten Aufsatzes. Der Fall von Diane ist zitiert aus: Timothy E. Quill, »Death and Dignity: A Case of Individualized Decision Making«, in: *New England Journal of Medicine* 324 (7. März 1991) Nr. 10. Betty Rollin schildert den Tod ihrer Mutter in *Last Wish*, Harmondsworth 1987; das Zitat findet sich auf S. 149f. Vgl. auch Betty Rollins Vorwort zu Derek Humphry, *Final Exit: The Practicalities of Self-Deliverance and Assisted Suicide*, Eugene (Oreg.) 1991, S. 12f. Yale Kamisar argumentiert im oben zitierten Aufsatz sowohl gegen freiwillige als auch gegen nichtfreiwillige Euthanasie; ihm entgegnet Robert Young, »Voluntary and Non-Voluntary Euthanasia«, in: *The Monist* 59 (1976). Die Auffassung der römisch-katholischen Kirche zur Euthanasie wurde 1980 von der Kurienkongregation für die Glaubenslehre in einer Erklärung des Vatikans veröffentlicht. Andere nützliche Darstellungen sind: Jonathan Glover, *Causing Death and Saving Lives*, Kap. 14 und 15; D. Humphry / A. Wickett, *The Right to Die: Understanding Euthanasia*, New York 1986; und H. Kuhse, »Euthanasia«, in: P. Singer (Hrsg.), *A Companion to Ethics*.

Die Unterscheidung zwischen aktiver und passiver Euthanasie wird prägnant kritisiert von James Rachels, »Active and Passive Euthanasia«, in: *New England Journal of Medicine* 292 (1975) S. 78-80, wiederabgedr. in: P. Singer (Hrsg.), *Applied Ethics*. Siehe auch Rachels' *The End of Life*, Kuhse / Singer, *Should the Baby Live?*, Kap. 4, sowie – als gründlichste und exakteste philosophische Erörterung – Helga Kuhse, *The Sanctity-of-Life Doctrine in Medicine – A Critique*, Oxford 1987, Kap. 2 (dt. *Die »Heiligkeit des Lebens« in der Medizin. Eine philosophische Kritik*, übers. von Thomas Fehige, Erlangen: Harald Fischer, 1993). Kap. 1 dieses Buches enthält einen Bericht über den Fall von Baby Doe. Die Umfrage unter amerikanischen Kinderärzten wurde veröffentlicht als: Loretta M. Kopelman / Thomas G. Irons / Arthur E. Kopelman, »Neonatologists Judge the ›Baby Doe‹ Regulations«, in: *New England Journal of Medicine* 318 (17. März 1988) Nr. 11, S. 677–683. Die in Großbritannien bekannten legalen Fälle bezüglich derartiger Entscheidungen sind beschrieben in: Derek Morgan, »Letting Babies Die Legally«, in: *Institute of Medical Ethics Bulletin*, Mai 1989, S. 13–18, und in: »Withholding of Lave-saving Treatment«, in: *Lancet* 336 (1991) S. 1121. Ein repräsentatives Beispiel für die frommen Fehlinterpretationen von Arthur Cloughs Zeilen bieten: G. K. und E. D. Smith, »Selection for Treatment in Spina Bifida Cystica«, in: *British Medical Journal*, 27. Oktober 1973, S. 197. Das ganze Gedicht ist enthalten in: Helen Gardner (Hrsg.), *The New Oxford Book of English Verse*, Oxford 1978.

Der im Abschnitt »Aktive und passive Euthanasie« zitierte Bericht von Sir Gustav Nossal trägt den Titel »The Right to Die: Do We Need New Legislation?« und ist erschienen in *First Report on Inquiry into Options for Dying with Dignity* vom Social Development Committe des Parliament of Victoria, S. 104. Zur Lehre von der doppelten Wirkung und zur Unterscheidung zwischen gewöhnlichen und außergewöhnlichen Behandlungsmethoden siehe Helga Kuhse, »Euthanasia«, in: P. Singer (Hrsg.), *A Companion to Ethics*, und für eine umfassendere Darstellung H. Kuhse, *The Sanctity-of-Life Doctrine in Medicine – A Critique*, Kap. 3-4 (dt. *Die »Heiligkeit des Lebens« in der Medizin*, Erlangen 1993).

Die Umfrage unter australischen Kinderärzten und Geburtshelfern, auf die im Abschnitt »Aktive und passive Euthanasie« Bezug genommen wird, wurde veröffentlicht als: P. Singer / H. Kuhse / C. Singer, »The Treatment of Newborn Infants with Major Handicaps«, in: *Medical Journal of Australia*, 17. September 1983. Die Aussage des römisch-katholischen Bischofs Lawrence Casey zum Quinlan-Fall wird zitiert im Urteil »In the Matter of Karen Quinlan, An Alleged Incompetent«, wiederabgedr. in: B. Steinbock (Hrsg.), *Killing and Letting Die*, Englewood Cliffs (N. J.) 1980. John Lorber beschreibt seine Ausübung von passiver Euthanasie für ausgewählte Fälle von Spina bifida in »Early Results of Selective Treatment of Spina Bifida Cystica«, in: *British Medical Journal*, 27. Oktober 1973, S. 201–204. Die statistischen Angaben bezüglich des Überlebens von nichtbehandelten Spina-bifida-Säuglingen stammen aus den oben zitierten Aufsätzen von J. Lorber und G. K. und E. D. Smith. Andere Ärzte geben andere Zahlen an. Zur weiteren Erörterung der Behandlung von Säuglingen mit Spina bifida vgl. Helga Kuhse / Peter Singer, *Should the Baby Live?*, Kap. 3.

Lorbers zu Beginn des Abschnitts »Die schiefe Bahn« zitierter Einwand gegen aktive Euthanasie findet sich auf S. 204 seines oben angeführten Aufsatzes im *British Medical Journal*. Das Argument, daß sich die Nazi-Verbrechen aus dem Euthanasie-Programm entwickelt hätten, ist zitiert aus: Leo Alexander, »Medical Science under Dictatorship«, in: *New England Journal of Medicine* 241 (1949) S. 39-47. Gitta Sereny, *Into That Darkness: From Mercy Killing to Mass Murder*, London 1974, behauptet ähnliches, indem sie die Karriere Franz

Stangls von den Zentren der Euthanasie zum Todeslager Treblinka
nachzeichnet; aber gerade durch diese Darstellung macht sie offenkundig, wie verschieden das »Euthanasie«-Programm der Nazis von
dem war, was heute befürwortet wird (siehe bes. S. 51–55). Ein Beispiel für eine Befragung, die deutlich macht, daß die Menschen in der
Regel bestimmte Krankheiten für schlimmer als den Tod bewerten,
findet sich in: G. W. Torrance, »Utility Approach to Measuring
Health-Related Quality of Life«, in: *Journal of Chronic Diseases* 40
(1987) S. 6.
Zur Euthanasie bei den Eskimos (und der Seltenheit von Tötungsde-
likten außerhalb dieser besonderen Umstände) siehe E. Westermarck, *The Origin and Development of Moral Ideas*, Bd. 1, S. 329
bis 334, S. 387, Anm. 1, sowie S. 392, Anm. 1–3.

Kapitel 8

Der Abriß über die Weltarmut wurde aus einer Anzahl von Quellen
erarbeitet, darunter: Alan B. Durnings »Ending Poverty« im Bericht
des Worldwatch-Instituts *State of the World 1990*, hrsg. von Lester
Brown [u. a.], Washington (D. C.) 1990; das Entwicklungsprogramm
Human Development Report 1991 der Vereinten Nationen und der
von der World Commission on Environment and Development veröffentlichte Bericht *Our Common Future*, Oxford 1987. Das erste
Zitat von Robert McNamara im Abschnitt »Einige Fakten« ist aus
den *Summary Proceedings* des Jahrestreffens 1976 von Weltbank /
IFC / IDA, S. 14; das folgende Zitat ist aus dem von der Weltbank
veröffentlichten *World Development Report, 1978*, New York 1978,
S. III.
Zur Verschwendung bei der Benutzung von Getreide als Futtermit-
tel für Tiere statt als Nahrung für Menschen siehe Francis Moore
Lappe, *Diet for a Small Planet*, 10. Jubiläums-Aufl., New York 1982
(^{1}1971); A. Durning / H. Brough, *Taking Stock*, Washington (D. C.)
1991 (Worldwatch Paper 103); und J. Rifkin, *Beyond Beef*, New
York 1991, Kap. 23.
Zu dem Unterschied – oder dem Fehlen eines Unterschieds – zwischen Töten und Sterbenlassen vgl. (zusätzlich zu den Hinweisen
bezüglich aktiver und passiver Euthanasie im vorangehenden Kapitel) Jonathan Glover, *Causing Death and Saving Lives*, Kap. 7; Richard Trammel, »Saving Life and Taking Life«, in: *Journal of Philosophy* 72 (1975); John Harris, »The Marxist Conception of Violence«, in: *Philosophy and Public Affairs* 3 (1974); John Harris,

Violence and Responsibility, London 1980; und S. Kagan, *The Limits of Morality*, Oxford 1989.

John Lockes Rechtstheorie wird in seinem *Second Treatise on Civil Government* entwickelt; die von Robert Nozick in *Anarchy, State and Utopia*, New York 1974. Thomas von Aquins ganz andere Ansicht ist aus *Summa Theologica* II,2, quaest. 66, art. 7, zitiert.

Garrett Hardin hat seine »Rettungsboot-Ethik« in »Living on a Lifeboat«, in: *Bioscience*, Oktober 1974, vorgeschlagen; eine weitere Version davon wurde wiederabgedr. in: W. Aiken / H. La Follette (Hrsg.), *World Hunger and Moral Obligation*, Englewood Cliffs (N. J.) 1977. Hardin führt das Argument näher aus in *The Limits of Altruism*, Bloomington (Ind.) 1977. Ein früheres Argument gegen Hilfe äußerten W. und P. Paddock in ihrem Buch mit dem irreführenden Titel *Famine 1975!*, Boston 1967, aber der Ehrenplatz in der Geschichte dieser Auffassung gebührt Thomas Malthus für *An Essay on the Principles of Population*, London 1798.

Widerspruch gegen die Auffassung, daß die Welt übervölkert sei, erhebt Susan George, *How the Other Half Dies*, überarb. Neuaufl., Harmondsworth 1977, Kap. 2. Vgl. auch T. Hayter, *The Creation of World Poverty*, London 1981. Die Schätzung der Bevölkerung verschiedener Länder im Jahr 2000 sind dem *Human Development Report, 1991* entnommen. Belege dafür, daß ausgeglichenere Verteilung des Einkommens, bessere Ausbildung und bessere Gesundheitseinrichtungen das Bevölkerungswachstum vermindern können, finden sich in: John W. Ratcliffe, »Poverty, Politics and Fertility: The Anomaly of Kerala«, in: *Hastings Center Report* 7 (1977); für eine allgemeinere Erörterung der Vorstellung vom demographischen Übergang siehe William Rich, *Smaller Families through Social and Economic Progress*, Washington (D. C.) 1973 (Overseas Development Council Monograph No. 7), und Julian Simon, *The Effects of Income on Fertility*, Chapel Hill (N. C.) 1974. Zu ethischen Problemen im Zusammenhang mit Bevölkerungskontrolle siehe Robert Young, »Population Policies, Coercion and Morality«, in: D. Mannison / R. Routley / M. McRobbie (Hrsg.), *Environmental Philosophy*, Canberra 1979.

Der Einwand, daß ein Standpunkt wie der meinige einen zu hohen Maßstab anlegt, wird von Susan Wolf in »Moral Saints«, in: *Journal of Philosophy* 79 (1982), S. 419-439, erhoben. Vgl. auch das »Symposium on Impartiality and Ethical Theory«, in: *Ethics* 101 (Juli 1991) S. 4. Für eine überzeugende Verteidigung der unparteiischen Ethik siehe S. Kagan, *The Limits of Morality*, Oxford 1989.

Für eine Zusammenfassung der Probleme siehe Nigel Dower, »World Poverty«, in: P. Singer (Hrsg.), *A Companion to Ethics*. Eine umfassendere Darstellung liefert N. Dowers *World Poverty: Challenge and Response*, New York 1983. Für einen Ansatz auf der Basis der Rechte siehe H. Shue, *Basic Rights: Subsistence, Affluence and U.S. Policy*, Princeton 1980, für einen kantischen Ansatz Onora O'Neill, *Faces of Hunger*, London 1986. Eine nützliche, umfassende Sammlung ist W. Aiken / H. La Follette (Hrsg.), *World Hunger and Moral Obligation*, Englewood Cliffs (N. J.) 1977. Zur Wirksamkeit der Auslandshilfe siehe R. Riddell, *Foreign Aid Reconsidered*, Baltimore 1987.

Kapitel 9

Die Flüchtlingszahlen sind entnommen aus: *New Internationalist*, September 1991, S. 18f. Die Flüchtlingskommission der Vereinten Nationen veröffentlicht gleichfalls Schätzungen der Zahl von Flüchtlingen – auf der Basis ihrer eigenen engen Definition des Flüchtlingsstatus – und der Zahl der Umsiedler.
Die Ansichten von Michael Walzer sind in *Spheres of Justice*, New York 1983, S. 9–22, dargelegt.
Der Bericht über den Besuch des Flüchtlingslagers im Abschnitt »Der Fehlschluß des gegenwärtigen Ansatzes« stammt von Rossi van der Borch, »Impressions of a Refugee Camp«, zit. in: *Asia Bureau Australia Newsletter*, Oktober/Dezember 1986, Nr. 85.
Michael Gibney (Hrsg.), *Open Borders? Closed Societies?*, New York 1988, ist eine wertvolle Sammlung von Aufsätzen über die moralischen und politischen Aspekte der Flüchtlingsproblematik.

Kapitel 10

Zu dem Vorhaben, den Franklin-Fluß im Südwesten Tasmaniens aufzustauen, siehe James McQueen, *The Franklin: Not Just a River*, Ringwood (Vict.) 1983.
Das erste Zitat im Abschnitt »Die westliche Tradition« stammt aus 1. Mose 1,24–28, das zweite aus 1. Mose 9,1–3. Zu den Versuchen, die Aussage dieser Textstellen abzuschwächen, vgl. beispielsweise Robin Attfield, *The Ethics of Environmental Concern*, Oxford 1983, und Andrew Linzey, *Christianity and the Rights of Animals*, London 1987. Das Paulus-Zitat stammt aus 1. Kor. 9,9f., das Zitat von Augustinus ist *The Catholic and Manichean Ways of Life*, übers.

von D. A. Gallagher und I. J. Gallagher, Boston 1966, S. 102, entnommen. Für die Verfluchung des Feigenbaums siehe Mk. 11,12-22 und für die Ertränkung der Schweineherde Mk. 5,1–13. Das Zitat von Aristoteles [vgl. *Politik*, Buch I, 1256b] folgt der Ausgabe: *Politics*, London 1916, S. 16; für die Ansichten Thomas von Aquins siehe *Summa Theologica* I,2, quaest. 64, art. 1, und I,2, quaest. 72, art. 4. Zu Einzelheiten bezüglich der alternativen christlichen Denker vgl. Keith Thomas, *Man and the Natural World*, London 1983, S. 152 f., und Attfield, *The Ethics of Environmental Concern*.

Für weitere Informationen zu den Auswirkungen der globalen Erwärmung siehe Lester Brown [u. a.] (Hrsg.), *State of the World 1990*, Washington (D. C.): Worldwatch Institute, 1990. Die Information über die Auswirkungen eines Anstiegs der Meeresspiegel stammt aus dem im vorgenannten Band enthaltenen Aufsatz »Holding Back the Sea« von Jodi L. Jacobson; sie bezieht sich ihrerseits auf John D. Milliman [u. a.], »Environmental and Economic Implications of Rising Sea Level and Subsiding Deltas: The Nile and Bengal Examples«, in: *Ambio* 18 (1989) S. 6 ff., und auf das Umweltprogramm der Vereinten Nationen, *Criteria for Assessing Vulnerability to SeaLevel Rise: A Global Inventory to High Risk Areas*, Delft 1989. Die Zitate aus: Bill McKibben, *The End of Nature*, New York 1989, finden sich dort auf S. 58 und 60.

Albert Schweitzer hat seinen ethischen Standpunkt am umfassendsten in *Kultur und Ethik* dargelegt. Die zitierten Abschnitte finden sich in: A. Schweitzer, *Gesammelte Werke*, Bd. 2: *Kultur und Ethik*, Kap. XXI: »Die Ethik der Ehrfurcht vor dem Leben«, München o. J., S. 377–379. Die Zitate aus Paul Taylors *Respect for Nature*, Princeton 1986, sind dort nachzulesen auf S. 45 und 128. Für eine Kritik an Taylor siehe Gerald Paske, »The Life Principle: A (Metaethical) Rejection«, in: *Journal of Applied Philosophy* 6 (1989).

A. Leopolds Vorschlag einer »Land-Ethik« findet sich in seinem *A Sand County Almanac, with Essays on Conservation from Round River*, New York 1970 (¹1949, 1953); die Zitate stehen dort auf S. 238 und 262. Bei dem Klassiker für die Unterscheidung zwischen Oberflächen- und Tiefenökologie handelt es sich um den sehr kurzen Aufsatz von A. Naess, »The Shallow and the Deep, Long-Range Ecology Movement«, in: *Inquiry* 16 (1973) S. 95–100. Für spätere Arbeiten zur Tiefenökologie siehe beispielsweise A. Naess / G. Sessions, »Basic Principles of Deep Ecology«, in: *Ecophilosophy* 6 (1984) (den zitierten Textabschnitt las ich zuerst in: D. Bennet / R. Sylvan, »Australian Perspectives on Environmental Ethics:

UNESCO Project«, 1989, unveröff.); W. Devall / G. Sessions, *Deep
Ecology: Living As If Nature Mattered*, Salt Lake City 1985 (der zitierte Abschnitt steht auf S. 67); L. Johnson, *A Morally Deep World*,
Cambridge 1990; F. Mathews, *The Ecological Self*, London 1991;
V. Plumwood, »Ecofeminism: An Overview and Discussion of Positions and Arguments: Critical Review«, in: *Australasian Journal of
Philosophy* 64 (1986) Suppl.; R. Sylvan, »Three Essays upon Deeper
Environmental Ethics«, in: *Discussion Papers in Environmental
Philosophy* 13 (1986) (veröffentlicht von der Australian National
University, Canberra). James Lovelock, *Gaia: A New Look at Life
on Earth*, erschien 1979 in Oxford. Christopher Stones *Earth and
Other Ethics*, New York 1987, ist der Versuch zu erkunden, wie
nicht-empfindungsfähige Wesen in ein ethisches System einbezogen
werden können.
Der erste *Green Consumer Guide*, London 1988, stammte von John
Elkington und Julia Hailes. Seither sind in einigen anderen Ländern
nicht nur Adaptionen, sondern auch viele vergleichbare Leitfäden erschienen. Zur Verschwendung bei der industriellen Tierhaltung siehe
die Nachweise zu Kapitel 8. Sowohl Rifkins *Beyond Beef* als auch
Taking Stock von Durning und Brough enthalten zusätzlich Informationen über die Rodung des Regenwaldes und andere Umwelteinflüsse der Tierhaltung zu Nahrungszwecken.
Roderick Nash, *The Rights of Nature*, Madison (Wisc.) 1989, ist ein
nützlicher, wenn auch nicht immer zuverlässiger historischer Abriß
der Entwicklung einer Umweltethik. Zu den Essaysammlungen
über dieses Thema gehören: R. Elliot / A. Gare (Hrsg.), *Environmental Philosophy: A Collection of Readings*, St. Lucia (Queensland)
1983; T. Regan, *Earthbound: New Introductory Essays in Environmental Ethics*, New York 1984; und D. VandeVeer / C. Pierce
(Hrsg.), *People, Penguins and Plastic Trees: Basic Issues in Environmental Ethics*, Belmont (Cal.) 1986. Robert Elliot gibt eine Zusammenfassung der Probleme in »Environmental Ethics«, in: P. Singer
(Hrsg.), *A Companion to Ethics*.

Kapitel 11

Eine brillante Darstellung der Geschichte von Oskar Schindler liefert Thomas Kenneally in *Schindler's Ark*, London 1982. Bernard
Nathanson schildert in »Operation Rescue: Domestic Terrorism or
Legitimate Civil Rights Protest?«, in: *Hastings Center Report*, November/Dezember 1989, S. 28-32, den Fall Joan Andrews und die

Arbeit von Operation Rescue. Das Bibel-Zitat stammt aus Sprüche 24,11. Die von Gary Leber behauptete Zahl geretteter Kinder findet sich in seinem Essay »We Must Rescue Them«, in: *Hastings Center Report*, November/Dezember 1989, S. 26 f. Zu Gennarellis Experimenten und den damit verbundenen Ereignissen siehe Lori Gruen / Peter Singer, *Animal Liberation: A Graphic Guide*, London 1987. Zur Animal Liberation Front vgl. auch Philip Windeatt, »They Clearly Now See the Link: Militant Voices«, in: P. Singer (Hrsg.), *In Defence of Animals*, Oxford 1985. Die Blockade am Franklin-Fluß ist von einem der Demonstranten anschaulich beschrieben worden in: James McQueen, *The Franklin: Not Just a River*, Ringwood (Vict.) 1983; für die frühere erfolglose Kampagne zur Rettung des Lake Peddar siehe Kevin Kiernan, »I Saw My Temple Ransacked«, in: Cassandra Pybus / Richard Flanagan (Hrsg.), *The Rest of the World Is Watching*, Sydney 1990.

Henry Thoreaus *On Civil Disobedience* wurde an verschiedenen Orten wiederabgedruckt, u. a. in: H. A. Bedau (Hrsg.), *Civil Disobedience: Theory and Practice*, New York 1969; das Zitat findet sich auf S. 28 dieser Sammlung. Das unmittelbar darauf folgende Zitat stammt aus: R. P. Wolff, *In Defense of Anarchism*, New York 1970, S. 18. Zum Wesen des Gewissens vgl. A. Campbell Garnett, »Conscience and Conscientiousness«, in: J. Feinberg (Hrsg.), *Moral Concepts*, Oxford 1969.

John Locke macht in seinem *Second Treatise on Civil Government*, insbesondere in den Abschnitten 124–126, die Wichtigkeit eines feststehenden Rechts geltend.

Zur betrüblichen Geschichte der Bemühungen, das Gesetz über Tierversuche zu reformieren, siehe Richard Ryder, *Victims of Science*, London 1975.

Mills Vorschlag, den besser Ausgebildeten mehrere Stimmen zu geben, steht in Kap. 8 seines Buches *Representative Government*. Das Zitat aus Engels' *Lage der arbeitenden Klasse in England* verdanke ich John Harris, »The Marxist Conception of Violence«, in: *Philosophy of Public Affairs* 3 (1974), der überzeugend dafür argumentiert, »passive Gewalt« als eine echte Form von Gewalt zu betrachten. Vgl. auch Harris' Buch *Violence and Responsibility*, London 1980, sowie Ted Honderich, *Three Essays on Political Violence*, Oxford 1976. Das Zitat aus: Dave Foreman / Bill Haywood, *Ecodefense: A Field Guide to Monkeywrenching*, Tucson (Ariz.) 1987, steht auf S. 14 und 17.

Die Probleme, mit denen sich die Abschnitte 1–3 dieses Kapitels befassen, werden in meinem Buch *Democracy and Disobedience*, Oxford 1973, ausführlicher behandelt. Die vermutlich beste Aufsatzsammlung zu diesem Thema ist immer noch: J. G. Murphy (Hrsg.), *Civil Disobedience and Violence*, Belmont 1971, während der zitierte, von H. A. Bedau herausgegebene Sammelband seinen Wert durch die besondere Berücksichtigung der Schriften jener erhält, die zivilen Ungehorsam praktizieren, statt nur aus der Ferne über ihn zu theoretisieren.

Kapitel 12

Zu den Versuchen, die Titelfrage dieses Kapitels als unangebracht abzulehnen, vgl. S. Toulmin, *The Place of Reason in Ethics*, Cambridge 1961, S. 162; J. Hospers, *Human Conduct*, London 1963, S. 194; M. G. Singer, *Generalization in Ethics*, London 1963, S. 319 bis 327 (dt. *Verallgemeinerung in der Ethik*, übers. von C. Langer und B. Wimmer, Frankfurt a. M. 1975, S. 363–373). D. H. Monro definiert ethische Urteile als vorrangig in *Empiricism and Ethics*, Cambridge 1967, vgl. etwa S. 1127. R. M. Hares präskriptivistische Auffassung von Ethik impliziert, daß das Akzeptieren eines moralischen Urteils eine Verpflichtung zum Handeln einschließt, aber weil nur universalisierbare Urteile als moralische Urteile zählen, hat diese Auffassung nicht zur Folge, daß jedes beliebige Urteil, das wir für vorrangig halten, notwendig auch unser moralisches Urteil ist. Hares Ansicht erlaubt es daher, unserer Frage Sinn zu verleihen. Zu diesem allgemeinen Problem der Definition von moralischen Begriffen und den Konsequenzen verschiedener Definitionen siehe meinen Aufsatz »The Triviality of the Debate over ›Is-Ought‹ and the Definition of ›Moral‹«, in: *American Philosophical Quarterly* 10 (1973). Das im zweiten Abschnitt erörterte Argument ist ein Destillat aus Quellen wie: Marc Aurel, *Selbstbetrachtungen*, Buch IV, Tl. 4; I. Kant, *Grundlegung zur Metaphysik der Sitten*; H. J. Paton, *The Categorical Imperative*, London 1963, S. 245 f.; J. Hospers, *Human Conduct*, London 1963, S. 584–593; und D. Gauthier, *Practical Reasoning*, Oxford 1963, S. 118.

G. Carlson, »Ethical Egoism Reconsidered«, in: *American Philosophical Quarterly* 10 (1973), argumentiert, daß Egoismus deshalb irrational sei, weil der individuelle Egoist ihn nicht auf stimmige Weise öffentlich rechtfertigen kann; doch es ist nicht klar, weshalb das ein Prüfstein für Rationalität sein sollte, denn der Egoist kann ihn immer noch für sich selbst rechtfertigen.

Hume vertritt seine Auffassung von praktischer Vernunft in *A Treatise of Human Nature*, Buch I, Tl. 3, Abschn. 3. Th. Nagels Einwände dagegen finden sich in *The Possibility of Altruism*, Oxford 1970. Für eine neuere Darlegung von Nagels Standpunkt siehe sein Buch *The View from Nowhere*, New York 1986 (dt. *Der Blick von nirgendwo*, übers. von Michael Gebauer, Frankfurt a. M.: Suhrkamp, 1992). Sidgwicks Beobachtungen bezüglich der Rationalität des Egoismus sind nachzulesen auf S. 498 von *The Methods of Ethics*, 7. Aufl., London 1907.

Bradleys Beharren auf der Liebe zur Tugend um ihrer selbst willen stammt aus seinen *Ethical Studies*, Oxford 1876, Nachdr. 1962, S. 61 bis 63. Die gleiche Position vertreten Kant in *Grundlegung zur Metaphysik der Sitten*, Kap. 1, und D. Z. Phillips, »Does It Pay to Be Good?«, in: *Proceedings of the Aristotelian Society* 64 (1964/65). Bradley und Kant erläutern eher das, was sie als »allgemeines sittliches Bewußtsein« verstehen, als ihre eigenen Auffassungen. Kant selbst hält an der Anschauung des allgemeinen sittlichen Bewußtseins fest, Bradley hingegen unterstützt später in den *Ethical Studies* eine Auffassung von Moral, in der die subjektive Genugtuung, die das moralische Leben mit sich bringt, eine herausragende Rolle spielt.

Meine Darlegung, weshalb wir glauben, daß nur um der Moral willen begangene Handlungen moralischen Wert haben, ähnelt Humes Auffassung in *Enquiry Concerning the Principles of Morals*. Vgl. auch P. H. Nowell-Smith, *Ethics*, Tl. 3.

Maslow präsentiert einige sehr skizzenhafte Daten zur Stützung seiner Theorie der Personalität in »Psychological Data and Value Theory«, in: A. H. Maslow (Hrsg.), *New Knowledge in Human Values*, New York 1959; siehe auch A. H. Maslow, *Motivation and Personality*, New York 1954 (dt. *Motivation und Persönlichkeit*, übers. von P. Kruntorad, Olten 1977). Charles Hampden-Turner, *Radical Man*, New York 1971, enthält einen Mischmasch von Überblicken und Forschungsergebnissen, der gewisse humanistische Werte mit einem Ausblick auf ein Leben, das subjektiv lohnend ist, verknüpft; aber die Daten sind oft nur entfernt bedeutsam für die Schlußfolgerungen, die daraus gezogen werden.

Zu Psychopathen siehe H. Cleckley, *The Mask of Sanity*, 5. Aufl., St. Louis 1976. Der Hinweis, daß Hilfeersuchen von Verwandten und nicht von den Psychopathen selbst kommen, findet sich auf S. VIII. Das Zitat von einem glücklichen Psychopathen ist aus: W. und J. McCord, *Psychopathy and Delinquency*, New York 1956,

S. 6. Zu der Fähigkeit von Psychopathen, Haftstrafen zu umgehen, siehe R. D. Hare, *Psychopathy*, New York 1970, S. 111f.

Das »Paradox des Hedonismus« wird von F. H. Bradley im dritten Aufsatz seiner *Ethical Studies* erörtert; für eine psychotherapeutische Darstellung siehe V. Frankl, *The Will to Meaning*, London 1971, S. 33f.

Zur Beziehung zwischen Eigeninteresse und Ethik vgl. das Schlußkapitel von Sidgwicks *Methods of Ethics* und als nützlichen Sammelband: D. Gauthier (Hrsg.), *Morality and Rational Self-Interest*, Englewood Cliffs (N. J.) 1970. Zu den allgemeineren Problemen der Natur praktischen Denkens siehe J. Raz (Hrsg.), *Practical Reasoning*, Oxford 1978.

Das Zitat von Dennis Levine ist seinem Buch *Inside Out*, New York 1991, S. 391, entnommen.

Nachbemerkung

Die 2. Auflage von *Practical Ethics* machte auch eine gründliche Revision der deutschen Fassung in der 1. Auflage erforderlich. Die Übersetzung von Jean-Claude Wolf mußte an vielen Stellen nicht nur ergänzt, sondern auch überarbeitet werden. Die neuen Kapitel 9 und 10 sowie der Anhang wurden von Oscar Bischoff übersetzt. Die Revision der Anmerkungen sowie des Registers besorgte Susanne Lenz. Die Gesamtredaktion des Textes wurde von Dietrich Klose durchgeführt.

D. K.

Register

Das Register bezieht sich auf den Haupttext der Kapitel 1–12.

482   *Register*

Ethik

Bände zur Diskussion

IN RECLAMS UNIVERSAL-BIBLIOTHEK

Philipp Reclam jun. Stuttgart